中情局历任局长

（1946—2005）

二战时期美国情报大师、"疯子比尔"多诺万（背景人像）的精神，鞭策着许多曾在他麾下任职的中情局官员，凯西即是其中一员。

凯西在1981至1987年出任中情局局长，这张是他在战略情报局聚会上发表演说的照片。

杜鲁门总统（左）为第一任中央情报总监索伊尔少将戴上勋章。

第二任中央情报总监范登堡将军在国会作证。

1950至1953年出任局长的史密斯将军，是中情局第一位真正的领导人。照片为史密斯（左）与艾森豪威尔（右）摄于欧洲胜利日。

史密斯将军（左）与杜鲁门总统摄于白宫。

一身便装的史密斯（左）于1950年从绩效不佳的希伦科特手中接下棒子。从1948到1958年精神崩溃为止，一直主管秘密行动业务的威斯纳（右）茫然而视。照片摄于中情局总部。

1954 年艾伦·杜勒斯摄于总部办公室。

“猪湾事件”后，约翰·肯尼迪总统以麦科恩(右)取代杜勒斯为局长。

麦科恩（右）与司法部长罗伯特·肯尼迪关系亲密，罗伯特在秘密行动作业中扮演关键角色。

约翰逊总统（左）换掉麦科恩，改派倒霉鬼雷伯恩海军上将，照片 1965 年 4 月摄于约翰逊农场。

1966至1973年担任局长的赫尔姆斯（左）争取并赢得了约翰逊总统的尊重。照片是1965年赫尔姆斯获任副局长前一个星期初会约翰逊。

1968年，自信满满的赫尔姆斯（左一），在周二午餐会上向约翰逊总统和迪安·腊斯克国务卿做简报。

1969年3月，尼克松总统在中情局总部与欢迎者握手。

1976年6月17日，老布什、福特总统与布朗特使讨论贝鲁特撤退事宜。

1975年4月西贡沦陷之际，科尔比局长（左一）向福特总统做简报。福特两侧为国防部长施莱辛格（最右）与国务卿基辛格。

1979年11月，卡特总统请首席军事与外交顾问到戴维营讨论伊朗人质危机，殿后的即是特纳局长。

1985年6月，里根总统与国安小组在白宫战情室讨论环航客机遭劫持事件。此次人质危机以秘密交易收场。右二为凯西局长。

韦伯斯特

盖茨（最后一位出身中情局的局长）

伍尔西

约翰·多伊奇

冷战结束形成中情局 6 年内 5 换局长的现象。不仅高层人事更迭频繁，秘密工作人员与情报分析员也大批出走。

苦心孤诣 7 年，力图重建中情局的特尼特（右）与坐在椅子上的克林顿。

2003年3月伊拉克战争开打之际，特尼特（左二）在白宫与小布什总统（右一）、切尼副总统（左一）和白宫幕僚长卡德讨论战情。特尼特支持中情局的主张，认为萨达姆·侯赛因拥有大规模杀伤性武器。

最后一任中央情报总监戈斯与小布什总统摄于中情局总部。

中情局成立60周年之际，在美国情报界的龙头地位不保。2006年3月，海登将军（右一）在中情局总部宣誓就任局长时，中间鼓掌那位就是他的新上司国家情报总监内格罗蓬特，多诺万的铜像则在后面冷眼旁观。

第一部完全根据第一手内部报告和原始档案写成的中情局历史

中情局官员"书架必备书"

一本让中情局震怒的书

美国国家图书奖获奖作品

中情局罪与罚

CIA60年秘史存灰

叙利亚政变
"水门事件"

伊拉克战争
伊朗人质危机
肯尼迪遇刺

两度普利策奖得主 蒂姆·韦纳 ◎著

杜 默◎译 林添贵◎审订 魏宗雷◎审校

朝鲜战争
越南战争
古巴导弹危机

LEGACY of ASHES
The History of the
CIA

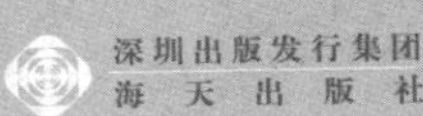

深圳出版发行集团
海天出版社

图书在版编目（CIP）数据
中情局罪与罚 /〔美〕韦纳（Weiner，T.）著；杜默译 .
深圳：海天出版社，2009.6
ISBN 978-7-80747-566-8

I. 中… II. ①韦…②杜… III. 中央情报局（美国）- 史料 IV. D771.236

中国版本图书馆 CIP 数据核字（2009）第 070967 号

版权登记号　图字：19-2009-010 **号**

LEGACY OF ASHES: THE HISTORY OF THE CIA by Tim Weiner

中情局罪与罚（ZHONGQINGJUZUIYUFA）
海天出版社出版发行
（地址：深圳市彩田南路海天大厦　518033）
http://www.htph.com.cn
订购电话：0755-25970306，83460397
出 品 人：陈锦涛
出版策划：毛世屏
执行策划：桂　林　黄　河
责任编辑：张绪华　许全军
责任技编：钟愉琼
版式设计：袁青青
封面设计：陈文凯　占芳蕾

深圳市彩美印刷有限公司印刷　海天出版社经销
2009 年 6 月第 1 版　2009 年 11 月第 2 次印刷
开　　本：787 × 1092mm　1/16　印张：27
字　　数：372 千字
定　　价：48.00 元

《中情局罪与罚》荣耀榜

LEGACY of ASHES
The History of the CIA

美国国家图书奖：非小说类最佳图书

美国国家书评奖：2007年5本最佳非小说类图书之一

亚马逊书店：2007年十大最畅销图书之一

亚马逊书店：2007年读者最喜欢的100本图书之一

《时代》：2007年十大非小说类图书

《华盛顿邮报》：2007年最佳图书

《纽约时报》：2007年100本最重要的图书之一

《经济学人》：2007年最佳图书

《波士顿环球报》：2007年最佳图书

《洛杉矶时报》：2007年最佳图书

《沙龙》：2007年十大最佳图书

《明尼阿波利斯晨报》：2007年最佳图书

《匹兹堡公报》：2007年最佳图书

《盐湖城论坛报》：2007年最佳图书

《华盛顿邮报》

如果有一天中情局倒台了，蒂姆·韦纳将难辞其咎……在书中……他描绘了这个机构毁灭性的图景……中情局无法预见这个世界要发生的主要事件、侵犯人权、秘密调查普通的美国公民、暗杀外国领导人，将大量的精力和资源浪费在毫无意义的秘密行动上，却在其核心使命——搜集和分析情报上，一败涂地……《中情局罪与罚》在新闻报道和历史书写方面都极其成功，每一位对中情局或“二战”后美国情报机构感兴趣的人来说，本书都不可不读。

《出版商周刊》

不管描述的是深入还是粗略，韦纳在书中所谈及的这些灾难性事件，对于读者来说，以前都略有耳闻。但通过本书作者广泛深入地调查，读者就能一窥中情局长期以来存在的种种问题的全貌。调查的结果便是对美国情报政策和运作最严厉可信的控告。

《星期日电讯报》

这部有关美国中情局历史的新书，列出了中情局的众多情报失误，指出中情局未能对任何一起重大国际事件作出预测，其中包括朝鲜战争、柏林墙倒塌、“9·11”恐怖袭击事件。

《华尔街日报》

中情局近期大张旗鼓地解密了一系列据说是其“腹中骨”的内部报告……对中情局一反常态的“开放”所表现出的过度反应，表明了公众和媒体对中情局的真正了解是少之又少。幸运的是，蒂姆·韦纳的杰作《中情局罪与罚》填补了这个空白。这本书真的不同凡响，是描写间谍方面最好的一本书。

《基督教科学箴言报》

这是本年度最令人毛骨悚然的一本书。说它令人“毛骨悚然”，不仅是因为该书记录了 CIA 卷入暗杀、政变、暴力、渗透、破坏、颠覆、散播谣言、扰乱社会，更是因为在美国标榜的民主制度下竟能任由这样的秘密间谍机构为所欲为，令人不寒而栗。

《纽约时报》

韦纳对中情局的报道、分析令人印象深刻，趣味性极强。

《波士顿环球报》

这是一部引人入胜的作品，对美国间谍机构的历史进行了极富魅力同时也言辞犀利的讲述。

《琼斯母亲》

本书描写的是一所已经失控的机构，令人眼前一亮，极具史诗气质。

《巴尔的摩太阳报》

每一个美国人都应该读读本书，通过这本书，你将会对打着美国公民的旗号，耗费着美国纳税人金钱的这所机构是如何作恶多端的有一个全景性的认识。

名人推荐

马克·鲍顿 《大西洋月刊》首席记者、《黑鹰计划》作者

本书以美国在伊拉克的灾难性败局收尾，是一部可读性极强和批判色彩很浓的中情局史。

斯蒂夫·科尔 《华盛顿邮报》编辑部前主管、普利策奖获得者

蒂姆·韦纳博览深耕，写出这本纵跨60年、精彩纷呈又不乏说服力的中情局史，书中每段引言皆有据可考，这足以证明他不凡的写作功力，也证实美国政治制度有一定的透明度。

泰德·格普 《秘密国家》作者、《华盛顿邮报》著名调查记者

本书和所有一流的历史作品一样，是结合深厚的历史素养、翔实的报导和发人深省的秘闻写成的，极具教育性和启发性，见解不凡。蒂姆·韦纳在书中说古道今，娓娓细说中情局草创时就存在的不足以及由此造成的对美国的伤害。

沃尔特·艾萨克森 畅销传记《爱因斯坦》作者、鹅毛笔奖最佳传记得主

这是一本妙趣横生、引人入胜的书。蒂姆·韦纳以丰富的报道和档案数据，剖析了中情局在传统情报上表现糟糕的原因。它是一则扣人心弦的故事，也是一个警告。美国必须培养了解和面对世界局势的能力与意志。

毕　远　中新社

这本新书称，中情局将大部分时间花在推翻外国政府的秘密行动方面，而不是用来收集美国敌手的情报，这使它未能对任何一起重大国际事件作出预报。

张　帆　中国社会科学院美国所研究员

《中情局罪与罚》是第一本全面介绍中情局历史的中译本，有正史、人物和事件，既可作为研究人员的参考书，又可作为生动有趣的大众读物。

魏宗雷　美国问题专家

中情局是美国霸权政策的执行者和助推手，是在别国搞政变颠覆的幕后黑手，也是操纵国际舆论的高手……《中情局罪与罚》一书反映了美国人对中情局抱有一种近乎苛刻的挑剔和不满，既要中情局做得更多，又要中情局做得更好。

罗　琪　中国网

本书记述历史全面，故事引人入胜，人物丰富多彩，让读者更清楚地了解中情局的来龙去脉，认清其性质和本来面目，作者所说的中情局业绩或败绩都是为美国对外扩张政策服务的。

马维国　北大医院和阜外医院博士

读了很多间谍小说，也知道许多冷战时期中情局的传奇故事，但《中情局罪与罚》仍然让我爱不释手，一口气读完。尽管中情局有种种不是，但没有 CIA，就没有今天的 USA，这是美国的病理。

推荐序

中情局——美国全球霸权的双刃剑

韩东屏（著名翻译家、美国华伦威尔逊大学教授）

《中情局罪与罚》原书名的字面意思是“灰烬的遗产”，有“灰飞烟未灭”之意。作者通过采访中情局的高官，研究中情局的解密档案，把中情局历史上的各种无能和失误披露出来，可以帮助世人对中情局这个美国最神秘的政府机构有所了解。

人们都知道苏联时期克格勃（简称KGB，即苏联国家安全委员会，是1954年3月13日至1991年11月6日期间苏联的情报机构。克格勃的职权领域大致与美国中央情报局和联邦调查局的反间谍部门相当。——译者注）与中情局之间斗智斗勇、风花雪月的一些故事，但关于美国中情局的来龙去脉却知之甚少。可以说，全面记录中情局60年历史的书，中文译本目前仅此一部。通过蒂姆·韦纳的书，读者可以更多地了解中情局的一些内幕和全貌。

没有中情局并不等于说以前美国就没有情报和秘密特工行动或有关机构。中情局的前身是“二战”时期成立的美国战略情报局（OSS）。“二战”后的1947年，由杜鲁门总统改组为中情局至今。著名小说《红岩》中提到的中美特种技术合作所，简称中美合作所，就是1943年中国国民党政府和美国军事情报机构合作建立的战时跨国情报特工机构。中美合作所为国民党政府培养了大批特务，主任又是军统局头子戴笠和海军部情报署代表迈尔斯，因此必然沦为镇压中国人民的残暴工具和帮凶。美国著名汉学家费正清对此有这样的评论：“中美合作所确实曾经部署过骚扰日军后方的行动，并为美国海军的登陆做了准备。但中美合作所的弊端在于，当1945年国共内战爆发时，它把美援全用在了国民党一边。这为中国共产党所深恶痛绝，并完全有正当理由把它看做是美国帝国主义的不义行为。”

中情局主要职责是为美国总统及其他高官搜集国外情报，其主要对象不是美国公民。对美国公民的监控，需要美国司法部授权方可。美国是一个所谓的“民主”国家，标榜公民对政府的运作有知情权。但美国中情局的内幕美国人很少知情。中情局的经费以及人员情况都是高度机密，所以美国国会对中情局的监管也很有限。中情局在国外的秘密行动，名义上必须由美国总统授权，但即使美国总统这种监控有效，中情局几乎也是一人之下、万人之上。如果说战时为了美国国家安全，有效打击对手，中情局还算是必要的原罪，而和平时中情局的罪恶就完全不可饶恕。

印裔加拿大籍教授哈利·夏尔马说过，我们这个世界上90%的灾难，是由美国造成的。他的这个说法是不无道理的。其实美国在海外干的坏事相当一部分是由中情局的秘密行动造成的。美国政府在世界上大力标榜自己的民主政治，极力在第三世界国家推行所谓的民主化，搞顺我者昌、逆我者亡的霸权主义。霸权主义的实质就是别国必须符合我美国的利益和意志，否则就通过公开或秘密的行动干掉你，或至少让你日子不好过。

美国中情局以冷战的名义，在中美洲以秘密行动的方式，推翻了11个民主投票选举出来的西方式民主政府，使资源丰富的中美洲内战不断、民不聊生。直到20世纪80年代，美国中情局贩卖毒品筹资贩卖军火给伊朗，筹资支援尼加拉瓜的反政府武装在尼加拉瓜境内外进行暗杀和破坏活动，让该国成千上万的人民家破人亡。中情局的暗箱操作才受到美国国会的调查，立法限制中情局在海外的暗杀行动等。中情局策划了巴西1964年的军事政变，推翻民选政府，导致军人执政至1958年。20世纪70年代，中情局以反共的名义，推翻了有社会主义倾向的智利民选总统阿连德，导致皮诺切特政权的暴政，成千上万的智利左翼人士被杀。中情局为了暗杀敢于抗拒美国的古巴总统卡斯特罗，尝试了上百种暗杀手段,包括臭名昭著的“猪湾登陆”。卡斯特罗可以说是大难不死。这在本书中都有较为详细的记述。

1954 年，中情局在中东与英国情报机构联合策划、导演了推翻伊朗摩萨台的民选政府，扶植巴列维国王的独裁政权，直到 1978 年该政权被伊朗人民的伊斯兰革命推翻。这是当前美伊关系陷于僵局的主要历史背景。在 20 世纪 70 年代，中情局策划支持萨达姆的复兴党推翻伊拉克政府，萨达姆上台后，成为美国在中东的马前卒,他对内镇压异己,对外挑起对伊朗长达 10 年的战争，成为美国打击伊朗的一个工具。两伊战争中，中情局对伊朗和伊拉克双方出卖军火，大发战争财，100 多万伊拉克和伊朗民众死于战火。最后，中情局又提供萨达姆有核武的假情报。美国政府根据这一假情报，在萨达姆已经愿意投降的情况下，出兵伊拉克，推翻萨达姆政权。美国政府打着从萨达姆独裁政权下解放伊拉克人民的幌子，为的是以伊拉克为突破口，然后西攻叙利亚，东攻伊朗，彻底消除其盟友及在中东的支点以色列的潜在威胁。如果不是美国在伊拉克遇到伊拉克人的强烈反抗，叙利亚、伊朗都可能陷于战火之中。如果美国在中东得手，布什“邪恶轴心”的下一个目标就在劫难逃。一个个解决了，剩下的就是中国了。美国就会支持中国的反叛分离势力，挑起对抗。如果与美国开战，美国就会纠集其已部署在周围的盟国等南北夹击。届时厄运就会降临。这一切，都因为美国深陷中东阿富汗，而暂时缓解。

在亚洲，中情局更是没少干坏事。1965 年，中情局策动了印尼军事政变。苏哈托独裁政权在印尼执政 30 年之久，1998 年在亚洲金融风暴中由中情局策动了他的下台。美国中情局于 1965 年策动了柬埔寨朗诺政变，推翻了不肯与美国合作的西哈努克国王，导致柬埔寨这个祥和的佛教之国长期战乱不断、生灵涂炭。

冷战时期，为了与苏联争霸，美国逢苏必反，中情局支持苏联支持的国家的反政府武装。从非洲今天的许多内战，分裂主义的战争中，都可以看到美国中情局的影子。20 世纪 50 年代，中情局为了给中国政府制造麻烦，在美国西部训练西藏的叛乱分子，然后空投到西藏境内与中国人民解放军打游击战，搞暗杀破坏。失败后，又策动叛乱分子，挟持达赖叛逃。在中情局的策动和支持下成立“流亡政府”。这些年来，中情局为了给他披上合法的外衣，让他得诺贝尔奖，让他到各国演讲，在欧美窜来窜去。达赖集团公开承认长期接受中情局资助，他和许多敌对势力一样是中情局实施颠覆活动的工具。

被美国政府称为恐怖组织的基地组织和塔利班，都是中情局当年策划扶持起来的。他们为了颠覆亲苏的阿富汗政权，于1979年底开始武装训练拉登和他的组织，在阿富汗从事反政府活动。苏联1980年出兵阿富汗，陷入一场无法获胜的战争，美国坐山观虎斗。但不知从何时起，基地组织和塔利班却成了美国人的死对头。可见，没有永久的盟友，也没有永久的敌手，只有永恒的利益。

从某种意义上讲，美国政府建立的中情局是美国政府控制世界的一个难得的工具，它给全世界造成了无数灾难。中国有句老话叫“搬起石头砸自己的脚”。中情局在全世界作恶多端，让全世界人民渐渐看清美国政府的真正本质：什么民主，什么人权，全是美国政府用来推行其全球霸权的暴力工具和舆论工具，也就是武器的批判和批判的武器。为了美国的霸权利益，中情局无所不用其极，最终只能让全世界人民看清美国政府和中情局的本质。

中情局在世界上的运作，不仅限于上述的军事方面。中情局还是高明的意识形态方面的斗士，这方面往往被人们忽视。据美国作家弗朗西斯·斯通研究，写过《动物农场》和《一九八四》等家喻户晓作品的乔治·奥威尔就是中情局的合作者。他创造出的“人人平等，有的人更平等”、“极权国家”、“警察国家”、“大哥”等词语，在西方成了诋毁社会主义国家的通称，为美国在冷战时期的道德优势立下了汗马功劳。

中情局实际上是美国的宣传部。1956年中情局将赫鲁晓夫关于斯大林的秘密报告偷取出来，发表于《纽约时报》，导致95%的美国共产党员退党，90%的欧洲共产党人退党。这些共产党人把苏联看做工人的天堂，苏联的社会主义事业曾是他们信仰的支柱。赫鲁晓夫关于斯大林的秘密报告把斯大林变成恶魔，他们难以承受，结果让中情局不战而屈人之兵。这是中情局少有的成就，《中情局罪与罚》中也有提及。中情局经常把别国的所谓秘密拿出来发表，让别国难堪，误导舆论，呼风唤雨，达到别有用心的目的。这一招在国际政治中是非常管用的权谋伎俩，其他有志者不妨以毒攻毒。

中情局创办或资助了不少公开刊物和报纸。有的刊物直接针对中国，主要为了占领中国研究领域里的话语权。国际大赦、自由之家等组织，都是中情局发起的。他们冠冕堂皇地揭露别的国家，特别是不跟美国指挥棒转的国家的人权记录，评判别的国家的自由度，其实这些都是美国中情局的工具。世人不知就里，难免受这些组织的左右，对他们的各种报告进行反驳评论，其实也正中中情局下怀，落入语言圈套。

美国政府在中情局花了大量的经费，尽管美国政府对中情局的经费秘而不宣。但许多人估计美国每年花在中情局上的费用，可能在500亿美元左右。这是一个巨大的数目，而且为了应付美国所谓的反恐需要，应付美国在全世界的各种挑战，这种花费将越来越大。美国要控制全世界，要想维持其全球霸权，就离不开中情局这样的机构。但世界霸权也像毒品一样，让人上瘾和失控，这是不依人的意志为转移的。但聪明反被聪明误，世事总是如此。美国在全世界的军事扩张，中情局的坏事做绝，可能最终就是美帝国垮台的契机。所以说，中情局充其量只是美国全球霸权的一把双刃剑。

蒂姆·韦纳的畅销新书《中情局罪与罚》为读者提供了一部很好的反面教材。作者总体上是对中情局大加挞伐、挖苦揭短，大批中情局过去60年干了不少蠢事，大有恨铁不成钢之意。可话要说回来，中情局要是再“好”点，再“能干”点，再“聪明”点，那全世界可能更遭罪，其他国家更没好日子过了。尽管如此，本书历史线条清晰，故事情节生动，史料详实可信，人物有血有肉，行文引用大量档案文件，是一本不错的非小说类读物，也是一本严谨的学术专著，值得大众一读，也可供大学、研究机构参考。作者是美国人，肯定会站在美国的立场上，不可能完全揭批美国和中情局的本质。他尽量把美国的罪过说成是中情局的罪过，也就是说，美国的罪，中情局的罚。中情局虽然对本书装模作样地发表了官方声明，表示愤慨和指责，但实际上也无所谓，因为谁也不可能因为这本书而受到处罚下台。可以说这是周瑜打黄盖，一个愿打，一个愿挨。美国玩的戏法很能迷惑人。

美国为何至今未能建立一流的谍报机关

《中情局罪与罚》第一个记录中央情报局60年的历史，分析了西方文明史上最强大的国家未能建立第一流谍报机关的原因，而这一失败已严重威胁到美国的国家安全。

情报工作是一种秘密活动，旨在了解或改变国外形势。艾森豪威尔总统称之为“极其无聊却又十分必要的差事”。一个国家要将力量投诸海外，就得高瞻远瞩，见微知著，能够预见未来，预测意外，预防人民受到攻击。少了强大、精明、敏锐的情报机关，总统和将领们很可能有目如盲，东跌西撞。然而，综观美国历史，身为超级强国的它，却偏偏没有这样的情报机关。

爱德华·吉本在《罗马帝国衰亡史》中写道，历史“不过是人类罪行、蠢事与不幸的记录”罢了。中情局的编年史充斥着蠢事与不幸，间或穿插一些英勇之举与狡黠伎俩的花絮。史料里记录的全是他们在海外短暂的成功和永远的失败，因小失大的事比比皆是，并深深打上国内政治交锋和权力斗争的烙印。中情局的成功或许挽救了一些生命与财产，但它的失误却导致人财两空。事实证明，这些失误对美军和海外工作人员造成了极大的伤害。2001年9月11日，纽约、华盛顿和宾夕法尼亚州约有3 000人丧生；伊拉克和阿富汗战争至今，已有 3 000 余名美军牺牲。没能履行“让总统知道世界形势”这个核心使命，是中情局无可推诿的罪状。

第二次世界大战打响的时候，美国尚无情报机关，战争结束几个星期后还是没有建立情报机构。大量士兵被遣散复员之后，对特勤工作有点经验又想继续与新敌人斗争的人只剩区区几百个。1945 年 8 月，战时“战略情报局”指挥官威廉·多诺万将军提醒杜鲁门总统：“除了美国，各个主要的强权国家都有历史悠久的常设全球性情报机关，直接向政府最高层报告。在此次战争之前，美国没有海外秘密情报机关，而战后也没有一个类似的情报组织。”可悲的是，直到今天美国真正的情报机关仍付之阙如。

中情局原本是要成为这种组织的，可惜该局的设计蓝图失之草率。美国的老毛病不可救药：保密和欺瞒终非所长。大英帝国瓦解后，美国成为对抗苏联的唯一力量，它拼命了解这些敌人，为总统深谋远虑，以便事到临头时能以其人之道还治其人之身。中情局最主要的任务就是提醒总统防范突袭，避免重蹈珍珠港事变的覆辙。

20 世纪 50 年代的中情局，数千名职员都是“爱国”的美国人，其中不乏历经战争淬炼的勇士，有的更是有智有谋，但真正了解敌人的却少之又少。总统在对中情局缺乏了解的情况下，下令中情局通过秘密行动来改变历史进程。当时担任中情局西欧秘密行动主管的杰拉尔德·米勒写道：“和平时期的政治与心理战争是一门新技术，有些技巧我们虽已知道，但仍缺乏理论和经验。”中情局的秘密行动基本上是盲人骑瞎马，唯一的办法就是边做边学，从战争的失误中汲取经验。那时，中情局向艾森豪威尔总统和肯尼迪总统谎报信息，隐瞒在海外的种种失败，并靠这些谎言来保住自身在白宫的地位。深谙冷战时期情况的长官唐·格雷格说，中情局的势力如日中天，盛名在外，实绩却惨不忍睹。

越战期间，和美国大众一样，中情局对自身的危险置若罔闻。中情局发现自己和美国媒体一样，若是汇报的内容与总统的先入之见不符，便会遭到驳斥。中情局屡受约翰逊、尼克松、福特和卡特这几位总统的责难与嘲讽。他们都不了解中情局的运作情况。前中情局副局长理乍得·克尔指出，他们在位时“不是期望中情局可以解决所有问题，就是认为它什么事都做不好，然后又持相反的看法。他们一静下来就前思后想，游移不定”。

作为白宫的一个机构，中情局要生存就得先引起总统的注意。但它很快便发觉，对总统尽说些不中听的话实在很危险。中情局分析人员慢慢学会了萧规曹随、因循守旧。他们误解敌人的意图和能力、错估共产主义的势力，并对恐怖主义的威胁判断失误。

冷战时期中情局的最高目标是吸收间谍窃取苏联机密，但它始终无法找到可以深入了解克里姆林宫运作的人。有重要情报可向美方透露的苏联间谍屈指可数，而且他们都是出于自愿，并不是美方吸收来的，最后这些人都送了命，全被莫斯科当局逮捕并处死。在里根和老布什总统时期，这些人几乎都是被中情局苏联情报科的内奸出卖而葬送性命的。里根时期的中情局启动了一项规划不周的第三世界任务，即贩卖军火给伊朗革命卫队，再把所得投入中美洲的战争，这不但违法乱纪，更把仅余的一丝信誉消耗殆尽。更可悲的是，中情局放过了主要敌人最致命的弱点。

了解敌方的重大责任落在“机器”上，而不是由“人”肩负。侦察技术日新月异，中情局的目光却越来越短浅。侦察卫星使中情局有能力计算出苏联的武器数量，却无法提供苏联共产主义即将崩解的重要情报。中情局的顶尖专家在冷战结束后才看到敌人。中情局提供数十亿美元的武器，协助阿富汗抵抗苏联红军入侵，让苏联受到重创，获得少有的成功。然而，它未能预见自己所支持的伊斯兰战士会把矛头转向美国，蓦然醒悟后又未能及时采取行动，从而造成极其严重的挫败。

冷战时期维系中情局的理由，在20世纪90年代克林顿执政时期开始松动。中情局中还是有些人很努力地想要认清时局，可惜人微言轻。虽不乏有才干的官员致力于在海外为美国效力，但是人数太少了。联邦调查局在纽约的探员，就比中情局驻外官员还要多。当20世纪接近尾声时，中情局已称不上功能完善的独立情报机关了。它成了五角大楼的二级分局，只是替一些可能根本不会发生的战争作些战术分析，而不是为即将到来的斗争制定战略。它无力防止下一个珍珠港事变发生。

纽约与华盛顿遭受恐怖攻击后，中情局派出一些老练的秘密行动干员前往阿富汗和巴基斯坦，追捕基地组织（或称盖达组织，是极端的伊斯兰恐怖组织）头目。然后，中情局向白宫提交“伊拉克拥有大规模杀伤性武器”的假报告，这使它作为可靠机密情报来源的地位荡然无存。它根据一盎司微不足道的情报，炮制出成千上万的报告。紧接着，小布什总统和他的行政班底滥用当年他父亲引以自豪的中情局，使它在海外变成了准军事化的国际警察，而在总部则成了瘫痪的官僚机构。2004年，小布什宣布中情局对伊拉克战事的评估“纯属臆测”，这就在不经意间宣判中情局的政治死刑。历任总统从未那样公开责难中情局。

中情局在美国政府中的核心地位，随着2005年中央情报总监一职的撤销而告终，现在若想救亡图存就得改组重建，而这势必要花上好几年工夫。了解世界真相一直是三代中情局官员压倒一切的首要任务，但新一代官员中能熟知国外错综复杂形势的却不多见，能掌握白宫政治文化者更是少之又少。反过来，自20世纪60年代以来，每一任总统、每一届国会和每一位中情局局长，几乎都不了解中情局的机制。这些人大多都只会把中情局“管理”得比他们刚接手时更加糟糕。他们的失败留给后世的只是艾森豪威尔所谓的“历史灰烬的遗赠”。美国仍在原地踏步，重新回到了60年前中情局草创时期的混乱状态。

《中情局罪与罚》试图说明，美国何以至今仍缺乏未来岁月里所需要的情报机关。书中引用了美国国家安全机构档案中所记录的理念和言行。档案记录了美国领导人把力量投诸海外时所说的、想要的和所做的真实的一面。为完成本书，我阅览了5万多份中情局、白宫和国务院的文件档案，2 000多份美国情报官员、军人和外交官的口述历史，并自1987年开始，对中情局官员与退休人员（包括10位中情局局长）进行了300多次访谈。

书中所言皆有据可考，没有匿名消息，没有胡乱引述，更没有道听途说，堪称第一本完全根据第一手报告和资料文件编纂而成的中情局史。然而，它并非完美无缺，没有哪一位总统或中情局局长能知晓局内所有事情，局外人更是难以掌握全貌。我在书中虽然未能写出全部事实，但已尽我最大的能力做到所说的全部属实。

但愿这本书可以成为警示。除非美国能找回那双看清事实真相的眼睛，否则可能无法长久享有强权地位，而这正是中情局曾经安身立命的根本所在。

目 录

第一部分　大国情报机关应运而生

杜鲁门时期的中情局：1945-1953年

战时情报机关的前身注定了中情局全球性和集权性的性质。随着苏联的步步紧逼，中情局不仅扮演了“杜鲁门主义”的代言人，更充当了“马歇尔计划”的幕后黑手。纵然它是扼杀民主的“盖世太保”，纵然它惨遭国防部与五角大楼的排挤，但间谍游戏依旧在上演，世界第一大国使尽浑身解数欲建立与之对应的情报霸权。全球最大的情报机关随之诞生了……

第二部分　冷战硝烟中的情报怪才

艾森豪威尔时期的中情局：1953-1961年

冷战的加剧使得中情局扮演了更为重要的角色，此时的中情局已沦为总统的权力工具，斯大林的死进一步触动了艾森豪威尔紧绷的神经。无论是对伊朗的颠覆，还是对古巴的入侵，抑或是将甲级战犯捧为日本首相，野心勃勃但又先天缺陷的中情局只能在“铁幕”边缘徘徊，究竟能否担当起大国情报机关的重任呢？

第三部分　情报霸权功败垂成

肯尼迪与约翰逊时期的中情局：1961-1968年

冷战的白热化使得美国急需一个高效率的情报机关，而猪湾登陆的失败、刺杀卡斯特罗的一再失手、误判古巴导弹危机，使得中情局成为世人笑柄。对于肯尼迪遇刺的不知所措及在越南战场情报的惨败，使得美国总统开始考虑废除中情局。美苏之间的鏖战逐渐演变成中情局和克格勃的交锋，但中情局却一次又一次地被耍……

第四部分　逐渐陷入政治旋涡

尼克松与福特时期的中情局：1968-1977年

尼克松和基辛格将秘密情报运用到登峰造极的地步，此时的中情局完全成为总统的"第三只眼"，开始明目张胆地监视美国人。情报政治化使得中情局削足适履，按照白宫的政治形态修改情报。中情局蹩脚的秘密行动仍在进行，直至"水门事件"使其成了背黑锅的主角。陷入政治旋涡的中情局似乎已难逃被解散的命运。

第五部分　输不起的大国情报游戏

卡特、里根与老布什时期的中情局：1977-1993年

卡特以人权为核心的原则改变了美国的外交政策风向，他开始以自己的方

式小心翼翼地挑战克里姆林官。错判苏联入侵阿富汗以及对人质并不完美的解救，使得中情局再次被诟病。此时的中情局已被“冒险家”凯西的说谎遗毒撕得粉碎。在苏联逐渐衰落的大背景下，中情局是否做好了为“和平红利”牺牲的准备？

第六部分　大国情报机关能否于灰烬中重生？

克林顿与小布什时期的中情局：1993-2007年

直至埃姆斯案重创中情局，白宫才发觉中情局到了必须变革的地步。但克林顿根本没时间去了解中情局，无论是“误炸”中国大使馆，还是放过恐怖公敌本·拉登，抑或是变成谍中谍骗局中的一环，中情局已经成了大国情报失败的象征。随着美国霸权的衰落，中情局能否从灰烬中重生，成就其情报霸权，世人将拭目以待。

第一部分　大国情报机关应运而生

杜鲁门时期的中情局：1945-1953 年

战时情报机关的前身注定了中情局全球性和集权性的性质。随着苏联的步步紧逼，中情局不仅扮演了“杜鲁门主义”的代言人，更充当了“马歇尔计划”的幕后黑手。纵然它是扼杀民主的“盖世太保”，纵然它惨遭国防部与五角大楼的排挤，但间谍游戏依旧在上演，世界第一大国使尽浑身解数欲建立与之对应的情报霸权。全球最大的情报机关随之诞生了……

第1章

守护自由女神的“盖世太保”横空出世

杜鲁门要的只是一份报纸。

1945年4月12日，因罗斯福总统过世而突然入主白宫的杜鲁门，对原子弹开发和盟国苏联的意图概不知情。因此，他亟需获取情报来行使他的权力。

几年后，他写信给友人：“我刚继任时，总统没有办法统筹来自世界各地的情报。”罗斯福成立了战略情报局（以下简称“战情局”），充当美国的战时情报机关，由多诺万将军担任指挥官。但多诺万所领导的战情局当初建立时只是权宜之计。因此，新设立的中央情报局取而代之之后，杜鲁门便希望它能成为一个完全为总统服务的全球性新闻机构，每天提交新闻摘要。他写道：“我无意让它变成‘斗篷与剑’[①]的团体！原本的用意只是要它做个让总统知晓世界大势的中心。”杜鲁门坚称自己根本没有要中情局“充当情报组织，成立之初根本没这个意思”。

他的设想从一开始就被推翻了。

多诺万认为：“在全球化与极权主义的斗争中，情报机关也应该是全球性和极权式的。”他在1944年11月18日致函罗斯福，建议美国成立一个和平时期的“中央情报部门”。早在1943年，他已应艾森豪威尔将军的参谋长沃尔特·比德尔·史密斯中将之请而着手规划，艾森豪威尔想知道如何将战情局变成美国军事机构的一环。多诺万告诉罗斯福，他可以在了解“外国的能力、意图和活动”的同时，展开“海外颠覆活动”对付敌国。战情局的编制一直不超过1.3万人，比陆军一个师还要少。多诺万构想此部门能拥有独立人员，成为一支擅长反共、保卫美国免受攻击、向白宫提供机密情报的队伍。他敦促总统“立即开工造船”，并表明他有意当这艘船的船长[②]。

绰号"疯子比尔"的多诺万是英勇的沙场老将，曾因"一战"期间在法国表现英勇而获国会颁授荣誉勋章。但他对政治却一窍不通，信赖他的海、陆军将领屈指可数。多诺万想通过网罗华尔街的经纪人、常春藤盟校的书呆子、雇佣兵、广告人、新闻人、特技人员、窃贼和骗子来成立谍报机关，这令那些军队将领大惊失色。

战情局已培养了一批美国特有的情报分析人员，但多诺万以及他那位明星干将艾伦·杜勒斯[③]，却对美国人不熟悉的谍报和阴谋破坏技巧情有独钟。多诺万不得不依靠英国情报机关向他的手下传授这些手段。那些具有传奇色彩的战情局勇士，深入敌后，冒着枪林弹雨爆破桥梁，联合法国及巴尔干的反抗组织共同对付纳粹势力。"二战"的最后一年，多诺万的手下早已遍布欧洲、北非和亚洲，因而他也打算直接派特工深入德国。人员是派出了，可最后都牺牲了。21 个双人小组当中，只有一组还有下落。多诺万日思夜想的就是这种有点豪壮，也有点虚幻不实的任务。

多诺万的得力助手戴维·布鲁斯（日后出使法国、德国和英国）指出："他有无穷的想象力，点子是他的囊中之物。他激动起来会像一匹赛马一样呼呼喷气。他的指令，一看就知道即使不荒诞不经，起码也异乎寻常，但如果哪位下属拒绝完成他交待的任务，那就惨了。我曾在他的指导下花了好几个星期辛苦测试，看看利用从西方洞穴捉来的蝙蝠摧毁东京的可行性。"在蝙蝠背上绑上燃烧弹空投——这就是战情局的精神。

罗斯福总统一直对多诺万有所怀疑。1945 年初，他命令白宫首席军事助理理乍得·帕克上校，针对战情局的战时活动展开秘密调查。帕克刚着手调查，这条消息便从白宫泄漏出去，立即成为纽约、芝加哥和华盛顿各大报纸的头条新闻，它们齐声警告：多诺万想要成立"美国的盖世太保"。消息一走漏，罗斯福便极力敦促多诺万将计划秘而不宣。1945 年 3 月 6 日，参谋长联席会议主席（简称 JCS，通称参联会主席）正式将多诺万的计划束之高阁。

参联会主席希望新的谍报机关服务于五角大楼而非总统。他们想要成立的是一个以将校和文职人员为主的情报交流中心，负责过滤由驻外武官、外交官和谍报人员搜集到的情报，以提供给 4 星上将级指挥官作参考。由此，持续三代人的美国情报机关控制权争夺战逐渐拉开了序幕。

"极其危险的事情"

战情局在美国国内地位不高，在五角大楼里更是微不足道。该机构不得查阅从日本和德国截获的最重要的通信资料。用主管军事情报的副参谋长克莱顿·比斯尔少将的话来说，美国高级军事官员都认为，由多诺万领导一个由文官组成的独立并且能直达总统的情报机构，“在民主国家里是桩极危险的事情”。④

战情局里有很多正是珍珠港事变时酣睡不醒的那帮人。美国军方早在1941年12月7日凌晨之前就破解了日方的若干密码，知道日本可能发动攻击，但万万没想到日方会如此孤注一掷。破解的密码秘而不宣，也没有告知前线指挥官。军方内部的对立，也意味着情报的分散、隐秘与凌乱。既然没有人能掌握所有的拼图板块，当然也就没有人能总揽全局。直到战争结束之后，国会才着手调查美国何以遭此突袭。也就是在这个时候，美国才恍然大悟，需要以新的方式来保卫自己的国家。

珍珠港事变之前，在国务院的一小排档案柜里，就可以找到覆盖全球大部分地区的相关情报。⑤但这些消息只是来源于数十位驻外大使和武官。1945年春天，美国对苏联的动向几乎浑然不知，对其他国家的了解更是少得可怜。

唯有罗斯福才能让多诺万成立高瞻远瞩、全知全能情报机关的梦想复活。因此，4月12日罗斯福逝世那天，多诺万顿觉前途黯淡，自怨自艾大半夜之后，来到他最爱光顾的巴黎丽兹饭店楼下，和战情局官员威廉·凯西（日后成为中情局局长）吃了一顿沉闷的早餐。

“你觉得这对组织有什么影响？”凯西问道。

“恐怕是要完蛋了。”多诺万答道。

就在同一天，帕克上校向新总统杜鲁门提交了极机密的战情局调查报告。这份直到冷战结束后才完全解密的报告，可谓是一把由军方打造，再由1924年即担任联邦调查局局长的埃德加·胡佛磨利的政治谋杀凶器。胡佛看不起多诺万，自己又怀有掌控全球情报机关的野心。帕克的报告不仅摧毁了多诺万为保护特工所创造的神话，更在杜鲁门心中播下了日后对秘密情报活动深刻而持久的不信任的种子，断送了战情局存在的可能性。报告说，战情局“对美国人民、商业和国家的利益造成严重伤害”。

帕克没有提出战情局有助于赢得战争的任何重大例证，只是无情地列出战情局失败的事实。干部训练“粗糙且漫无组织”；英国情报指挥官认为可以把美国间谍“玩弄于股掌之间”；在中国，国民党领导人蒋介石利用战情局得偿所愿；德国间谍已渗透到战情局在欧洲和北非各地的活动；日本驻里斯本大使馆发现战情局官员打算窃取日方密码册，于是变更密码，造成1943年夏天美国“重大军事情报完全中断”。有位线人向帕克表示：“战情局这一愚蠢行为让美国人在太平洋地区付出生命的代价，具体人数不得而知。”1944年6月罗马失陷之后，战情局提供错误的情报，导致数千名法军在厄尔巴岛遭到纳粹大军围困。帕克写道：“战情局的失误以及错误估计敌人军力，导致大约 1 100 名法军丧生。”

报告还对多诺万进行人身攻击，说他掉落在布加勒斯特鸡尾酒会上的公文包，“被一位罗马尼亚舞者拾起，转到盖世太保手中”。他对高级官员的任命和升迁不是看绩效，而是根据此人在华尔街和“社会名人录”⑥的人脉；他派特遣队到利比里亚之类的偏远工作站之后，就把他们抛诸脑后；他将突击队误派到中立国家瑞典；在法国，他派卫兵保护夺取的一处德军弹药库，后来却把他们炸得尸骨无存。

帕克上校承认，多诺万的手下确实执行过几次很成功的破坏任务，也营救了一些遭袭击的美军飞行员。帕克说战情局在办公室研究和分析的部门“表现不凡”，所以他的结论是：战后，分析人员可以安插到国务院，其他的必须走人。“让几乎不可救药的战情局人员在战后秘密情报机关里滥竽充数，岂不让人匪夷所思。”他提醒道。

欧洲胜利日⑦之后，多诺万返回华盛顿，设法挽救他的谍报机构。罗斯福去世后的 1 个月国殇期里，华盛顿上下争权夺利忙得不可开交。5 月 14 日，在总统办公室里，多诺万向杜鲁门提议挖克里姆林宫墙脚来遏制共产主义。杜鲁门听了不到 15 分钟就草草打发他走了。

整个夏天，多诺万都在国会和新闻界展开反击。最后，多诺万在 8 月 25 日告诉杜鲁门，总统必须在“知与无知”之间作出选择。他提醒道：“美国现在还没有一个统筹全局的情报系统，这种状况的弱点和风险已是人所共知。”

多诺万向来以倨傲不屑的态度对待杜鲁门，这次，他原本希望一番好言好语能说服总统成立中情局，可惜他误解了总统的心意，杜鲁门已认定多诺万的计划具有盖世太保的特征。1945 年 9 月 2 日，也就是美国原子弹空投日本 6 个星期之后，这位美国总统将多诺万革职，并下令战情局在 10 天内解散。美国谍报机关就此解体。

本章注释

①《斗篷与剑》是 1946 年在美国上映的间谍战争片，描述第二次世界大战接近尾声时，美国战情局强迫由加里·库珀饰演的退休教授加入，抢夺纳粹研发原子弹的成果。从此，“斗篷与剑”成为“间谍战”的代名词。

② 罗斯福曾说："要不是多诺万是爱尔兰裔天主教徒共和党人，总统很可能是由多诺万来当。"

③ 艾伦·杜勒斯是约翰·福斯特·杜勒斯的胞弟，也是中情局第一位文人局长和任期最久的局长。约翰·福斯特·杜勒斯于1953—1959年在艾森豪威尔总统任内担任国务卿。

④ 这是当时普遍的看法。其实，陆军在战时的表现更差。陆军情报首长乔治·斯特朗少将已对多诺万新设立的独立机关"战略情报局"投以锐利的目光，并决定自行成立情报机关，他指示战争部所属军事情报局长海斯·柯洛纳准将，于1942年10月成立此机构。战争部成立于1789年，1949年改名为陆军部，隶属国防部。柯洛纳把不受多诺万重用的小法国佬约翰·格朗贝克上尉挖过来，并交代一些特殊的任务，如专注战时盟友英国与苏联针对美国的谍报及颠覆活动。这个情报组织被格朗贝克称为"池塘"，它既不受高层管制，提交的报告又完全不可靠。按照格朗贝克自己的估计，他80%的工作是在制造垃圾。它唯一可取的是其存在一直鲜为人知，"由于有些活动必须经总统批准，所以他知道它的存在"。不过，格朗贝克的雄心倒是不小，柯洛纳将军说道："他不仅要建立秘密情报机关，了解现行的战争活动，更要为一个高瞻远瞩、永久性的秘密情报机关奠定基础，那将是美国政府高级情报和秘密情报活动的源头。"

⑤ 1941年10月，日后出任国务卿的迪安·腊斯克上尉，奉命筹建一个涵盖（从阿富汗经印度到澳洲）全球大部分地区的军事情报单位。腊斯克表示："信息不足的危害已毋庸赘言，我们目前就碰到这种无知的现象。"他请求调阅美国现有的档案："有位诺斯老太太打开一个档案柜给我看，里面有一份《墨菲观光手册》，这份印度与斯里兰卡观光手册之所以会盖上机密印戳，只因为它是孤本。还有一份是1925年某武官从伦敦发回来的驻印英军相关报告，另外就是一大叠诺斯太太从'一战'以来开始做的《纽约时报》的剪报。就这些了。""二战"期间，飞越喜马拉雅山往返于印度与中国之间的美军飞行员，完全是盲目飞行。腊斯克回忆道："连一张作业区的1 000 000 :1比例尺地形图也找不到。"腊斯克想为军方筹建一个缅甸语小组的时候，"我们在全国各地想找个缅甸人……好不容易才找到一位，而此人当时竟被关在精神病院。我们还是把他弄出来，让他当缅甸语教官"。

⑥"社会名人录"收录权贵富绅的姓名与住址，这些人多为社会精英，未必全是政治人物。

⑦ 欧洲胜利日指1945年5月8日，德国在这一天投降。

第2章

全球谍报行动新思路，“暗战”走上舞台

1945年夏天，战情局驻德国主管艾伦·杜勒斯在柏林废墟中找到一处配备齐全的大楼当新总部。他手下爱将理乍得·赫尔姆斯已在设法监视苏联人。赫尔姆斯在半个世纪后表示：“各位别忘了，最初我们一无所知。对手想干什么、他们的意图、他们的能力，我们所知道的等于零，或接近于零。只要能找到一本电话簿或一张飞机场地图，就很抢手了。我们对很多国家还都懵懂无知。”赫尔姆斯欣然重返柏林，他在23岁时即以通讯社记者的身份，在1936年柏林奥运会上访问了希特勒，就此一炮而红。废除战情局之举令他哑然失色。杜鲁门的命令传到柏林的那天晚上，该局的行动中心，也就是征用来的那幢泡沫酒工厂里，愤怒与烈酒齐飞。艾伦·杜勒斯构想的美国情报部门的总部没了，只有少数人员可以留驻海外。赫尔姆斯实在很难相信，任务就此戛然而止。几天后，战情局在华盛顿的总部传来电报，要他坚守岗位。

“成立中央情报部门的神圣事业”

电报发自多诺万的副手约翰·马格鲁德准将①，此人1910年就在陆军服役，是一位儒将。他坚信若无情报机关，美国要获得世界的新霸权地位只能靠碰运气，不然就得仰英国鼻息。1945年9月26日，即杜鲁门明令解散战情局6天后，马格鲁德大步走过五角大楼似乎没有尽头的长廊。时机难逢——战争部部长亨利·斯廷森本周刚辞职，他向来坚决反对成立中情局的构想。几个月前他就对多诺万说：“这在我看来极为不妥。”现在，马格鲁德要把握斯廷森离职的大好机会。

他和战争部助理部长约翰·麦克洛伊共商大计，联手抵制总统的命令。麦克洛伊是多诺万的老朋友，在华盛顿一呼百应。

马格鲁德带着麦克洛伊的一纸命令走出五角大楼。命令中说："为维持战情局,必须继续进行活动。"这一纸命令让成立中情局的希望起死回生。在"战略情报处"的新名称下，工作人员继续执勤。麦克洛伊接着又请主管空战事务的老朋友罗伯特·洛维特（日后出任国防部长）出任助理部长，成立一个秘密委员会，规划美国情报业务走向，并告知杜鲁门要有所作为。马格鲁德信心满怀地告诉手下，"成立中央情报部门的神圣事业"必会获胜。

赫尔姆斯受到暂缓执行解散令的鼓舞，着手整顿涉入柏林黑市（在那里任何东西和人都可以被买卖）的军官。那时，在美军福利社用 12 美元买 20 多箱骆驼牌香烟，就可以换一部 1939 年的奔驰汽车。他搜罗德国科学家和间谍，希望他们能为美国服务，以避免他们的技术为苏联所用。不过，由于忙着认清新敌人的缘故，这项任务很快就退居次要地位。驻扎柏林基地的 23 岁军官汤姆·波尔格回忆说，到了 10 月，"我们的主要目标显然是弄清俄罗斯人到底想干什么"。苏联正在夺取铁路并重组东德政党。最初，美国间谍所能做的不过是追查调往柏林的苏军动向，给五角大楼留下有人在紧盯红军的印象。苏联节节进逼，华盛顿却一再退让，还得设法化解驻柏林美军的反抗，这让赫尔姆斯相当愤怒。于是他带着自己的人马着手吸收德国警察与政治人物，以便在东德建立起情报网。11 月,战略情报处派驻柏林的另一位 23 岁军官彼得·希契尔说："我们眼睁睁看着俄罗斯人全面接管东德。"

参联会和极强势的海军部部长詹姆斯·福里斯特尔这才开始担心苏联会像之前的纳粹一样，先动手拿下整个欧洲，接着再向地中海东部、波斯湾、华北和朝鲜推进。举措稍有失当，就会导致不可收拾的东西方对抗。在对新战争的疑虑逐渐升起之际，美国情报圈的未来领导人物却分裂成两个对立的阵营。

一派认为，应该透过谍报活动，有耐心地慢慢搜集机密情报。另一派则倾向于搞秘密战争，也就是通过秘密行动把战场深入到敌方。通过谍报活动尝试了解世界，赫尔姆斯即属此类；通过秘密行动试图改变世界，弗兰克·威斯纳属于这一类。

威斯纳是密西西比地主富绅的风流公子，也是身着军装的帅气律师。1944 年 9 月，威斯纳飞到罗马尼亚首府布加勒斯特，出任战情局新站长。苏联红军和美军代表团已掌控首府，威斯纳立下军令状负责监视苏军。他和年轻有为的金·迈克尔共同策划营救遭袭击的盟军飞行员，又向布加勒斯特啤酒大王征用一幢有 32 个房间的宅邸。在闪闪发光的水晶灯下，美苏两国军官互敬香槟，打成一片。威斯纳是第一位与苏联人把酒言欢的战情局官员——他很自豪地向总部汇报说，他已和苏联情报机关建立良好关系。

殊不知，他当间谍的时间还不到 1 年，苏联人玩这种伎俩的历史却已超过 200 年。他们早已在战情局内部署人员，而且很快地渗透到威斯纳的罗马尼亚盟友和特工圈子里。他们在冬至前后便已夺得布加勒斯特的控制权，将数万名有德国血统的罗马尼亚人赶上火车，运送到远东集中营或让其自生自灭。威斯纳眼睁睁看着 27 节载满人的车厢浩浩荡荡驶出罗马尼亚。这段记忆“纠缠”了他一辈子，挥之不去。

威斯纳心慌意乱地回到战情局德国总部，与赫尔姆斯一起同病相怜。1945 年 12 月，两人一起飞回华盛顿。在 18 个小时的航程中，他们促膝相谈，却都不知道回国后美国是否还会容忍秘密情报组织存在。

“一个烦人的机构”

在华盛顿，关于美国情报机关何去何从的争论愈演愈烈。参联会争取建立明确由参联会主席控制的机关，海军和陆军也主张独自拥有情报机关，胡佛则希望由联邦调查局来执行全球谍报任务。不仅国务院想支配全局，就连邮政部长也想插一手。

马格鲁德将军道出问题所在：“秘密情报活动屡屡违反法令。明白地说，这类活动必然是法外乃至非法的。”于是他很有说服力地主张应该由新的秘密机关来主管，五角大楼和国务院不宜贸然插手这些任务。

但这时几乎已没人可以填补这一空缺。马格鲁德在战略情报处的执行官比尔·昆恩上校[②]说道：“情报搜集活动几乎已陷入停顿。”战情局人员中 6 个有 5 个都回去重操旧业。他们认为，按照赫尔姆斯的说法，美国情报机构已时日无多，“没有深谋远虑，只是临时过渡性的安排，很明显是个粗糙的组织，过了今天没明天”。3 个月内走掉近 1 万名工作人员，到 1945 年年底时只剩下 1 967 人。伦敦、巴黎、罗马、维也纳、马德里、里斯本和斯德哥尔摩工作站的人几乎全走光了。亚洲地区 23 个工作站关掉 15 个。珍珠港事变 4 周年那天，艾伦·杜勒斯认定杜鲁门总统已搅乱美国情报机构，于是回到纽约，在兄长约翰·杜勒斯担任合伙人的“沙利文与克伦威尔”法律事务所上班。威斯纳随后也回到自家在纽约的“卡特莱迪亚德”法律事务所重操旧业。

剩下的情报分析员被分派到国务院另组研究局，受到难民一样的待遇。日后组建中情局情报处的舍曼·肯特写道：“我不认为这一生会有比那更悲惨、更苦恼的时期。”[3]最有才干的人灰心绝望，纷纷回到大学或报社，空缺始终未见补足。往后数年间，美国政府都没有综合性的情报汇报。

杜鲁门全靠预算局长哈罗德·史密斯，美国的战争机器才能顺利解体，岂料机构人员解甲复员导致情报系统全盘瓦解。史密斯在战情局解散当天就提醒杜鲁门，美国有重返珍珠港事变前无知状态的危险。他担心美国情报已变得“一团糟”。1946 年 1 月 9 日，白宫匆匆召开会议，杜鲁门那位脾气暴躁的军事参谋长、海军上将威廉·莱希对总统直言不讳 ：“我们的情报处理方式丢人现眼。”

杜鲁门认为他已经造成混乱，决定拨乱反正，召来海军情报局副局长悉尼·索尔斯少将。后备役少将索尔斯是密苏里州出身的民主党人，靠着人寿保险和美国第一家连锁自助超市“小猪扭扭”发家致富。此人虽在海军部长福里斯特尔成立的战后委员会任职，专门研究未来情报走向，但没什么远大目光，一心只想尽快回圣路易市。

令索尔斯惶恐不安的是，他发觉杜鲁门打算让他当第一任中央情报总监。莱希将军在 1946 年 1 月 24 日的公务日志上，记录了授职时的情景 ：那天白宫午餐会上，只有少数参谋人员出席观礼。杜鲁门授予索尔斯少将和我黑斗篷、黑帽和木剑。紧接着，总统任命索尔斯为“斗篷与剑刺探团”团长及“中央刺探局长”。此番戏剧性表演把惊惶失措的后备役少将推出来掌管这不值一提、为时甚短的“中央情报组”。索尔斯手下约有 2 000 名情报官及幕僚人员，掌管约 40 万人的档案与卷宗。但这些人中有很多根本不知道自己在干嘛，或到底应该做些什么。索尔斯宣誓就职后，有人问他想做什么，“我想回家。”他答道。

和继他之后的每一任中央情报总监一样，索尔斯身负重任，却没有获得对等的授权。白宫没有给他指示，问题在于没有人知道总统想要什么，连总统自己也不知道。杜鲁门表示他只要每日情报摘要，以免每天早上看一大堆 2 英尺高的电文。在中央情报组创始成员看来，他们的工作中只有这一点是杜鲁门瞧得上眼的。

关于该组肩负的任务，有些人的看法大不相同。马格鲁德将军坚称，白宫已默认中央情报组可从事秘密活动。话虽这样说，但书面文件上没有只言片语谈及，总统也绝口不提。因此，政府里面几乎没人承认这个新团体的合法地位。五角大楼与国务院拒绝跟索尔斯及其手下打交道。陆军、海军和联邦调查局则打心底看不起他们。索尔斯虽继续担任总统的顾问，但这情报首长的位子却坐不满百日。他只留下一份重要的记录、一份有所诉求的绝密备忘录 ：“亟需在最短时间内搜集最高质量的苏联情报。”

当时美国对克里姆林宫唯一的认识，来自新任驻莫斯科大使、日后出任中情局局长的沃尔特·比德尔·史密斯将军，以及俄罗斯通乔治·凯南④。

苏联想干嘛

史密斯出身于印第安纳州，父亲开零售店，他则从二等兵升到将军，既没有在西点军校镀金，也没有大学学历。“二战”期间，他担任艾森豪威尔的参谋长，北非和欧洲的每一场战役都凝结着他的心血。他不苟言笑，堪称艾森豪威尔的杀手，战友同事对他又敬又畏。他事必躬亲，极尽辛劳。

有一次他出席艾森豪威尔与丘吉尔的晚宴，宴会快结束时因出血性溃疡而昏倒。输过血后，他费尽口舌让英国医院同意他出院返回指挥官营帐。他和苏联军官同甘共苦，也多次在阿尔及尔盟军总部共商对付纳粹的联合作战计划。在法国雷姆斯山区那间被当做美军前进总部的破旧红瓦校舍里，他鄙夷地望着德军司令官，接受纳粹投降，结束欧战。1945 年 5 月 8 日欧战胜利日这一天，他在雷姆斯和艾伦·杜勒斯、赫尔姆斯有了一次短短几分钟的会面。艾伦·杜勒斯患上了痛风，拄着拐杖赶来见艾森豪威尔，希望能争取他的同意在柏林设置一个具有无上权力的美国情报中心。可惜那天早上艾森豪威尔没时间接见杜勒斯，这是一个坏兆头。

1946 年 3 月，史密斯飞抵莫斯科，准备接受大使馆代办凯南的调教。凯南已经在苏联待了好多年，也花了许多时间试图解读斯大林。这时苏联已经付出 2 000 多万人牺牲的惨痛代价，占领了大半个欧洲。苏联红军从纳粹铁蹄下解放了许多国家，如今，克里姆林宫的阴影正逐渐笼罩在苏联境外 1 亿多人的头上。凯南已预见苏联势必会以武力掌控占领区，他提醒白宫要有摊牌的准备。史密斯抵达莫斯科的前几天，凯南发出美国外交史上最著名的电文——一份以 8 000 字描述苏联偏执的“长电”。凯南的读者最初只有寥寥数人，日后却有数百万人，但他们似乎都只注意这行字：“苏联人对理性逻辑没有反应，对‘武力逻辑’却极为敏感。”凯南声名鹊起，很快就变成美国政府最出色的克里姆林宫专家。凯南在多年后回忆：“我们因战时的经验而习惯前方有个大敌。这个敌人必定位于中心，而且一定是个彻头彻尾的坏蛋。”

史密斯称赞凯南是“新任代表团团长所能找到的最佳导师”。

1946 年 4 月一个凄冷的星夜，史密斯开着插有美国国旗的豪华轿车来到壁垒森严的克里姆林宫。一到大门口，就有好几位苏联情报官查验他的身份。车子行经古老的教堂和宫墙内塔楼底下的残破巨钟。穿着黑色长筒皮靴和红条裤子的士兵敬礼后引导他入内。他只身前来。他们领他走过长廊，穿越几道缀着深绿色皮革的巍峨大门，最后才进入宽广空旷的会议厅。将军终于和大元帅碰面。

史密斯对斯大林提出尖锐的问题："苏联想要什么？苏联到底打算走多远？"

斯大林凝望远方，一边抽着雪茄，一边用红笔信手涂鸦，画出几个不对称的心形和问号。他矢口否认对别的国家有野心，并谴责丘吉尔数周前在密苏里州演讲时提出"铁幕"已降临欧洲大陆的警告。

斯大林说，苏联对敌人很了解。

"难道你真认为美国和英国可能结成联盟来遏制苏联？"史密斯问。

"没错。"斯大林说。

将军重复问道："苏联打算走多远？"

斯大林直盯着他说："我们没打算走多远。"

到底会再走多远呢？没人知道。面对苏联的新威胁，美国情报机关的任务是什么？没人能确定。

杂耍学徒

1946年6月10日，霍伊特·范登堡将军成为第二任中央情报总监。他是个英俊潇洒的空军军官，艾森豪威尔在欧洲的空战战术就由他主导，如今要管理的那个不怎么出色的机构，位于"雾谷"⑤另一端能俯瞰波托马克河的小山顶上。他的指挥部就设在E街2430号战情局旧总部，旁边有一家废弃的煤气厂、一家角楼式的酿酒厂和一个溜冰场。

范登堡缺少3项基本资源：经费、权力和人员。1946—1972年间担任中央情报局法律总顾问的劳伦斯·休斯敦认为，中央情报组是法外机关，因为总统不能凭空设置具有合法地位的联邦机构。没有经过国会的同意，中央情报组自然不能合法使用经费。没钱也就意味着没权。

范登堡决意要让美国回到拥有情报业务的轨道上，于是成立"特别行动处"(OSO)，又私下向几位议员诈取1 500万美元，用于执行海外的谍报与颠覆任务。他要知道苏联驻东欧及中欧部队的一切——他们的动向、能力和意图，并训令赫尔姆斯尽快提交报告。赫尔姆斯手下有228名海外特工，负责德国、奥地利、瑞士、波兰、捷克和匈牙利情报业务，但他却觉得自己好像"一名杂耍学徒"试图让充满气的沙滩球、开了盖的牛奶瓶和已上膛的机关枪留在半空中。欧洲各地有“一大批政治流亡者、原情报官、前特务和各式各样的经纪人，摇身一变成了情报巨头，各自兜售按客户需要而杜撰的情报”。他旗下的间谍买到的情报花钱越多，越没有价值。他写道：“还能找到什么更生动的为一个未经深思的问题而大把撒钱的例子，我一时想不出来。”高明的骗子拼凑出来的谎言，却被当成苏联及其卫星国家的相关情报⑥。

赫尔姆斯后来认定，中央情报档案里有关苏联和东欧的情报，起码有一半纯属谎言。柏林和维也纳工作站已经成了假情报制造工厂。他手下的官员或分析师无法从虚妄中分辨出事实。这个问题一直都存在：半个多世纪之后，中情局在设法找出伊拉克大规模杀伤性武器时，也同样面临假情报的问题。

范登堡从上任第一天起，就被海外传回来的惊人报告吓坏了。他的每日情报摘要只能产生热度，亮度却不足。尽管谁也无法判定警讯的真假，但还是往上呈送。

> 快报：苏联某军官醉后高谈阔论，苏联将发动无预警攻击。
>
> 快报：驻巴尔干的苏军指挥官自夸，不日将攻陷伊斯坦布尔。
>
> 快报：斯大林准备入侵土耳其，包围黑海，拿下地中海和中东。

五角大楼认定阻断苏军挺进的最好办法，莫过于切断红军在罗马尼亚的补给线。参联会的高级参谋于是着手规划作战计划。

他们要范登堡准备展开冷战的第一场秘密行动。为了执行这个命令，范登堡不得不变更中央情报组的任务。1946 年 7 月 17 日，他派两名助理去拜会杜鲁门总统的白宫法律顾问克拉克·克利福德。他们主张“中央情报组的原始概念应作变更”，让它成为一个“作战机关”。于是，在没有合法授权的情况下，它变成了一个作战机关。同一天，范登堡亲自请战争部部长罗伯特·帕特森和国务卿詹姆斯·伯恩斯悄悄拨 1 000 万美元的秘密经费，以支持“全球情报人员”工作。他们如数拨款。

范登堡的特别行动处在罗马尼亚着手组织地下反抗军。威斯纳在布加勒斯特留下的情报网虽是衷心想与美国合作，可惜已遭苏联情报人员渗透。特别行动处驻布加勒斯特的首任站长查尔斯·霍斯勒发觉，自己已陷入“一个美国年轻军官不太有心理准备应对的社会与政治氛围”——身陷法西斯主义者、苏共、保皇党人、产业家、无政府主义者、温和派、知识分子和理想主义者的“阴谋、诡计、卑鄙、表里不一、欺诈、偶发的谋杀与暗杀”之中。

范登堡命令驻布加勒斯特军事代表团的艾拉·汉密尔顿中尉和托马斯·霍

尔少校，将罗马尼亚的国家农民党组建成反抗军。霍尔原是战情局驻巴尔干的情报官，懂一点罗马尼亚语。汉密尔顿则是一句也不懂，他的向导西奥多·马纳卡泰德，是威斯纳2年前才吸纳的出色特工。马纳卡泰德原为罗马尼亚陆军情报参谋部的一名士官，目前在美国军事代表团服务，白天当翻译，晚上当间谍。马纳卡泰德带汉密尔顿和霍尔去见国家农民党的领袖，提出由美国人提供枪械、经费和情报联手等支持。10月5日，在维也纳占领区新设的工作站，美军与中央情报组联手把罗马尼亚前外长和5名后来加入解放部队的人员迷晕，装进邮袋载到安全港口后，再偷偷运到奥地利。

苏联情报机关和罗马尼亚秘密警察不到2个星期就查出了这些间谍。共产党安全部队粉碎罗马尼亚反抗军主力后，美国人和主要谍报员仓惶逃命，国家农民党的领导人则被控犯叛国罪，锒铛入狱。在公审会上，证人信誓旦旦地说马纳卡泰德、汉密尔顿和霍尔自称是美国新情报机关的探员，结果3名被告在缺席的情况下被判有罪。

1946年11月20日，威斯纳翻开《纽约时报》第10版看到一篇短文报道："受雇于美国代表团"的老特工马纳卡泰德被判处无期徒刑，"理由是他陪同美国军事代表团的汉密尔顿中尉出席国家农民党会议"。冬末，战时替威斯纳工作的罗马尼亚人几乎全都被捕入狱或遭到杀害。他的私人秘书也自杀身亡。残暴的专制政权接管罗马尼亚，而它的崛起正是美国这次秘密行动失败所促成的。

威斯纳离开法律事务所前往华盛顿，在国务院谋得一职，负责监控柏林、维也纳、东京、汉城与的里雅斯特⑦占领区。他怀有更大的雄心。他确信美国必须学习以新的方法来作战，也就是师敌之长，以同样的技巧和同样的秘密行动与敌人抗衡。

本章注释

① 马格鲁德曾于"二战"期间担任美国驻华军事代表团团长，负责主持研究合作、中国军事情况以及物资需要等业务。他也曾将取自苏联驻华武官办公室有关黄埔军校的记录档案，加以编译并提交美国国务院，详细描述了1924—1926年黄埔军校和国民党军的情形。

② 昆恩上校是美军驻北非、法国与德国的第七军团情报长官，与战情局有直接联系。他在华盛顿颇受非议。他把苏联波罗的海舰队的内部消息带到海军情报局请某上将过目。这位将军答道："你们的组织机构被共产党渗透了，

我不可能相信你所提供的消息。”经过好几次类似的拒斥之后，昆恩决定找华盛顿唯一能证明他清白的联邦调查局局长胡佛。他对胡佛说明来意，胡佛淡然一笑，舔舔嘴唇，说道：“你有所不知，这下我可松了口气。上校，我和多诺万拼斗多年，尤其是在南美和中美洲行动方面可以说是有他无我。”战后，联邦调查局奉命退出美墨边界里奥格兰德河以南各国的活动之后，便将情报档案付之一炬，并没有移交给中央情报部门，两局永无休止的斗争从此展开。而今昆恩来到联邦调查局求助，勾起了胡佛不少怨恨。胡佛继续说道：“我很佩服多诺万，但我肯定不会喜欢他，所以我们可以说是冤家路窄。你要我做什么？”

“胡佛先生，简单回答您的问题，就是请您查查我的机构里是不是有共产党。”昆恩答道。

“嗯，这我们办得到，我们可以展开全国清查。”胡佛说道。

“您进行清查时，可否同时对他们进行犯罪调查？”

“没问题。”

“在决定怎么着手之前，为保证效果以及两局的最大合作，我想请您派个代表到我们机构当联络官。”

胡佛一听，差点没从椅子上摔下来。昆恩回忆道：“我知道他的想法，他可能在想，乖乖，这家伙请我直接打入他们局里。”昆恩简直是在邀请联邦调查局监视他手下的情报人员。事实上，在肆虐华盛顿达 10 年之久的红色恐慌开始之初，为求组织机构的生存，昆恩的确需要胡佛这一剂反共预防针。他的决定暂时强化了中央情报部门在国内的地位和名声。

1946 年 7 月，中央情报总监范登堡任命昆恩上校掌管特别行动处，负责海外的谍报与秘密行动业务。昆恩发现新任务与自己“所经历的组织、指挥和管理原则背道而驰”。为了寻找经费，他来到国会山向几位议员索取了约 1 500 万美元当谍报活动经费。“我那时才知道，这些人根本不晓得我们做了些什么事。”于是，昆恩请求召开秘密会议，告诉与会议员一则扣人心弦的故事，说他们已吸收柏林一位清洁女工当间谍，夜里偷偷拍下苏联文件数据。国会议员大喜过望，昆恩也悄悄拿到了钱，让美国情报活动得以维持。

此外，他也设法网罗战情局的老将，如 35 年后出任中情局局长的凯西等人。不过，1946 年时，凯西想在华尔街发财的心思大过为政府效命。他和战情局的一些老朋友都很担心，情报业务仍然是备受白眼的军事附属机关，归属那些拘泥于一时战术需要的将领领导，这些将领们不像老练的文官会以战略大局为重。凯西致函多诺万说道，美国情报的前途受到“今天的道德与政治气氛的威胁，我认为这种气氛大部分要归咎于刚过世的三军统帅”——罗斯福总统。凯西推荐给昆恩的名单包括汉斯·托夫特与麦克·伯克，前者在日后的朝鲜战争期间负责对中国的秘密作战任务，后者则在20世纪50年代试图把行动推进铁幕内。

③ 肯特在1946年写道："从一开始高级命令就出现行政问题，而且绝大部分都是可以避免的。新任命、人员更迭和升迁等人事活动运转缓慢，甚至根本不动。对一些不可或缺的专才而言，政府外的生活变得越来越具有吸引力，他们陆续离去。由于空缺没有及时补上的缘故，士气也随之低落。"日后出任中情局局长的比尔·科尔比则写到，情报研究分析部门的学者与秘密行动部门的谍报人员离职，形成情报界两种完全不同且相互鄙视的文化。科尔比此论放诸中情局60年历史中处处皆准。

④ 凯南是冷战时期遏制政策的倡导者，曾被公认为美国政府中前苏联问题的第一权威，他提出了冷战时期美国外交的基本原则，并发明了"遏制"这个使用至今的政治词语。

⑤ 雾谷是美国国务院所在地，常用来指代美国国务院。

⑥ 柏林基地主任达纳·杜兰德承认，他和手下所提出的情报掺杂着"传闻、高层耳语、政治漫谈"。这类情报骗子包括斯德哥尔摩军事情报局的卡尔·海因茨·克雷默，他卖给美国人关于俄罗斯飞机机身工业的详尽报告，自称是通过他在苏联境内的广大特工网取得的，其实他的消息来源不过是一套从书店买来的飞机手册罢了。另一宗诈骗案则是中情局买了一大块"放射铀"，宣称是从东德开往莫斯科的船舰中窃取而来，谁知这烫手山芋只是一大块用铝箔包裹的铅块。这种洋相促使主持研制原子弹的"曼哈顿计划"的赖斯利·格罗夫斯将军自设情报单位，专门判断全球各地可能的铀来源，并追踪苏联原子武器的发展。格罗夫斯鉴于赫尔姆斯的手下"无法充分运作"，没有能力监视斯大林的原子弹计划，因此一直没有把这个情报单位的存在和任务告诉范登堡与中央情报组。但这也造成中情局无法准确估计美国独拥大规模杀伤性武器的局面会在什么时候结束。

⑦的里雅斯特为港口城市，常简称做"的港"，位于意大利东北部、亚得里亚海北端的里雅斯特海的顶点，西距威尼斯113公里。原属奥匈帝国，1918年被意大利占领。1947年签订对意和约时曾规定建立的里雅斯特自由区，并分为甲、乙两区，甲区（包括城市和港口）由英美管辖，乙区（市外大部分地区）由南斯拉夫管辖。真正使"的港"成名的是丘吉尔的铁幕演说，他说道："从波罗的海边的什切青到亚得里亚海边的的里雅斯特，一幅横贯欧洲大陆的铁幕已经拉下。"

第3章

先天不足的大国情报机关诞生了

华盛顿是由一批自以为住在宇宙中心者所管理的小城。面积1平方英里的乔治敦则是内城，街道由石板铺成，路旁的木兰树郁郁葱葱。城中心P街3372号是一幢建于1820年的4层楼雅致房舍，屋后有一座英式庭园和一间正式的晚宴厅。威斯纳夫妇以此为家。1947年间的无数个周日夜晚，它又变成了初具规模的美国国家安全机关所在地。美国的外交政策就在威斯纳的餐桌上成形定案。

他们也开创了乔治敦周日晚餐会的传统。主菜是酒，所有的人都乘着酒兴缅怀“二战”。在威斯纳长子(与威斯纳同名为弗兰克,日后登上美国外交界高峰)的眼中，周日晚餐会是个“特别重要的活动。它们不是无谓的社交活动，而是政府思考、作战、工作、对比记录、决策和达成共识的生命线”。按照英国传统，餐后女士退席，留下的男士天马行空地醉言笑谑直至深夜。每次宴请的宾客大都包括威斯纳的至交戴维·布鲁斯（即将出任驻巴黎大使的战略情报局元老)、国务卿的法律顾问奇普·波伦（未来的驻莫斯科大使)、副国务卿洛维特、未来的国务卿迪安·艾奇逊以及刚刚声名鹊起的克里姆林宫专家凯南。这些人自认为有能力改变人类命运,他们争论最激烈的便是应如何阻止苏联占领欧洲。斯大林已牢牢控制了巴尔干。左派游击队则在希腊山区对抗右翼王室。意大利和法国发生粮食暴动，共产党政治人物呼吁发动全面罢工。英国在全球各地的军队和间谍逐一撤退，在地图上留下一大片空白，让苏联阵营有可乘之机。大英帝国日薄西山，国库空虚，无以为继。美国必须独自承担起领导西方世界的责任。

威斯纳与众宾客对凯南言听计从。他们采纳他发自莫斯科的“长电”内容，认同他对苏联威胁的看法，海军部长福里斯特尔亦然。福里斯特尔是华尔街奇才，即将成为首任国防部长，他认为应以更坚定的信念对付苏联阵营。他个人不仅成为凯南的政治后台，还安插凯南住进国家战争学院的将官官邸，规定数千名军官必须研读凯南的著作。中央情报总监范登堡和凯南共商如何刺探莫斯科的原子武器工程。"二战"时期担任陆军参谋长的新任国务卿乔治·马歇尔认定，美国必须重建外交政策，当年春天便将凯南请到国务院主持新成立的"政策计划处"（PPS）。

凯南为刚刚命名的"冷战"拟定作战计划，不到半年光景，这位并不引人注意的外交官的理念便形成3股重塑世界的力量："杜鲁门主义"给莫斯科一个政治警告，要求它停止颠覆他国；"马歇尔计划"为美国反共势力提供全球性的堡垒；"中央情报局"则是秘密行动机关。①

全世界最大的情报机关

1947年2月，英国大使提醒代理国务卿艾奇逊，英国将在6个星期内停止对希腊和土耳其的军事与经济援助，此后4年，希腊大约需要10亿美元的经费用于反共。沃尔特·比德尔·史密斯也从莫斯科传回评估报告，认为英军是唯一能让希腊不落入苏联势力范围的武力。

在美国国内，红色恐慌方兴未艾。此时，共和党首度恢复大萧条之前的优势，同时掌控参、众两院。威斯康星州出生的约瑟夫·麦卡锡参议员、加州出生的尼克松众议员等人崛起，杜鲁门的声望急速滑落，"二战"结束至今，他的民调支持率大约掉了5成。他对斯大林和苏联的看法已经改变，现在他确信两者都是世间恶魔。

杜鲁门和艾奇逊邀来共和党籍的参议院外交委员会主席阿瑟·范登堡。（当天报纸说他的侄子霍伊特·范登堡将军上台不过8个月，即将被解除中央情报总监的职务。）艾奇逊解释道，苏联若在希腊建立共产党滩头堡，势必会威胁到整个西欧，美国必须想办法拯救西方世界，而国会必须为此"买单"。范登堡参议员清清嗓子，转而对杜鲁门说："总统先生，要想达到目的，唯一的办法是发表演说，把美国人吓个半死。"

1947年3月12日，杜鲁门发表演讲，警告参、众两院联席会议，除非美国展开海外反共行动，否则全世界都会面临浩劫。目前希腊"遭受数千名武装分子恐怖活动威胁"，美国必须投入数亿美元来稳住局势。若是没有美援，"混乱势必扩及中东全区"，欧洲各国的绝望势必加深，黑暗势必降临西方世界。

他提出崭新的信条："我相信美国的政策应是支持自由的人民，反抗意图征服（他们）的少数武装势力或外来压力。"美国的敌人攻击任何国家，就等于攻击美国，此即所谓的杜鲁门主义。国会议员起立鼓掌。

数百万美元连同战舰、军人、枪械、弹药、汽油弹和间谍，源源不断地涌入希腊。没过多久，雅典就成为美国海外最具规模的情报据点之一。杜鲁门决定在海外从事反共活动，这是美国谍报人员从白宫接到的第一个明确指令，但他们还缺少一位有力的指挥官。范登堡将军不日即将接管空军，他在担任中央情报总监的最后几天，向数位国会议员提交秘密证词，指出国家面临前所未见的外国威胁。他说："大洋已经缩小了，时至今日，欧洲和亚洲一如加拿大和墨西哥般毗邻美国。"有趣的是，小布什总统也在"9·11"事件之后重弹此调。

范登堡说，在"二战"期间，"我们不得不盲目且毫不怀疑地依赖优秀的英国情报系统"，但"美国不应该老是恭敬地恳请外国政府提供耳目（外国情报），借以了解世界"。然而，中情局总是靠外国情报机关来了解自己不熟悉的地区和语言，这是不争的事实。范登堡在结语中表示，要培养专业的美国谍报干部，起码还得花上 5 年时间。半个世纪后，中情局局长乔治·特尼特在 1997 年重提这一警示，2004 年离职时又说了一遍。一个重要的情报机关竟然总是落后 5 年。

范登堡的继任者是海军少将罗斯科·希伦科特，于 1947 年 5 月 1 日宣誓就职，他是 15 个月内第三位出掌此职务者。人称"希利"的他是个角色错置的人物，不值一提。和前两任一样，他压根儿就不想当中央情报总监——"或许根本就不该让他当"，关于那个时期的中情局史如此写道②。

1947 年 6 月 27 日，国会某委员会举行秘密听证会，促成当年夏末正式成立中央情报局。会上绝口不提希伦科特，反而大赞艾伦·杜勒斯，并选中这位在民间执业的律师替几位特别委员开办秘密情报研习班。

艾伦·杜勒斯具有"基督精兵进行曲"③式的"爱国"责任感。1893 年，他出生于纽约州沃特敦的望族，父亲是镇上长老教会牧师，外祖父和舅父当过国务卿④。母校普林斯顿大学的校长是后来当上美国总统的威尔逊。艾伦·杜勒斯在"一战"期间是个没什么资历的外交官，大萧条时期则是华尔街律师。他在担任战情局瑞士工作站主任时，就用心建立"美国间谍大师"的声誉，共和党领导层早就把他当成远离故土的中央情报总监。至于他的胞兄约翰·杜勒斯，则担任共和党外交政策的主要发言人，被视为影子国务卿。艾伦眼睛清澈明亮，笑声爽朗，和蔼可亲中带点顽皮的狡黠。但他也是个口是心非、长年与人私通、野心勃勃的人。所幸的是，他还不至于误导国会、同僚和最高指挥官。

朗沃斯办公大楼 1501 室有武装警卫把守，里面的人都得宣誓保守秘密。艾伦·杜勒斯叼着烟斗，像不拘小节的校长在教导不听话的学生一般，宣称中情局应由“不求闻达的极少数精英团队领导”，局长应具有“高度的洞察力”，兼备“丰富的经验和高深的学识”——这种人倒是跟艾伦·杜勒斯自己很像。局长的最高助理若是军人，则应“抛开原有的陆军、海军或空军军官身份，‘换上’情报机关的装束”。

杜勒斯说，美国人有“建立全世界最大情报机关的资源，编制不需太多”——几百名好手就能应付自如。他向国会议员保证：“本局的行动既不会虚浮夸张，更不能像业余侦探认为的那样，过度笼罩在神秘和玄虚中。成功的唯一条件是努力、准确的判断和常识。”

他并没有说出他真正想做的：恢复战时战情局的秘密行动。

成立新的秘密机关水到渠成。1947 年 7 月 26 日，杜鲁门总统签署《国家安全法》，部署冷战新架构。《国家安全法》使空军成为独立军种，并由霍伊特·范登堡将军领导，还成立“国家安全委员会”（NSC）作为白宫的“总机”，供总统决策参考。此外，《国家安全法》还设置国防部长一职，第一任部长福里斯特尔奉命整合美国军部。（福里斯特尔几天后写道：“这间办公室，可能是历史上最大的死老鼠坟场。”）

此外，凭着《国家安全法》简明扼要的 6 句话，中情局在 1947 年 9 月 18 日诞生了。中情局先天就具有诸多重大的缺陷。它的功能原本是要整合部院各局的情报报告，可是却从一开始就遭到五角大楼和国务院强烈而无情的反对。中情局不属它们管辖，如同继子般不受重视。随后 2 年多里，中情局一直没有正式的章程，国会也没有划拨经费。这时，中情局总部全赖少数国会议员补贴经费才得以维持。

再者，它的隐秘性也常常和美国民主的开放性相抵触。即将出任国务卿的艾奇逊写道：“我对这个机构怀有强烈的不祥的预感。我提醒总统，一旦设立中情局，他本人、国安会，甚至其他任何人都无从知悉它在做什么，亦无从控制它。”

《国家安全法》完全没提到海外秘密活动。它只是命令中情局对比、评估和传送情报，并执行“其他与国家安全有关的功能和任务”。这十几个字所蕴含的权力，正是 2 年前马格鲁德将军反复向总统谏言想保留的权限。日后，数百起重大秘密行动便是利用这个漏洞来执行的，杜鲁门连任总统期间就占了 81 件。

进行秘密行动须有国家安全委员会直接授权或示意。当时的国安会成员虽包括总统、国防部长、国务卿和军事首长，却都只是挂名，会议难得举行。即使召开，杜鲁门也很少出席。

杜鲁门参与了 9 月 26 日举行的首次会议，行事谨慎的希伦科特也出席会议。中情局法律顾问劳伦斯·休斯敦曾提醒局长，反对秘密行动的呼吁会与日俱增。休斯敦指出若没有国会的同意,中情局就没有获得法律授权以执行任务。因此，希伦科特设法将中情局的海外任务控制在情报搜集以内，但他失败了。很多重大的决定都是秘密通过的，通常是在国防部长福里斯特尔家中的周三早餐会上拍板定案。

9 月 27 日,凯南传给福里斯特尔一份详尽的报告,主张建立“游击战军团”。凯南认为，虽然美国人可能根本不会同意这种方法，但“以其人之道还治其人之身，却是国家安全所不可或缺的”。福里斯特尔欣然同意，他俩联手启动了美国的秘密情报作业。

有组织的政治战拉开帷幕

福里斯特尔把希伦科特叫到五角大楼，讨论“当前普遍的想法就是我们的情报团完全不能胜任工作”。他说的很有道理。中情局的能力与所要执行的任务太不相称，的确让人惊愕不已。

中情局特别行动处新指挥官坦纳德·加洛韦上校是个意气风发的正牌军人，绰号“老错”，早年以骑兵军官身份在西点军校教授马术礼仪，那是他才情发挥得最淋漓尽致的时候。他的副手斯蒂芬·彭罗斯原是战情局中东部门的主管，已在灰心之余挂冠求去。彭罗斯在写给福里斯特尔的备忘录中警告，正值“政府最需要一个有效率、规模日渐扩大的专业情报机关之际，中情局却流失专业人才，又无法网罗有才能的新人”。

尽管如此，1947 年 12 月 14 日，国家安全委员会对中情局发出第一道最高机密令，要中情局执行“秘密心理战，以应对苏联及苏联所策动的活动”⑤。战鼓擂动，中情局于是着手打击意大利“红色分子”，以防他们在 1948 年 4 月举行的大选中夺权。

中情局告诉白宫，意大利可能变成极权的警察国家，一旦共产党赢得选举，必然会占领“这个西方文明最古老的所在地，尤其是全球虔诚的天主教徒都会密切关注梵蒂冈的安危”。遭无神论政府包围的梵蒂冈处于枪口之下，这种可怕的情形简直叫人不敢想象。凯南认为来场枪战也好过让共产党合法夺取政权，退而求其次的选择则是仿效共产党搞颠覆。

从这次任务开始起步的马克·怀亚特回忆道，在国安会正式授权之前好几个星期我们早已展开行动。当然，国会始终没有同意。这次任务从一开始就是不合法的。“在中情局总部里，我们惊惶不已，吓得半死。”马克·怀亚特这么说不无道理，“我们已经逾越了法令。”⑥

对付国际共产主义需要很多经费。中情局罗马工作站站长詹姆斯·安格尔顿预估的经费是 1 000 万美元。安格尔顿从战情局时代开始就一直待在罗马，他告诉总部自己对意大利特勤机关渗透极深，已到了实质上由他主事的地步。他可以利用特勤机关的成员把经费传递分散出去。但经费从哪来呢？中情局仍然没有独立预算，也没有应急费用可以支持秘密工作。

福里斯特尔与好友艾伦·杜勒斯虽已央请华尔街和华盛顿的商人、银行家与政治人物等若干好友捐助，但经费还是不够。于是，福里斯特尔跑去找老朋友约翰·斯奈德。此人是财政部长，也是杜鲁门最亲密的战友之一。他说服斯奈德挪用外汇平准基金。该基金成立于大萧条时期，原意是通过短期通货交易，稳定海外美元币值，“二战”期间则变成从轴心国家掳获战利品的收藏所。该基金从欧洲重建经费 2 亿美元中，挪出数百万美元转到一些有钱的美国公民（其中不乏意大利裔）银行户头，再由他们转入中情局新设立的各个政治外围组织。捐款人可在所得税申报单上的“慈善捐款”旁标注特别密码。好几百万美元转交给意大利的政治人物和梵蒂冈教廷的政治组织“天主教行动会”⑦。装满现钞的公文包在四星级的哈斯勒饭店转手。马克·怀亚特说：“我们也很想以更老练的手法进行。用黑色公文包来影响政治选举，毕竟不是很体面的事情。”但这一招的确奏效：意大利基督教民主党以悬殊比分赢得选举，并组成一个将共产党排除在外的政府。基民党和中情局从此开始了一段漫长的“罗曼史”。此后 25 年间，中情局以现金收买选票和政治人物的手段，不断在意大利和许多其他国家施展。

不过，共产党倒是在选前几个星期取得一场大胜利。他们占领捷克斯洛伐克，并展开一连串逮捕与处决行动，历时近 5 年之久。布拉格工作站站长查尔斯·凯特克设法将大约 30 名捷克人送出边界，转往慕尼黑。这些人都是他手下特工及其家属，其中最重要的一位是捷克的情报头子。凯特克找来一辆小客车，把他“塞”在散热器和格子窗之间，安排偷运出境。

1948 年 3 月 5 日，捷克危机爆发，柏林的美国占领区司令卢修斯·克莱将军发给五角大楼一份让人心惊胆战的电报：直觉告诉他苏联随时会发动攻击。五角大楼把电报泄露出去，华盛顿顿时一片惊恐。尽管中情局柏林基地的人员发电报再三向总统保证，没有任何苏联可能发动攻势的征兆，但没人能听进去。次日，杜鲁门在参、众两院联席会议上提出警告，苏联及其发言人扬言要制造剧变。他吁请国会同意日后习称为“马歇尔计划”的重大计划，国会立即通过。

马歇尔计划向西方世界提供数十亿美元作为战后重建的经费，并建立对抗苏联的政治与经济屏障。美国将协助 19 个国家（16 个在欧洲，3 个在亚洲）按照美国的蓝图重建文明。凯南和福里斯特尔是马歇尔计划的主要发起人，艾伦·杜勒斯则是法律顾问。

他们共同设计了一项秘密追加条款，赋予中情局执行政治战的功能，让中情局从该计划中挪用数百万美元。

其中的机制倒是出奇的简单。国会批准马歇尔计划之后，将在 5 年内拨出约 137 亿美元的经费，接受该计划援助的国家必须以本国流通货币配备等额的基金⑧。中情局可通过马歇尔计划的各个海外办事处，使用这些基金的 5%（总计 6.85 亿美元）。

这项秘而不宣的全球洗钱计划一直持续到冷战结束。马歇尔计划在欧洲和亚洲大行其道，美国间谍亦然。掌管马歇尔计划东亚部门的艾伦·格里芬上校说：“我们故作不知，帮他们一点小忙，告诉他们把手伸进我们口袋里就行了。”

秘密经费是秘密行动的核心，中情局现在有了源源不绝且无从追查的现金。

1948 年 5 月 4 日，凯南向二十几位任职于国务院、白宫和五角大楼的官员提出最高机密报告，宣布“正式展开有组织的政治作战”，并主张成立新的秘密机关以执行全球秘密工作。凯南明确指出马歇尔计划、杜鲁门主义和中情局秘密活动，都是反斯大林大战略中紧紧相扣的环节。

中情局从马歇尔计划中挪用的经费，可支援外围阵线网络，也就是表面上由名流领衔的各种公开的委员会或咨询会。共产党在全欧各地都有外围组织，如出版社、报社、学生团体和工会。现在中情局也建立了自己的外围团体，这些组织将吸收外国特工，尤其是东欧各国的移民和苏联难民。这批外国人在中情局领导下，可在欧洲自由国家成立地下政治团体。而这些团体又可以把火种传到铁幕后的“全面解放组织”。万一冷战转热，美国在各个前线阵地都有一支战斗部队。

凯南的构想立即引起注意。1948 年 6 月 18 日，国安会发布密令，批准了他的多项计划。10/2 号国安命令号召以秘密行动攻击全球各地的苏维埃⑨。

这支在凯南构想中执行秘密战斗任务的攻击部队，有个极其温柔的名称：政策协调处（OPC）。名字是个掩护，用来掩饰该组织的工作。它虽设在中情局之下，但因中情局局长太过软弱，处长可以直接向国防部部长和国务卿报告。根据2003年解密的国安会报告，国务院要求政策协调处执行的是“散播谣言、贿赂、组织非共阵线”任务，福里斯特尔和五角大楼则要它搞“游击组织、地下武装、破坏和暗杀”。

应该有一个头目

最大的战场在柏林。威斯纳孜孜不倦地制定美国在柏林占领区的政策。他敦促在国务院的顶头上司，实行借引进新德国货币来颠覆苏联的策略。莫斯科方面肯定会否决这种构想，如此一来战后柏林协定的四强均势将告破裂，而新的政治动力势必会逼退苏联人。

6月23日，西方列强制定新流通货币，苏联立即封锁柏林作为回应。就在美国展开空中行动对付封锁的时候，凯南待在国务院5楼门禁森严的危机处理室，面对从柏林传来的电报和电传，异常苦恼。

这一年多来，中情局柏林基地一直想取得德国占领区的红军和苏联相关情报，以便追查莫斯科在核武器、喷气式战斗机、导弹和化学武器方面的进展，可惜都徒劳无功。尽管如此，中情局在柏林警界和政界都有特工，更重要的是，已经有一条线打入位于东柏林卡尔斯霍尔斯特的苏联情报总部。这是波尔格的功劳，他原是匈牙利难民，转而成为中情局最出色情报官之一。波尔格有个管家，这位管家又有个哥哥在卡尔斯霍尔斯特苏联军官手下工作。咸花生之类的好东西从波尔格手中送到卡尔斯霍尔斯特，对方回送情报。波尔格的第二位特工是电传打字员，在柏林警察总局苏俄联络科任职，她姐姐是一位小队长的情妇。两人就在波尔格的公寓碰面。波尔格传回的重大情报直达白宫。他回忆道：“这带给我名誉和荣耀。我完全肯定，在柏林封锁期间，苏联不会有所行动。”中情局的报告对他的估测也一直坚信不疑：不管是苏联军方，还是他们刚扶植的东德盟友，都没有准备作战的迹象。柏林情报基地在那几个月里，很尽责地让冷战维系下去。

威斯纳却准备来场热战。他主张美国应该用坦克、大炮打进柏林。他的构想遭到否决，但这种战斗精神倒是广受欢迎。

凯南坚称秘密工作不能由委员会来领导，而是需要一位由五角大楼和国务院全力支持的最高司令。他写道：“应该有一个头目。”威斯纳是福里斯特尔、马歇尔和凯南一致同意的最佳人选。

威斯纳未满40岁，外表温文有礼，年轻时颇为俊俏，如今头发开始稀疏，脸庞和身躯也因贪杯逐渐发福。他从事战时情报员和地下外交官的资历还不到 3 年，现在必须从头创立一个秘密机关。

赫尔姆斯注意到威斯纳散发着“热心和激情，这无疑赋予他一种异乎寻常的力量”。他对秘密行动的热衷，也将永远改变美国的世界地位。

本章注释

①凯南后来否认杜鲁门主义和中情局是出自他的“知识建构”。他在 2 年后说，杜鲁门主义建立在一个特殊问题的“普遍架构”上：“为求符合美援资格，其他国家必须展现该国确有共产主义威胁存在，由于几乎所有国家都有共产党少数派存在，这一理念的影响自然也极为深远。”不过，在 1947 年，几乎所有的美国人都把杜鲁门主义视为自由势力宣言。杜鲁门演讲当天，正在布达佩斯工作的情报官员詹姆斯·麦卡格说，几个月以来，美国使节团士气“一再低落，只因我们眼看着苏联人正如愿以偿地完全占有匈牙利”。巴尔干半岛乃至整个欧洲，情况也大致相同，“这绝对会成为（美苏之间的）一种竞赛，一种真正的对立”，“我们越来越沮丧”，直到杜鲁门主义宣告这一天。麦卡格说：“那天早上，我们上街终于可以抬头挺胸，我们会竭尽所能支持全球民主势力。”

“杜鲁门主义”的源头可以回溯到 1946 年的恐战心理。1946 年 7 月 12 日傍晚，第一起反苏秘密行动及第一轮作战计划成形。杜鲁门在白宫小酌几杯波本酒后，请法律顾问克利福德代替表现令他不甚满意的“中央情报新闻社”，负责汇总苏联秘密情报。克利福德因接近权力核心，显得有点晕乎，竟决定把这件差事揽在自己身上。其实，杜鲁门身边的人个个都比他有资格。克利福德说：“我没有（外交政策或国家安全方面的）背景，得边做边学。”杜鲁门并不是第一个想在白宫内另设情报机关的总统，肯定也不会是最后一个。克利福德与杜鲁门的助理乔治·埃尔西共同起草工作内容，并在 1946 年 9 月初正式提出。他的报告主要建立在凯南的论点上，也就是美国必须假定苏联随时可能在全球任何地方发动战争。因此，美国总统必须有准备对苏展开“原子与生物战”的决心，因为“武力是（苏联掌握的）唯一语言”。美国的唯一选择是展开全球活动，以“支持和援助受苏联胁迫或危害的民主国家”。为达此目标，美国必须建立一套综合的外交政策、军事计划、经援方案和情报活动。美国必须领导西方文明国家，“共同建立一个属于我们的世界”。

中央情报总监范登堡风闻克利福德的作为后，不甘示弱，在杜鲁门委任克利福德后一个星期，命手下首席报告官勒德韦尔·蒙塔古提出苏联军事与外交政策分析报告作为对策，并在星期二之前把报告送到他桌上。蒙塔古在没有幕僚援手的情况下，独负重任，不眠不休地工作了100个小时，终于如期提出中央情报部门有史以来的第一份苏联形势分析报告。蒙塔古的结论是，莫斯科虽预见将与资本主义世界发生冲突，并努力巩固对铁幕国家的控制，但在可预见的未来不至于兴起战争，也经不起与美国直接冲突。这是第一份有关苏联形势的评估报告，也是中情局最棘手、最难令人满意的差事之一。它和以后好几百份报告一样，大部分都没有明确的事实依据，正如肯特所谓的“评估就是做自己所不知道的事”。在白宫需要黑白分明的报告之际，这份报告所描绘的却是灰色调，结果自然石沉大海。此外，这份报告还有个根本缺陷：陆军、海军和国务院仍然不肯与中央情报部门的后生小辈们分享他们的看法。

这是个重大打击。蒙塔古写道，此后4年间中央情报部门所提出的报告，始终不获杜鲁门青睐，其中一个难以跨越的障碍便是军方。他们习惯依靠自己的想法和预测作威胁分析，而且这种心态至今依然存在。这个惨痛教训随着时间的推移而加深：中情局唯有获得独家秘密，才能在华盛顿发挥力量。

相形之下，克利福德则拥有中央情报部门所没有的优势。他在白宫西翼有豪华的办公室，每天能和总统见上五六次面，而且可以总统之名向国务院、战争部和海军部调阅秘密文件。他和埃尔西在9月所提出的报告，形同出自参联会主席情报幕僚之手。尽管如此，报告中还是有个致命的缺陷：美国政府内没有人能准确了解苏联军力与意图。正如赫尔姆斯50年后忆述，当时最佳的情报来源就是国会图书馆。但是，克利福德没有太多束缚，他正好完成了中央情报部门应该完成的工作，准确地把握政府的想法。

② 在19位中央情报总监当中，没有心理准备或不适合担任的起码有十几位，索尔斯、范登堡和希伦科特就是其中3位。希伦科特在1947年5月21日写信给多诺万：“这项任命着实令人意外，您是这一行的大师，我想请您给我一点建议，并对此发表您的看法。”

③“基督精兵进行曲”是19世纪英国教会诗歌，或称“基督精兵，前进！”由圣公会萨拜因·巴林·古尔德博士填词，作曲家阿瑟·沙利文谱曲，曲风宛如军乐进行曲般雄壮。词中写道：“前进！基督精兵，前进如出征。”该诗歌在当时并不很流行，到第一次世界大战之后，在美国军中开始风行起来。“二战”之后，人们喜爱雄壮的音乐，在教会的聚会中经常采用该诗歌。自20世纪60年代起，受到反战运动的影响，这首诗歌被认为带有战争意味而渐被搁置，直至今日已不大流行了。

④ 艾伦·杜勒斯的舅父罗伯特·兰辛是威尔逊总统的国务卿，外祖父约翰·福斯特在本杰明·哈里森总统任内当国务卿。中日甲午战争后，福斯特担任李鸿章、李经方的法律顾问，负责协助执行割让台湾事宜。艾伦的哥哥约翰·福斯特·杜勒斯负责《旧金山和约》和“日蒋和约”的协商等事宜，后来更主导美蒋“共同防御条约”的签定，迫使蒋介石作出不少让步。这一家族有 2 人对台海局势影响甚大。

⑤ 何谓心理战？中情局第一批情报官员个个猜不透。是纸上谈兵吗？若以语言文字当武器，该说真话还是假话呢？中情局是该在公开贩卖民主呢？还是偷偷走私民主到苏联？心理战是指在铁幕后从事广播抑或空投传单？还是要下令展开秘密行动打击敌人士气？战略性欺敌的战术，从盟军发动攻击日（即 1944 年 6 月 6 日，即盟军自诺曼底登陆，反攻西欧之日）之初就一直讨论至今，仍然没能发展出一套不用武器作战的新方针。艾森豪威尔虽在欧洲司令部敦促同胞“保持心理战术”，日后成为美国特种作战部队之父的罗伯特·麦克卢尔却发现，美国“对心理战……毫无所知……令人惊愕”。

希伦科特想找位可以突破迷障的人来担任“特别措施分部”首长，凯南和福里斯特尔都希望由艾伦·杜勒斯来担纲，最后找来战情局老手托马斯·卡萨迪，谁料芝加哥经纪人兼银行家出身的他却是个大麻烦。他想在德国设立电台和宣传品印刷厂，可没人能想出能争取民心的适当措辞。他的大构想叫“终极计划”，也就是用高空气球把印有手足情谊信息的传单送入苏联，可国务院就有人质疑何不空运米老鼠手表进苏联？

⑥“意大利行动”是中情局头 25 年历史中投资最大、为时最久、收获最丰的政战行动。1947 年 11 月，行动开始之初，安格尔顿站长从罗马返美，在加洛韦的特别行动处内筹设苏联课。安格尔顿已在意大利建立相当稳定的特工网，有一部分是借由豁免某些恶棍的战争罪行来达成的。这几个月来，他一直在思考即将来临的意大利大选，并已拟定计划，返美后就由罗马工作站的执行官雷·罗卡负责第一阶段的行动。威廉·科尔比事后回想起来，觉得他的行动方案就是直接给钱，并没有什么出奇之处。这种做法持续 25 年之久。至于所谓 1948 年奇迹，指的是中间派获胜，而中情局可以居功不诿：选前中间偏右的基民党与梵蒂冈联手，仍然和号称有 200 万忠诚成员的共产党平分秋色。马克·怀亚特说：“他们都是大党，新法西斯主义者已经出局，保皇党也已过气。”另外还有 3 个小党是共和党、自由党和社民党。中情局在 3 月便决定分配选票，同时支持小党与基民党候选人。

意大利行动所费不菲，虽没有正式记录，但估计在 1 000 万～3 000 万美元之间。黑色手提包里除了装有厚厚的现钞之外，还有满满的友谊和信赖，加上一点软硬兼施……1948年意大利行动中有一则传闻，处理巴勒莫码头工人事件的3名中情局签约特工，请当地黑手党出面摆平，成功地让装有美国武器的货船逃过共产党码头工人的搜查。不过，中情局总部倒是对他们的做法很不满意。美国武器和装甲流入意大利，美国船只运来粮食，国际新闻的推波助澜强化了捷克陷落的震撼，这些都促成了意大利中间派的胜出，也使中情局与日渐腐化的意大利政治精英间的长远关系更为巩固。任职国务院和政策协调处的乔·格林回忆道，意大利“宣布他们要送美国一份礼，对终战以来至50年代初期美国为他们所做的一切，表达感激之意。他们要送一批骑马铜像竖立在华盛顿纪念桥西北端，基民党领袖阿尔契德·加斯贝利为此特地前来美国，杜鲁门总统也出席捐赠仪式。真是一场盛会”。铜马至今还在。

⑦原称“天主教行动”，1868年教皇国瓦解前夕，教皇庇护9世号召意大利教徒以“行动”保护教会的组织，故名。1902年教皇李奥13世正式改称“天主教行动会”，简称“公进会”。

⑧这种机制称为“对等基金”。马歇尔计划并非传统的经济援助，而是美国提供物资在当地销售，所得利润即存入当地开设的重建专用账户。

⑨10/2号国安命令挑战性的措辞如下：

鉴于苏联及其卫星国家与共产团体采取恶毒的秘密行动，中伤并打击美国及其他西方列强的目标与活动，国家安全委员会决议，为世界和平利益与美国国家安全着想，美国政府公开的外交活动须有秘密行动辅助……美国政府对那些（秘密行动的）规划与执行所需承担的责任，不会让未经授权的人士知悉。一旦曝光，美国政府亦可振振有词撇清责任。此类工作包括下列相关秘密行动：宣传、经济战；破坏、反破坏、撤退等预防性的直接行动；援助敌国的地下反抗组织、游击队和难民解放团体，并支持西方世界受威胁国家的本土反共行动。

凯南无疑是这项国安命令主要理念的始作俑者，他在一个时代后却颇为悔恨，表示推动政治战争是他毕生最大的错误。他认为秘密作战抵触美国传统，“过度的隐秘、口是心非与秘密阴谋，不合我们的口味”。当时的掌权者很少会这么说。当时的权贵间约定俗成的观念，显然是美国若想阻止苏联，就得有一批秘密部队。凯南撰写长达千余页的回忆录时，根本不提自己是秘密行动的始作俑者。

第4章

最为机密的事——向“铁幕”东侧渗透

1948 年 9 月 1 日，威斯纳接下秘密行动的担子。他的任务是：把苏联人赶回其旧有的疆界内，让欧洲摆脱共产党控制。林肯纪念堂和华盛顿纪念碑之间有一泓波光粼粼的水池，水池两侧是一长排战争部的临时房舍，威斯纳的指挥所便设在其中一间破落的铁皮小屋里。走廊上老鼠横行，他的手下称这个地方为“鼠宫”。

他每天工作 12 小时以上，每星期上 6 天班。他不仅逼自己疯狂地工作，还要求手下情报官向他看齐。他很少告诉中情局局长自己在干什么，他一个人就可以决定自己的秘密任务是否遵守美国外交政策。

他的组织很快就超过中情局其他部门的总和。秘密工作成了中情局的主力，掌握了大部分的人力、经费与权力，这种情况延续了 20 多年。有明文规定的中情局任务，是为总统提供与美国国家安全息息相关的机密情报。但威斯纳既没耐心搞谍报，也没时间过滤并衡量机密情报。在威斯纳看来，策动政变或收买政治人物比向共产主义国家的政治局渗透更容易，也更急迫。

不到一个月的时间，威斯纳就规划好了未来 5 年的作战计划。他着手成立了一个专搞宣传的跨国媒体集团，又设法通过制造伪钞和操纵市场，发动反苏经济战。他花好几百万美元设法策反世界各国，让他们转而亲美。他想吸收苏联、阿尔巴尼亚、乌克兰、波兰、匈牙利、捷克、罗马尼亚等国的流亡人士，组成武装反抗团体渗透进铁幕。威斯纳相信在德国漂泊的 70 万俄罗斯人将共襄盛举，于是想把其中 1 000 人改组成政治奇袭队，结果他只找到 17 个人。

威斯纳根据福里斯特尔的命令，建立敌后情报网——当第三次世界大战开战时可以与苏联作战的外国人组成的网络，目的在于延缓数十万红军挺进西欧的进程。他要把武器、弹药和炸药贮藏在欧洲和中东各地的秘密地点，以便苏军挺进时他们可以炸毁桥梁、仓库和阿拉伯油田。新任战略空军指挥部司令、掌控美国核武器的柯蒂斯·李梅将军很清楚，轰炸机飞到莫斯科上空投弹后，油料就会耗光，飞行员和机务人员只好在铁幕东端跳伞逃生。因此，李梅要威斯纳的心腹富兰克林·林赛[①]在苏联境内建造一道“索梯”，即一条可以让他手下经陆路撤退的路线。空军校官则在中情局总部咆哮：偷一架苏联战斗轰炸机来，最好连飞行员也塞在麻布袋里一起送回来；让特工带着无线电潜入柏林和乌拉尔山之间的每一座机场，战争警报一拉响就破坏苏联境内的每一条军用跑道。这不是请求，是命令。

但最要紧的是，威斯纳需要好几千名美国间谍。从过去到现在，人才缺乏一直是一大危机。于是他展开召募活动，从五角大楼到公园大道，从耶鲁、哈佛到普林斯顿大学，还特意花钱请这些大学的教授和教练留意人才。他聘请律师、银行家、大学男生、老校友，还有无所事事的退役军人。中情局的萨姆·哈尔彭说：“他们到街上拉人，只要是能回答‘是’或‘不是’，或手脚还能动的活人就行。”威斯纳的目标是半年之内开办至少 36 个海外工作站，结果他在 3 年内建了 47 个工作站。在有工作站的都市，一般都有两名站长，一名负责威斯纳的秘密行动，另一名负责中情局特别行动处的谍报工作。两人不可避免地勾心斗角，互抢对方的特工，互相争抢上风。威斯纳自己就以更优厚的薪水和更辉煌的远景，从特别行动处挖来了好几百名情报官。

他向五角大楼、欧洲及亚洲占领区内的美军基地征用飞机、武器、弹药、降落伞和多余的军服。没过多久，他就掌管着总值约 2.5 亿美元的军用品。威斯纳首批聘用的政策协调处人员麦卡格说：“威斯纳可以打电话到政府各部门要人，他就是有这么大的能耐。当然，中情局的行动很隐秘，但人人都知道有这个机关存在。政策协调处则不仅行动隐秘，连该组织的存在也是个机密。应该特别强调的是，虽有少数人知道，但在成立的第一年，它在美国政府内是仅次于核武器的最为机密的事。”如同第一批核武器试爆的巨大威力远超乎设计者的预期一样，威斯纳的秘密行动工作站成长之迅速、扩张之广泛，也超乎任何人的想象。

“二战”期间，麦卡格在苏联为国务院卖命时，很快就学到“能帮助你把事情做好的唯一方法，就是秘密行事”。他一手安排了匈牙利政治领袖撤退事宜，把他们从布达佩斯送到维也纳的安全屋[②]——此处由维也纳工作站第一任站长阿尔·厄尔默在占领区的首都设置。麦卡格和厄尔默也因此成为好友。1948 年夏天，两人在华盛顿不期而遇，厄尔默立即请麦卡格和他上司碰面。威斯纳请两人到华盛顿地区最豪华的海亚当斯饭店吃早点——该饭店隔着拉法叶公园与白宫遥遥相望，并当场聘请麦卡格为总部人员，负责希腊、土耳其、阿尔巴尼亚、匈牙利、罗马尼亚、保加利亚和南斯拉夫7国业务。麦卡格说道，1948年10月他去报到的时候，“包括威斯纳、两名情报官、几位秘书和我，总共只有10个人。不到1年，我们增加到450人，再过一两年就有好几千人”。

我们被当成国王般看待

威斯纳派厄尔默到雅典，负责地中海、亚得里亚海及黑海地区10国业务。这位新站长购置的一幢山顶宅邸，四周高墙围绕，既可俯瞰雅典城，还带有一间60英尺长的晚宴厅，与高层次的外交官为邻。厄尔默在多年之后这样说道：“我们当家做主，被当成国王般看待。”

中情局开始秘密提供政治和经济上的支持给希腊最具雄心的军事与情报官员，并吸收日后可能领导希腊的有为青年。他们所培养的人脉关系日后可能有极大的回报。先是雅典和罗马，接着是全欧各地，政治人物、军事将领、间谍头子、报纸发行人、工会领袖、文化团体和宗教协会纷纷前来向中情局要钱并寻求良策。威斯纳掌权初期的中情局秘史记载道：“个人、团体和情报机关很快就知道，世界上还有个外国势力可以攀附联结。”

威斯纳手下各个站长都需要钱。威斯纳在1948年11月飞到巴黎，找马歇尔计划主持人埃夫里尔·哈里曼讨论这个问题[③]。两人在塔列朗饭店（原为拿破仑时代外交部长的寓所）一间镀金套房内碰面。在大理石雕刻的富兰克林半身像的注视下，哈里曼告诉威斯纳，有必要的话不妨尽量伸入马歇尔计划的“美金摸彩袋”里拿钱。有了这番授权，威斯纳立刻回华盛顿找马歇尔计划执行长理乍得·比斯尔。比斯尔回忆说：“我在社交场合见过他，认识他，也相信他。他算是我们圈内的人。”威斯纳开门见山，比斯尔起先很为难，但“威斯纳耐心地向我保证，哈里曼已同意此项行动，这至少缓解了我的若干疑虑。我刚开始追问他怎么使用这笔钱的时候，他却解释说不能告诉我”。不过，比斯尔很快就知道了。10年后，他接管了威斯纳的工作。

威斯纳建议利用马歇尔计划的款项，消除共产党对法国和意大利最大工会组织的影响。凯南亲自授权进行这些工作。1948年底，威斯纳选中两位颇有才干的工会领袖来执行第一轮工作：一位是美国共产党前主席杰伊·洛夫斯通，另一位是洛氏的忠诚追随者欧文·布朗。这两位经历了20世纪30年代激烈的意识形态斗争后，都转变成将毕生奉献给“反共事业”的斗士。洛夫斯通担任从美国劳工联合会分离出来的“自由工会委员会”的执行秘书，布朗则是洛氏的驻欧首席代表。两人把一些款项从中情局转到由基民党和天主教会所支持的各个工会。马赛港和那不勒斯港的回报是，确保美国军火和军事物资可由友好的码头工人装卸搬运。此外，中情局的钱和权也流入懂得如何赤手空拳破坏罢工的科西嘉黑帮手中。

威斯纳还有个比较高尚的任务：组织“文化自由大会”，使这个颇为神秘的组织在20年间成为中情局很有影响力的外围组织。威斯纳擘画“一个针对知识分子的庞大计划，各位也可以称之为‘争取毕加索的心’”，中情局官员汤姆·布雷登以雅致的文句这样写道。此人曾在战情局工作，也是威斯纳周日晚餐会的常客。这是文字之战，出马的是一些小杂志、平装书和高档会议。布雷登说道：“我主管的文化自由大会一年经费预算大约在80万~90万美元之间。”这笔经费包括《撞击》月刊的创刊费用，这份高档月刊虽然每期卖不到4万份，却在20世纪50年代产生了极大的影响。对主修人文学科的中情局新人而言，这种传道似的工作颇具吸引力。美国情报人员第一年的海外工作就是在巴黎或罗马经营小报或出版社，生活颇为惬意。

威斯纳、凯南以及艾伦·杜勒斯发现一个更好的办法，可以运用东欧流亡人士的政治热情与知识能量，将反共言论传送到铁幕内——这就是“自由欧洲电台”。这个计划于1948年底至1949年初着手规划，花了2年多才正式开播。杜勒斯成为自由欧洲委员会的创始人，而这不过是中情局资助的诸多外围组织中的一个。“自由欧洲”理事会成员包括：艾森豪威尔将军，《时代》、《生活》、《财富》杂志董事长亨利·卢斯，好莱坞制片人塞西尔·德米尔（《乱世佳人》的制片人）等，这些人都是杜勒斯和威斯纳找来掩饰实际活动的幌子。电台成为政治战的利器。

火热的混乱

威斯纳满心期待下任中情局局长将是艾伦·杜勒斯，后者自身也有很高的期待。

1948年初，福里斯特尔请艾伦·杜勒斯针对中情局的结构性缺失展开极秘密的调查。就在大选临近时，杜勒斯也忙着对调查报告作最后的润色，打算以此作为就职演说。他笃定杜鲁门一定会败在共和党候选人托马斯·杜威手中，而新总统一定会把他升到应有的职位上。

这份报告之后被列为机密长达50年之久，形同一份详尽又无情的起诉书。

> 罪状一：中情局粗制滥造大量文件，其中对共产主义威胁的判断，即使有些是事实，可也少之又少。罪状二：中情局间谍打不进苏联及其卫星国家。罪状三：希伦科特是个失败的局长。

报告中说，中情局算不上“称职的情报机关”，要转型还得“耐心努力好几年”，当前最需要的是一位果敢的新局长。然而，到 1949 年 1 月报告定稿的时候，杜鲁门已经连任，杜勒斯与共和党关系密切，从政治上说，任命他当局长显得匪夷所思。希伦科特留任，中情局实质上处于群龙无首的状态。国家安全委员会责令希伦科特核查报告内容是否属实，他置若罔闻。

杜勒斯告诉他在华盛顿的友人，除非中情局彻底变革，否则总统定会遭遇海外剧变的困局。此论迎来一片喝彩声。已出任国务卿的艾奇逊知悉“中情局快被火热的混乱和愦溃融化”。他的情报来源是克米特·金·罗斯福，此人乃老罗斯福总统的孙子、小罗斯福总统的堂兄弟，后来出掌中情局近东暨南亚分部。福里斯特尔的情报助理约翰·奥利提醒顶头上司：“中情局的最大缺失在于人员的类型和素质，以及吸收特工的方法。更有资格加入且想以中情局为毕生事业的文职人员因而士气低落至谷底，许多无法忍受这种状况的特工因而流失。（更糟的是）留在局里的大多数特工认为，除非这几个月内出现变革，否则他们肯定会走人。失去这批高素质的干部，中情局势必陷入泥淖，纵有机会也极难逃脱。”届时，中情局将“永远成为一个差劲乃至二流的情报机关”。这些话简直像从半个世纪后飘忽而至，它们精确地描述了苏联共产主义垮台 10 年后中情局的困境：国内老练的间谍凤毛麟角，海外有才干的工作人员几乎等于零。

中情局的能力不济还不是唯一的问题，冷战的压力也在摧毁国家安全机构的新领导人。

福里斯特尔与凯南是中情局秘密工作的始作俑者及指挥官，但事实证明他们也无法控制自己所启动的机器。凯南身心俱疲，躲在国会图书馆一角关门自隐。福里斯特尔更是锋芒尽失，在 1949 年 3 月 28 日辞掉国防部长职务。在任的最后时日，福里斯特尔崩溃了，他满嘴抱怨并且数月来难以成眠。全美最著名的精神科医师威廉·曼宁格断定他精神病发作，把他送到贝塞斯达海军医院（位于马里兰州。——译者注）的精神科病房。

历经 50 个辗转反侧的夜晚，福里斯特尔在他生命的最后几小时里抄写着希腊诗篇《亚杰克斯来的合唱团》。他写到“夜莺”的“夜”字时陡然停下，接着从16楼窗口跳楼身亡。“夜莺”是乌克兰反抗军的代号，福里斯特尔授权他们进行反斯大林的秘密战争，其领导人包括“二战”期间纳粹的同伙，曾在德国战线后方杀害数千人。该组织成员正准备空降到铁幕后方替中情局工作。

本章注释

① 林赛是战情局老手，曾在南斯拉夫与铁托的游击队并肩作战。战后，他和艾伦·杜勒斯一同在批准马歇尔计划的国会委员会中担任幕僚。1947年9月，他率领该委员会的成员尼克松一行到的里雅斯特（的港）占领区，在该城变成自由区前夕，目睹南斯拉夫坦克与美军紧张对峙的场面。那时南斯拉夫仍属苏联集团国家，铁托9个月后才和斯大林决裂。当时情势一触即发，驻的里雅斯特联军指挥官特伦斯·艾雷就曾提醒英美政府："这个问题若不审慎处理，第三次世界大战很可能就会从这里开始。"林赛一回华盛顿就建议以游击大军对抗苏联，并获得威斯纳的青睐。

② 安全屋指的是秘密据点。

③ 1948年秋天，林赛仍在马歇尔计划巴黎总部的哈里曼手下服务，见证威斯纳和哈里曼之间的对话。林赛说："哈里曼充分了解政策协调处的情况。"1948年11月16日，威斯纳向哈里曼提出简报后，钱已不是问题。麦卡格回忆道："我有好几百万预算可以花，花都花不完。"

马歇尔计划除了提供经费和身份掩护，也赞助秘密行动人员针对法国和意大利的工会，展开宣传与反共行动。在威斯纳和哈里曼达成协议之后，马歇尔计划的某些官员甚至代威斯纳执行秘密活动达3年之久。威斯纳也向派驻德国的高级文官麦克洛伊作简报，此人乃1945年9月杜鲁门将中情局判了死刑后，全力维持美国情报工作的战争部老大。威斯纳说，他“向麦克洛伊说明政策协调处的工作主旨与来源”，并详述“我们当前与未来在德国行动的若干细节”，也注意到麦克洛伊“听我说起协议的原始策划人包括洛维特、哈里曼、福里斯特尔、凯南、马歇尔等，显然颇为动容”。

第5章

为什么不能用纳粹当导盲犬?

“二战”期间，美国和共产党同心协力对抗法西斯主义者。冷战期间，中情局则利用法西斯主义者打击共产党。爱国之士以美国之名义完成这类任务。“要开铁路，就不能不引进些纳粹党人。”艾伦·杜勒斯话锋一转。

美军占领下的德国有200多万人漂泊流浪，无依无靠，其中很多人是刚从苏联控制区逃出来的难民。威斯纳派情报官直接深入到各难民营，吸收难民来完成他口中所说的任务：“鼓动反抗组织深入苏联，并提供联系地下组织的通道”。他主张，中情局必须“利用苏维埃世界的难民，维护美国的国家利益”。

在中情局局长的反对声中，威斯纳还是想把枪械和经费交给这些人。中情局的记录说，极有必要把苏联流亡人士“作为战争非常时期的后备部队”，尽管他们“各团体间在宗旨、理念和种族构成上有着极大的差异”。

威斯纳的命令促成中情局第一次准军事任务，也是多次让数千名外国特工执行死亡任务中的第一次。任务的全部经过一直到2005年中情局历史被披露后才首次曝光。

“这个法案谈得越少越好”

威斯纳的雄心在1949年一开始就碰到了很大的障碍。中情局并没有获得法律授权对任何国家采取秘密行动。它既没有国会批准的合宪章程，也没有合法划拨的经费来执行这些任务。它仍然是在美国法律之外行动。

1949年2月初，中情局局长私下找乔治亚州民主党籍的众院军事委员会主席卡尔·文森聊天。希伦科特提醒说，国会必须尽快通过认可中情局的正式立法并划拨经费。中情局已完全投入行动,亟需一个合法的掩护。希伦科特向参、众两院若干议员吐露忧虑之后,在 1949 年提出《中央情报局法案》请他们审议。他们开了约半个小时的秘密会议斟酌该法案。

文森告诉同僚说 :“我们不得不告诉众院,他们必须接受我们的判断。他们可能会提出的问题,有很多是我们不能回答的。”众院军事委员会的共和党籍资深委员杜威·肖特(密苏里州人)也认为,公开讨论该法案是“超蠢”的事 :“这法案我们谈得越少,对我们大家越好。”

1949 年 5 月 27 日,美国国会通过《中央情报局法案》。法案一通过,国会便赋予中情局极为广泛的权力。十几年之后,谴责美国间谍的违宪罪行变成很时髦的事,但在《中央情报局法案》通过与国会监督意识复苏之间的 25 年里,中情局只被禁止在国内扮演秘密警察的角色。该法赋予中情局极大的权力,只要国会在年度预算中提供经费,他们几乎可以为所欲为。军事小组委员会通过机密预算的途径,熟知如何合法授权进行机密行动的人都心知肚明。有位投赞成票的国会议员,在多年后成为美国总统时总结了国会的这个默契。就算是机密,也是合法的,尼克松如是说。

现在,中情局犹如脱缰野马 :无需收据的经费——隐藏在五角大楼预算造假项目下无从追查的款项,等于是给了他们“无限特许”。

1949 年《中央情报局法案》有个主要条款,允许该局以国家安全的名义,每年让 100 名外籍间谍入境美国,并授予他们“永久居留权,尽管按照移民法或其他任何法律这都是不容许的”。杜鲁门签署 1949 年《中央情报局法案》使之正式生效的同一天,主管该局特别行动处的二星将军威拉德·怀曼告诉移民局官员有位叫米科拉·列别德的乌克兰人,“在欧洲为本局提供重大协助”①。中情局依据刚通过的新法案,将列别德偷运入境。

中情局自己的档案却把列别德领导的乌克兰派系称为“恐怖组织”。列别德本人因 1936 年谋杀波兰内政部长入狱,3 年后德军攻打波兰,他趁机越狱逃亡。他把纳粹视为理所当然的盟友。德军吸收他的手下成立了 2 个营队,其中一个就是令国防部长福里斯特尔念念不忘的“夜莺”营队——在喀尔巴阡山作战,战后仍留在乌克兰丛林。列别德在慕尼黑自称是乌克兰外交部长,并提供游击队员给中情局执行反莫斯科任务。

司法部认定他是屠杀乌克兰人、波兰人和犹太人的战犯。艾伦·杜勒斯却亲笔致函联邦移民局局长,说列别德“对本局具有无法估量的价值”,且在“最为重要的行动上”予以协助。于是,所有遣返的措施便戛然而止。②

中情局的乌克兰行动秘史指出,中情局“搜集苏联相关情报的方法不多,因此觉得有必要利用每一个机会，不管成功的概率有多渺茫或特工人员有多么难受。流亡团体即使前科累累，往往也是聊胜于无的唯一选择”。因此，“很多流亡团体残暴的战争记录，也随着他们在中情局的地位提升而日渐模糊”。到了 1949 年，只要是反斯大林的人，即使是畜生、混账，美国都准备与之合作。列别德就符合这种要求。

我们不想碰它

莱因哈德·盖伦将军也是此类人物。③

“二战”期间盖伦担任希特勒军事情报局首长时，就曾试图从东部战线刺探苏联情报。为人倨傲又狡猾的他，信誓旦旦地说他有个“优秀的德国人”情报网，可以在苏联战线后方帮美国侦察。

盖伦说道：“我一开始就为以下信念所驱使：东西方对决势难避免，每一个德国人都有义务尽一己之力，德国的立场是要完成她所肩负的责任，共同捍卫西方基督教文明。若要保护西方文化……（美国就需要）最优秀的德国人作为合作者。”他提供的为美国情报网效力的团体，是“杰出的德国国民，很优秀的德国人，意识形态上也站在西方民主国家这一边。”

陆军方面虽然很大方地资助盖伦组织的行动，却无法控制该组织，屡次想把它交给中情局。赫尔姆斯手下的情报官坚决反对，其中一位就表示很反感与“有纳粹前科的党卫军(SS)成员”组成的情报网合作。另一位情报官则警告：“美国情报机关好像是有钱的瞎子，用纳粹军情局当导盲犬。唯一的问题是这条狗链太长了。”赫尔姆斯自己也表达了合理的疑虑：“毫无疑问，苏联人也知道这项行动。”

当时在中情局总部主管德国业务的希契尔说：“我们不想碰它，这毫无道德与伦理可言，一切都是为了国家安全。”

然而，在陆军不断施压之下，中情局还是在 1949 年 7 月接收盖伦组织。盖伦在慕尼黑郊外一幢曾为纳粹总部的屋子里，欢迎好几十位知名战犯加入他的圈子。正如赫尔姆斯和希契尔所担心的，东德和苏联情报机关早已渗入盖伦组织的最高层，直到盖伦组织变成西德的国家情报组织很久之后，最厉害的卧底间谍才浮出水面。盖伦长年主管反间谍行动的手下，竟一直在为莫斯科工作。中情局驻慕尼黑的年轻情报官史提夫·坦纳指出，盖伦说服美国情报官员自己可以执行对付苏联权力核心的任务。坦纳回忆：“这种事对我们而言实在是太难了，不试一下的是白痴。”④

我们不会无动于衷

坦纳是陆军情报老手，刚从耶鲁大学毕业，1947年受雇于赫尔姆斯，是中情局第一批宣誓就职的200名情报官之一。他在慕尼黑的工作是吸收工作人员，为美国搜集铁幕后的情报。

从苏联到东欧，每一个主要国家都至少有一个流亡团体，向中情局驻慕黑尼和法兰克福工作站求援。坦纳视为具有间谍潜质的一些东欧人，曾与德国一起反俄，其中某些人“有法西斯背景，想通过帮助美国人来挽救自己事业”。坦纳表示他很留意这些人，他说，“对俄罗斯人深恶痛绝的”非俄罗斯人，“会自动站在我们这一边”。从苏联外围各共和国逃出来的人，大抵会夸大自己的势力和影响力。他说：“这些流亡团体的主要目的是让美国政府相信他们的重要性，以及他们协助美国政府的能力，以便取得某种形式的支持。”

华盛顿没有给出指导方针，坦纳就自己制定：想获得中情局支持的流亡团体，必须是在本土成立的，不是在慕尼黑咖啡屋临时拼凑的，而且必须与母国的反苏团体有所联系，还不能和纳粹有亲密合作关系，以免自毁名誉。1948年12月，经过长时间的评估，坦纳觉得已找到一批值得中情局支持的乌克兰人。该组织自称“解放乌克兰最高议会”，在慕尼黑有政治代表。坦纳回报总部：最高议会在道德上和政治上都没问题。

1949年春夏之际，坦纳一直在准备任用乌克兰人向铁幕渗透。这些人几个月前才带着从乌克兰地下组织得到的情报（写在薄纸片上，塞进衬衣内再缝合）翻越喀尔巴阡山出来。这些纸片代表的意义就是，这是一个强大反抗组织，可以提供乌克兰局势的相关情报及苏联攻击西欧的警讯。总部对它更是寄予厚望，中情局相信，“这个组织的存在，可能与美苏公开冲突的进程密切相关”。

坦纳雇用了一组铤而走险的匈牙利机组人员，他们几个月前刚劫持一架匈牙利商用飞机飞到慕尼黑。中情局特别行动处处长怀曼将军在7月26日正式批准执行任务后，坦纳督导他们接受摩尔斯电码和武器的训练，打算空降其中的2人回他们本国，以便中情局可以联系上游击队。可是，驻慕尼黑的中情局人员，都没有空降特工到敌后的经验。坦纳好不容易才找到1个人。“有位塞尔维亚裔美国籍同僚，曾在‘二战’期间空降南斯拉夫。他教我的手下如何跳伞和着陆。太疯狂了！身上别着卡宾枪怎么还能在着地冲击时向后翻个跟斗？”殊不知，战情局就是靠这种行动一炮而红的。

坦纳提醒大家不要怀有太大期望：“我们深知他们身在乌克兰西部的山林里，说他们知道斯大林的想法或重大的政治议题，其实是不太靠得住的。但起码他们可以取得一些文件、随身夹、衣服和鞋子。”为了在苏联内部成立一个真正的间谍网，中情局必须向他们提供一些伪装的元素：在苏联生活的日常琐事。坦纳说，就算没有取得很重要的情报，这次行动仍具有强烈的象征意义："向斯大林表示，我们不会毫无作为的。这很重要，因为在此之前我们的工作完全无法深入到他的国家。”

1949 年 9 月 5 日，坦纳的手下搭上因劫机投奔慕尼黑的匈牙利人驾驶的 C-47 运输机启程。他们唱着军歌深夜奔向喀尔巴阡山，在利沃夫城附近着陆。美国情报员深入苏联了。

2005 年解密的中情局史简明扼要地提到了其后续情况："苏联人立即歼灭我方特工。”

我们到底做错了什么

尽管如此，这次行动依旧在中情局总部引起热烈反响。威斯纳着手拟定多项计划，分派手下到处吸收反对派人士组建的网络，成立由美国扶植的反抗军，同时向白宫发出预警说，苏联即将发动军事攻击。中情局从空中和陆路派出的几十名乌克兰特工，几乎全军覆没。苏联情报官员先是利用这些俘虏传回假情报——一切顺利，请增援枪械、经费和人员，然后再杀掉他们。中情局史写道："经过 5 年失败的任务之后，中情局中断了此种做法。”

中情局史的结论是："本局利用乌克兰特工渗透铁幕的努力，终究酿成了不幸与悲剧。”

威斯纳并不气馁，依旧在全欧展开新的准军事冒险行动。

1949 年 10 月，中情局特工首次飞进乌克兰 4 个星期之后，威斯纳与英国联手把反抗军送进欧洲最贫穷，也最孤立的共产国家阿尔巴尼亚。他将这荒芜的巴尔干不毛之地，视为由罗马与雅典两地流亡保皇党和下层勤皇派组成反抗军的沃土。一艘从马耳他开出的船只，载着 9 名阿尔巴尼亚人前去执行第一次突击任务。其中 3 人当即被杀害，秘密警察全力追捕另外 6 人。威斯纳没有时间，也没有意识去反省，反而把更多的阿尔巴尼亚新手运到慕尼黑接受跳伞训练，再把他们交给拥有机场、飞机和波兰飞行员的雅典工作站。

他们刚降落到阿尔巴尼亚，就落在秘密警察手中。任务每失败一次，规划就多几分仓促，训练也比较随便。而阿尔巴尼亚人越是孤注一掷，被捕就范的概率也越高。幸存的特务成为阶下囚，他们发回雅典工作站的情报自然也由掳获他们的人控制。

在罗马处理阿尔巴尼亚业务的中情局官员约翰·哈特感到莫名其妙："我们到底做错了什么？"⑤ 中情局花了好几年才搞清楚，苏联从一开始就知道他们行动的每一个细节。德国的各个训练营早就被渗透了，罗马、雅典和伦敦的阿尔巴尼亚流亡社群无不充斥着叛徒。何况，在中情局总部负责秘密行动安全和防范双面间谍的安格尔顿，每次行动都会与他在英国情报机关最好的朋友商量：此人就是苏联间谍金·菲尔比，时任伦敦和中情局之间的联络官。

菲尔比替莫斯科工作的地方，就在五角大楼内靠近参联会会议室的一间安全室里。他和安格尔顿的交情是用杜松子酒的冰吻和威士忌的热拥建立起来。菲尔比是个罕见的大酒仙，每天有 1/5 的时间在喝酒。安格尔顿也不遑多让，"中情局酒王"可是经过一番激烈竞争才拿下的头衔。在前后 1 年多的时间里，安格尔顿在酒桌上将每一位特工空降阿尔巴尼亚的地点，一五一十地告诉了菲尔比，尽管任务接二连三失败，特工接连丧生，空降任务还是持续了 4 年之久，总计约有 200 名中情局外籍特工丧生，而美国政府内几乎无人知晓。这是一件最为机密的事。

事过境迁之后，安格尔顿晋升为反间谍主管，一干就是 20 年。酒还是照喝，但他的脑袋却越来越糊涂，收文篮也变成一个大黑洞。安格尔顿对中情局反苏的每一次行动和每一位官员都有一番评断，最后竟然认定苏联有个控制美国人世界观的大阴谋，只有他知道这项骗局的深奥。于是，他把中情局的反莫斯科任务带进了黑暗的迷宫。

十足的坏点子

1950 年初，威斯纳下令对铁幕展开新攻势。这项任务落在另一位驻慕尼黑的耶鲁校友肩上，这位新人名叫比尔·科芬，是个反共狂热分子。

科芬谈到自己在中情局的岁月时说道："虽然结果往往不能证明手段的正当性，但结果却是唯一能用来检视手段的东西。"

科芬通过家族关系进入中情局，即由他的连襟，也就是威斯纳的东欧行动情报官林赛吸收进来的。他在 2005 年回忆道："我一进中情局就对他们说：'我不想做谍报工作，我想做的是地下政治工作。'问题是，苏联人会搞地下组织吗？对我来说，当时这种想法在道德上是可以接受的。"科芬在"二战"最后两年里，负责美军跟苏联司令官之间的联络事宜，战后曾参与强制遣返苏联军人的无情行动。为此一直背负着很大的罪恶感，这也影响了他加入中情局的决定。

科芬说：“我见识过斯大林把希特勒当童子军要的手段，所以我反苏，却也很亲俄。”

威斯纳把钱投在“社会连带主义者”⑥身上，这是一个在欧洲仅次于希特勒的极右派俄罗斯人组织。中情局里像科芬这样懂俄语，可以和他们合作的情报官，可谓屈指可数。中情局和社会连带主义者先是将传单偷运到东德俄军兵营里，接着用气球飘送数千份宣传小册子，然后派出 4 人空降任务小组搭乘没有标志的飞机，向东飞到莫斯科远郊。社会连带主义工作人员一个个飘向苏联，却一个个遭到追索、逮捕和杀害。中情局又一次把自己的特工送到秘密警察手里。

科芬退出中情局多年后说道：“这是个十足的坏点子。”他后来成为科芬牧师，也是耶鲁大学的校牧，20 世纪 60 年代最热心的反战人士之一。“我们在施展美国力量上还相当幼稚，”大约过了 10 年之久，中情局才承认，“协助流亡人士，以备战事发生时可以联手出击，或是在苏联内部搞革命，都是不切实际的想法。”

20 世纪 50 年代，中情局把好几百名外籍特务派到俄罗斯、波兰、罗马尼亚、乌克兰和波罗的海 3 国去送死。他们的生命结局都没有记录，没有保留报告书，也没有人因失败而受罚。他们的任务被视为与美国生死攸关的大事。就在 1949 年 9 月坦纳手下展开首次空降任务前几小时，从阿拉斯加基地起飞的空军人员就已侦测到大气层里有辐射痕迹。不料分析结果尚未出炉，中情局就在 9 月 2 日自信满怀地宣称，苏联起码还得再过 4 年才能造出原子武器⑦。

3 天后，杜鲁门昭告世人斯大林已拥有原子弹。9 月 29 日，中情局科学情报主管报告，他的办公室里没有可以追踪莫斯科制造大规模杀伤性武器的人才，无法完成任务。他在报告中说，中情局对苏联原子武器的侦察工作，从各方面看都“几乎彻底失败”。中情局间谍拿不到苏联原子弹有关的任何科学或技术资料，分析人员只好凭空揣测。他警告说，这次失败已让美国面临“毁灭性的后果”。五角大楼急忙下令让中情局在莫斯科安插工作人员，伺机偷取红军的军事计划。赫尔姆斯回忆：“那年头想要吸收或管理这些消息灵通的人士，简直如同派遣常驻间谍到火星一样不可能。”

接着，1950 年 7 月 25 日，美国毫无预兆地遭遇了犹如第三次世界大战爆发般的奇袭。

本章注释

①美国军事情报官员和乌克兰人之间有着“一触即发”的危险关系，利用他们来搜集苏联的军事情报与战后派驻德国的苏联间谍的相关资料。他们在慕尼黑聘用的第一批乌克兰人里面，有位叫迈伦·马维耶科的，在“二战”期间当过德国特工，战后变成杀人犯和伪造货币者。不久便有人怀疑他是莫斯科卧底间谍，后来他果然向苏联投诚，疑惧成真。

②列别德进入美国之后，中情局仍和乌克兰人维持业务关系。中情局在20世纪50年代帮列别德在纽约开了一家出版社。他一直活到亲眼见证苏联垮台以及乌克兰可以自由规划自己的前途。

③艾伦·杜勒斯对盖伦风波定过调：“谍报圈里鲜有的大主教般的要角，他能站在我们这一边就已胜过一切了。再说，你也用不着邀他加入自家的俱乐部。”美国吸收纳粹间谍的论点，约翰·博克上尉早在1945年夏天就已了然于胸。从纳粹投降那天起就到处找纳粹间谍的老手博克说：“如果我们真想要获得苏联情报，现在正是理想时机。”结果，他找到了盖伦将军，并把这位德国将领视为“金矿”。两人一致认为，一场新的对苏战争很快就会来临，两国应在对反共问题上采取共同立场。当时美军驻欧洲的情报首长埃德温·赛伯特准将深信其言，于是决定聘请盖伦和他手下的间谍，赛伯特不久出任中情局助理局长，专门负责秘密行动，他唯恐上司会反对此项决定，故未向上司奥马尔·布拉德利将军和艾森豪威尔将军说明情况。盖伦获得希伯特首肯后带着6名手下，搭乘未来中情局局长史密斯将军的私人飞机直奔华盛顿。这几名德国人在华盛顿外的亨特堡秘密军事设施内接受10个月的调查和询问后，返回德国从事反苏工作。美国情报官员和希特勒洗心革面的间谍的长期伙伴关系于是展开。

④已于1970年退休的坦纳接受作者访谈时，以第三人称描述先前未曾有人提及的中情局支持乌克兰反抗军的内幕：

坦纳发现只有一个团体符合标准，即“解放乌克兰最高议会”(UHVR)。奇怪的是，居然没有苏联流亡团体符合资格。UHVR不仅有陆路信差可联系喀尔巴阡山的乌克兰反抗军，更可通过各路信使、天主教神职人员、偶然的过客和逃亡者，从乌克兰取得一些报告。

UHVR和中情局的主要利益显然完全吻合：双方都急于与“敌后”的反抗军总部取得无线电联络。华盛顿决策要员所批准的方案，战时就已在法国、意大利和南斯拉夫运作得很好。

随后 9 个月里，2 名密使在坦纳监督下接受无线电操作、编译密码、跳伞和打靶训练，让他们能够自卫。1949 年 9 月 5 日夜间，他们空降利沃夫附近山区。这次空降和 1951 年的第二次空降虽建立起无线电联系通道，却没有取得石破天惊的情报。最后两次任务肯定毁在：安格尔顿向菲尔比作了简报，以及密使小组不幸被苏联秘密警察的“迎宾小组”当场逮捕。

对苏联境内的乌克兰民族主义人士而言，1949 年的第一次空降使他们士气大振，不免造成过分的期待。到 1953 年年中，苏联已有效遏制武装叛军反抗。

战后四大失误和若干重大的愚蠢行为，一直在坦纳心中挥之不去。

第一，“二战”结束时同盟国强制遣返苏联公民，当他们发现自己将被交还苏联时，很多人选择自杀以了残生。那些被遣送回国的人还没到苏联本土，就在东欧各地被情报机关的行刑队枪决或绞死。

第二，中情局慕尼黑基地人员的掩护身份，被 1949 年美国陆军的 1 本电话簿暴露：没有单位名称的姓名全是中情局人员。陆军此举等于是在他们的姓名旁边标上星形记号。

第三，“二战”结束后由于不再需要其服务，跳伞专家和教练们离开战情局，由此产生 2 个后果：一位战时曾空降到南斯拉夫的塞尔维亚裔美国教练，训练身上背着 4 英尺长卡宾枪的密使着陆后向后翻滚。1949 年 9 月那次空降任务，华盛顿被建议使用的货机降落伞和货架不对，搭载 1 400 磅装备的老货架一着陆便撞得粉碎。

第四，最要命的是，安格尔顿向苏联安排在英国情报机关的卧底菲尔比透露了 REDSOX 计划（即向苏联和铁幕后方渗透的全盘行动）。

⑤ 1976 年，已退休的哈特再度奉召，出马弥补安格尔顿担任反情报主管时对中情局所造成的伤害。威斯纳选中迈克尔·伯克来训练阿尔巴尼亚人。后来出任纽约洋基队总裁的伯克是战情局老手，与中情局签下年薪 1.5 万美元的特工聘约后，派驻到慕尼黑，在市内劳工住宅区一处安全屋里会见阿尔巴尼亚政治人物。伯克写道：“全场最年轻的我，又代表年轻富裕的美国，立刻受到他们瞩目。”他认为自己和这些流亡人士已彼此了解，殊不知阿尔巴尼亚看待事情的方式与他大不相同。在德国替中情局吸收人员的阿尔巴尼亚保皇党人雷西说道：“为我们策划这些任务的美国人，对阿尔巴尼亚、阿尔巴尼亚人和他们的心态一无所知。”这项行动从一开始就遭到彻底破坏，因此人人都猜得出惨败的最深根源何在。安格尔顿的好友麦卡格得出结论：“在意大利的阿尔巴尼亚社群已被意大利人和共产党彻底渗透，所以在我看来，苏联人和阿尔巴尼亚共产当局就是从这里获得情报的。”

⑥ 英国社会学理论流派，认为社会成员之间的相互依存关系，是构成休戚相关社会的基础。后来波兰的团结工会就采用这个名称。

⑦ 全文为："预期苏联可能制造出原子弹的时间，最快在20世纪50年代中期，最可能是1953年年中。"主持科学情报处（OSI）的中情局助理局长威拉德·马赫尔给希伦科特局长的报告则认为，中情局在苏联原子武器方面的研究"几乎是彻底失败"，谍报人员"完全无法"搜集苏联原子弹有关的科学与技术情报，分析人员则诉诸"地质推论"，根据苏联开采铀矿的能力进行猜测……

中情局内部史家罗伯塔·纳普女士指出，1949年9月，"对苏联完成原子弹研制的时间估计，官方版本就有三个：1958年、1955年、1950年至1953年，结果全都错了"。

第6章

自杀任务：中情局在远东战场的失利

对中情局而言，朝鲜战争是第一个重大考验。战争给中情局带来第一个真正的领导人：沃尔特·比德尔·史密斯。杜鲁门在朝鲜战争爆发前就已请他出马挽救中情局，只是这位将军担任驻莫斯科大使后，带着几乎害他送命的胃溃疡回国。朝鲜战争爆发的消息传来时，他正在沃尔特里德陆军医院接受2/3的胃部切除手术。杜鲁门央求他，他则恳求暂缓1个月，看看自己是否能活下来。然后央求变成了命令，史密斯也成为中央情报部门4年来的第4任局长。

将军的使命是打听克里姆林宫机密，但他很清楚自己成功的概率有多少。他在8月24日的听证会上，戴着刚刚获得的第4颗星——杜鲁门送他的大礼，对5位参议员说："我所认识的人里面，只有两位能办得到，一位是上帝，另一位是斯大林。而且就算是上帝，我也不晓得他办不办得到，因为我不知道他和乔大叔（斯大林名叫约瑟夫，故美国官员私下戏称做"乔大叔"。——译者注）亲不亲，懂不懂他在说什么。"至于等着他的中情局是什么状况，他说："我预料会有最恶劣的情况，也相信这番预期不会落空。"他在10月就职后就发现，自己接手的是个烂摊子。在第一次幕僚会议上，他环视左右说道："看到各位都在这里挺有意思的，看看几个月后还有几个人待在这儿就更有意思了。"

史密斯为人相当专断，冷嘲热讽绝不饶人，加上无法容忍瑕疵，看到威斯纳行为散漫便气急败坏。他说："所有经费都花在这种地方，而且全局的人都在疑惑钱到底是怎么花光的。"他就任的第一个星期就发现，威斯纳直通国务院和五角大楼，并不向局长负责。他怒不可遏地告诉这位秘密行动主管，他自在逍遥的日子要结束了。

美国历史上最重大的情报损失

为报效总统，这位将军设法挽救情报分析部门——他称之为“中情局的心脏和灵魂”。他彻底修正情报报告的撰写方式，最后还劝说在中央情报组成立之初就郁郁出走华盛顿的肯特，让他从耶鲁回来制定国家评估制度，汇总政府各部门搜集而来的重大情报。肯特称这份差事是“不可能的任务”，毕竟“评估是在自己不知道的情况下进行的”。

史密斯就任几天后，杜鲁门准备前往位于太平洋的威克岛和道格拉斯·麦克阿瑟将军见面。总统需要中情局提供朝鲜情报，尤其想知道中共是否会参战。正驱军深入朝鲜的麦克阿瑟坚称，中国不可能发动攻势。

中情局对中国局势可说是毫无所知。1949 年 10 月，毛泽东打败蒋介石的国民党军队，宣告中华人民共和国成立，中国大陆仅有的几位美国间谍都逃到中国香港或中国台湾去了。中情局已经在毛泽东手上栽了跟头，现在又让麦克阿瑟搞得步履踉跄。麦帅最讨厌中情局，并竭尽所能禁止中情局官员涉足远东。中情局拼命想盯住中国，可惜从战情局延续而来的外籍间谍太差了。中情局的研究和报告也同样差劲。朝鲜战争一开始，400 名分析员就忙着向杜鲁门总统提供每日情报摘要，但 90% 的报告内容不过是照抄国务院档案，剩下 10% 则多是无足轻重的评论。

中情局的战区盟友，是韩国总统李承晚和中国国民党领导人蒋介石这两位既腐败又不可靠的领袖所统辖的情报机关。初到汉城和台北的中情局官员，最强烈的第一印象是城市四周的田地尽是臭气熏人的粪便，可靠的情报像电力和自来水一样稀罕。中情局发现自己被居心不良的盟友利用，受共产党人的摆布，任由贪财若渴的流亡人士所杜撰的情报拨弄。1950 年香港工作站站长弗雷德·舒尔特海斯花了 6 年时间，梳理朝鲜战争期间中国难民卖给中情局的垃圾。中情局对骗子老千所经营的造纸自由市场可谓贡献多多。

从“二战”末期到 1949 年底，远东地区唯一真正的情报来源是美国信号情报天才。他们能拦截和破解共产党的电报，以及莫斯科与远东地区间传送的公报。谁知就在斯大林、毛泽东及朝鲜领导人金日成、商讨进攻大计时，信号蓦地寂然无声。美国窃听苏联、中国和朝鲜军事计划的能力，突然销声匿迹。

朝鲜战争前夕，一名苏联间谍潜入美方破解密码的神经中枢，与五角大楼近在咫尺的阿灵顿会堂（阿灵顿会堂是陆军信号情报局所在地，由女校改建——译者注）。此人名叫威廉·魏思班，20 世纪 30 年代被莫斯科吸收，是一位可将零散信息从俄文译成英文的语言学家。魏思班一手粉碎了美国解读苏联机密快讯的能力。史密斯局长察觉美国信号情报出了问题，立即通报白宫，结果却是成立一个规模和权限都令中情局相形见绌的信号情报机关："国家安全局"（以下简称"国安局"）。半个世纪后，国安局称魏思班案"或许是美国历史上最重大的情报损失"①。

中国不可能会介入朝鲜战争

1950 年 10 月 11 日，杜鲁门启程前往威克岛。中情局向他保证："没有令人信服的迹象显示中国确有意图全面介入朝鲜战争……除非苏联决定发动全球战争。"② 中情局无视东京 3 人工作站发回的两则警告情报，仍然作出这样的判断。先是乔治·欧瑞尔站长通报，中国东北部的一位国民党籍军官警告说，中国在朝鲜边界集结了 30 万大军。中情局总部对此置若罔闻。接着，后来出任中国台湾工作站站长的比尔·达根坚称，中国不久就要越界进入朝鲜。麦克阿瑟将军则威胁要逮捕达根。这两则警讯都没有传到威克岛。

中情局总部不断告诉杜鲁门，中国不会大规模参战。10 月 18 日，麦克阿瑟大军向鸭绿江及中国边界挺进之际，中情局报告称："苏联挺进朝鲜的冒险行动以失败收场。"10 月 20 日，中情局指出鸭绿江一带所侦察到的中国军队，是为了保护该地的水力发电厂。10 月 28 日，中情局告诉白宫，中国军队都是散漫的志愿军。10 月 30 日，美军遭受攻击，死伤惨重，中情局仍重申中国不可能大举介入。几天之后，会说中文的中情局官员审讯数名在会战中俘虏的中国士兵，确认他们是中国正规军。中情局最后一次主张中国不会以武力进攻。2 天后，30 万中国大军展开无情攻势，差点把美军赶入大海。

史密斯局长惊慌失措。他认定中情局的业务应是防范美国遭受军事突袭，谁知它却一再误判这一年来的全球性危机：苏联原子弹、朝鲜战争和中国参战。1950 年 12 月，杜鲁门宣布全国进入紧急状态，召回艾森豪威尔将军，史密斯也展开将中情局转变为专业情报机关的斗争。他得先找个人来管管威斯纳。

行动和情报业务本末倒置

只有一个名字自动浮现。

1951 年 1 月 4 日，史密斯邀请无可非议且已经内定的艾伦·杜勒斯出马，担任计划部副局长（这个头衔只是个名目，所做的其实是秘密行动主管的工作）。这两人的搭配是很糟糕的，波尔格观察两人在总部的相处，认为："很明显，史密斯不喜欢杜勒斯，其中的原因不难明白：陆军军官接到命令就得执行，律师则想办法迂回规避。于是在中情局里，命令只是讨论的起点。”

朝鲜战争开战之后，威斯纳的业务增加了5倍之多，史密斯则认为美国并没有进行这种斗争的策略。他向总统和国安会申诉：中情局真的要支持东欧、中国和苏联的国内武装革命？国务院和五角大楼的答复是：没错，而且还不止于此。局长想知道到底有什么办法。威斯纳每月新聘几百名大学男生，送到特战学校训练几星期就派到海外，每半年轮调1次，再换上一批新人。他想建立一个全球性的军事机器，却没有像样的专业训练、后勤和通信。史密斯坐在办公桌旁，小口吃着胃切除手术后他赖以维生的薄脆饼和热粥，既生气又灰心。

他的第二副手、中情局副局长比尔·杰克逊表示，中情局的行动是个解不开的结，他已在灰心之余挂冠求去。史密斯别无选择，只好把杜勒斯升为副局长，威斯纳升为秘密行动主管。然而，他一看到两人提交的中情局预算，就怒不可遏：5.87亿美元，这是1948年的11倍。其中4亿多元专供威斯纳的秘密行动业务之用，是情报和分析业务成本的3倍。

这将给“身为情报机关的中情局带来明显的危机”，史密斯火冒三丈。③他提醒说：“行动和情报本末倒置，高层人士被迫把时间投注在行动作业上，必然会忽略情报业务。”也就是在这个时候，史密斯开始怀疑杜勒斯和威斯纳对他有所隐瞒。根据2002年解密的档案记载，他在与中情局副局长、幕僚的每日例会上，经常向他们询问海外形势。然而，他直接的提问只得到含糊的答复，甚至根本没有响应。他警告他们不要“保留”或“漂白不幸的事件和严重的失误”。他责令他们详细报告各项准军事任务的代号、说明、目的与成本。他们并没有从命。他派在国安会的私人代表蒙塔古写道：“他恼怒之余，更激烈表明对他们的愤怒。”史密斯无所畏惧，但一想到杜勒斯和威斯纳把中情局带到“立意不善和重大不幸”的方向，便愤怒不已，“他担心海外的失败可能会广为人知”。

我们不知道自己在做什么

中情局朝鲜战争秘史透露了史密斯将军忧心所在。

据史料记载，中情局的准军事行动“不仅效率低下，就死亡人数而言，或许还应予以道德谴责”。朝鲜战争期间中情局吸收了数千名韩国和中国特工投入朝鲜，可全都有去无回。中情局的结论是，“所费时间和金钱与所得极不成比例，花费巨大而且无数韩人牺牲”，却毫无所获。另有数百名中国籍特务在规划不善的陆路、空中和海上任务中，登陆后随即丧生。

希契尔出任香港工作站主任后，亲眼目睹了一连串失败后，说道："这些任务大多不是为了搜集情报，而是去支持不存在或虚构的反抗组织。它们是自杀任务，是自杀和不负责任的任务。"这类任务持续到 20 世纪 60 年代，一批批特工在捕风捉影的行动中丧生。

朝鲜战争初期，威斯纳派 1 000 名军官到韩国，300 名到中国台湾，命他们潜入壁垒森严的解放军重镇和金日成的军事机关。这些没有充分准备和训练的人，就这样被丢到战场上，当时刚从威廉斯学院毕业的唐纳德·格雷格就是其中之一。朝鲜战争爆发后，他第一个念头是："朝鲜到底在哪里？"在准军事任务速成班上过一堂课之后，他奉命前往中情局新设在太平洋的工作站。威斯纳斥资 2 800 万美元，在塞班岛建造秘密行动基地。当时到处是"二战"死者骸骨的塞班岛，成了中情局执行韩国、中国和越南秘密行动的训练营。格雷格从难民营里挑了些粗犷、勇敢但不守纪律也不懂英语的韩国农家青年，把他们迅速变成美国情报工作人员。中情局派他们执行一些规划粗糙的任务，除了让死亡名单变长之外，乏善可陈。这段记忆一直跟随着格雷格，他从中情局远东分部一路干到汉城工作站站长、驻韩国大使，最后当上老布什副总统的首席国家安全助理。

格雷格说："我们走的是战情局的路子，但我们所反对的人却完全掌控大局。我们不知道自己在做什么。我问上司到底执行什么任务，他们不告诉我。其实他们也不晓得任务到底是什么，真是霸道至极。我们训练韩国人和中国人，还有很多奇奇怪怪的人，然后把韩国人丢到朝鲜，把中国人丢到中韩疆界北边的中国，此后就再也没有他们的下落。"

他说："在欧洲的记录不佳，在亚洲的记录也很糟糕。中情局初期的记录一塌糊涂——盛名在外，实绩却是惨不忍睹。"

CIA 早在敌人掌控之下

史密斯一再提醒威斯纳要留意对手制造的假情报，殊不知威斯纳底下的情报官就在作假，包括威斯纳派到韩国的工作站长和行动组长在内。

1951 年 2—4 月间，1 200 多名朝鲜流亡人士在行动组长托夫特指挥下，群聚釜山港的龙洞。托夫特出身战情局，欺瞒上司的才能远大于欺敌的能耐。他把他们编成白虎、黄龙和青龙 3 个中队，44 个游击小组。他们肩负三重使命：情报搜集的渗透人员、游击战小组，以及营救逃匿的美军飞行员与机务工作人员。

1951 年 4 月底，白虎中队带领 104 名队员登陆朝鲜，再空降 36 名工作人员增援。4 个月后，托夫特离开韩国前回传报告，夸耀自己成就辉煌。谁知到了 11 月前后，白虎游击队不是被俘虏，就是被打死，要不就是下落不明。青龙和黄龙中队的下场也一样。少数幸保小命的渗透小组，被捕后在死亡威胁下用无线电发出假情报欺骗美国业务官；游击队则无一幸存；逃亡小组不是失踪就是惨遭杀害。

1952 年春夏之交，威斯纳的手下再空降 1 500 余名韩国特务到朝鲜。他们以无线电发回无数有关朝鲜和中国军事调遣的详细情报。汉城工作站站长艾伯特·汉尼早就预告了这一切。此人是陆军上校，话很多，野心也不小，常公开吹嘘说有好几千人帮他从事游击作战和情报任务，还亲身负责吸收并训练数百名韩国人。有些美国同僚认为汉尼是个危险的傻子。国务院派驻汉城的情报官小威廉·托马斯怀疑汉尼站长有一份工资单，里面却充斥着“被对方控制”的人。

1952 年 9 月，接替汉尼出掌汉城工作站的哈特也持相同看法。哈特到中情局的前 4 年都在欧洲与制造假情报的人打交道，在有了一连串锥心刺骨的经验，以及在罗马苦心经营阿尔巴尼亚流亡团体的历练后，他更加密切注意欺骗和假情报的问题，也决定“严格审查前任站长宣称的奇迹般的成就”。

汉尼管辖的 200 名中情局情报官，没有一个会说韩语。汉城工作站全靠吸收韩国人来推动中情局的朝鲜游击行动和情报搜集任务。经过 3 个月的追查之后，哈特断定中情局所接收的韩籍特工，不是捏造报告，就是暗中替共产党工作，汉城工作站这一年半发回中情局总部的电文，无一不是精心算计的骗局。

哈特忆述：“有一份很特别的报告令我难忘。该报告声称是前沿战线上中国与朝鲜所有部队的简要说明，并列出每个单位的兵力和数字编号。”美国军事指挥官赞不绝口，称它是“杰出的战争情报报告之一”，哈特则断定它全属虚构。　他接着发现，汉尼所吸收的重要韩国特务全都是“骗子”——不是有些，而是全部。“他们拿着原应付给朝鲜内部情报‘来源’”的优厚薪水，着实逍遥了好一阵子。我们从这些特务那里得到的报告，每一份都是出自敌手。”

朝鲜战争结束很久之后，中情局才判定哈特的见解无误：朝鲜战争期间所搜集的机密情报，几乎全都是朝鲜和中国安全机关编制的。假情报上传到五角大楼和白宫，而中情局在韩国的准军事行动，还没开始就已遭渗透和出卖。

哈特告诉总部应该暂停工作站业务，先清理门户和疗伤止痛。一个被敌人渗透的情报机关，比没有还要糟糕。史密斯的回应却是派一位密使到汉城告诉哈特：“中情局是个新机构，还没打响名号，不能向其他政府部门，尤其是不能向激烈的竞争对手军事情报局承认自己没有能力搜集朝鲜情报。”④ 这位信差就是中情局副局长洛夫特斯·贝克尔，他在 1952 年 11 月奉史密斯之命，巡视亚洲地区工作站，回国后便递出辞呈。他认定情况已到了无可救药的地步：中情局在远东地区搜集情报的能力“几乎微不足道”。他在辞职前向威斯纳抗议：“行动告吹表示没有成效，而且最近这种情况还不少。”

中情局同时隐瞒了哈特的报告和汉尼的舞弊。中情局明明遭到暗算，却称之为战略演习。曾担任威斯纳准军事行动组长的空军上校詹姆斯·凯利斯说，杜勒斯告诉国会“中情局掌握相当多的朝鲜反抗分子”。朝鲜战争结束后，凯利斯写信向白宫检举杜勒斯当时就已接到警告，说“中情局在朝鲜的游击队早在敌人掌控之下”，事实上“中情局没有这种资源”，“中情局受骗了”。

把失败谎称为成功已成为中情局的传统，不愿从错误中学习则是中情局由来已久的文化。中情局秘密工作人员从不写“经验教训”总结报告。时至今日，仍无规定要提交经验教训总结报告。

有一次，威斯纳在总部会议上承认：“我们都注意到，我们在远东地区的行动与预期差距很大。我们身负重任，可就是没时间去培养大批能够成功执行任务的人。”在中情局的历史里，没有能力潜入朝鲜是历时最久的行动失败。

总得有些人送命

中情局在 1951 年开辟了朝鲜战争第二战线。负责中国行动的官员看到中国参战不免着了慌，只得说服自己，“红色中国”里还有上百万的国民党残余等待中情局援手。

这类报道到底是香港“造纸厂”的捏造？抑或台湾政治密谋制造？还是出于华盛顿一相情愿的意淫？中情局对中国开战是明智之举吗？没时间细想了。史密斯告诉杜勒斯和威斯纳：“对这种战争，政府内部没有共同认可的基本策略。我们甚至没有一个如何对待蒋介石的统一政策。”

艾伦·杜勒斯和威斯纳自有对策。他们先是设法征召美国人空降到中国。其中一位很有潜质的新人叫保罗·克赖斯伯格，本来很想加入中情局，谁知“他们先考验我的忠诚和奉献程度，问我是否愿意空降到四川。我的使命是去组织仍留在四川山区的一些国民党反共军人，与他们合作展开若干行动，必要时可以越过缅甸逃出。他们看看我，问道：‘你愿意吗？’”克赖斯伯格仔细考虑后决定加入国务院。少了美国志愿军，中情局便空降数百名中国籍特工到大陆，往往是盲目地空降，命他们自行找个小村庄藏身。而他们一失踪，就被当成秘密战争中的牺牲者予以注销。

中情局还想到可以利用穆斯林骑兵，即通过与国民党有政治联系的马步芳[5]（指挥大西北地区军队的回族），来挖毛泽东的墙脚。中情局空投数吨武器弹药和无线电器材，以及数十名中国籍特务到华西地区，然后再想办法找美国人尾随他们。哈佛研究生迈克尔·科就是他们想吸纳的人之一，他日后破译玛雅象形文字，成为20世纪最伟大的考古学家之一。1950年秋天，有位教授找22岁的科吃午饭，提出一个以后10年间常春藤盟校的许多学生都会听到的问题："愿不愿意以一个相当有意思的身份替政府工作？"科于是来到华盛顿，换上从伦敦电话簿里随意挑选的假名。他被告知自己会成为两个秘密行动之一的主事官，不是空降到偏远的华西地区去支持穆斯林战士，就是派到中国外海的一座岛屿去搞突击。

科说："幸好是后一个选项。"他加入"西方公司"——中情局为颠覆中国而在中国台湾成立的外围组织，在一个叫白狗的小岛上待了8个月，唯一重大的情报成果便是发现国民党军队指挥官的参谋长是共产党。科在朝鲜战争快结束前几个月回到台北，却发现西方公司变得和同事们经常光顾的青楼妓院并无二致："他们建立了一个门户深锁的小区，设有军队商店和军官俱乐部。原有的精神已经改变，简直是浪费公款。"科的结论是，中情局"买下国民党的情报'出货单'，相信在中国内地有一大批反抗武力。我们认错目标，找错对象。一言以蔽之，整个作业就是在浪费时间"。

中情局把赌注押在国民党身上，认定中国内部肯定有个"第三势力"，于是从1951年4月到1952年年底，花了大约1亿美元的经费，购买了足可供应2万名游击队员的武器弹药，却没找到这子虚乌有的"第三势力"。这笔经费和枪支有一大半落入冲绳一个华人流亡团体手中，而他们就是靠"大陆有一大批反共军官支持他们"的说法挣钱。主管西方公司的战情局老手雷·皮尔斯说，要是真能找到活生生的"第三势力"军人，他会把他们宰了制成标本，送到史密森学会博物馆。

1952年7月，中情局空降中国籍4人游击小组到东北，依旧要寻找那子虚乌有的反抗军。4个月后，小组发电求救。然而这是个陷阱：他们被捕后，反过来被中国拿来对付中情局。中情局批准动用专为吊起受困人员新设计的吊带，展开救援任务。第一次执行任务的两名中情局年轻军官迪克·费克图和杰克·唐尼就这样被送进打靶场。飞机在中国机关枪猛烈的射击中坠落，飞行员身亡，费克图在中国监狱蹲了19年，刚从耶鲁毕业的唐尼则坐了20多年牢。后来北京广播公告自己在东北的战绩：中情局空降212名外国特工，其中101人送命，111人被擒。

中情局在朝鲜战争中的最后战场是缅甸。1951 年初，就在中国把麦克阿瑟大军赶到南边的时候，五角大楼认为利用国民党开辟第二战线，或许可以缓解麦克阿瑟的压力。国民党李弥将军的部属约 1 500 人受困缅北的中缅交界处。李弥请美国提供枪械和经费支持，于是中情局空运国民党士兵到泰国，提供训练和装备，再连同枪械弹药一起空投缅北。有着法律和社会学傲人学历、刚刚加入中情局的德斯蒙德 · 菲茨杰拉德，“二战”期间曾在缅甸参战，他接下支持李弥的任务，但很快就变成闹剧，最后以悲剧告终⑥。

李弥的部队一进入大陆，就被解放军打得落花流水。中情局的谍报官员虽已发觉李弥派驻曼谷的通信员是中国特务，威斯纳的手下仍坚持发动攻势。李弥部队撤退，重新整编，等到菲茨杰拉德再次空投枪械弹药的时候，李弥部队不再战斗了。他们退到金三角山区，种植鸦片，娶了当地女子安家落户。2 年后，中情局还得在缅甸展开小型战争，扫荡已成为李弥全球毒品王国根基的海洛因实验室。

史密斯局长致函接替麦帅出任远东盟军总司令的马修 · 李奇微将军，说道：“嗟叹逝去的机会……或试图撇清过去的失败，都毫无意义。我从痛苦的经验中发现，秘密行动是专家做的事，外行人做不来。”

1953 年 7 月朝鲜战争停战，而此后中情局在韩国的败绩再添一笔。中情局认为韩国总统李承晚无可救药，多年来一直想换掉他，不料却险些将他误杀⑦。夏末一个万里无云的午后，一艘游艇缓缓驶过龙洞海岸线，中情局在此训练韩国特攻队。李承晚在船上举行派对招待朋友，训练区的军官和卫兵没有接到李总统要经过的通知，竟然开火射击。尽管奇迹般的没人受伤，李承晚却大感不快。他召来美国大使，告知中情局准军事人员必须在 72 小时内离境。事后，从 1953 到 1955 年，倒霉的汉城工作站站长哈特必须重新吸收、训练和空降特工到朝鲜。而据他所知，这些人最后全都被俘虏处决。

中情局在韩国处处失利。它既未能提供预警，又无法提供情报分析，贸然吸收而来的特工，更是害死好几千名美国人和亚洲战友。

十几年之后，美军退役人员称朝鲜战争是“被遗忘的战争”。中情局则是刻意健忘。浪费在幽灵游击队武器上的 1.52 亿美元，已经在资产负债表上作了调整。朝鲜战争的许多错误或捏造情报的事实都秘而不宣。至于人命伤亡的代价问题，没人过问，也没人回答。

主管远东事务的助理国务卿腊斯克嗅到一股腐败的气味，于是请国务院里的中国通约翰 · 梅尔比⑧出马调查。梅尔比与 20 世纪 40 年代中叶之后第一批驻亚洲的美国间谍携手合作，社交甚广。他到现场严查细访，在一份只让腊斯克过目的报告中说："我们的情报工作糟到几近渎职的地步。"这份报告不知怎地落到了中情局局长的桌上，梅尔比被唤到总部，挨了史密斯一顿臭骂，副局长艾伦·杜勒斯则是坐在一旁一言不发。

对杜勒斯而言，亚洲始终只是枝节问题。他认为，西方文明真正的战争在欧洲。1952 年 5 月在普林斯顿饭店一场秘密会议上，杜勒斯告诉挚友和同僚：这场战争须是"人人准备就绪且愿意挺身承担后果"。在 2003 年才解密的这篇讲稿里，他说道："毕竟，我们在韩国已有 10 万人伤亡，既然我们接受了这些伤亡，那么我也不会为铁幕后有些伤亡或烈士苦恼……我认为各位不必等到召齐所有的部队，确定自己会赢才动手。各位必须马上行动。"

杜勒斯说："总得有些烈士，总得有些人送命。"

本章注释

① 魏思班在美国情报史上的角色，数十年来一直受到误解。根据国家安全局和中情局对本案始末的记载，魏思班是在 1934 年被苏联吸收。魏思班 1908 年出生于埃及，父母亲都是俄国人，20 年代末来美，1938 年成为美国公民，1942 年加入"信号情报局"后，曾被派到北非和意大利，然后才返回阿灵顿会堂总局任职。魏思班曾因参加共产党活动遭停职，接着又因没有出席联邦大陪审团听证会被判蔑视法庭罪，服刑 1 年。本案就此打住，因为公然指控他从事间谍活动，只会加深美国情报界的问题。魏思班于 1967 年骤逝，显然是自然死亡，享年 59 岁。

② 中情局唯一能肯定的是，麦克阿瑟将军深信中国不会打过来。中情局从 1950 年 6 月到 12 月的报告与分析充分反映了这一错误推断。

③ 中情局局长、各部副局长与幕僚每日例会的记录，透出斗争的味道。记录说："局长要他们（杜勒斯和威斯纳）仔细监督政策协调处，准军事行动和所有对情报无所贡献的活动，都应从其他预算中清理出来。他认为，政策协调处的活动已到了对中情局这个情报机关构成明显危险的地步。"

史密斯认为，美国"没有执行这种战争的策略"，也就是威斯纳所从事的那类战争。他告诉艾伦·杜勒斯和威斯纳说："你们没有一个政府批准的基本策略可以执行这类战争……我们虽有设备和权限，却没有从事我们该做的工作。"

史密斯不只一次想要解除威斯纳对准军事行动的控制权，可国务院和国防部却都希望扩大秘密行动。他在 1951 年 8 月 21 日例行幕僚会议上，警告他们不要“保留”或“漂白不幸的事件或严重的失误”；8 月 9 日的会议记录则显示，他曾恳请威斯纳和其他高层情报官员 ：“认真注意情报来源作假和复制的问题。”

新近取得的记录显示，史密斯所接手的中情局“好像神圣罗马帝国一般，封建豪族各自追求自身利益，丝毫不受虚位君主的指示与管辖控制”，这句话出自蒙塔古之口，此人乃史密斯派在国安会幕僚群里的私人代表。

④ 哈特所提有关汉尼舞弊的报告，无人闻问。汉尼自己后来也指出 ：“朝鲜战争期间与战后，主事的高层官员之间有相当多的讨论，认为中情局若能从这场战争中吸取教训，应该可以更有效地防备下一次朝鲜战争。”但他的结论却是 ：“我严重怀疑中情局是否能吸取教训，这次经验甚至没有记录归档，遑论研究。”汉尼在朝鲜战争期间的表现如此匪夷所思还能安然无事，是由于他在 1952 年 11 月任期快结束的时候，设法把一位身受重伤的陆战队中尉，从战场弄上医护船送回美国的缘故。7 个星期后，这位脑部受创的军官接受其父艾伦·杜勒斯一个难得的亲吻。这一幕正好出现在杜勒斯出席中情局局长任命听证会的前一天。杜勒斯为表感激之意，于 1954 年派汉尼到佛罗里达州担任“成功行动”指挥官。

⑤ 马步芳 ：甘肃河州（今临夏）人。1911 年中华民国建立后，马步芳的父亲马麒在青海成立宁海军（当地人称做“马家军”），展开马氏家族在青海长达 40 年的军阀统治。1931 年，马麒病死，马步芳的叔叔马麟代理省政府主席，与蒋介石产生嫌隙。蒋介石为控制青海地区，便扶持马步芳取代其叔父。马氏统治期间，特别是马步芳在位时，垄断青海省的农牧工商等各行，有“青海王”之称。

⑥ 李弥行动的后果是可怕的。第一个后果是中情局一时疏忽，没有通知美国驻缅甸大使戴维·基，他得知后勃然大怒，立即拍电报向华盛顿抗议，并表示这一秘密行动已在缅泰两国首都公开，践踏缅甸主权，严重伤害美国利益。负责远东事务的助理国务卿腊斯克则让他住口，断然否认美国涉入这一行动，并将责任推给军火走私商。李弥和他的部队后来把枪口转向缅甸政府，缅甸领导人怀疑美国默许这一行动，忿然与美断交，开始了与西方完全隔绝长达半个世纪的局面，也成为全世界最高压的政权之一。

中情局的泰国盟友涉入李弥的海洛因生意很深，1952 年曼谷事态已失控，当时主管秘密行动业务，且被视为威斯纳接班人的助理处长莱曼·柯克帕特里克，偕同威斯纳的助理处长帕特·约翰斯顿上校，于 9 月底飞往曼谷。至少已有一名涉及毒品交易的美国人死亡，而且已有人向美国司法部长提到这个问题。事后约翰斯顿上校立即辞职，柯克帕特里克则在行程中感染小儿麻痹病毒几乎送命，一年后回到中情局已失去升迁机会，一辈子坐在轮椅上当个督察长。

⑦ 驻韩大使约翰·穆乔于 1952 年 2 月 15 日发密电给远东事务助卿约翰·艾利森："李承晚日渐老迈……中情局要设法把他换掉。" 1955 年 2 月 18 日国安会送交国务卿福斯特·杜勒斯的备忘录则说，艾森豪威尔已批准一项行动，以"挑选和秘密鼓励发展韩国新领导阶层"，必要时让他掌权。

⑧ 梅尔比：1945—1948 年曾任职于重庆与南京美国大使馆，也是《中美关系白皮书》的撰述者。《白皮书》乃国务院于 1949 年 8 月 5 日发表的中美关系文件选集，杜鲁门政府出版《白皮书》的目的在于与国民党划清界线，推卸中国大陆"赤化"的责任。《白皮书》的观点成为 20 世纪 50 年代初期美国改善对国民党关系的障碍，亦成为美国历史学界解释中国内战结果的主调，长期对蒋介石政权抱持负面观感，影响十分深远。

第7章

忽视情报凭空想象，中情局难以成就大业

艾伦·杜勒斯在普林斯顿饭店会议上请同僚想想，什么方法最有可能摧毁斯大林控制其卫星国家的能力。他相信秘密行动可以打倒共产主义。中情局要让苏联人滚回自己的老家。

他说："我们若要采取攻势，东欧就是着手开始的最佳地点。我不想要流血战争，但我希望事情有所进展。"

奇普·波伦发言了。他从一开始就参与其事，而在不久之后被任命为驻莫斯科大使。5年前他就参加周日晚餐会，播下中情局政治作战的种子。他反问杜勒斯："我们是要发动政治作战吗？我们从1946年以来一直在做，也做了很多事情。至于是否有效，或是否以最佳方式做的，那是另一回事。"

波伦说："你提到'我们是否该继续这一攻势？'我看到的是梦魇的深渊。"朝鲜战争仍然进行得如火如荼，参联会主席命令威斯纳和中情局针对"苏共控制体系的心脏地带"，展开"反苏秘密大攻势"。[①] 威斯纳勉强为之。马歇尔计划正转型成向盟国提供武器的条约，威斯纳认为万一发生战争，这是武装敌后秘密武力对付苏联的大好机会。他在全欧遍撒种子，他的手下在斯堪的纳维亚、法国、德国、意大利和希腊的山林中，把金条丢进湖里，把一箱箱武器埋藏起来，以备来日战争之需。他们把工作人员空降到乌克兰和波罗的海诸国的沼泽和山麓去送死。

在德国，千余名军官把传单偷运到东柏林，并伪造印有绞绳套在东德领导人沃尔特·乌布里希脖子上的邮戳，更在波兰规划多项准军事行动。但这些都不足以探测到苏联威胁的本质。破坏苏联帝国行动的计划，绝大部分仍以监视为主。

用药物控制可疑特工的身心

史密斯局长极为慎重地派出值得信赖、人脉极佳、战绩杰出的三星上将卢西恩·特拉斯科特来接管中情局在德国的业务，并调查威斯纳的人马到底在干什么。特拉斯科特奉令把他认为有问题的计划一概中止。他一到任就选了中情局德国基地的波尔格当首席助理。

他们找到了几枚“定时炸弹”，其中一个是密不透风、被当时中情局的档案称做“海外侦讯”的计划。

中情局设置秘密监狱，对有嫌疑的双面间谍实施逼供，一个设在德国，另一个在日本，还有一个设在巴拿马运河区，这也是最大的监狱。“和关塔那摩监狱[②]一样，什么勾当都干。”波尔格 2005 年说道。

运河区自成一个世界，是美国在 20 世纪初掌控巴拿马运河后，从周遭丛林里开辟出来的地区。区内的海军基地里，中情局安全官将平日用来关喝酒闹事和不守纪律的士兵的禁闭室，改建成以煤渣砖砌成的牢房。在这些牢房里，中情局利用酷刑、药物控制心灵和洗脑等手段，进行严厉侦讯的秘密实验。

这个计划可以回溯到 1948 年，赫尔姆斯和手下情报官发觉自己被双面间谍耍得团团转的时候。刚开始它还只是 1950 年朝鲜战争爆发后，中情局顿觉急迫而临时制订的紧急方案。那年夏末，巴拿马气温接近 100 华氏度（约 37.8℃），两名苏联流亡人士从德国被送到运河区，他们被注射药物后遭到残酷的审讯。在日本的美军基地内，4 名朝鲜双面间谍嫌犯也受到中情局同样的“款待”，而他们不过是代号为“朝鲜蓟计划”中已知的第一批人体实验罢了。事实上，这只是中情局千方百计想控制人类心灵的 15 年计划中，极小却极为重要的一环[③]。

中情局在德国吸收苏联人和东德人当特工和情报员，却出了事故。他们将自己仅知的一点内情供出来后，往往靠欺骗和敲诈手段来延长短暂的间谍生涯，其中不少人涉嫌暗中替苏联工作。中情局官员发现共产主义国家的情报和安全机关比中情局更大也更高明之后，这个问题就变得很急迫了。

赫尔姆斯说过，美国情报官所受的训练是不要相信外籍特工，“除非你控制他身体和心灵”。控制人心的需求导致寻求控制心灵的药物，并在秘密监狱试验这类药物。杜勒斯、威斯纳和赫尔姆斯亲自负责这些业务。

1952 年 5 月 15 日，杜勒斯和威斯纳接到一份有关“朝鲜蓟计划”的报告，其中详列了中情局测试海洛因、安非他命、安眠药、新发明的迷幻药，以及其他“特殊侦讯法”的 4 年方案。方案之一是设法找出一种强效侦讯法，“使得受它影响的人很难在侦讯时坚持相同的谎言”。几个月后，杜勒斯批准代号为“超激”的宏大新计划。在该计划赞助之下，肯塔基州某联邦监狱的 7 名犯人，连续 77 天被施予高剂量的迷幻药。中情局以相同的药物注射进陆军文职雇员弗兰克·奥尔森体内后，他从纽约某饭店窗口跳下。这些人和巴拿马秘密监狱里的双面间谍嫌犯一样，都是打击苏联战争中的牺牲品。

赫尔姆斯等中情局高层官员唯恐这类计划会大白于世，因此将几乎所有记录销毁。不过，所剩的证据虽只是断简残篇，却强烈暗示着利用秘密监狱强制施药、审讯可疑特工的做法，在 20 世纪 50 年代行之不辍。这一机密设施的成员与中情局内部的安全官、科学家及医师，每个月集会讨论“朝鲜蓟计划”的进展，一直到 1956 年才停止。中情局档案显示，“这些讨论包括规划海外侦讯事宜”，而“特殊侦讯法”此后数年仍持续使用。④

向铁幕渗透的动力使中情局开始采用敌人的手法。

CIA 吸收的是苏联特工

特拉斯科特将军所取消的中情局业务里，有一项是支持名为“德国青年”团体的计划。这个团体的领导人有很多是“希特勒青年团”的老成员，团员在 1952 年增加到 2 万多人。他们兴冲冲地接受中情局的武器、无线电、照相机和经费，再把它们埋藏在德国各地。此外，他们还自行拟出一份包罗很广的黑名单，打算在时机适宜的时候，暗杀民主西德的主流政治人物。“德国青年”太过明目张胆，致使他们的存在和黑名单激起一片非议。“秘密一曝光，顿时引起极大的关注和不安。”当时担任特拉斯科特幕僚，后来成为副局长的年轻情报官约翰·麦克马洪说。

艾伦·杜勒斯在普林斯顿饭店大发议论的当天，亨利·赫克舍写了封感人的请愿书给中情局总部。即将成为柏林工作站站长的赫克舍，多年来已在东德培养出一位独一无二的特工名叫霍斯特·厄尔德曼，他负责一个叫“自由法律人委员会”的出色团体。“自由法律人”是个挑战东柏林政权的地下组织，成员皆为年轻律师和律师助理。他们已将国家所犯下的罪行汇编成档。“国际法律人会议”预定 1952 年 7 月在西柏林召开，“自由法律人”可在世界舞台上扮演重要的政治角色。

威斯纳想接管“自由法律人”，把他们变成地下武装团体。赫克舍却反对，他主张让这些人成为情报来源，若是硬要他们扮演准军事角色，肯定会变成炮灰。然而他的主张被驳回。威斯纳派驻柏林的情报官，挑了盖伦将军手下的一位军官，把“自由法律人”改编成以 3 人为一组的战队。然而，他们所整编的小组却有个致命的安全漏洞，即每一个组员都知道另一组组员的身份。国际会议召开前夕，苏军绑架并囚禁该组织一位领导人，中情局的“自由法律人”便一一被捕。

到了 1952 年底，在史密斯担任局长的最后几个月里，又有多项威斯纳临时开展的业务开始破裂。阵阵余波让刚到任的中情局军官特德·沙克利留下持久的印象，此人从西弗吉尼亚宪兵训练营被连哄带骗转进中情局，以少尉身份开始了波澜壮阔的中情局生涯。他第一个任务是熟悉威斯纳手中一项业务，就是支持波兰解放军，即“自由独立运动”，简称 WIN。

威斯纳和他的手下已空投价值大约 500 万美元的金条、轻机枪、步枪、弹药及双向无线电到波兰。他们与流亡德国及伦敦的“国外 WIN”建立可靠的联系之后，认为“国内 WIN”是一支强大的武装力量，在波兰境内有 500 名士兵、2 万名武装游击队员和 10 万名志同道合者，他们都准备与红军决一死战。

但这是个错觉。早在 1947 年，苏联所扶植的波兰秘密警察就已将 WIN 扫荡一空。“国内 WIN”只是个幻象，是苏联的计划。1950 年，有位来历不明的特使到伦敦找到波兰流亡人士，并带来 WIN 仍然健在且在华沙日益壮大的消息。流亡人士马上联络威斯纳的人马，后者也立即把握这个建立敌后反抗组织的机会，空降许多爱国志士回波兰。中情局总部的领导无不认为，终于可以用共产党自已的手法打败他们了。史密斯在 1952 年 8 月与副手一起召开的会议上指出：“波兰乃是最被看好的发展地下反抗组织的地区之一。”威斯纳也告诉他：“WIN 士气高昂。”

苏联和波兰情报机关花了好几年的时间设下这个圈套。麦克马洪说：“他们很清楚我们的空中任务，我们会空降工作人员进去，他们再和我们认定对我们有帮助的人联络。波兰秘密警察和苏联克格勃就跟在他们后头来个一网打尽。所以这是个思虑周详的计划，只可惜我们吸收的是苏联特工。结果变成大灾难，人都死了。”大概死了 30 人，也许更多。

沙克利说，同胞们得知 5 年规划和数百万经费尽付东流时的神情，他永远都忘不了。最无情的挖苦莫过于，他们发现波兰把一大笔中情局的钱转给意大利共产党。

后来出任“美国之音”主管的亨利·卢米斯说：“中情局显然认为，可以像“二战”时战情局在西欧占领区的运作那样经营东欧，这显然是不可能的事。”

在华盛顿，主管东欧业务的林赛在极度苦恼中辞职。他告诉杜勒斯和威斯纳，中情局对付共产主义的策略，应该用以科技方法监视苏联来取代秘密行动，以堂吉诃德式的准军事任务去支持凭空想象的反抗运动，不可能把苏联人赶出欧洲⑤。

在德国，麦克马洪花了好几个月时间读了工作站所有往来电文后，得出一个赤裸裸的结论。他在几年之后说道："我们没有在那里操盘的能力，我们对苏联的了解是零。"

中情局的未来

现在的中情局已是个全球势力，员工有 1.5 万人，每年有 5 亿美元秘密经费可以使用，海外又有 50 多个工作站。史密斯凭着坚强的意志力，把中情局改造出随后 50 年都基本保持的机构雏形。他将政策协调处和特别行动处合并成专门从事海外业务的单一秘密机关（即秘密行动处），又成立了一个整合国内情报的分析系统，为中情局赢得了白宫的尊重。

但他始终没办法把它变成专业的情报机关。"我们找不到合格的人才，他们根本就不存在。"他在担任局长最后的几天如此感叹道。此外，他也一直无法让艾伦·杜勒斯和威斯纳向他低头。1952 年总统大选前一周，史密斯最后一次尝试压制他俩。

10 月 27 日，他召集局内最资深的 26 名官员开会，并宣称"在中情局尚未培养出训练精良的储备人才之前，必须将活动缩减为少数可以有很好表现的业务"，不要"训练不适当或素质低下的人员，试图涵盖广大范围，反倒会表现不佳"。史密斯在特拉斯科特调查的鼓舞之下，下令召开"（项目）谋杀会议"——可以取消中情局最不堪的秘密任务的陪审团。威斯纳立即予以还击。他表示关闭可疑的业务是个漫长而痛苦的过程，史密斯的命令执行起来得花上好几个月时间,很可能会拖到下一任政府上台之后。局长败下阵来,"谋杀会议"解散。

艾森豪威尔赢得总统大选，凭借的是由最亲密的外交顾问约翰·杜勒斯草拟的国家安全政策，亦即呼吁西方世界解放苏联卫星国家。他们的这项胜利计划主张中情局局长换人。于是，在史密斯反对，参院无异议通过和新闻界的欢呼声中，艾伦·杜勒斯终于拿到觊觎已久的职位。

赫尔姆斯和艾伦·杜勒斯相识于 8 年前，两人同住法国那间由史密斯将军接受第三帝国无条件投降的红瓦校舍，对杜勒斯可说是相当了解。赫尔姆斯年方 40，为人严谨，到夜里熄灯时，向后梳的头发仍然一丝不乱，办公桌也一尘不染。杜勒斯已经 60 岁，私底下爱穿拖鞋缓解痛风的他，原本是个漫不经心的教授。艾森豪威尔当选后不久，杜勒斯拨通电话把赫尔姆斯叫进局长室，两人坐下聊天。

烟斗冒出阵阵烟云弥漫在空气中。杜勒斯开口道："说说未来，中情局的未来。"

"你可还记得1946年我们出马收拾烂摊子时，那些阴谋诡计和血光四起的光景？中情局该负什么责？当时也没有这个机构？"杜勒斯要赫尔姆斯知道，只要他当一天局长，就会有个机关全心投入大胆、困难且危险的任务。

"我要绝对肯定地告诉你，当前的秘密业务是何等的重要，白宫和现任政府对秘密行动抱有强烈的兴趣。"杜勒斯说。

在往后8年里，由于他对秘密行动情有独钟，不屑从事情报分析，加上欺骗美国总统的危险做法，艾伦·杜勒斯对自己所协助创立的中情局造成了无法估量的伤害。

本章注释

① 参联会主席命令的目的是要促成"撤回及削弱苏联势力"，并"发展地下反抗组织，以利于在各战略地区展开秘密和游击行动"。命令出自参联会主席资深战争规划专家史蒂文斯上将，他曾任驻莫斯科海军武官。

② 关塔那摩监狱位于古巴南部，是美国海军基地所在地，"9·11事件"后成为关押反美"恐怖"分子的监狱，不断发生臭名昭著的虐囚案。

③ 1952年7月14日的中情局报告《成功应用麻药或催眠审讯术(朝鲜蓟)》指出，艾伦·杜勒斯在1951年4月会晤军事情报机关首长，寻求他们协助朝鲜蓟计划，结果只有海军联络官提供协助，即巴拿马的舰上监狱。另一份呈交史密斯的后续备忘录则指出，已有两名苏联人在1952年6月遭海军与中情局联合小组侦讯两个星期，证明结合药物与催眠的侦讯方法十分有效。这一切都是因为朝鲜战争使国家进入紧急状况，并且中情局怀疑美国战俘在朝鲜已遭洗脑。参院调查曾在30年前触及本计划，但文件痕迹多已被销毁。调查人员以简短的4句话陈述"朝鲜蓟计划"，其中包括以"结合麻醉药硫喷妥钠与催眠"及利用"吐真药"等"特殊审讯法"进行"海外侦讯"。至于海外侦讯的本质，国会并没有深究。

④ 美国参院调查人员证实1951—1956年，乃至往后数年，海外侦讯计

划一直是中情局每月例行会议的讨论主题："中情局坚称'朝鲜蓟计划'已经在 1956 年结束，但证据显示其后数年间，安全室和医务室仍然使用"特殊侦讯法"。

⑤林赛 1953 年 3 月 3 日提出的预言性质的报告《发展冷战新工具方案》，2003 年 7 月 8 日才解密。艾伦·杜勒斯全力压下这份报告。中情局各领导人既懒得花时间来评估秘密行动失败的后果，又担心一旦报告外泄，饭碗便不保，于是不接受任何批评。此外，他们也不理睬最优秀的谍报人员希契尔的警告：对抗敌人的唯一办法就是了解敌人。

20 世纪 50 年代初期，在赫尔姆斯手下负责东欧谍报业务的希契尔说，他主张"一旦涉入意识形态，就再也不能取得可靠的情报。这样做无疑是把情报员置于险地。要当政治特工就免不了会使自己暴露在你想要破坏的体制之下，倘若你想破坏的是个政治体制，那你肯定会受到伤害。"

第二部分　冷战硝烟中的情报怪才

艾森豪威尔时期的中情局：1953-1961 年

冷战的加剧使得中情局扮演了更为重要的角色，此时的中情局已沦为总统的权力工具，斯大林的死进一步触动了艾森豪威尔紧绷的神经。无论是对伊朗的颠覆，还是对古巴的入侵，抑或是将甲级战犯捧为日本首相，野心勃勃但又先天缺陷的中情局只能在“铁幕”边缘徘徊，究竟能否担当起大国情报机关的重任呢？

第8章

“我们如何应对斯大林之死？”

1953年3月5日斯大林去世时，艾伦·杜勒斯刚上任一个星期。几天后，中情局感叹道：“对于克里姆林宫的思维，我们没有可靠的内线消息。”美国新总统艾森豪威尔很不满意，怒道：“我们对苏联长期计划和意图的评估，都是根据不充分的证据所作的揣测。自从1946年以来，所谓的专家都在放言高论斯大林一死会发生什么状况，我们国家该如何应对。现在他死了，各位不妨翻翻政府档案，找找看我们订了什么计划。我们没有计划，甚至不知道他的死会有什么影响。”①

斯大林之死强化了美国对苏联意图的疑虑。对中情局而言，问题在于斯大林的后继者（不管是谁）是否会抢先发动战争。然而，该局对苏联的诸多猜想，不过是游乐宫哈哈镜里的映像罢了。斯大林从没有称霸世界的大计划，也没有支配世界的手段。在他死后接掌苏联的尼基塔·赫鲁晓夫回忆，斯大林一想到可能与美国发生全球战斗便浑身“发抖”和“战栗”。赫鲁晓夫说：“他怕战争，斯大林知道自己的弱点，所以他不会做什么可能挑起与美国大战的事。”

苏联的根本弱点之一是，日常生活的每一层面都附属于国家安全之下。斯大林和他的后继者都对保护国家疆界有着病态般的执著。先是拿破仑从巴黎长驱直入，接着是希特勒从柏林攻来，斯大林唯一一以贯之的战后外交政策，就是把东欧变成巨大的人肉盾牌。他把全部精力用来暗算国内政敌的时候，苏联人民正大排长龙等着买一袋马铃薯。

艾森豪威尔上台后，美国享有8年的和平与繁荣，但这样的和平是以节节攀升的军备竞赛、政治迫害和持久的战争经济等代价换来的。

艾森豪威尔面临的挑战是，如何在不挑起第三次世界大战或颠覆美国制度的情况下对抗苏联。他担心冷战的代价会拖垮美国。若是依着军方将领的方法去做，准会耗空国库。于是他决定将战略定位在核武器和秘密战争这两大秘密武器的基础上。它们可要比动辄数十亿美元的喷气战斗机组和航空母舰便宜多了。凭着充裕的核武器力量，美国就可以吓退苏联发动世界大战，或者万一战事发生，也可打个胜仗。凭着全球秘密行动，美国可以防止“赤祸”蔓延，或者像艾森豪威尔公开宣布的政策那样，压制苏联人。

艾森豪威尔把国家命运押在核武和谍报机关上，至于这两者该如何妥善运用的问题，在他执政初期的每一次国家安全委员会上几乎都会谈到。国安会创设于 1947 年，最初目的是要管理在海外运用美国力量的相关事宜，杜鲁门执政时很少召开会议，艾森豪威尔则让它起死回生，像将军管理参谋人员般地经营它。艾伦·杜勒斯每星期从他那有点简陋的办公室走出来，坐上黑色轿车，行经破落的坦波拉里斯大楼——威斯纳和他手下秘密行动人员上班的地方，开进白宫大门。他坐在内阁会议厅椭圆形大桌旁，对面是他的国务卿老哥约翰·杜勒斯，还有国防部长、参联会主席、副总统尼克松以及总统艾森豪威尔。会议通常都是以艾伦纵论全球热点地区局势作为开场白，接着话题便转入秘密战争策略。

莫斯科究竟有 1 枚还是 1 000 枚洲际弹道导弹

艾森豪威尔一直担心可能发生核武奇袭，中情局一直安抚不了他的心。1953 年 6 月 5 日，艾伦·杜勒斯在国安会上告诉他，中情局无法“通过情报渠道给他任何苏联突击的预警”。几个月后，中情局提出大胆猜测，认为苏联在 1969 年之前没有能力对美国发射洲际弹道导弹。事实证明，这个估计与事实整整相差了 12 年。

1953 年 8 月，苏联首次试爆大规模杀伤性武器，虽不是热核弹，可也差不多了。中情局毫不知情，遑论预警。6 个星期之后，艾伦·杜勒斯向总统简报苏联试爆情况，艾森豪威尔拿不准是否该抢先对莫斯科发动全面核武攻击。艾森豪威尔表示，看来“抉择时刻已到，我们很快就得面临是否立即全力攻击敌人的问题”，国安会备忘录如是记载，“他之所以提出这个可怕的问题，是因为现在徒然对敌人的能力不寒而栗，这毫无意义”，尤其是在美国不知道莫斯科究竟是有 1 枚还是 1 000 枚洲际弹道导弹的时候。“我们全力维护一种生活方式，但这其中有很大的风险，亦即在维护这种生活方式时，我们赫然发现自己正诉诸危害这种生活方式的手段。总统认为真正的问题在于如何规划出对付苏联威胁的方法，且在必要时加以控制，避免让我们变成要塞国家。总统说，这是件两难的事。”

艾伦·杜勒斯提醒总统：“苏联人很可能明天就对美国发动原子弹攻击。”艾森豪威尔的回答则是：“我认为这里没有谁会觉得，打赢一场反苏全球战争的代价高到我们无法负担。”但这种胜利的代价可能是让美国制度毁于一旦。总统指出，参联会告诉他：“即使结果会改变美国的生活方式，我们也应该有所作为。我们可以征服全世界……只要我们愿意实行希特勒的政体。”

艾森豪威尔原以为秘密行动可以解决这个两难问题，但东柏林的一场激战却显示，中情局没有能耐和共产主义正面交锋。1953 年 6 月 16、17 日，近 37 万名东德人走上街头，数千名学生和工人暴力攻击压迫者，他们焚烧苏联和东德共产党大楼、捣毁汽车、试图阻止“压扁”他们精神的苏军坦克。暴动规模之大，中情局始料未及，也毫无办法拯救反抗人士。威斯纳原想要武装东柏林人，几经思量，还是踌躇不决。他在 6 月 18 日这天表示，中情局“此时不宜妄动，以免激起东德人进一步行动。”暴动后来被镇压下来。

隔了 1 周，艾森豪威尔下令中情局在东德和其他苏联卫星国，“训练及武装有能力进行大规模突击或长期战争的地下组织”。命令还要中情局在沦陷国“鼓动铲除傀儡官员。”所谓铲除，就是它字面上的意思，别无他意。然而，这项命令不过是无意义的表态罢了。总统已逐渐知悉中情局能耐有限。同年夏天，艾森豪威尔召集他在国安方面最信赖的沃尔特·比德尔·史密斯、凯南、国务卿福斯特·杜勒斯以及退役空军中将詹姆斯·杜立德（1942 年率队轰炸东京的军官）等人在白宫日光浴厅开会，请他们重新拟定对抗苏联的国家战略。在“日光浴计划”方案的最后，通过秘密行动压制苏联的构想历时 5 载，寿终正寝。

总统开始试图改变中情局的运作方向，让中情局到亚洲、中东、非洲、拉丁美洲和殖民帝国垮台的地方去打击敌人。艾森豪威尔执政时期，中情局在 48 个国家采取过 170 次大型秘密行动——美国间谍在对当地文化、语言或民族历史不甚了解的国家，执行政治、心理和准军事战。

艾森豪威尔在和杜勒斯兄弟私下聊天的时候，往往会作出秘密行动的初步决定。通常是艾伦向哥哥提出运作方案，再由福斯特在椭圆形办公室喝酒聊天时向总统开口。福斯特带着总统的批准和告诫，回头找艾伦：别让人逮着了。兄弟俩就在各自的办公室、电话中、周日游泳池畔，或是和同为国务院官员的妹妹伊莲娜的对话中，敲定秘密行动的走向。福斯特坚信，美国必须竭尽所能，改变或消除不公开与美国结盟的政权，艾伦由衷附和。于是在艾森豪威尔的赞同下，两兄弟开始重绘世界地图。

无能的人掌握大权

艾伦·杜勒斯从上台伊始就广为结交全美最有影响力的出版商和广播公司，拉拢参、众议员，讨好报纸专栏作家，全力打造中情局的公众形象。[②]他发现，知名度远比审慎的沉默更加管用。

杜勒斯与《纽约时报》、《华盛顿邮报》以及全国顶尖周刊的老板保持密切联系。他拨通电话就可以更改突发新闻，把不满意的海外特派员调离岗位，或让《时代》杂志柏林分社主任与《新闻周刊》驻东京人员为其所用。对杜勒斯而言，向媒体提供新闻就是他的第二天性。当年，被多诺万管辖的战时宣传机关“战争新闻处”的退伍军人主导了美国大部分的新闻媒体。响应中情局电话的人则包括亨利·卢斯和他旗下的《时代》、《生活》、《财富》等周刊，以及《大观》[③]、《星期六评论》和《读者文摘》等人气杂志的主编，哥伦比亚广播公司新闻网最有权力的主管等。杜勒斯所建立的公关与宣传机器，包含 50 多家新闻机构，10 多家出版公司，还有阿克塞尔·斯普林格（西德最具影响力的新闻大亨）之流亲口保证全力支持。

杜勒斯希望外界把他当做专业谍报机关的高明大师，新闻界也尽职尽责地塑造这种形象。要知道中情局档案说的可是全然不同的故事。

杜勒斯与副手每日例会的备忘录中，把中情局刻画成一个从国际危机摇摇晃晃走向内部丑事连连的机关：酗酒浪荡、中饱私囊、集体辞职。中情局官员杀了英国同行，面临杀人罪审判，该怎么处理？瑞士工作站前站长为什么自杀？秘密行动没人才，怎么办？新任监察长柯克帕特里克成了中情局坏消息（人员、训练和表现不佳，等等）的传信人，他提醒杜勒斯，中情局在朝鲜战争期间聘用的好几百名老练军官辞职，而且“极其明显的是，大多数人都是怀着对中情局极不友善的态度离开的”。

战争末期，有一拨中下级官员有感于总部低落的士气，于是申请并获准进行内部民调。他们访问了 115 名中情局人员后，写了一篇翔实的长篇报告，并在杜勒斯就任满 1 周年时完稿。他们提到“一个急速恶化的情况”：官员普遍感到灰心、迷惘和没有目标。聪明的爱国之士带着海外服务前景——“彻底的假象”——步入中情局，然后就被扔到没有出路的职位上，当个打字员或传信人。几百名驻外人员回来后在总部虚度了好几个月的光阴，想找点新任务却没有结果。他们报告说：人事怠惰对本局所造成的伤害，已呈等比级数而非等差级数升高。每流失 1 位因不满或灰心而离去的良才，很可能意味着中情局失去了再次聘请 2 ~ 3 位（具有相同教育、专业或社会背景的）好手的机会……这造成的伤害可能无法弥补。

中情局的年轻官员面对“太多身居要职却不知道自己在干什么的人”，眼睁睁看着“惊人数额的金钱”浪费在失败的海外任务上。威斯纳手下的一位主事官写道，他所经管的业务“大多效率不彰且所费不菲。有些业务目标根本不合逻辑，更别说合法了。因此，为保护内外勤的工作与声望，总局的任务说得好听点就是粉饰业务预算，以及利用夸大的报表来制造正当化的借口”。他们的结论是：“中情局充斥着庸才，甚至更不堪的人。”

在这些年轻官员眼里，中情局是个自欺欺人的情报机关。他们笔下的中情局是无能的人掌握大权，而真正有能力的新人却被堆在走廊上当柴烧。

艾伦·杜勒斯压下他们的报告，依然故我。43 年之后，1996 年一份国会调查报告的结论说，中情局“持续面临重大的人事危机，迄今未见任何连贯的方法去处理……今天中情局合格的主事官仍然不足，全球各地仍有许多工作站编制悬缺”。

扮黑脸的人

艾森豪威尔想把中情局塑造成有效的总统权力工具。他设法通过沃尔特·比德尔·史密斯好好整顿中情局指挥结构。艾森豪威尔当选之后，史密斯将军原指望自己会获提名为参联会主席，怎料艾森豪威尔决定要他当国务次卿，令他错愕不已。在史密斯眼中，福斯特·杜勒斯是个爱说大话的人，因此说什么也不愿当他副手。但艾森豪威尔希望他，也需要他在自己和杜勒斯兄弟之间当个公正的中间人。

史密斯把气出在老邻居尼克松副总统身上。尼克松还记得，将军不时来访，“两杯黄汤下肚后就变了个人似的，说起话来也比较随便……记得有一晚我们喝了点威士忌，史密斯情绪一来便说道：‘我向你说件事……我只是艾森豪威尔的小打手……艾森豪威尔得有个人帮他做自己不想做的肮脏事，让他可以摆出好人的样子。’”

史密斯帮艾森豪威尔监督秘密行动，担任白宫和中情局机密业务之间的主要联络人。他是新成立的“行动协调会”的主力，负责执行总统和国安会的秘密命令，监督中情局依令行事，并亲自挑选驻外大使在执行这些任务上扮演核心角色。

在史密斯担任总统的秘密行动监督的 19 个月里，中情局只做了两项在中情局史上列为大成功的政变。解密的政变记录显示，成功是靠贿赂、胁迫和暴力，而不是依赖隐秘、窃密和诡计。尽管如此，他们却创造出中情局是民主军火库里的一颗银弹的传奇，使该局获得了杜勒斯梦寐已久的光环。

本章注释

① 苏联在斯大林逝世后，随即发动和平攻势，也就是进行粗糙、揶揄，但往往很有效的宣传活动，试图让世人相信，克里姆林宫已师法正义与和平的理念，而中情局竟然没有反击。艾森豪威尔得知后也非常不高兴。

② 与中情局合作的新闻媒体不胜枚举，哥伦比亚广播公司、国家广播公司、美国广播公司、美联社、合众国际社、路透社、史克里普斯——霍华德报系、赫斯特报业集团、柯普莱新闻社、《迈阿密先驱报》等只是其中一部分而已，因为 1953 年美国各报新闻都是由搞战争宣传的老手操控。1977 年 10 月 20 日，卡尔·伯恩斯坦发表在《滚石》杂志的《中情局与媒体》一文中，有一段话说得很精辟："许多报道"二战"的记者都与（中情局的前身）战略情报局关系密切，更重要的是，他们都站在同一边。战争结束后，很多战情局官员进了中情局，这些关系自然也就继续下去。另一方面，刚入行的战后第一代记者，也都和前辈们具有相同的政治与职业价值观。"

③ 包括《华盛顿邮报》、《今日美国》在内的数百家报纸，会用《大观》作为自己的"周日副刊"而随报发行，《大观》本身的编辑运作则是独立进行的。

第9章

埃阿斯行动：用钱砸出的伊朗政变

1953年1月艾森豪威尔就职前几天，沃尔特·比德尔·史密斯把金·罗斯福召到中情局总部，问道："我们的工作到底几时进行？"①

两个月前，也就是1952年11月初，中情局近东科科长金·罗斯福前往德黑兰帮助英国情报局的朋友收拾烂摊子。伊朗首相穆罕默德·摩萨台获悉英国有意推翻他，于是将英国大使馆人员连同特工悉数驱逐，而罗斯福此行的目的就是要保住并收买原为英国工作，但很乐于接受美国这份大礼的伊朗特工。返美途中，他在伦敦稍作停留，并向英国同行作了个报告。他得知丘吉尔首相希望中情局协助推翻伊朗政府。40年前，伊朗的石油把丘吉尔推上权力和荣耀之位。现在，丘吉尔爵士要拿回来。

第一次世界大战前夕，丘吉尔身为海军大臣，将皇家海军船舰从烧煤炭改为以石油为燃料。他主导购入新成立的"盎格鲁—波斯石油公司"51%的股权。5年前该公司跃居为伊朗最大的石油公司，英国大有斩获，伊朗石油不仅供给丘吉尔新舰队燃料，更带来足以支应舰队所需的收益。就在大不列颠扬威四海之际，英国、俄国和土耳其大军蹂躏伊北，使之农业大半无存，造成饥荒，大约死了200万人。在混乱局势当中，哥萨克族指挥官礼萨汗崛起，凭借狡诈多智和武力夺得政权，并在1925年自立为伊朗国王。伊朗国会有4位议员反对他，其中一位是民族主义政客摩萨台。

伊朗国会很快便发现，现已更名为"英伊石油公司"的这家英国石油业巨子，有计划地骗走政府数十亿美元。20世纪30年代的伊朗，憎恨英国和害怕苏联的情绪十分高涨，纳粹于是趁机渗入，致使丘吉尔和斯大林也在1941年8月入侵伊朗。英俄放逐礼萨汗，另立他那位柔顺、眼神迷离的21

岁儿子穆罕默德·巴列维为王。

英苏占领伊朗期间，美军利用伊朗机场及公路运送总价值约 180 亿美元的军援给斯大林。“二战”期间，美国在伊朗仅有一位得力人士，即组建伊朗特警的诺曼·史瓦茨科夫将军。他的儿子与他同名，在 1991 年伊拉克战争的“沙漠风暴行动”中担任指挥官。1943 年 12 月，罗斯福、丘吉尔和斯大林在德黑兰举行战争会议，但这三大盟国却将饥饿又贫困的国家伊朗置诸脑后，这里的石油工人 1 天挣 50 美分，年轻国王靠选举舞弊掌权。战后，摩萨台呼吁国会，重新协商英伊石油公司特许权事宜。该公司掌控着全球最大的石油蕴藏量，它设在阿巴丹外海的炼油厂也是全世界最具规模的。英国石油主管和技师在私人俱乐部与游泳池玩乐，伊朗石油工人却是住在没水、没电、没有下水道的简陋小屋里。不公不义促成伊朗人支持当时只有大约 2 500 名党员的“伊朗人民党”。英国人的石油收益是伊朗人的两倍，现在伊朗要求五五分成。英国当然拒绝了，并收买政治人物、报纸主编和电台台长等，意图影响舆论。

英国驻德黑兰情报站站长克里斯托弗·蒙塔格·伍德豪斯（大战期间他的同僚惯称他“蒙提”）提醒他的同胞，这是在自招祸端。1951 年 4 月，伊朗国会通过表决将国内石油生产收为国有，几天后，摩萨台成为伊朗首相。6 月底，英国战舰开抵伊朗外海。7 月，美国大使亨利·格拉迪汇报说，英国以“愚不可及”的行为，意图推翻摩萨台。9 月，英国“巩固国际”抵制伊朗石油行动，意图以经济战毁掉摩萨台。这时，丘吉尔复出掌权，担任英国首相。丘吉尔 76 岁，摩萨台 69 岁，两人都是只手操持国事的顽固老头子。英国司令官拟定以 7 万大军拿下伊朗油田和阿巴丹炼油厂的大计，摩萨台则将本案提交联合国与白宫仲裁，一面公开摆出护身符，一面私下提醒杜鲁门，英国的攻击可能引发第三次世界大战。杜鲁门于是断然告诉丘吉尔，美国绝不会支持此种侵略行径。丘吉尔则反驳说，英国在军事上支持朝鲜战争，代价即是美国需在政治上支持英国对伊朗的立场。两人在 1952 年夏天陷入僵局。

中情局违法罢免伊朗首相

1952 年 11 月 26 日，伍德豪斯飞到华盛顿拜会沃尔特·比德尔·史密斯和威斯纳，讨论如何“革除摩萨台”。他们的阴谋在总统交接的混沌时刻成形——杜鲁门权力日益减弱，政变计划日趋成熟。诚如威斯纳在计划完全成熟时所说的，有时候“中情局违法决策”。美国公开的外交政策是支持摩萨台，中情局却在没有白宫批准的情况下预备动手废掉他。

1953年2月18日，英国秘密情报局新任首长约翰·辛克莱爵士飞抵华盛顿。辛克莱是苏格兰人，说起话来轻声细语，外界以“C”相称，友人则称他为“辛巴达”。他拜会艾伦·杜勒斯，并提议以金·罗斯福为政变计划的现场指挥官。英国为政变计划取的名字很普通，就叫“革除行动”。罗斯福则采用特洛伊战争神话的英雄名字，取个比较堂而皇之的名称：“埃阿斯行动”。（这名字取得挺奇怪，因为根据传说，埃阿斯后来发了疯，误以为羊群是战士，把它们通通宰了，清醒后便羞愧自杀。）

金·罗斯福很有经营这种大秀的才情。以政治、宣传和准军事行动化解苏联入侵伊朗危机的工作，他已做了2年，中情局也储备了充裕的经费和枪械，足以支持1万名部族战士半年之久。他得到授权去攻击规模虽小却极有影响力的非法伊朗共产党。如今他变更目标，针对伊朗国内主流政治与宗教团体，企图削弱他们对摩萨台的支持。

罗斯福开始加速贿赂和颠覆活动。中情局的官员和伊朗特工，“租用”政治写手、神职人员与刺客杀手。收买街头混混和毛拉[②]，前者可以破坏人民党的群众大会，后者则在清真寺里非议摩萨台。中情局虽不像英国在伊朗已有几十年的经验，并且所吸收的伊朗特工人数也瞠乎其后，但它有更多的钱可以挥霍：每年至少100万美元经费，对当时乃是全世界最贫穷国家之一的伊朗而言，可是一笔极大的财富。

中情局从英国情报机关所掌控的“收买影响力”网络取得线索。这个网络由控制伊朗船运、银行和房地产业的亲英派拉什迪家族三兄弟经营。他们可以影响伊朗国会议员，左右市集里最大的商家和不为人知的德黑兰国会议员。他们贿赂参议员、高级军官、编辑、出版商、打手以及至少1位摩萨台内阁阁员。他们用装满现钞的饼干盒来买情报。甚至连国王的侍卫长也是他们圈子的人，而这也成为政变的催化剂。

1953年3月4日，艾伦·杜勒斯带着7页以“苏联接管（伊朗）之后果”为主题的简报笔记走进国家安全委员会。伊朗面临“革命一触即发的形势”，万一共产党出头，中东多米诺骨牌必会一一倒下，自由世界60%的石油势必落入苏联手中。杜勒斯警告，这惨重的损失势必会“严重耗损我们的战争储备”，届时美国不得不实施石油和天然气配给计划。艾森豪威尔总统却不相信，认为较好的办法是提供给伊朗1亿美元贷款来稳定摩萨台政府，而不是去推翻它。

伍德豪斯委婉地暗示中情局的同行，他们能以不同方式向艾森豪威尔呈报这个问题。他们不能强调摩萨台是共产党，但他们可主张摩萨台在位越久，苏联入侵伊朗的风险就越大。罗斯福于是针对艾森豪威尔调整策略：倘若摩萨台偏左，伊朗就会落入苏联手中，但若能把他推向右边，中情局就肯定伊朗政府会落入美国掌控中。

结果摩萨台自投罗网。有一次，他失算地拿苏联威胁来吓唬美国驻德黑兰大使馆。1953 年负责伊朗事务的国务院官员约翰·施图茨曼说，摩萨台指望“美国人来拯救”。施图茨曼对摩萨台相当了解：“摩萨台觉得只要把英国人赶走，再以苏联的霸权野心来威胁美国，我们就会一涌而入。其实他的想法错得不算太离谱。”

1953 年 3 月 18 日，威斯纳告知伍德豪斯和罗斯福，艾伦·杜勒斯已批准他们展开初步行动。4 月 4 日，中情局总部拨出 100 万美元给德黑兰工作站。不过，艾森豪威尔以及其他在推翻伊朗计划中扮演要角的人仍心存疑虑。

几天后，艾森豪威尔总统发表一篇名为《和平机遇》的动人演讲，宣称“任何国家自行选择政府形式与经济制度的权利不容剥夺；任何国家欲主宰他国政府形式的企图，都是站不住脚的”。这些理念令德黑兰工作站站长罗杰·高义朗铭感于心，他质问总部，美国为什么要和英国在中东的殖民主义挂钩。他认为这是历史性的错误，对美国利益是个长期的灾难。艾伦·杜勒斯把他召回华盛顿，解除他的站长职务。

一开始就参与大计的驻伊朗大使罗伊·亨德森，强烈反对英国选定堕落的退役少将札赫迪当政变负责人。摩萨台早就告诉亨德森大使，他知道札赫迪是由英国在背后支持的叛徒。

尽管如此，英国仍然提名，中情局依旧附议，支持唯一公开叫嚣夺权、被视为亲美的札赫迪。4 月底，警察总长遭绑架杀害后，札赫迪躲了起来。涉案的杀手都是他的支持者，不躲不行，足足躲了 11 个星期后才露面。

到了 5 月，计划仍未获艾森豪威尔批准，政变却已蓄势待发。这时，根据计划最后阶段的设计：札赫迪将以中情局的 7.5 万美元经费成立军事事务机关，遴选发动政变的校官。在中情局的伊朗政变史料中，被当做“恐怖暴徒”的宗教狂热组织“伊斯兰战士”，对摩萨台在政府内外的政治与个人支持者发出死亡威胁，并暴力攻击广受敬重的宗教领袖。中情局这边将动用 15 万美元宣传活动经费，以传单、海报来左右伊朗舆论与大众立场，宣称“摩萨台偏袒人民党和苏联……摩萨台是伊斯兰敌人……摩萨台蓄意摧毁军方士气……摩萨台蓄意造成国家经济崩溃……摩萨台已经被权力腐化了”。在攻击发起日这一天，札赫迪的军事事务机关将率领阴谋政变者，占领军方参谋总部、德黑兰电台、摩萨台寓所、中央银行、警察总局，以及电话电报总局。他们将逮捕摩萨台及其内阁成员，然后再以每星期 1.1 万美元的经费，迅速收买国会议员，用来确保国会以多数票宣告札赫迪为首相。最后这一个细节具有赋予政变合法面貌的好处。因为札赫迪将向国王宣誓效忠，恢复王权。

意志薄弱的巴列维国王是否也该插一手呢？美国大使亨德森认为，他没那种骨气支持政变。罗斯福则认为，少了国王，政变无望。

6月15日，罗斯福到伦敦把政变计划拿给英国情报机关的军师们过目。双方在挂着“闭门谢客”牌子的总部会议厅碰头。他们没提反对意见，反正是美国人买单嘛。政变虽出于英国构想，但在执行上英方领导人不能扮演主导角色。6月23日，英国外相安东尼·艾登在波士顿动腹腔大手术。同一天，丘吉尔中风差点送命。这些消息全未外泄，中情局毫不知情。

在随后两个星期里，中情局建立了一个双管齐下的指挥链，一个负责联系札赫迪的军事事务机关，另一个则控制政治战和宣传活动。两者都直接对威斯纳负责。罗斯福启程飞到贝鲁特，借道叙利亚、伊拉克，进入伊朗与拉什迪兄弟会合。中情局静候总统的许可。艾森豪威尔终于在7月11日批准。但就从这一刻起，几乎每一件事都出错。

“您先请，陛下”

任务的隐秘性在还没动手前就被破坏了。1953年7月7日，中情局监听到伊朗人民党的广播。这家秘密电台警告伊朗人，美国政府连同各类“间谍和叛国者”，包括札赫迪在内，正携手“清除摩萨台政府”。除了人民党，摩萨台也有自己的军事和政治情报来源，知道自己所要面对的是什么。

这时中情局赫然发现，要政变居然没有军队。札赫迪手下没有一兵一卒。中情局没有伊朗军事形势图，没有陆军名册。金·罗斯福向美国特种作战部队之父麦克卢尔准将③求助。麦克卢尔在“二战”时担任艾森豪威尔的首席情报官，朝鲜战争期间负责陆军心战部，监督军方与中情局联合运作是他的专长。不过，他虽曾与杜勒斯、威斯纳并肩工作，却不信任这两个人。

麦克卢尔已在德黑兰负责成立于1950年的美国军事援助顾问团业务，专门向伊朗有关军官提供军事支持、训练和咨询。他配合中情局的神经战，切断美军和亲摩萨台司令官之间的联系。罗斯福完全靠麦克卢尔来了解伊朗军方，以及军方高级官员的政治忠诚度。艾森豪威尔特别指出，麦克卢尔“与国王及我们感兴趣的高层人士关系极佳”，并在政变后亲自把他升为少将。中情局吸收一位曾担任伊朗与美军顾问团联络官的上校，请他协助政变事宜。他秘密取得大约40位同僚的支持，现在就只差巴列维国王了。

中情局官员斯蒂芬·米德上校飞到巴黎，寻找巴列维那位意志坚强但不怎么受欢迎的双胞胎妹妹雅希蕾芙公主。中情局的计划是要她结束流亡，回国劝巴列维支持札赫迪将军。谁知公主行踪不明，英国情报人员追到法国，在里维埃拉找到了她，又花了 10 天工夫才把她哄上商务客机飞回德黑兰。诱因包括英国情报机关提供的大笔现钞、貂皮大衣，米德上校另外承诺万一政变失败，美国会负担皇室财务。经过一番面对面的激烈讨论之后，她误以为已经让双胞胎哥哥挺起脊梁骨，便在 7 月 30 日离开德黑兰。8 月 1 日，中情局又找史瓦茨科夫将军来为巴列维打气。巴列维唯恐宫中已遭窃听，便把将军带到大宴会厅里，拉过一张小茶几摆在正中央，悄声说他很难配合政变。他没有信心军方一定会支持他。

接下来的那个星期，罗斯福在皇宫进进出出，一面施以无情压力，一面警告他，若不听从中情局的话，伊朗可能变成“共产国家”，或是“第二个朝鲜”，不管是哪一种结果，国王和王室都是逃脱不了死刑的。巴列维大为惊恐，赶忙逃到里海海滨的皇家别墅。

罗斯福为之震怒。他越俎代庖拟了一道皇家命令：解除摩萨台职务，并任命札赫迪为首相。再命指挥皇家卫队的上校将这道有法律疑义的文件交给枪口下的摩萨台，倘若他不从命便立即逮捕。8 月 12 日，这位上校追至里海海滨找到巴列维，第二天晚上便带着几份已签署的命令归来。现在罗斯福的伊朗特工已散布在德黑兰街头，报纸和平面媒体则大肆宣传：摩萨台是共产党，摩萨台是犹太人。中情局的街头混混乔装成人民党人，攻击毛拉，并毁损了一座清真寺。摩萨台展开反击，以参众议员被中情局收买、投票无效为由，关闭国会。依据法律，只有国会可罢黜他，国王则无权罢黜首相。

罗斯福加速推进。8 月 14 日，他急电中情局总部，请求再拨 500 万美元支持札赫迪。政变就定在那天晚上，摩萨台也知道了，于是动员首都卫戍部队，以坦克和重兵重重守护他的官邸，等到那位国王侍卫来逮捕首相时，忠诚的部队便将他捉住。札赫迪躲在中情局的安全屋里，由罗斯福手下一位叫洛奇·斯通的新手看管。中情局匆匆招集的伊军校官干部随之崩解。

8 月 16 日上午 5 点 45 分，德黑兰电台广播宣布政变已失败。下一步该怎么走，中情局总部毫无头绪。艾伦·杜勒斯很乐观地相信一切顺利，已在 1 周前离开华盛顿到欧洲度长假，无从联络。威斯纳苦思无计。罗斯福于是自行决定，要让全世界认定这次失败的政变是由摩萨台发动的。这个故事得由巴列维来说，可这位国王已逃出国了。

几个小时后，美国驻伊拉克大使伯顿·贝利得知巴列维国王已经抵巴格达求助。罗斯福传了一份讲稿大纲给贝利，要巴列维发表声明说，他是因左翼暴动才逃离伊朗。巴列维听命发表广播声明后，立刻安排他的飞机驾驶员执行飞往流亡君主之都罗马的计划。

8 月 16 日晚上，罗斯福手下交 5 万美元给德黑兰工作站的伊朗特工，要他们找一群人伪装成共产党打手制造骚乱。第二天早上，好几百名拿钱办事的滋事者涌上街头，抢劫、纵火、捣毁政府的徽标。正宗的人民党人加入后很快便察觉，“这是经人策动的秘密行动”，正如中情局工作站报告所说的 ：“他们于是设法劝示威者回家”。一晚上辗转难眠之后，8 月 17 日，罗斯福欢迎从贝鲁特飞回来的亨德森大使。前往接机的途中，美国大使馆人员经过一座巴列维父亲的铜像。铜像已被人推倒，只剩一双长统靴站在那里。

亨德森、罗斯福和麦克卢尔在大使馆内举行长达 4 个小时的战争会议，得出一个制造无政府状态的新计划。由于麦克卢尔的缘故，伊朗军官都派到外地各处要塞，去争取士兵支持政变。中情局的伊朗特工于是请了更多的街头混混，并派特使去劝说什叶派最高领袖宣布发动圣战。

中情局总部的威斯纳则已陷入绝望。他读着当时中情局最优秀分析员的报告 ：“德黑兰军事政变落败以及巴列维国王出走巴格达，显示摩萨台继续掌控大局，同时也预示他会以更激烈的行动扫除所有的反对者。”8 月 17 日深夜，他拍电报到德黑兰说，鉴于罗斯福与亨德森并没有强烈的反面建议，此次反摩萨台政变应就此打住。1 ～ 2 小时后，大约是凌晨 2 点，威斯纳慌慌张张地打电话给中情局总部主管伊朗事务的约翰 · 沃勒。

> 威斯纳说，巴列维已飞到罗马，住进华盖饭店。紧接着“发生一件很恐怖、很恐怖的巧合”，威斯纳说，“你猜怎么着？”
>
> 沃勒猜不出来。
>
> “朝你所能想象得到的最坏的方向去猜。”威斯纳说。
>
> “他被出租车撞死了？”沃勒答道。威斯纳回答说 ：“不，不，不，约翰，你大概不晓得杜勒斯决定延长假期到罗马一游吧。现在你再想想会发生什么事？”
>
> 沃勒嗔怪道 ：“杜勒斯开车把他撞死了？”威斯纳没被逗笑。
>
> 威斯纳说 ：“他们在华盖饭店碰上，杜勒斯只好说 ：‘您先请，陛下。’”

与伊朗王热情拥抱

8 月 19 日黎明，中情局雇用的暴民群集德黑兰准备暴动。一辆辆巴士和卡车满载从南部来的部族人士，他们的族长也都收了中情局的钱。亨德森大使的副馆长威廉·朗特里形容接下来发生了“形同自发的革命”。

他细述：“一开始是个健身或运动俱乐部的人，举着杠铃和链条之类的东西领衔示威。”这些举重选手和马戏团壮汉都是中情局为今天生事而网罗来的。“他们高呼反摩萨台和勤王的口号，向大街小巷前进，很多人陆续加入，不久就变成大规模的勤王反摩示威。‘吾王万岁’的呼声响彻全市，群众逐渐往摩萨台内阁大楼方向而去。”他们揪住政府高层官员，烧了 4 家报社，占据某亲摩政党的总部。人群中有两位宗教领袖，一位是（最高领袖）阿亚图拉·艾哈迈德·卡夏尼④，陪在他身旁的那位热诚拥护者，则是后来的伊朗领袖，时年 51 岁的阿亚图拉·霍梅尼。

罗斯福要他的伊朗特工去攻击电报局、宣传部、警察和陆军总部。到了中午，历经一场至少 3 人死亡的小冲突之后，中情局特工占领德黑兰电台。罗斯福前往斯通经管的安全屋找札赫迪，要他准备自立为相。札赫迪吓瘫了，斯通得帮他穿上军装。那天德黑兰街头起码有 100 人丧生。

中情局指示皇家卫队攻击防卫森严的摩萨台住处后，至少又有 200 多人丧生。首相逃走，第二天投降，蹲了 3 年监狱之后，又遭软禁十余年后才去世。罗斯福交给札赫迪 100 万美元现款，新首相于是开始整肃反对人士，数千名政治犯锒铛入狱。

后来出任主管近东事务的助理国务卿朗特里大使回忆道：“中情局在制造局势方面表现相当杰出，在适当的环境和氛围下，可以作出改变。”又说道：“很显然，事态发展并不如预期或希望，但最后总算是成功了。”

集荣耀于一身的罗斯福飞到伦敦。8 月 26 日下午 2 点，他在唐宁街 10 号接受丘吉尔招待。罗斯福忆述，丘吉尔“状况不佳”，口齿不清，视力和记忆衰退，“中情局的简称 CIA 对他毫无意义，但他隐约知道这位罗斯福必定和他的老朋友沃尔特·比德尔·史密斯有点关系”。

罗斯福在白宫受到英雄般的欢呼，对秘密行动的奇效更加信心满怀。此外，中情局明星分析员雷·克莱因⑤回忆道：“伊朗‘政变’的漫谈，有如野火般在华盛顿传开。艾伦·杜勒斯满身荣光。”不过，总部里并不是人人都把摩萨台下台当做成就。克莱因写道：“看似辉煌成就的问题在于，它制造出中情局力量的夸大印象。它不能证明中情局可以推翻政府和扶植统治者上台，它是在适当时机以适当方式提供适量援助的特例。”中情局收买的军人和街头混混，已足以构成发动政变的暴力。钱一转手，这些黑手就可以改变一个政权。

巴列维回国重登王位，并利用中情局的街头混混作为外援，在国会选举上动手脚。他颁布为时 3 年的戒严令，强化对国家的统治，又新设习称为萨瓦克（SAVAK）的情报机关，请驻伊朗的中情局和美国军事代表团帮他巩固政权。中情局需要 SAVAK 充当反苏的耳目，巴列维则需要秘密警察来维护他的权力。由中情局训练和装备的萨瓦克，强化巴列维的统治达 20 余年之久。

巴列维成为美国在伊斯兰世界的外交政策核心，在往后的岁月里，能在巴列维面前代表美国发言的是中情局工作站站长，不是美国大使。中情局也陷入伊朗的政治文化，用安德鲁·齐尔格的话来说，卡在“与巴列维国王的热情拥抱里”。1972—1976 年，齐尔格在驻伊朗大使赫尔姆斯麾下担任政治官。

齐尔格说，伊朗政变“被视为中情局最大的一次成就，被吹嘘得像美国举国大胜一般。我们改变了一个国家的方向”。知悉中情局扶植巴列维黑幕的一代人逐渐成长，假以时日，中情局在德黑兰街头所制造的混乱，会回过头来缠着美国。

中情局可以凭借巧计推翻一个国家的幻觉很诱人，这个幻觉也使中情局卷入此后 40 年的中美洲战场。

本章注释

①金·罗斯福花了 8 年时间，以提供军火、经费及美国支持的承诺作为激励，劝诱埃及、伊拉克、叙利亚、黎巴嫩、约旦和沙特阿拉伯领导人矢志效忠美国。当这些手段无效时，偶尔也实行政变方式。他把约旦国王侯赛因列入中情局受薪名单，又叫盖伦将军派出一支由纳粹暴风突击队队员组成的队伍到埃及，协助新领袖贾迈勒·阿卜杜勒·纳赛尔训练特勤部队。

在“埃阿斯行动”之前，中情局不太有中东运作的经验。20 世纪 50 年代初期，第一任大马士革工作站站长迈尔斯·科普兰与驻叙利亚武官米德携手，计划扶植一个“军方支持的政权”（引用米德于 1948 年 12 月发给五角大楼的电报）。他们选中“意志如钢”的扎伊姆上校，鼓动他推翻阻挠“阿美石油公司”输油管道通过叙利亚的总统，并保证杜鲁门总统会给他政治承认。扎伊姆果然在 1949 年 3 月 30 日推翻政府，誓言在输油管道计划上竭诚合作，并将“400 多名共产党”打入大牢。这位意志如钢的上校撑不到 5 个月又被推翻处决。

至于 1953 年的伊朗政变，要不是有英国发难，中情局不可能动手，也不可能成功。英国政府此举当然有重大的经济动机，而他们之所以要弄掉摩萨台，则是因为有强大的政治推力——丘吉尔一手推动。

② 毛拉指熟知《古兰经》与各种圣律的教士，有权对法令作出符合伊斯兰教义的解释。它也是伊斯兰教国家对老师、先生、学者的敬称。

③ 麦克卢尔在伊朗政变中的核心角色一直没有受到重视，中情局内部的政变史更是把他完全剔除。中情局刻意淡化他的角色，只因为他不是中情局的好朋友。

④有人认为卡夏尼是中情局的人，1985 年加入中情局伊朗课的鲁埃尔·杰瑞特则说他“不靠外国人”。杰瑞特披览中情局的“埃阿斯行动”史后表示：“认为中情局在恢复伊朗王权上颇有功劳的人，实在是太宽厚了。其实，他们的计划几乎是样样出错。大使馆内的主要情报人员都不懂波斯语，德黑兰形势一激化，中情局根本不可能和说英语或法语的伊朗内线联络，等于是失去了耳目。政变之所以会成功，完全是因为没拿美国或英国的钱，也不受外国控制的伊朗人掌握主动，推翻了摩萨台。”

⑤ 克莱因：1957 年任中国台北工作站站长，任职达 5 年之久。

第10章

连环轰炸：颠覆危地马拉的拙劣行动

1953 年，圣诞节过后没几天，汉尼上校将崭新的凯迪拉克停在佛罗里达州欧帕罗卡老旧的空军基地旁，下车站在柏油路上，细细打量自己的新管区：大沼泽地旁边 3 栋两层楼的营房。汉尼刚在极机密的掩护下，埋好他担任韩国工作站站长时所造成的尸骸，接着一路混到新指挥官的位置。

这位上校现年 39 岁，刚离婚，6.2 英尺的身材穿上利落的军装颇为帅气，他是艾伦・杜勒斯新派任的“成功行动”特别代表。“成功行动”乃中情局企图推翻危地马拉政府的计划。

阴谋政变推翻雅各布・阿本斯总统的计划，已经在中情局酝酿将近 3 年，金・罗斯福从伊朗成功归来后，兴致盎然的艾伦・杜勒斯请他领导中美洲行动。罗斯福婉拒。他作了通盘研究之后，认定中情局是在摸黑瞎搞。中情局在危地马拉没有谍报人员，对该国军队和人民的意向毫无所知。军方是否效忠阿本斯？这种忠诚能否打破？中情局都不知道。

汉尼奉命规划一条能让中情局所选定的危地马拉罢职上校卡洛斯・阿马斯掌权之路。但他的策略不过初具轮廓，只说中情局训练和装备一支反抗军，瞄准危地马拉市的总统府而已。威斯纳将这份草案送到国务院，寻求史密斯将军的支持，并请他派出新的驻外大使人马，到位准备行动。

在危地马拉要大棒

随身佩枪的杰克・普里福伊因为 1950 年把左派和自由派赶出国务院而名噪一时，初次外派是在 1951—1953 年担任驻希腊大使，当时就和中情局密切合作，建立美国在雅典的秘密权力通道。他一到危地马拉履新就拍电报回华盛顿："我是到危地马拉来用大棒子的。"拜会阿本斯之后，他回报华盛顿："我绝对相信，阿本斯总统纵使现在不是共产党，等有老共出现，他肯定会是。"

史密斯选中怀廷·威劳尔为驻洪都拉斯大使——他是"民航公司"[①]的创办人。威劳尔从民航公司中国台湾总部征调飞行员，命令他们悄悄前往迈阿密和哈瓦那待命。另外，驻尼加拉瓜大使托马斯·惠兰则与尼国独裁者安纳斯塔西澳·索摩查合作，此人协助中情局替阿马斯建立训练中心。

1953 年 12 月 9 日，艾伦·杜勒斯正式批准"成功行动"，并下拨 300 万美元经费。他指派汉尼为现场指挥官，同时任命特雷西·巴恩斯为政战主任。

杜勒斯信任绅士特务的浪漫观点，巴恩斯就是个样板。出身、教养俱佳的巴恩斯，拥有格罗顿中学[②]、耶鲁和哈佛法学院学历，简直是 20 世纪 50 年代中情局最典型的履历。他在长岛惠特尼区成长，拥有私人高尔夫球场。"二战"时期是战情局英雄，曾因拿下一座德军要塞而获颁银星勋章。但栽了一次跟头之后，锐气、架子和骄傲随风而逝，成了秘密机关中最糟糕的一位。赫尔姆斯回忆说："巴恩斯和那些不管怎么努力都注定学不会外语的人一样，总是无法领会秘密工作的窍门。更糟的是，由于艾伦·杜勒斯不断称赞和敦促，他一直没注意到自己的问题所在。"他先后担任德国和英国工作站站长，接着就来到猪湾。

1954 年 1 月 29 日，巴恩斯和阿马斯飞到欧帕罗卡，与汉尼上校共商大计，谁知第二天一醒过来，赫然发现计划全告吹了。西半球各主要报纸都在报道，阿本斯指控由阿马斯领导的"北方政府"，以及设在尼国总统索摩查农庄的反抗军训练营，联手发动"反革命阴谋"。机密之所以会泄漏，是由于担任汉尼上校与阿马斯之间联络任务的中情局官员，将密电和文件遗忘在危地马拉市一家旅馆的房间内所致。这位倒霉的情报官立刻被召回华盛顿，改调到太平洋西北岸的丛林深处充当防火瞭望员。

这次危机显示汉尼是中情局里最靠不住的人之一。他胡乱想了很多方法，利用向当地新闻发布假消息，引开危地马拉对政变报道的注意力。他发回中情局总部的电报说："可能的话，尽量杜撰一些人人感兴趣的大新闻，譬如飞碟啦、某偏远地区有人生 6 胞胎之类的。"他编造的头条包括：阿本斯强迫所有的天主教军人加入崇拜斯大林的新教会！苏联潜艇运交军火给危地马拉！最后这个点子勾起巴恩斯的想象。3 个星期后，他派中情局工作人员把苏联武器藏在尼加拉瓜海岸，再捏造消息说苏联在危地马拉武装共产党暗杀队。不过，新闻界和一般民众都很少相信巴恩斯散播的消息。

中情局章程规定，执行秘密行动的手腕必须很高明，不能让人看到美国这只幕后黑手。威斯纳不大理会这种规定。他告诉杜勒斯说："若要全面开展工作，定会有很多拉丁美洲人看到美国这只手，这是毫无疑问的。"可是，万一"成功行动"计划"因美国黑手太明显而夭折，必会引发这类行动是否适用于美国冷战的严重质疑，不管能产生多大的刺激，或多么有利的支持"。威斯纳辩称只要美国政府不承认，美国民众不知情，就是秘密行动。

威斯纳把汉尼上校召回总部晓以大义："没有什么行动比这一次更重要，没有什么行动比这次更攸关本局名声。得让局长满意才行。"但总局"一直没有接到清楚明确的行动计划报告"。汉尼上校的计划蓝图，是一张纠缠不清的时间表，草草地画在一卷40英尺长的牛皮纸上，钉在欧帕罗卡军营墙壁上。他向威斯纳解释只要仔细研究欧帕罗卡计划图纸，就会明白工作详情。

理乍得·比斯尔回忆道，威斯纳逐渐"对汉尼的判断和自制力失去信心"。极为理性的比斯尔也是格罗顿和耶鲁精英，有"马歇尔计划先生"美称的他刚加入中情局，以他自己的话来说，他已签约当"杜勒斯的学徒"，保证会有重大任务交办。杜勒斯要他马上整顿日趋复杂的"成功行动"后勤运作。

比斯尔和巴恩斯分别象征着杜勒斯旗下中情局的理性和感性，两人虽没有秘密行动经验，杜勒斯却有信心，他们可以查出汉尼在欧帕罗卡干了些什么。

比斯尔说自己和巴恩斯都相当喜欢有点多动的汉尼上校："巴恩斯力挺汉尼，也配合这一行动。我也认为汉尼是合适人选，因为负责这种行动的人必须是个活动家和强势领导者。巴恩斯和我都很喜欢汉尼，也赞同他的处事方法。汉尼的工作确实让我留下很正面的印象，因此，在筹备入侵猪湾期间，我也成立了一间与他类似的计划室。"

我们得进行恐怖作战

"有胆无能"（引自巴恩斯的话）的阿马斯和他那"极少数且训练不佳"（引自比斯尔的话）的反抗军，在汉尼手下那位曾在朝鲜负责过几次运气不佳的游击行动的里普·罗伯逊监视下，静待美国人的攻击信号。

没人知道阿马斯与他区区数百名反抗军去攻击有5 000人的危地马拉军队会是什么结果。中情局资助的危地马拉市反共学生团体虽有数百人，但是以威斯纳的话来说，他们主要是充当"打手大队"，不能当反抗军用。威斯纳于是双管齐下，开辟反阿本斯战争的第二条战线。他派出中情局最优秀的官员、德国工作站主任赫克舍前往危地马拉市，劝说高级军官反抗政府。赫克舍每个月可动用的贿赂经费达 1 万美元，很快便收买到阿本斯内阁里一个不管事的部长蒙桑上校输诚。中情局寄希望于美国武器禁运和入侵威胁双重压力下已呈现裂痕的军官团，希望撒下大把钞票后，他们会更加分裂。

然而，赫克舍不久便确认只有美方展开实际攻击，危地马拉军方才会放胆推翻阿本斯。赫克舍致函汉尼 ："决定性的火花，必须靠热力来产生"——以美国轰炸首都的方式来引爆。

中情局总部接着传给汉尼一份长达 5 页的 58 人暗杀名单。暗杀对象都是威斯纳和巴恩斯所批准的，其中包括有共产倾向的"政府高官和组织领导人"，以及"具有战术意义，基于心理、组织和确保军事行动成功等理由，必须予以翦除的身居政府与军方要职的少数人士"。阿马斯和中情局一致同意，暗杀行动应在他胜利返抵危地马拉市期间或返抵后立即执行，借此传达一个重要信息，明确反抗军的意向严肃认真。

艾伦·杜勒斯在美国新闻界散播许多有关"成功行动"的神话，其中之一就是最后的成功不是暴力手段所致，而是靠杰出的谍报活动。杜勒斯的说法是，有位驻（铁幕北界）波罗的海海滨波兰什切青市[3]的美国特工，乔装成赏鸟人，从望远镜中看到一艘叫阿尔福亨号的货轮，装载捷克制造的武器要运交给阿本斯政府，于是以微点信号写了封信 ："主啊，主啊，你怎么这么快就抛弃我？"寄给在巴黎一位以汽车零件商为掩护身份的中情局官员，后者再以短波将密码信号传回华盛顿。依杜勒斯的说法，另一位中情局官员趁该船停靠连接波罗的海与北海的基尔海峡时，暗中检查这批货。中情局于是得知这艘由欧洲开往危地马拉的货轮装载了枪械。

这则"精彩绝伦"的奇谈，被反复写入许多历史书里，实乃厚颜无耻的谎言——是一则掩饰严重运作失误的封面故事。事实上，中情局把这艘船跟丢了。

阿本斯急于打破美国武器禁运。他认为给军官团买点武器，就可以确保他们忠诚无虞。赫克舍虽曾提出报告说，危地马拉银行通过瑞士账户把 486 万美元转到捷克一处军火库，中情局却查无线索。慌慌张张地查了 4 个星期，阿尔福亨号已安抵危地马拉巴里奥斯港。美国大使馆更是一直到船货开箱后，才知道有一批步枪、机关枪、榴弹炮及其他武器到岸。

不过，军火（很多已生锈无用，有些则有纳粹的标记，透露了它的年份和出处）运抵，倒是给美国制造了意外的宣传收获。美方蓄意高估这批军火的数量和军事意义，国务卿福斯特·杜勒斯和国务院宣称危地马拉已成为苏联颠覆西半球阴谋的一环，未来的众院议长约翰·麦柯马克也声称这批军火等于在美国后院装了一颗原子弹。

普里福伊大使表示美国已处于战争状态。他在 5 月 21 日传给威斯纳的电报里说："除了直接军事介入，做什么都无济于事。" 3 天后，美国违反国际法，以海军战舰和潜艇封锁危地马拉。

5 月 26 日，一架中情局飞机飞过总统府，在危地马拉最精锐的总统侍卫队总部投下传单。传单写着："共同反对共产无神论"、"与阿马斯齐心奋斗"，这算是令人满意的一击。巴恩斯对汉尼说道："依我看，传单怎么说其实无关紧要。" 他说的没错，要紧的是，中情局已从天而降，投下一种危地马拉未曾被攻击过的武器。

担任此次行动政战任务的中情局官员霍华德·亨特说："我们所要做的是来个恐怖作战。尤其是要像'二战'初期德国史图卡俯冲轰炸机吓唬荷兰、比利时和波兰人一样，吓吓阿本斯，吓吓他的军队。"

中情局从 1954 年 5 月 1 日开始，就通过由中情局约聘的业余演员兼出色剧作家戴维·菲利普斯所经营的地下电台"解放之音"，连续 4 个星期向危地马拉展开心理战。这时刚好有意外之喜——危地马拉国营电台在 5 月中旬因更换天线而停播。菲利普斯把波段调到它的频道附近，想让听国家电台的人一转就转到中情局的电台。这家电台发出暴动、投诚、水井下毒、征召娃娃兵等凭空杜撰的短波新闻，危地马拉民众顿时由不安变成歇斯底里。

6 月 5 日，危地马拉空军退役总长飞到尼加拉瓜索摩查的农庄，也就是广播播出的地方。菲利普斯的人马用威士忌灌醉这位总长，诱他谈出逃离危地马拉的原因。这盒录音带经中情局播音间剪辑之后，听起来俨然是激越的反叛呼吁。

犹如闹剧般的起义

第二天早上，阿本斯一听到广播，顿时心情大乱。他果真成了中情局所描述的人：他严密控制空军，以防飞行员兵变，接着又亲临与中情局密切合作的反共学生领袖住处检查，发现美国阴谋的证据。他中止公民自由权，动手抓了数百人，严打中情局的学生组织，至少有 75 人遭到酷刑、杀害，葬身万人冢。

6 月 8 日，危地马拉工作站拍发电报报告："政府内弥漫恐慌。" 这正是汉尼所要的消息。他下令再以更多的假消息煽风点火："莫斯科政治局委员所率领的苏联政委、官员与顾问团已抵达……除了要征兵，还要引进劳役制度。布告业已印妥，年满 16 岁的男女青年均需应召在特别营区里服役 1 年，主要接受政治教育，切断家庭与教会对年轻人的影响……阿本斯已离境，总统府所发布的声明其实是由来自苏联情报机关的替身所为。”

汉尼自作主张将火箭筒和机关枪运到南方，又发布未获授权的命令，武装农民并鼓吹他们杀害危地马拉警察。威斯纳致电汉尼：“我们强烈质疑……吩咐农民杀害人民卫士的做法，这形同挑起内战……（让本局）蒙上从事恐怖行动和不负责任、肆意牺牲无辜性命的污名。”

被中情局收买的那位阿本斯阁员蒙桑上校，要求提供炸弹和催泪弹以便展开政变。中情局工作站告诉汉尼：“此事关系重大，最好照做。”蒙桑“获告知，最好尽快行动。他一口答应……还说阿本斯、共产党和敌人统统会被处决掉。”危地马拉工作站再次请求发动攻击：“我们紧急要求轰炸、展现武力，派出所有可动用的飞机，让危地马拉军方和首都知道决定时刻已经到来。”

6 月 18 日，酝酿 4 年多、等待多时的阿马斯发动攻势。然而，攻击巴里奥斯港的 198 名反抗军，被当地警察和码头工人打败。另外 122 人向萨卡帕挺进，结果大多被杀或被俘，只有 30 人逃过此劫。第三批 60 名反抗军从萨尔瓦多出发，却全遭当地警察逮捕。阿马斯自己则身穿皮夹克，开着一辆破旅行车，率领 100 人从洪都拉斯出发，目标是 3 个防御薄弱的危地马拉村庄。他在边界数里外扎营，请中情局再送粮草、人员和武器，谁知不到 72 个小时，手下就有一大半人被杀、被俘，败象毕呈。

6 月 19 日下午，普里福伊大使征用中情局设在使馆内的安全通信线路，直接找上艾伦·杜勒斯，请求“连环轰炸”。不到两个小时，汉尼出言声援，给威斯纳发了一通尖酸的电报：“我们是要坐视危地马拉人民的最后希望跌进左派压迫和暴虐的深渊，才派出美国武装部队对付敌人吗？……在目前的状况下介入，不是比出动陆战队省事吗？这批敌人和我们在朝鲜战场面对过，以及明天可能在中南半岛面对的敌人，毫无二致。”

威斯纳呆住了。派外国军队送死是一回事，让美国飞行员去炸掉一国首都又是另一回事。

6 月 20 日早晨，中情局危地马拉工作站回报，阿本斯政府已“重整旗鼓”，首都“非常平静，商店关门，民众把起义当闹剧看，无动于衷地旁观等待”。中情局总部紧张得不得了。威斯纳变得很认命，他致电汉尼和中情局工作站：“一旦我们确定成功的概率可以大增，又不致损害美国利益，就是我们准备授权进行轰炸的时候……我们担心轰炸军事设施非但不能引发投诚潮，他们反而会凝聚力量对付反抗军。而且，我们确信攻击民间目标造成无辜民众流血，会正中共产主义者下怀，造成与广大民众断绝关系的隐患。”

比斯尔告诉杜勒斯：“推翻危地马拉总统阿本斯政权的行动，其结果仍然不容乐观。”比斯尔多年后写道，在中情局总部，“在如何推进方面，我们已智穷计绝。忙着处理接二连三出现的混乱之余，我们很清楚地知道我方已濒临失败边缘。”杜勒斯已经以不留证据（指事后不认账）的方式，将阿马斯的空中武力局限为 3 架 F-47“雷电”战斗轰炸机，其中两架已退役。比斯尔在回忆录中陈述，“中情局和他自己的名声已岌岌可危”。

杜勒斯准备面见总统之际，秘密授权再对危地马拉首都进行一次空袭。6 月 22 日，一架仍然代中情局执行任务的飞机让市郊一处小油库失火，但不到两分钟就被扑灭。汉尼怒道 :“一般民众的印象是，几次攻势充分显示这是弱得出奇、没有决断力且怯懦的行动。各界普遍将阿马斯的行动形容成闹剧，反共和反政府的士气几乎荡然无存。”他直接发电报给杜勒斯，请求立即派出更多飞机。

杜勒斯拿起电话拨给威廉·波利。此人是全美最有钱的商人之一，是“支持艾森豪威尔民主党人”组织的主席，也是艾森豪威尔赢得 1952 年总统大选的最大金主之一，又是中情局顾问。要说有谁能提供秘密空中武力，那肯定非波利莫属了。杜勒斯接着又派比斯尔去见中情局每天都会就“成功行动”请示的史密斯将军，后者也同意这项走后门的增援飞机请求，谁知在最后一刻，主管拉丁美洲事务的助理国务卿亨利·霍兰却强烈反对，要他们一起去见总统。

6 月 22 日午后 2 点 15 分，杜勒斯、波利与霍兰走进总统办公室。艾森豪威尔问当前反抗军成功的概率有多少。“零。”杜勒斯坦承。若中情局有更多的飞机和炸弹呢？杜勒斯估计大概 20%。

在艾森豪威尔和波利各自的回忆录里，对这次谈话的记载几乎完全相同，只有一点例外。艾森豪威尔将波利从历史中抹去，原因很明显 : 他和他的这位政治金主达成了秘密协议。“艾克转头对我说，比尔，你去找飞机。”波利写道。

波利先打电话到距白宫只有一条街的里格斯银行，再打给尼加拉瓜驻美大使。他提出 15 万美元现款，再载着尼国大使同赴五角大楼。他将现金交给一位军官，后者立即把 3 架雷电战斗轰炸机所有权转让给尼加拉瓜政府。当天晚上，武装齐全的战机从波多黎各飞抵巴拿马。

3 架飞机拂晓出击，猛轰危地马拉陆军，因为打击他们的忠诚乃是成功推翻阿本斯的关键。中情局飞行员低空扫射运载士兵上前线的火车。他们投掷炸弹、炸药、手榴弹和汽油弹，但他们也炸掉一家由美国基督教传教士所经营的电台，炸沉了一艘停在大西洋岸边的英国货轮。

在地面战役方面，阿马斯依旧寸步难行，于是以无线电联络中情局，请求空中武力支持。借由美国使馆应答机转接信号的“解放之音”，播放编造巧妙的报道说数千名反抗军汇聚首都，使馆屋顶上的扩音器播放预录的 P-38 战斗机飞行声响，入夜方歇。阿本斯喝得醉醺醺的，朦胧中看到自己受到美国攻击。

6 月 25 日下午，中情局轰炸危地马拉市内最大的营区，一举瓦解军官团战斗意志。当天晚上，阿本斯召开内阁会议，告诉他们说军方若干分子叛变。这话没错，真的有少数军官暗中决定与中情局合作推翻总统。

6 月 27 日，普里福伊会见阴谋政变者，胜利已在望，但就在这时阿本斯却将权力移交给卡洛斯·狄亚斯上校，后者立即组成军事执政团，对抗阿马斯。普里福伊在电文中说："我们上当了。"汉尼发信给中情局各地工作站，称狄亚斯是"共产特工"，并命一位巧舌如簧的中情局官员埃诺·霍宾在次日凌晨找狄亚斯谈谈，霍宾在入行前担任《时代》杂志柏林分社主任。霍宾给狄亚斯的信息是："上校，你给美国外交政策着实造成了不便。"

军事执政团顿时冰消瓦解，陆续换了 4 个执政团，越换越亲美。这时，普里福伊要求中情局退居幕后，威斯纳也在 6 月 30 日发电通告，现在该是"外科医师退场，护士接手伤员"的时候了。普里福伊又运作了两个多月，终于让阿马斯当上总统。阿马斯在白宫受到 21 响礼炮的欢迎和国宴的招待，尼克松副总统更在敬酒时大放厥词："我们在美国看到，危地马拉人民在该国历史上写下对所有民族意味深长的一页。在这位英勇的军人、我们今晚的贵宾率领之下，危地马拉人民奋起反抗肤浅、虚伪与腐败的共产统治。"危地马拉此后长达 40 年处于军阀、行刑队和武装压迫的统治之下。

难以置信的谎言

中情局领导认为"成功行动"所创造的神话与伊朗政变如出一辙。共同说辞是，该任务是一大杰作。其实，"我们不认为是什么了不起的成就"，同年夏末出任危地马拉工作站站长的杰克·埃斯特莱恩说道。这次政变所以能成功，大部分是靠暴力和狗屎运。1954 年 7 月 29 日，中情局向总统作简报时又编了一套说辞。前一天晚上，杜勒斯邀威斯纳、巴恩斯、菲利普斯、汉尼、赫克舍和罗伯逊到他乔治敦住处做总彩排。汉尼讲稿的前言大谈自己在韩国的英雄事迹，杜勒斯越听越惊。

> "没听过这么爱瞎说的。"杜勒斯命令菲利普斯重拟讲稿。
>
> 中情局在白宫东翼的房间放映幻灯片，向艾森豪威尔推销彩妆版的"成功行动"。灯光亮起时，艾森豪威尔第一个问准军事行动专家罗伯逊。

“阿马斯手下死了多少人？”

“只死一个人。”罗伯逊答道。

“难以置信。”总统说道。

阿马斯手下起码死了43人，可现场就没人反驳罗伯逊的说辞。这是厚颜无耻的假话。

这也是中情局历史的一个转折点。海外秘密行动须有故事掩饰，已成了该局在华盛顿搞政治动作的一部分。比斯尔说得很明白：“我们这些加入中情局的人，几乎都不觉得我们以参赞人员身份所做的事，一定得遵守所有的伦理规范。”为维护中情局的形象，他和同事随时可以欺骗总统，而他们的谎言都有深远的影响。

本章注释

① 民航公司也就是威斯纳于1949年买下的那家亚洲空运公司，1946年威劳尔与飞虎将军克莱尔·陈纳德合资成立，是早年中国台湾的主要航空公司，1975年因财务困难而解散。

② 倡议强身派基督教精神的格罗顿中学，在中情局的影响力非同小可：领导伊朗“埃阿斯行动”的金·罗斯福是该校1936届学生，协助他的阿契·罗斯福堂兄则是1934届，规划和执行“成功行动”的巴恩斯是1932届，比斯尔是1931届，比斯尔、巴恩斯和1932年的班长约翰·布罗斯，都是猪湾攻势的主持人，主持中情局实验室的康纳利乌斯·罗斯福1934届，中情局准备用来暗杀卡斯特罗的毒药，就是出自他的实验室。

③ 什切青（波兰语：Szczecin，德语：Stettin，原称Alten Stettin，又译斯德丁），位于波兰西北部，是波兰第七大城市和第二大海港，西波美拉尼亚省省会，因1946年丘吉尔著名的“铁幕”演说而闻名世界。

第11章

飞天遁地便能得到有效情报吗？

蒙大拿州的迈克·曼斯菲尔德参议员于1954年3月表示：“现在，中情局的一切都是云雾笼罩，成本、效率、成功和失败，全都秘而不宣。”

艾伦·杜勒斯只对少数国会议员负责，而这些人都是通过非正式的军事与拨款小组委员会，保护中情局免受公开审查的人士。他要求副手定期提供“下次预算听证会可以派上用场的成功故事”。他自己心中没谱，因此偶尔也会老实一下。曼斯菲尔德提出批评两个星期后，杜勒斯在一次非公开的听证会上面对3名参议员时，他的简报摘要就说，中情局秘密行动业务快速扩张，“就长期的冷战关系而言，可能是危险甚至不明智的”，并承认“突然进行没有规划的单次行动，不仅常会失败，更会打断甚至搞砸我们审慎筹划的一项长期活动”。

这种秘密在国会山可保安全无虞，但偏有一位参议员已对中情局构成严重的威胁，此人就是爱扣人“红帽子”的麦卡锡。此君和他的幕僚已吸收因对朝鲜战争结局不满而辞职的中情局特工，组成地下网络。诚如他的首席法律顾问罗伊·科恩所说，在艾森豪威尔当选后的几个月里，他的档案越堆越厚，都是在指责“中情局不经意地雇用许多双面间谍，这些人虽替中情局工作，实乃共产党特工，其任务无非是散播不实情报”。与麦卡锡的许多其他指控不同的是，这是真的。艾伦·杜勒斯自己也知道，在这个问题上中情局经不起周密的调查。在红色恐慌弥漫的时候，一旦美国民众得知中情局在欧亚各地都被苏联和中国情报机关耍得团团转，中情局可就毁了。

麦卡锡私下当面告诉艾伦·杜勒斯：“中情局既不是神圣不可侵犯的，也不能豁免于调查。”艾伦·杜勒斯局长知道该局已面临存亡关头了。国务卿福斯特·杜勒斯为表示国务院坦荡无私，准许麦卡锡手下嗜血鹰犬调查所属人员，这使国务院被困扰了10年之久。艾伦却能兵来将挡。他的手下比尔·邦迪[①]基于义气，捐了400美元给疑为苏联间谍的阿尔杰·希斯[②]作为辩护基金，麦卡锡要传唤邦迪，艾伦·杜勒斯断然拒绝，他不容麦卡锡糟蹋中情局。

他在人前所表露的立场不失原则、节操，但私底下也对麦卡锡展开卑劣的秘密调查[③]。某中情局官员对参院委员会的秘密证词中透露了秘密活动内容，曾向麦卡锡及当时年仅28岁的少数党法律顾问罗伯特·肯尼迪[④]说明，这份档案已在2003年解密。2004年解密的中情局史料中更有详细记录。

艾伦·杜勒斯和麦卡锡私下杠上之后成立了一个小组，利用特工、窃听，或两者并用的方式打进麦卡锡的办公室。这种手法和联邦调查局局长胡佛使用的很像：找出肮脏的东西，再散布、揭露它。艾伦指示反情报头子安格尔顿设法向麦卡锡及其人马提供假消息，再趁机诋毁他。安格尔顿说服麦卡格——威斯纳聘用的第一批中情局官员，提供假消息给某位和麦卡锡暗中通气的中情局官员。麦卡格成功了：中情局打进了参议院。

艾伦·杜勒斯告诉他："你救了整个国家。"

令人反感的理念

1954年麦卡锡权力日衰，可是中情局的威胁却越来越大。曼斯菲尔德及34名参院同僚皆支持立法成立一个监督委员会，并令中情局完整且及时地将所作所为告知国会(该法案拖了2年才通过)。另外，由艾森豪威尔亲信马克·克拉克将军领衔的国会特别小组，也准备调查中情局。

1954年5月底，美国总统接到某空军中校一封长达6页的信函。这是慷慨激昂的呼吁，也是中情局自己人第一次挺身检举。艾森豪威尔看了便将信留下。

发信人吉姆·凯利斯是中情局创局元老之一，出身战略情报局，在希腊打过游击，也到过中国，是战略情报处第一任驻上海工作站站长。中情局刚成立的时候，他是局内少数有经验的中国通，后来已成普通民众的他应多诺万之请，重回希腊调查1948年哥伦比亚广播公司记者遭谋杀案。他断定是由雅典的美国右翼盟友下手，而不是一般认为的由共产党下令除掉。他的调查结果被压了下来。回到中情局之后，他在朝鲜战争期间负责中情局全球各地准军事行动和反抗军业务。史密斯局长派他到欧亚各地进行排忧解难式的调查，所见所闻令他十分不快。艾伦·杜勒斯上台几个月后，凯利斯愤而辞职。

凯利斯提醒艾森豪威尔："中情局烂透了。今天的中情局几乎完全没有在铁幕后工作，它对外界提出的简报呈现一片光明前景，却将可怕的事实全列为该局‘最高机密’。”

事实是，“中情局有意无意地把百万美元经费交给某个共产党情报机关”（指的是波兰 WIN 行动，该行动在艾森豪威尔就职前 3 周失败，艾伦·杜勒斯当然不可能把其中丑陋的详情告诉总统）。“中情局不经意间就帮共产党组建一个情报网”，凯利斯指的是朝鲜战争期间汉城工作站的行径所引发的论战。杜勒斯与他的副手们“唯恐对自己的名声产生副作用”，于是想方设法向国会隐瞒在中国和朝鲜的工作。凯利斯于 1952 年前往远东亲自调查后断定：“中情局被耍了。”

凯利斯写道，艾伦·杜勒斯一直向新闻界散播消息，打造自己是个“有学者气质的敦厚基督教传教士，以及杰出情报专家的形象”。“在我们这些见识过艾伦·杜勒斯另一面的人眼中，却看不到太多的基督徒特质，我个人就认为他冷酷无情、野心勃勃，是个无能的行政官员。”凯利斯吁请总统对中情局采取“必要的激烈措施加以整顿”。

艾森豪威尔既要控制中情局所面临的威胁，又得暗中清理该局的诸多问题，于是在 1954 年 7 月，也就是“成功行动”结束后不久，指派曾参与“日光浴计划”的吉米·杜立德将军，以及他的好友，为危地马拉政变提供飞机的波利，共同评估中情局执行秘密工作的能力。

杜立德回报的期限是 10 个星期。他与波利联袂拜会杜勒斯和威斯纳，并巡访德国及伦敦工作站，对担任与中情局联络的高级军事和外交官员进行访谈。他们也找史密斯将军谈过，后者告诉他们：“杜勒斯太情绪化，不适合担任这个重要职务”，而且“他的情绪化比表现出来的还要厉害”。

1954 年 10 月 19 日，杜立德到白宫见总统，并报告：中情局“已膨胀成了编制甚众、庞大散漫的组织，有些领导者的能力堪忧”。杜勒斯身边尽用些不熟悉行动业务又不遵守法纪的人。他还提到杜勒斯兄弟“家族关系”的敏感问题，认为不让个人关系变成对事业的牵制对大家都比较好：“它会导致互相保护，或互受对方影响”，故应由可信赖的民间贤能人士组成独立的委员会，帮助总统监督中情局。

杜立德还提醒说，威斯纳的秘密行动处“充斥着职业训练不足或毫无训练的人”，在 6 个幕僚团、7 个区域业务部、40 多个分支单位当中，“几乎各个层面都有‘冗员’”。报告建议应“彻底改组”威斯纳帝国，因为它“扩张过速”，且“接下超越其执行能力的任务而承受着巨大压力”，终将招致恶果。报告指出：“在秘密业务上，质比量重要，少数有能力的人比一大堆无能的人更为有用。”

艾伦·杜勒斯也很清楚，自己这个秘密机关已经失控，很多情报官在指挥官背后搞小动作。杜立德提出报告之后两天，局长告诉威斯纳，很担心“下层在没向副局长或局长等上司报告的情况下，执行很敏感或困难的业务”⑤。

杜勒斯依旧用处理坏消息的手法来处理杜立德的报告，即秘而不宣，不让局内高层官员看到，连威斯纳也不行。

虽然完整报告一直到2001年才解密，报告中的前言部分已在25年前就公诸于世。其中一段谈到最恐怖的冷战。

事态已昭然若揭，我们正面临一个无从化解的大敌，他们公开承认的目标是不惜任何代价，不择手段以支配全世界。这样的竞赛毫无规则可循，之前的人类行为规范也不适用。美国若想生存，就得重新思考由来已久的“公平竞争”观念。我们必须发展有效率的情报与反情报机关，必须学习用比敌人更精明、更高明、更有效的手段来颠覆、破坏和消灭敌人。美国人民也许得熟悉、了解并支持这个基本上令人反感的理念。

报告谈到，国家需要一个“主动积极的心理、政治和准军事行动秘密机关，它必须更有效、更独特，必要时比敌人更冷酷”。因为，中情局从来没能“用特工解决渗透问题”，“一旦以空降或其他方式越过国界，要避开敌方侦察就非常困难”，报告的结论是：“以这种方法取得的情报不值一提，所浪费的努力、金钱和生命却高得令人无法接受。”

报告把以谍报方式取得苏联情报视为最优先的选择，强调取得这种情报，代价再高也值得。

我们提的问题不对

艾伦·杜勒斯拼命想把中情局特工弄进铁幕。1953年，第一位派到莫斯科的情报官受到苏联女佣（实为克格勃上校）诱惑，被拍下照片后遭勒索，中情局以行为不检为由将他开除。1954年，第二位刚到任不久，就在从事情报活动时被逮个正着，逮捕后被遣送回美国。事发后不久，杜勒斯找特别助理约翰·莫里帮忙。此人曾在“二战”前游历苏联，战时大半时间代表海军情报局（ONI）待在美国驻莫斯科大使馆。杜勒斯请他加入秘密工作，训练一批人到莫斯科执行任务。

威斯纳手下情报官没人到过苏联，杜勒斯说：“他们对目标毫无所知。”

“我对秘密工作完全不了解。”莫里答道。

“依我看，他们也不了解。”杜勒斯说。

这样的人当然不可能提供总统最想要的情报：防范核武器攻击的战略预警。国家安全委员会讨论万一发生核武器攻击的应对策略时，艾森豪威尔对杜勒斯说："但愿不要重蹈珍珠港事变的覆辙。"这也是总统赋予 1954 年成立的第二个秘密情报委员会的任务。

艾森豪威尔请麻省理工学院校长詹姆斯·吉里安领导一个团队，找出防范苏联突袭的方法。他要的是杜立德报告强烈推荐的技术：以"通信与电子侦测"提供"敌人攻击预警"。

中情局在窃听敌情工作上加倍努力，以自己的方式取得成功。

由棒球员改行当律师，再改行当特工的沃尔特·奥布赖恩，在柏林基地总部阁楼翻拍从东柏林邮局偷来的文件。文件中提到苏联和东德官员使用新电缆的地下线路。这次情报收获演变成"柏林通道"计划。

这条在当时被视为中情局最大公开成就的地道，其构想和瓦解都来自英国情报。英国早在 1951 年就告诉中情局，他们在"二战"结束后不久，就利用维也纳占领区内的地道系统偷接苏联电信缆线，并建议在柏林也可以这么做。多亏几份偷来的蓝图，终于使此计成真。

写于 1967 年 8 月，2007 年 2 月才解密的中情局柏林通道秘史，列出 1952 年继任柏林工作站站长，爱喝酒、爱随身带枪的前联邦调查局人员威廉·哈维所面临的三大问题：中情局是否能神不知鬼不觉地挖出 1 476 英尺长的地道，深入东柏林苏联区，接上那条直径 2 英寸、埋在主干道地面 27 英寸下方的电缆？挖出的沙土达 3 000 吨，如何悄悄处理掉这批废土？有什么名目可以掩饰在美国区边上脏乱的难民住宅区进行的开挖工程？

艾伦·杜勒斯和英方情报首长约翰·辛克莱爵士，在 1953 年 12 月就地道作业进行一系列协商，并赋予代号"联机"。双方在第二年夏天完成行动计划：在贫民区盖一幢面积有一整条街那么大的建筑，屋顶设有天线——这是魔术师的障眼法，让苏联知道这是个接收来自天空的信号的情报站。美国人挖一条地道，向东直抵电缆线下方，再由英国人依维也纳经验，在地道末端凿个垂直的竖坑，安上接搭电缆的接头。伦敦工作站人员膨胀到 317 人，处理截收到的语音对话，在华盛顿总部则有一组 350 人的队伍，将地道所截收的电传信号转译成文字。陆军工兵团负责挖地道，英国提供技术协助。中情局秘史指出，一如既往，最大问题还是出在翻译上："我们一直没办法找到那么多语言专才"，该局严重缺乏具有俄语和德语能力的人才。

地道在 1955 年 2 月底完工，1 个月后英国开始安装窃听接头。5 月，情报开始流入，一来就是好几千小时的对话和电传，内容包括苏联在德国与波兰的核武器与传统武力详情、莫斯科国防部的消息、苏联在柏林反情报业务的组织。这些情报还传达出苏联及东欧官场政治混乱又优柔寡断的信息，以及数百名苏联情报官员的姓名或掩护身份。花670万美元代价换来的的消息，花了好几个星期，甚至好几个月才翻译出来。中情局秘史尖酸地说，此事终有一天会大白于世，届时人们会知道“举世认为在情报工作方面蹒跚学步的美国，竟有能力给长期以来公认的情报大师苏联主动一击”。

中情局万万没料到地道业务很快就穿帮了。它持续不到1年，次年4月就被发现了。其实，克里姆林宫从一开始，从第一铲泥土还没翻过来的时候就知道。揭露地道计划的乔治·布雷克，是苏联在英国情报机关的卧底间谍，此人在朝鲜战争沦为战俘时改节易志，从1953年底开始帮苏联打入英国特勤机关，正是由于苏联十分看重布雷克，所以让地道计划运作11个月后才大张旗鼓地揭露它。多年之后，中情局虽已知道对方早已知情，仍然认定自己挖到金矿。时至今日，疑问仍然未解：莫斯科真的是故意提供假情报吗？证据显示，中情局从窃听中得到两则无价且无瑕的情报，一则是得知苏联与东德安全系统的基本蓝图，另一则是没有听到莫斯科有丝毫开战意图的警讯[6]。柏林基地老手、中情局官员波尔格说：“我们这些对苏联略有所知的人，将它视为想要依循西方路线发展的第三世界落后国家。”但华盛顿最高层排斥这种看法。白宫及五角大楼都以为克里姆林宫的意图和自己的想法一样：在第三次世界大战的第一天就摧毁敌人。因此，他们的使命就是找出苏联军事设施所在，率先加以摧毁。他们没有信心认为美国特工能办到，但美国机器或许可以。

吉里安的报告象征着科技占上风以及中情局旧式谍报手段黯然失色的开端。报告提醒艾森豪威尔：“我们在苏联进行传统秘密工作所得的重要情报少之又少，但我们可以运用最先进的科技改善情报效益。”他敦促艾森豪威尔建造间谍侦察机和太空卫星，飞到苏联上空拍摄军火库照片。

这种技术已指日可待。其实，这2年来杜勒斯和威斯纳一直忙于行动业务，没有注意1952年7月由局内同僚提出的那份备忘录，当时主管情报的副局长贝克尔就建议要发展“卫星侦察器”——以火箭发射电视摄影机，从太空深处侦察苏联。成败关键在于摄影机，而发明宝丽莱相机的科学天才埃德温·兰德，确信自己可以胜任。

1954年11月，柏林通道工程仍在进行，兰德、吉里安和杜勒斯联袂晋见总统，取得艾森豪威尔批准建造U-2间谍侦察机，此种机腹装有摄影机的动力滑翔机，可让美国耳目深入铁幕后方。但艾森豪威尔在批准的同时，也作了不乐观的预言：总有一天，“准会有一架被逮到，届时就会有一场风暴”。

杜勒斯把造飞机的工作交给迪克·比斯尔。比斯尔虽对飞机一无所知，却很有技巧地成立了一个秘密官僚机制，遮掩 U-2 计划不受审查，又加速造机进程。几年后，他在中情局新人训练班上自豪地说："本局是美国政府组织隐私的最后庇护所。"

比斯尔大步走过中情局走廊，志大才疏的他，认定自己是下一任局长，因为杜勒斯就是这么对他说的。他越来越看不起谍报活动，对赫尔姆斯和他手下的情报官也越来越不屑。两人从行政对手变成死对头，引起从 50 年前一直持续到今天的特工与巧械之争。比斯尔把 U-2 看做能给苏联威胁主动一击的武器⑦，若莫斯科"无法防止"你入侵领空并侦察苏联军力，单凭这一点就足以重挫苏联的自尊和力量。他以中情局官员组成一个秘密小团体主持这一计划，并让负责情报协调的助理局长詹姆斯·雷伯决定 U-2 到苏联该拍什么照片。后来雷伯长期担任该委员会主席，选定 U-2 及后继的间谍卫星要拍摄的目标。不过，最后的侦察要求往往取决于五角大楼：苏联有多少轰炸机？多少核武器？多少坦克？

雷伯在晚年说道，冷战心态阻挠了拍摄其他目标的构想。雷伯说："我们提的问题不对。"倘若中情局实施更大格局的苏联民生侦察计划，就可以早点知道苏联投资在真正能使国家强盛上的经费其实很少。他们的经济很弱。倘若中情局领导者能在苏联内部进行有效的情报工作，也许早就看出苏联人连民生必需品都无法生产。冷战的最后决战在于经济而非军事的思维，超乎他们的想象。

有些事总统不知道较好

总统调查中情局能力的努力，虽促成科技大跃进，使情报搜集方式产生革命性的变化，可惜未能直探问题根源。中情局成立 7 年以来，一直没有监督或管理机制，该局的机密透露范围以谁该知道为标准，而决定谁该知道的人则是艾伦·杜勒斯。因此，自史密斯局长 1954 年 10 月离职后，就没人看得住中情局了。史密斯在任时，全凭一己之力约束艾伦·杜勒斯。他这一走，除了艾森豪威尔尚有可为，管控秘密活动的能力也随之消失了。

1955 年，艾森豪威尔改变游戏规则，成立一个由白宫、国务院和国防部代表组成的 3 人"特别小组"，负责审查中情局的秘密业务。可是他们并没有事先批准秘密行动的能力，因此，杜勒斯心情好的话，也许会在非正式午餐会时，向新任副国务卿、副国防部长和总统国家安全助理这 3 名特别小组成员大致提一下自己的计划，但更多的时候是不提。杜勒斯担任局长期间的中情局史就有 5 大册，其中就提到他认为他们没有必要知道，也没有资格评断他和中情局，他觉得自己的决定“毋需经政策批准”。

局长、各副局长和海外工作站站长仍然秘密地自由决定政策、自行规划行动、自行评断结果。杜勒斯认为适当的时候自会私下知会白宫。他妹妹向国务院同僚透露：“有些事他没告诉总统，总统还是不要知道比较好。”

本章注释

① 比尔·邦迪出身政治世家，父亲哈维·邦迪是外交官。

② 阿尔杰·希斯：1933 年从政，1945 年雅尔塔会议的美国代表团成员之一。曾为共产党人的《时代》杂志资深主编惠特克·钱伯斯于 1948 年 8 月 3 日在众院“非美活动调查委员会”上指控希斯是苏联共党间谍。

③ 出自威廉·摩根 1954 年 3 月 4 日在国会麦卡锡委员会上的证词。摩根是耶鲁毕业的心理学家，也是战略情报局老手，之后一直在中情局担任副主任，负责训练事务。摩根表示，他的上司霍勒斯·克雷格曾暗示说，“最好是打进麦卡锡的组织”，要是此计不成，可能会采取更激烈的手段。

波特参议员：他的话实质上是在说铲除麦卡锡参议员？

摩根：有此可能。

波特：外头有很多疯子……

摩根：重赏之下什么都肯干。

没有其他证据证明中情局有杀麦卡锡之意。麦卡锡是自己酗酒死掉的。

④ 罗伯特·肯尼迪是约翰·肯尼迪总统的弟弟，民主党籍，朋友习称他“巴比”。1952 年 12 月出任共和党麦卡锡主持的国会常设调查小组委员会的副法律顾问，次年即辞职。

⑤ 秘密行动失控是杜勒斯时代的老问题。局长认定自己就可以决定是否该让上司知道他做些什么。下属对他和他身边的高级助理也抱持相同的看法。中情局资深官员约翰·惠腾 1978 年在参院秘密证词中就提到，20 世纪 50 至 60 年代“秘密行动处的很多活动 DDO 和 ADDO 都不知道”。DDO 是指负责

行动的副局长，也就是秘密行动处主管，ADDO 则是他的助理副局长。

⑥ 从赫尔姆斯所领导的柏林基地起家的中情局官员，仍然认为他们在柏林学到的技巧是了解莫斯科的最佳窗口。赫尔姆斯及其手下都认为，中情局在德国、奥地利和希腊的各大工作站，应该审慎而耐心地在东欧内部建立潜伏特工网，再由这些值得信赖的外国人所构成的网络吸收志同道合的间谍，逐步接近权力核心，让每一位间谍都成为消息来源，再经分析过滤之后，便成为可供总统参考的情报。他们认为这才是了解敌人的途径，20 世纪 50 年代中期，他们逐渐觉得已看到黑暗中浮现出一片美景。

中情局在进行柏林通道计划的时候，找到第一位真正的苏联间谍。维也纳工作站搭上了波波夫少校，此人是正牌苏联军事情报官，也是中情局吸收到的第一位具有长久价值的苏联间谍。他不仅对苏联坦克、战术导弹和军事理论略有所知，而且还在 5 年内揭露大约 650 位同僚的身份。威斯纳不免想让波波夫筹组地下反抗军。波波夫爱喝酒又健忘，不是很理想的间谍，但在这 5 年间，他却是独一无二的。中情局宣称波波夫每年只花中情局 4 000 美元，却帮美国省下 5 亿美元的军事研发经费。苏联派在英国的卧底间谍乔治·布莱克，不仅揭露地道计划，也揭发波波夫，致使波波夫在1959年遭克格勃枪决。

⑦ 赫尔姆斯知道 U-2 不是万能的。他曾在秘密行动处会议上表示："优秀的记者不需要神奇黑盒子就能取得有用的信息……只要有飞机，就可以从飞机上拍照。中情局必须尽可能运用各种搜集工具……但分析到最后，唯一能了解别人想法的方式，就是直接跟他谈谈。"

第12章

“我们以不同方式来管理日本”

中情局运用得最出神入化的武器是现钞。收买外国政治人物是中情局的专长，而它挑中的第一个未来世界领导者则是日本。

美国吸收到两位最具影响力的特工来帮中情局执行掌控日本政府的任务，这两人是狱友，也是战犯。他们在“二战”后美军占领下的东京坐了3年监牢，1948年底出狱时，很多狱友仍困在狱中。

岸信介在中情局的协助下成为日本首相和执政党总裁，儿玉誉义夫[①]则因协助美国情报机关而重获自由，并成为全日本头号黑社会（即“关东会”）首脑。两人共同塑造战后日本政治。在反法西斯战争中，他们所做的一切都是美国最憎恨的；在“反共战争”里，他们却是美国最需要的人。

20世纪30年代，儿玉所操控的右翼青年团体企图暗杀首相[②]。他被捕入狱后，日本政府任用他为情报特工以及未来战争的打手。随后5年，他在中国占领区经营战时最大的黑市，从而取得海军少将官阶，获得大约1.75亿美元的个人财富[③]。儿玉出狱后捐出部分财产，投注于当时最保守的政治人物，他也成为中情局扶植日本政客工作的关键人物。朝鲜战争期间，他与美国商人、战情局老手和前外交官合作，完成了一次由中情局资助的大胆的秘密工作。

美国军方需要造导弹的稀有战略金属钨金，儿玉就走私好几吨日本军品到美国。五角大楼出资1 000万美元，中情局也资助280万，[④]钨金走私网总计捞了200多万美元。不过，这次行动也让儿玉在中情局东京工作站留下了坏名声。东京工作站1953年9月10日的报告说：“儿玉是职业骗子、流氓、郎中和小偷。他完全没有情报运作能力，他对赚钱以外的任何事都没兴趣。”双方关系中断后，中情局将注意力转移到庇护和培养有为的政治人物，其中就包括岸信介，他赢得美国结束占领后日本的首次国会选举。

从战犯到首相的大变身

岸信介成为方兴未艾的保守运动领导人。他凭着儿玉誉义夫提供的资金和自己的政治手腕当上了国会议员，1 年后便掌控民选代议士中的最大派系，建立起领导日本几乎长达半个世纪的执政党。

岸信介是 1941 年日本对美宣战诏书的签署人，“二战”时领导军需省。战后岸信介虽身陷囹圄，却早已在美国有许多高官盟友，日本偷袭珍珠港时驻东京的美国大使约瑟夫·格鲁便是其中之一。

1942 年格鲁遭日方拘禁时，担任战争内阁大臣的岸信介放他出来打高尔夫球，两人因此交上朋友。岸信介出狱后，格鲁已是“自由欧洲”全国委员会首任主席,此乃中情局为支持自由欧洲电台和其他政战节目所设立的外围组织。

岸信介一出狱便直奔首相官邸，他的亲弟弟佐藤荣作⑤担任占领时期的内阁长官，佐藤交给他一套西装让他换下牢衫。

岸信介对弟弟说道：“很奇怪吧？现在我们都是民主人士了。”

岸信介耐心规划 7 年，由战犯变成首相。他师从《新闻周刊》东京分社主任学英语，又经《新闻周刊》外交事务新闻主编哈里·克恩介绍，得以结识许多美国政治人物。克恩是艾伦·杜勒斯的至交，后来终身负责中情局在日本的情报通道。岸信介以栽培稀有兰花的方式,培养与美国大使馆官员之间的交情。他起先行动很小心，因为这时候他还恶名在外，经常有警察跟踪。

1954 年 5 月，岸信介在“东京歌舞伎座”展开政治复出行动。他邀请在美国使馆担任新闻与宣传官的战情局老手比尔·哈钦森看戏，并利用中场休息时间领他参观歌舞伎座，游走于各个包厢，向他引见自己在日本精英界的朋友。这在当年是很不寻常的举动，但也是纯粹的政治剧，岸信介以此方式公开宣告他在美国支持之下重返国际舞台。

一年来，他多次私下在哈钦森的客厅里会见中情局和国务院官员。哈钦森回忆道：“他显然是希望能获得暗中支持。”这些谈话奠定了以后 40 年日美关系的基础。

岸信介告诉美国人，他的策略是破坏执政的“自由党”，加以改名、重整和管理，在他领导下的新“自由民主党”既不是自由党，也不是民主党，而是一个右翼俱乐部，由从帝制日本废墟中崛起的封建领主组成。他将先在幕后运作，由较资深的政治家先担任首相，然后再接手。他誓言会配合美国需要来变更日本外交政策。美国可以保留驻日美军基地，且可在基地贮存日本相当敏感的核武器。他所要求的回报只是美国暗中给予政治支持。

1955 年 8 月，国务卿福斯特·杜勒斯在会见岸信介时当面告诉他，只要日本保守势力团结一致帮美国反共，他想要的支持就不会落空。

人人都知道，美国所谓的支持是什么。

岸信介告诉美国使馆资深政治官萨姆·伯杰，他与美国的初步联系最好是和年纪较轻、官阶较低、在日本还不为人知的人直接联络。这个差事落在中情局克莱德·麦卡沃伊头上，此人是经历过冲绳岛战役的陆战队退役军人，当过一阵子新闻记者后加入中情局。麦卡沃伊抵日不久，伯杰便领他会晤岸信介，中情局由此开始培养和外国政治领袖的坚定关系。

以钱换情报

中情局和自民党之间的主要互动是以钱换情报。这笔资金用来支持自民党和吸收党内线人。美国与在十几年后可能成为国会议员或阁僚的有为青年，以及元老级政治家建立起有偿关系。他们联手捧抬自民党，打倒日本社会党和劳动组合。提到资助外国政治人物，中情局的手法可要比 7 年前在意大利时圆熟多了。中情局一改过去用公文包装现钞在四星级饭店转手的做法，改由可信任的美国商人当中间人交钱给盟友。这类商人包括洛克希德公司主管，他们制造 U-2 侦察机，且正与有意整顿日本防御武力的岸信介协商售机事宜。

1955 年 11 月，岸信介将日本保守势力集合在自民党旗帜之下，身为总裁的他竟准许中情局到国会挨个儿地吸收和管理他的政治追随者。他汲汲于功名，声称要与中情局合作，重新打造日美安保条约。身为岸信介主事官的中情局官员麦卡沃伊，能左右战后日本正在萌芽的外交政策。

1957 年 2 月，在岸信介就任首相那天，由自民党掌握最大票源的国会就与安保条约有关的法案进行表决。麦卡沃伊回忆说："那天他和我大获成功。就在美国与日本将达成协议之际，日本共产党认为它威胁很大，于是决定表决日在国会来个大造反。在左翼社会党事务局任职的特工将情况告知后，我急电预定于当天晋见天皇的岸信介，请他前来参加一个紧急会议。他赶到了，身着高帽、条纹裤和大礼服，来到安全屋。当时我虽未获授权，但还是告诉他共产党计划在国会闹事。于是，到了那天 10 点半左右，国会依例休息让议员到附近摊子吃吃喝喝的时候，岸信介告诉自民党议员不要休息。于是，众人离席后，自民党议员赶紧跑回国会投票通过了该法案。"

1957 年 6 月，脱下狱衫不到 8 年的岸信介得意洋洋前往美国访问。他在洋基体育馆担任开球式投手，又在纯种白人的乡村俱乐部里和美国总统打了一场高尔夫。尼克松副总统在参院介绍他时，称他是杰出且忠诚的美国友人。岸信介告诉新任驻日大使麦克阿瑟二世（麦克阿瑟将军的侄子）说，只要美国帮他巩固权力，安保条约就可以通过，方兴未艾的左翼风潮也可以遏止。他希望中情局的资金援助能够固定来源，不要老是偷偷摸摸地给钱。他告诉美国大使，“万一日本变成共产主义国家，亚洲其他国家恐怕也很难不效尤于后”，麦克阿瑟二世回忆道。福斯特 · 杜勒斯深以为然，并主张美国应对日本下大注，而岸信介就是最好的下注对象。

艾森豪威尔总统认为，日本政治支持安保条约和美国财务支持岸信介是相辅相成的事，于是授权中情局继续资助自民党主要成员。日本政治人物只知道这些钱来自美国各大公司，并不知道中情局在其中扮演的角色。美国资金流入日本共经历了 4 任美国总统，前后至少有 15 年之久，这笔钱也巩固了冷战时期日本一党独大的局面。

另一些人也走岸信介这条路子。战时担任内阁财政大臣的贺屋兴宣曾被判处无期徒刑，1955 年保释出狱，1957 获赦后，成为岸信介最亲信的顾问，也是自民党内安全委员会主要成员。

贺屋兴宣在 1958 年当选众议员前后被中情局吸收，此后一直很想亲自到美国拜会艾伦 · 杜勒斯。中情局想到一个有罪在身的战犯去见中情局局长，便心惊胆战，那次会面秘而不宣近 50 年之久。1959 年 2 月 6 日，贺屋兴宣到中情局总部拜会杜勒斯时，请局长与自民党国内安全委员会签订正式的情报分享协议。会谈备忘录记载：“人人都同意，在反颠覆工作中，中情局和日本合作最为理想，而这也是关系中情局重大利益的课题之一。”杜勒斯只把贺屋兴宣当做手下特工，半年后才写信给他说：“我极有兴趣知道你对影响两国关系的国际事务以及日本国内形势的看法。”

贺屋兴宣与中情局分分合合的关系，在 1968 年他担任佐藤荣作首相的首席政治顾问时达到最高潮。这一年，日本国内最大的政治议题是冲绳美军基地——充当越战轰炸行动飞机起降地和美国核武器贮存地。冲绳属美国管辖，但地方议会选举已订于 11 月 10 日举行，反对党扬言要把美国赶出冲绳岛。贺屋兴宣在中情局意欲左右选情的秘密工作上扮演关键角色，不过，这次选举自民党仍以微小比数落败。美国已在 1972 年将冲绳行政权交还日本，但美军基地一直存在到今天。

日本人逐渐把由中情局扶植成立的政治体制称为“构造污职”，意指结构性的贪渎。中情局的收买工作一直持续到20世纪70年代,之后日本政坛的"构造污职"现象仍延续许久。

东京工作站站长霍勒斯·费尔曼说:"我们在占领期间管理过日本,占领结束后的这几年,我们是以不同的方式来管理。麦克阿瑟将军有他的方法,我们有我们的方式。"

本章注释

① 日本特务头子。1941年珍珠港事变前半年,奉日本海军少将、神风特攻队之父大西泷治郎之令,成立"儿玉机关",为日本海军搜刮战争物资。朝鲜战争时期在美国中情局掩护下敛财致富。捐资成立自民党,为日本战后到70年代黑社会头目。

② 这里应指"天行会"刺杀斋藤实首相事件,儿玉因此被判刑3年半。

③ 此指1938年日本与中国开战后,儿玉应海军航空本部和外务省情报部之召在上海搜集战情。后奉神风特攻队之父大西泷治郎之令设立"儿玉机关",搜刮战略物资。战后与日本另一黑社会领袖、国会议员昆川良一、韩国统一教教主文鲜明合作,在"日本统一教会"下设立"国际胜共联合会",以宗教活动名义,行监视左翼及学生运动之实。

④ 日本保守派要钱,美军则要钨金,于是"有人想个点子:我们就来个各取所需吧",协助安排此项交易的约翰·豪利如是说。他曾任职战情局,是纽约的一位律师。"儿玉—中情局"行动从日本军需库走私数吨钨金到美国,以1 000万美元卖给五角大楼。走私者包括日裔美国人凯伊·菅原,他"二战"期间在加州拘留营被战情局吸收。缅因大学教授霍华德·舍恩伯格,研究菅原档案后写了一本书,对"儿玉—中情局"行动作了详尽描述。这次行动的收益帮助保守派人士投入1953年结束占领后首次日本大选。豪利说:"我们在战情局学到的本事是,要想完成目标,就得把适当的钱交到合适的人手中。"

⑤ 佐藤荣作是岸信介的胞弟。岸信介之父系入赘佐藤家,故改姓佐藤。岸信介则由其父本家收为养子,故恢复父亲本家的姓。

第13章 让苏军投诚真是痴心妄想

艾伦·杜勒斯对秘密行动情有独钟，早已不把心思放在向总统提供情报这个核心任务上。

他故意瞧不起大多数的情报分析员和他们的工作，他们来帮他准备第二天早上白宫会议内容时，他会故意让他们从下午到傍晚等上好几个小时，然后突然冲出门去，从他们身边飞奔而过，忙着赴他的晚餐约会去了。

当了30年情报分析员，后来专门准备每日总统简报的迪克·李曼说，杜勒斯已养成“用重量来衡量简报的习惯。他看也没看，先掂掂分量，再决定要不要接下简报”。

午后走进局长办公室的房中房，准备给杜勒斯就当前危机问题建言的分析员，可能会发现局长正在看电视转播“华盛顿参议员”棒球队比赛。他斜躺在坐卧两用椅上，双脚跷在脚垫上，目不转睛地看着比赛，这位倒霉的助理则站在电视机后面。当简报说到紧要处时，杜勒斯则出声分析球赛。他对眼前攸关生死的问题漫不经心。

起诉整个苏维埃体制

杜勒斯和威斯纳5年多来联手发动200多次海外秘密行动，把美国经费投在法国、德国、意大利、希腊、埃及、巴基斯坦、日本、泰国、菲律宾和越南政局上。中情局推翻过几个国家，可以成就或搞垮它们的总统和首相，偏偏对付不了敌人。

1955年底，艾森豪威尔总统更改中情局的军令。他了解到秘密行动无法撼动克里姆林宫，于是改写冷战初期制定的规则。1955 年 12 月 28 日颁布 5412/2 号国安命令（NSC 5412/2），有效期达 15 年。新的目标是“制造和利用国际共运的棘手问题”，以“压制任何政党或个人，直接或间接应对苏联威胁”，并且“强化西方世界人民对美国的归属向往”，雄心是很大，但比起杜勒斯和威斯纳追求的目标来更为温和与微妙。

几星期后，苏联领导人赫鲁晓夫给国际共运制造的麻烦，中情局连做梦也没想到。1956 年 2 月，他在第二届苏联共产党大会的发言中，大骂去世还不到 3 年的斯大林是“超级自大狂和虐待狂，可以为了自己的权力和荣耀，牺牲任何事与任何人”。3 月，中情局挖到一点赫鲁晓夫谈话的传言。杜勒斯告诉手下说，我的人马挖到大新闻了。中情局真的从政治局内部取得情报了吗？

其实，当年的情形和现在一样，中情局极度依赖外国情报机关，自己挖不到的情报就用钱买。1956 年 4 月，以色列间谍将赫鲁晓夫谈话的文本交给中情局与以色列的唯一联络窗口安格尔顿。中情局通过以色列这条情报通道得知了许多有关阿拉伯世界的消息，但代价不菲。美国越来越依赖以色列来解读中东的大小事件，致使随后数十年，美国观点都染上以色列色彩。

5 月间，凯南等人认定文本真实无伪后，中情局内出现激烈的争论。

威斯纳和安格尔顿都想保密，不让西方世界知道，只是选择性地向海外泄露，以便在全球各地的亲共国家之间制造不和。当时杜勒斯最信任的情报分析员克莱因说道，安格尔顿认为扭曲文本配合宣传，“加以运用，可以收到扰乱俄罗斯及其安全机关之效，或利用当时我们仍希望能进行煽动的流亡团体，以解放乌克兰等国家”。

最重要的是，他们希望以此为饵引诱苏联间谍，以挽救威斯纳经营时间最久、成效最差的“红帽”行动。

这一始于 1952 年的全球计划，名称取自协助铁路商旅搬运行李的脚夫所戴的红帽子，目的在于引诱苏联人替中情局工作。最理想的结果是让他们充当“原处投诚者”，也就是待在他们的原有公职上，替美国当间谍。要是没这么理想，他们可以逃到西方，再揭露他们所知的苏维埃体制内情。可惜的是，在“红帽”行动之下所发展出来的重要情报来源，当时仍然是零。中情局的苏联分部由心胸狭窄的哈佛人达纳·杜兰德掌管，而此人之所以能霸住这个职位，完全是由意外、“蜀中无大将”，以及与安格尔顿挂钩等诸多因素所致。根据中情局督察长在 1956 年 6 月提出（2004 年解密）的报告，苏联分部是个功能失常的部门，对自身的任务和功能无法提出权威声明，遑论掌握苏联国内形势。报告列出 1956 年中情局在苏联“控制的特工”名单，其中一人是低阶海军工程官，另一位是定向导弹科学家的妻子，其他则包括工人、电话维修员、修车厂经理、兽医、高中老师、锁匠、餐厅员工和无业者。这些人没有一个知道克里姆林宫是怎么运作的。

1956 年 6 月第一个星期六的早晨，杜勒斯把克莱因叫到局长办公室，说道：“威斯纳说，你主张我们应该公布赫鲁晓夫的秘密谈话。”

克莱因说出自己的看法：赫鲁晓夫讲话绝妙地透露，“那些不得不在斯大林那个老混蛋手下工作多年的人心中的真正感受”。

他告诉杜勒斯：“看在老天爷份上，就公布了罢。”

杜勒斯用他那因风湿和痛风而骨节凸起的手指，颤巍巍地拿起文本。克莱因回忆着，老头子把拖鞋放在桌上，身体往后靠，又把眼镜推到脑门上，这才说道：“哎呀，我想我该作个策略决定！”他以内线电话打给威斯纳，“以有点含糊其辞的方式说服威斯纳同意公布，同时以我的论点指出，这是千载难逢的公布这份谈话的机会。（局长）告诉他：‘起诉整个苏维埃体制。’”

接着杜勒斯又拿起电话拨给他老哥。秘密谈话文本通过国务院披露出去，3 天后在《纽约时报》刊登了。这一决定带来了中情局始料未及的影响。

中情局代表强权

过了好几个月，由中情局斥资 1 亿美元成立的自由欧洲电台向“铁幕”后国家广播秘密谈话，3 000 多名流亡的广播员、作家、工程师和美国监督者一齐动员，以 8 种语言播出，每天塞满长达 19 个小时的波段。从理论上说，他们应该直播新闻和宣传，但威斯纳希望以文字为武器。他的介入也造成自由欧洲电台信号不一。

各台广播员纷纷请美国主子给个明确的信息让他们传达，结果是：秘密谈话日夜不断，一再回放。

影响立竿见影。中情局最优秀的分析员几个月前还断定，东欧在 20 世纪 50 年代不可能出现民变，谁知秘密谈话播出之后，波兰工人就在 6 月 28 日挺身反苏统治。他们抗议削减工资，捣毁数座拦阻自由欧洲电台电波的信号塔。然而，中情局只会挑起他们的怒火，此外束手无策——苏联陆军元帅仍掌管波兰军队，苏联情报官员监督的波兰秘密警察已杀害 53 名波兰人，并拘禁数百人。当此关头，中情局无计可施。

波兰的抗争促使国安会进一步寻找苏联控制结构的裂缝。副总统尼克松主张只要苏联再威逼卫星国，譬如匈牙利，就可提供全球反共宣传素材[①]。国务卿福斯特·杜勒斯抓住这个主题，获得总统批准后，再以新的活动促成沦陷国家“自发地展现不满”。艾伦·杜勒斯局长承诺加强自由欧洲电台空飘计划，即以汽球携带传单、刻有口号与自由钟的铝质臂章“自由勋章”，飘到铁幕上空并投放。

紧接着，杜勒斯局长穿起拉链式飞行装，搭上特别装配的 4 引擎 DC-6 运输机，展开为期 57 天的全球巡访行程，走访伦敦、巴黎、法兰克福、维也纳、罗马、雅典、伊斯坦布尔、德黑兰、达兰、德里、曼谷、新加坡、东京、汉城、马尼拉和西贡（1975 年更名为胡志明市）等地工作站。其行程是公开的秘密，所到之处无不受到元首级待遇，而成为众人瞩目的焦点更让他飘飘然。陪同局长出巡的克莱因指出，此行是“有史以来曝光率最高的的秘密巡访之一”，想要隐秘行踪却又虚饰浮夸,这正是杜勒斯领导下的中情局的写照。克莱因认为，“真正的隐秘活动就是这样受到伤害的”。此外，“分析报告却笼罩在无谓的神秘气氛中，往往产生相反的效果，最后甚至造成伤害”。看到外国领导人在国宴上奉承杜勒斯，克莱因又学到了一点：“中情局代表强权，而这不免让人有点害怕。”

“一相情愿地瞎折腾”

1956 年 10 月 22 日，杜勒斯返回华盛顿后不久，身心俱疲的威斯纳轻轻关上办公室电灯，踏着走廊上陈旧的地毯，经过坦波拉里大楼斑驳的墙壁，回到他乔治敦的高档住宅收拾行李，准备走访欧洲各大工作站。

他和局长都不知道两件世界大事，一件是伦敦和巴黎正紧锣密鼓规划作战计划，另一个是匈牙利民众革命迫在眉睫。在接下来极其关键的两个星期里，杜勒斯给总统的危机报告，不是误判就是陈述不实。

威斯纳深夜飞越大西洋，第二天抵达伦敦，第一桩公事就是出席他与英国资深情报官员帕特里克·迪安爵士规划多时的晚餐会。两人将共商大计，讨论如何推翻 3 年前军事政变夺权的埃及领导人纳赛尔。这个问题已酝酿了好几个月，几星期前迪安爵士到华盛顿时，两人一致同意，为两国战略目标着想，非把纳赛尔赶下台不可。

中情局原本支持纳赛尔，交给他几百万美元，又帮他建起了强大的国家电台，并承诺美国会给予军事和经济援助。然而，尽管中情局派在美国驻开罗大使馆里的人员，以 4 ：1 的悬殊差距远超过国务院的人马，埃及的形势发展仍让该局措手不及。最大的意外是纳赛尔并没有完全被收买：他用中情局偷塞给他的 300 万美元贿款，拨出部分经费在开罗“尼罗希尔顿饭店”前方的小岛上盖了一座尖塔，人称“罗斯福的高塔”。由于金·罗斯福及中情局并没有完全履行军援承诺，纳赛尔已答应用埃及棉花和苏联交换军火，然后又在 1956 年 7 月挑战殖民主义残余，将“苏伊士运河公司”收归国有，该公司是英国和法国为管理中东人海上贸易通道而成立的。伦敦和巴黎因此勃然大怒。

英国提议暗杀纳赛尔，并考虑以改变尼罗河水道来破坏埃及对经济自主的追求。艾森豪威尔则认为动用武力是“大错”，中情局也倾向以循序渐进的方式颠覆埃及。

这就是威斯纳和迪安爵士要谈的问题。然而迪安爵士并没有露面，威斯纳先是错愕，继而暴怒。这位英国特工赶去另一场约会了——他正在巴黎郊外的一幢别墅里，为英国、法国、以色列对埃及展开联合攻击大计作最后协商。他们的目标是摧毁纳赛尔政府，强行夺回苏伊士运河。首先由以色列攻击埃及，英国和法国再以维和者的姿态伺机拿下运河。

中情局对这一切毫无所知。杜勒斯向艾森豪威尔保证说，有关以、英、法 3 国联军计划的报道实在荒唐。中情局首席情报分析员和美国派驻特拉维夫的武官都确信，以色列即将对埃及开战，但杜勒斯不仅对他们的提醒置若罔闻，就连老朋友、驻法大使道格拉斯·迪伦专程打电话来提醒法国也有份，他都没听入耳。局长反而听信安格尔顿和他的以色列联络人。以色列拿出赫鲁晓夫秘密谈话文本，使得美方心怀感激之后，便以假情报迷惑杜勒斯和安格尔顿说中东别的地方将有动乱。于是，10 月 26 日，局长在国安会上向总统转达以色列的假情报：约旦国王已遭暗杀！埃及不久将攻击伊拉克！

总统把那些大新闻丢到一旁，宣称“最引人注目的新闻仍然是匈牙利”。

两天前，反政府学生示威者群聚于布达佩斯国会前。在谴责示威行动的国营电台前，人人憎恨的警察遭遇第二批示威者。有些学生有武装。广播大楼内响起枪声，警察开火，示威者和秘密警察纠斗了一整夜。在布达佩斯公园，第三批群众把斯大林雕像从基座上推下来，拖到国家剧场前捣成碎片。第二天早上，红军士兵和坦克进入布达佩斯，示威者鼓动了好几位苏联年轻士兵共襄盛举，于是反抗人士开着插着匈牙利国旗的坦克朝国会前进。苏联指挥官慌了，紧接着恐怖时刻到了，国会大厦前科苏斯广场一阵混乱的交火之后，至少有 100 人死亡。

在白宫里，杜勒斯忙着向总统说明匈牙利民变的意义：“赫鲁晓夫的时日不多了。”他的估计差了 7 年。第二天，也就是 10 月 27 日，杜勒斯联络尚在伦敦的威斯纳。这位秘密行动头头想尽力帮助这次民变。他这 8 年来日夜祈祷的时刻终于到了。

国安会命他尽量维持匈牙利的希望火种。命令说：“如果行动不力，便牺牲了美国领导自由民族的道德基础。”他曾告诉白宫，要通过罗马天主教会、农民组合、吸收的特工和流亡团体，建立一个全国性的地下组织，进行政治与宣传战，却完全失败了。从奥地利派出的流亡人士一入境就被捕，他努力吸收的人都是骗子、小偷，想在匈牙利境内建立的秘密通报网也瓦解了。他在欧洲各地埋藏了不少武器，然而一旦有了真正的危机，却没人能找得到这些武器。

1956 年 10 月，中情局在匈牙利没有工作站，总部的秘密行动处也没有匈牙利工作组，更没人懂匈牙利语。民变发生时，威斯纳在布达佩斯倒是有个叫格扎·卡托纳的手下。他是匈牙利裔美国人，95% 的时间担任信件收发、买邮票和文具、装信封等国务院低级文书工作。民变发生后，他是中情局在布达佩斯唯一可靠的耳目。

在为期两个星期的匈牙利革命期间，中情局所知道的全是从报纸得来的消息，完全不知道民变怎么发生、如何蓬勃展开，或者苏联是否会出兵镇压。即使白宫同意送交武器，中情局也不晓得该往哪里送。中情局的匈牙利行动秘密资料上说，当时中情局这个秘密行动机关处于“一相情愿地瞎折腾”状态。

这份资料还说：“不管什么时候，间谍情报行动不容许有任何差错。”

总部得了“现代狂热病”

10 月 28 日，威斯纳飞到巴黎，召集正出席北约东欧问题会议的美国代表团几位值得信赖的成员，如自由欧洲电台慕尼黑总部的资深政策顾问比尔·格里菲思等开会。威斯纳很高兴看到真正的反共暴动出现，极力敦促格里菲思加劲搞宣传。在他的劝说之下，自由欧洲电台的纽约理事发了一份备忘录给慕尼黑的匈牙利籍工作人员：“所有限制一概解除。不必留情，记住，不必留情。”自由欧洲电台当天晚上开始鼓吹匈牙利人民破坏铁路、拆掉电话线、武装农民、炸掉坦克，和苏联决一死战。电台宣称：“这里是自由欧洲电台”，“自由匈牙利之声”，“碰到坦克攻击的时候，所有的轻型武器都应瞄准开火”。并教导听众将“莫洛托夫鸡尾酒燃烧瓶……也就是容量 1 公升的酒瓶装上汽油……投在引擎上方的格状通气口上”。电台收播时呼告：“不自由毋宁死！”

当天晚上，被共产党强硬派罢黜的前总理纳吉·伊姆雷，在国家广播电台谴责“这 10 年来可怕的错误与罪行”。② 他说苏军应该撤走，旧有的国家安全部队应该解散，“乘人民力量而起的新政府”应为民主自治而战。纳吉在 72 个小时内组成实时运作的联合政府，废除一党专政，中止匈苏关系，宣告匈牙利为中立国家，并向联合国与美国求助。然而，就在纳吉接掌政权，设法解除苏联控制的时候，艾伦·杜勒斯却将他视为失败者。他告诉艾森豪威尔，刚解除软禁的梵蒂冈闵增蒂大主教，能够也应该领导匈牙利。这也成了自由欧洲电台的广播路线：“在这几个小时里，重生的匈牙利和上帝指派的领袖相逢了。”

中情局所属的各电台不实地指控纳吉引苏军进入布达佩斯，抨击他是卖国贼、骗子和杀人者。纳吉曾经是共产党人，因此受到永远的诅咒。这时，中情局又增加 3 个频道：流亡的俄罗斯“社会连带主义者”从法兰克福发布信息，宣称一支自由斗士大军正朝匈牙利边界挺进。中情局将匈牙利游击队的低功率电台加强，从维也纳向布达佩斯播送。在雅典，中情局的心战武士暗示要把苏联人送上断头台。

国安会在 11 月 1 日再度开会时，杜勒斯局长乐滋滋地向艾森豪威尔简报布达佩斯形势：“那里所发生的事简直是奇迹，在民意的推动之下，武装部队不能有效进攻。大约八成的匈牙利军人已倒向反抗军，并向反抗军提供武器。”

杜勒斯大错特错，反抗军根本没有枪械可言。匈牙利军队还在观望莫斯科这阵风要往哪个方向吹，因此并没有倒戈相向，而这时，苏联却已增派 2 万名战士、2 500 辆坦克与装甲车上战场。苏联入侵的那天早上，自由欧洲电台匈牙利籍播音员佐尔坦·苏里告诉听众：对“美国协助自由斗士，派兵向政府施压的力量，将大到不可抵挡”。随后几个星期，数万名惊怒交集的难民涌向奥地利边界，很多人都把这段广播当成“援军一定会来”，结果却是毫无踪影。艾伦·杜勒斯坚称，中情局电台根本没有鼓动匈牙利民众。总统相信了他的说词。广播稿直到 40 年后才重见天日。

一连 4 天，苏军在布达佩斯展开残暴镇压，杀害数万人，还把数千人押到西伯利亚囚犯营任其自生自灭。

11 月 4 日，苏军展开屠杀。当天晚上，匈牙利难民包围美国驻维也纳大使馆，央求美国设法解救。中情局工作站站长皮尔·席尔瓦说，他们的问题很尖锐：“我们为什么不伸出援手？难道不知道匈牙利人指望我们相助吗？”他答不出话来。

总部指示排山倒海而来，要他集结子虚乌有的弃械奔向奥地利边界的苏军。杜勒斯告诉总统，苏军集体投诚，而这其实都是错觉幻想，席尔瓦除了揣想总部“得了现代狂热病”，没有更好的解释。

中情局进驻新战场

11 月 5 日，威斯纳抵达特雷西・巴恩斯主管的法兰克福工作站时，已心烦意乱得几乎说不出话来。苏联坦克杀害布达佩斯青年之际，他在巴恩斯住处玩玩具火车，彻夜未眠。第二天，艾森豪威尔宣誓连任，这并没有带给他多大喜悦。总统一觉醒来就听到杜勒斯又在传假报告说，苏联准备派遣 250 000 名士兵到埃及，保护苏伊士运河不被英法夺走，总统心里并不痛快。当然，中情局没有能力回报苏联攻击匈牙利的实际情况，也令他满心不悦。

11 月 7 日，威斯纳飞到距匈牙利边界只有 30 英里的维也纳工作站。他无助地看着匈牙利游击队通过美联社向西方世界传达最后信息 ：“我们正遭受机关枪炮火重击……再见了朋友。愿上帝拯救我们的灵魂。”

他仓惶离开维也纳飞到罗马，当晚与工作站的特工聚餐，其中一位就是日后出任中情局局长的科尔比。外面死了很多人，中情局却手足无措，威斯纳很生气。他希望“我们协助自由战士”，科尔比说道。“这正是本局准军事设施的目的，而且我们也可以振振有词地主张，已经在不会把美国扯进和苏联进行第三次世界大战的情况下伸出援手。”可惜，威斯纳并没有一贯的主张。“他显然是精神崩溃了”，科尔比如是说。

威斯纳继续前往雅典，约翰・理查森站长见他“因亢奋变得极为活跃和紧张”，便以烟酒舒缓他的神经。他在悲愤之余，整瓶地灌威士忌。

12 月 14 日，威斯纳返回总部，又听到艾伦・杜勒斯大谈如何在匈牙利发动都市战。杜勒斯说 ：“我们在丛林游击战上装备堪称精良”，但“严重缺乏街头肉搏战所需的武器，尤其是在反坦克武器方面”。他要威斯纳告诉他，什么武器“交给匈牙利人”和“其他可能反共的铁幕国家自由斗士”更好。威斯纳的回答冠冕堂皇 ：“最近的世界形势对苏共已造成相当大、相当深的伤口，美国和西方世界大致已跳脱丛林了。”他的同僚认为这是主战论趋于疲乏，但威斯纳最亲近同僚看到的却是更严重的毛病。12 月 20 日，他躺在医院病床上，医生将他潜在的疾病误诊为精神错乱。

同一天，艾森豪威尔在白宫收到暗中调查中情局秘密行动处的正式报告。这份报告一旦公开，中情局就毁了。

报告主要撰稿人是布鲁斯大使，而布鲁斯正是威斯纳在华盛顿最要好的朋友，两人交情亲密到他乔治敦豪华住所没热水的时候，可以一大早跑到威斯纳家淋浴和刮胡子。他出身美国贵族世家，是多诺万时期战情局驻伦敦的第二号人物，担任杜鲁门时期的驻法大使，在史密斯将军之前当国务次卿，也是1950年中情局局长热门人选。他对中情局在国内外的业务相当了解。布鲁斯的亲笔日志显示，1949—1956年间，他和杜勒斯、威斯纳两人在巴黎及华盛顿有过数十次的早餐会、午餐会、晚餐会、酒会，也有私下闲聊。他写道自己“很佩服且喜爱”杜勒斯，后者也亲自推荐布鲁斯出任总统新设的情报顾问委员会委员。

艾森豪威尔一直希望有自己的耳目盯着中情局。话说1956年1月的时候，他在杜立德报告提出秘密建议之后，就已公开宣布成立总统的委员会。他在日记中写道，他希望顾问团每半年就中情局工作的意义提出报告。

布鲁斯请求且获得总统授权，深入调查中情局的秘密活动，也就是杜勒斯和威斯纳所主管的业务。他个人对这二人的情谊和他对情报业务的专业了解，为这份报告增添了无可言喻的分量。这份最高机密报告一直没有解密，中情局自家的史料专家甚至曾公开质疑是否有这么一份报告存在。不过，报告的主要结论在1961年情报委员会记录中稍有披露，笔者已取得这份记录，并将若干段落在此首度公开。

报告陈述：

“我们相信，支持1948年的决定设置这一机制，进行主动心理战和准军事计划的人士，不可能预见由此所衍生的各种业务。”“除了中情局内与日常业务直接相关的人士，没有人得知个中详情。”规划并批准高度敏感、花费极大的秘密运作，“越来越成了中情局的独门生意，且皆由特支经费大力担保……中情局经费充裕，又有特权，喜爱其‘造王’使命（这种密谋很诱人，也相当自得其乐，成功赢得掌声，‘失败’无人代偿，而且这项业务比通过正常方式搜集苏联情报要容易多了）”。

报告接着说道：

国务院对中情局心理战，以及准军事行动对外交关系的影响极为关切。国务院认为本委员会所能做的最大贡献，就是让总统注意到中情局心战和准军事行为，在形成实际外交政策及与“友人”关系时具有重大，甚至几乎是片面的影响……

中情局扶植与操作所驻地的新闻媒体、工会组织、政治人物、政党及其活动，随时可能对所驻国大使的职责产生他全然不知，或仅有模糊认知的重大影响……往往形成美国尤其是中情局内部，对当地人物与组织应采取何种态度的分歧……（国务卿和中情局局长之间的兄弟般关系，往往独断地设定“美国立场”……）

今天的心战和准军事行为（一些为了证明自己存在，一直觉得必须有所作为的聪明、高水平的年轻人，日渐涉足他国事务），是由一批中情局代表在全球规模的基础上进行的，而这些人中有很多在人格上都属于政治不成熟者（由于他们的“行为”具有迅速多变的特征，以及运用总部提议或他们在现场开发的“主题”，往往出于当地投机主义者建议等因素，很容易也的确会发生许多奇怪的事）。

总统的情报委员会在 1957 年 1 月提交的后续报告指出，中情局的秘密行动都是“在涉及外交行为的高危险区内，以自主且随心所欲的方式进行的。在有些地区，这种行动会酿成几乎令人难以置信的后果”。

艾森豪威尔在任的随后 4 年里，一直想改变中情局的管理方式，但他自己也说过，他知道自己没有办法改变艾伦·杜勒斯，也想不到还有谁可以接手中情局。他指出：“它是任何政府都未曾有过的、最特殊的运作模型”，而“它可能就需要这种怪才来管理”。

艾伦没有监督者，他老哥福斯特一人默默颔首就行了。美国政府史上未曾有过杜勒斯兄弟这样的组合。然而，岁月毕竟不饶人，兄弟俩已是疲态毕露了。福斯特比艾伦年长 7 岁，已经来日无多。他知道自己得的癌症会在往后 2 年慢慢要他的命。他勇敢抗癌，飞遍全世界，到处炫耀美国武力。但他的日渐衰弱也使中情局局长心理失衡。随着哥哥形体日衰，逐渐失去光彩，艾伦的理想和条理性也像他烟斗喷出的烟云般渐渐消散。

福斯特病倒的时候，艾伦率领中情局进入横跨亚洲和中东的新战场。他告诉手下，欧洲冷战或已进入停滞期，但抗争必须以新的强度从太平洋到地中海继续下去。

本章注释

① 1956 年 7 月 18 日国安会记录《美国对东欧苏联卫星国家政策》显示，中情局已在“自由欧洲”计划监督之下，从西德放飞 30 万个气球，携带 3 亿份传单、海报和宣传品进入匈牙利、捷克和波兰。空飘气球行动所隐含的信息是，美国突破铁幕的方式不只是无线电波而已。

②很少人知道，威斯纳可以运用的频道不止一个。在法兰克福，自 1949 年起就为中情局工作的“社会连带主义派”新法西斯俄罗斯人，也开始以安德拉斯·扎科的名义对匈牙利广播说，流亡战士的大军已逼近边界。扎科是战时匈牙利法西斯政府的将军，赫尔姆斯形容此人是“很典型的情报企业家”，从 1946 到 1952 年卖给美国军事与情报机关的假情报，总值已达数百万美元，中情局因此发出少有的全球“火线通告”（即对他国情报机关的正式照会），禁止他和中情局做生意。

第14章

丑态百出的叙利亚政变

艾森豪威尔告诉艾伦·杜勒斯以及国安会的与会成员："要是你和阿拉伯人生活在一起，便可发现他们不了解我们对自由和人性尊严的观念。他们在各式专制制度下生活得太久了，怎能指望他们成功地管理自由政府？"

中情局提出的答案是，靠秘密行动威吓控制亚洲和中东各国政府。它自以为是地和莫斯科争取数百万人的民心走向，以便在政治和经济上，左右那些由于地质上的偶然而拥有几十亿桶石油的国家。新战线呈一个大新月状，从印度尼西亚经印度洋，穿越伊朗和伊拉克沙漠到中东各国古都。

中情局把每一个不向美国投诚的穆斯林政治元首，当成"有法可依的中情局政治工作标靶"，土耳其工作站站长阿契·罗斯福如是说。此人是金·罗斯福堂兄，也是中情局的近东大王。很多在伊斯兰世界最有影响力的人都接受中情局的金钱和建议。中情局有左右他们的力量，但很少有官员能说阿拉伯语、知道当地风俗习惯，或了解他们想要支持或收买的人。

总统想倡导以伊斯兰圣战对付无神论共产主义的观念。1957年9月，在一次有威斯纳、福斯特·杜勒斯、主管近东事务的助理国务卿朗特里、参联会主席成员出席的会议上，他指出："我们应努力强调'圣战'。"福斯特于是建议成立"秘密任务组"，监督中情局将美国军火、金钱和情报转交给沙特阿拉伯国王绍德、约旦国王侯赛因、黎巴嫩总统卡米尔·夏蒙和伊拉克总统努里·赛义德。

朗特里的心腹、后来出任驻约旦大使的哈里森·西姆斯，与中情局密切合作，他说："这4个混蛋是我们防范共产主义和中东地区阿拉伯民族主义激进分子的主力。"秘密任务组唯一的永久遗产就是落实威斯纳的建议，将约旦国王侯赛因列入中情局“受薪名单”。中情局设立的约旦情报机关则充当该局与阿拉伯世界的联络机构，一直存续到今天，侯赛因国王也在接下来的 20 年里接受了中情局的秘密补助。

若是军火在中东换不到忠心，万能的美钞仍是中情局的秘密武器。搞政战和权力游戏的钱一样是最受欢迎的，只要是有助于在阿拉伯或亚洲国家建立美国帝权的，福斯特无不全力支持。西姆斯说道：“这么说吧，福斯特・杜勒斯的看法是只要能扳倒这些中立主义者、反帝国主义者、反殖民主义者、激进民族主义政权的事，就该放手去做。”

“他已交代艾伦・杜勒斯去办……当然，艾伦只要派出人手就行”。结果，“我们在很多流产的政变中，在各式笨手笨脚的行动中被看穿了”。所以，他和外交同僚会尽量“掌握这些计划在中东搞的龌龊勾当，以便碰到根本不可能实施的时候，趁他们还没行动前尽快打消念头。有些时候能成功，但我们毕竟不能把所有的计划都破坏掉”。

美国这只黑手已是众所周知

其中有一桩“龌龊勾当”持续 10 年之久，即蓄意推翻叙利亚政府。

1949 年，中情局扶植亲美的施舍克里上校为叙利亚领导人。他赢得美国直接军事援助及暗中经济援助。中情局大马士革工作站站长迈尔斯・科普兰称这位上校是“可爱的流氓”，说他“据我所知，不曾向神像低头。他犯过亵渎神圣、不敬神、杀人、通奸和偷窃罪”。他撑了 4 年就被复兴党、共产党政治人物与军官推翻。1955 年 3 月，艾伦・杜勒斯预言，由中情局支持的叙利亚“军事政变时机已成熟”。1956 年 4 月，中情局的金・罗斯福和英国秘密情报局的乔治・扬爵士试图动员叙利亚右翼军官。中情局将 50 万叙币转交给政变阴谋领导人。然而，苏伊士运河事件搞坏中东政治气氛，不仅把叙利亚推向苏联，也迫使英美两国不得不在 1956 年 10 月将计划延后。

到了 1957 年春夏之交的 4 月，英美政变计划复活。2003 年从当年英国首相哈罗德・麦克米伦内阁的国防大臣邓肯・桑迪斯私人文件中找到的一份档案，详细披露了两国计划。

档案中说：“必须让叙利亚变成以阴谋、破坏与暴力手段对付邻国的主使者。”中情局和秘情局将会在伊拉克、黎巴嫩及约旦制造“全国性的阴谋和各式暴力活动”，再把责任推给叙利亚。英美会在大马士革“穆斯林兄弟会”里扶植多个准军事的派系。制造不安假象可扰乱叙利亚政府，由英美情报机关所制造的边境冲突则让亲西方的伊拉克和约旦有举兵入侵的借口。中情局和秘情局预见,他们所扶植的新政府可能“一开始会仰赖高压措施和专横地使用军力”来维持。

金·罗斯福认为，长久以来掌管叙利亚情报机关的阿巴杜·哈密德·塞拉吉是大马士革最有势力的人，因此必须把塞拉吉和叙利亚参谋首长以及共产党头子一起干掉。

中情局任命在伊朗行动时才出道的斯通担任大马士革工作站站长，顶着美国大使馆二等秘书外交官身份的他，以答应给好几百万美元和无限制的政治权力为饵，结交叙利亚军官，并在回报总部的报告中，把自己所吸收的人形容成可以帮美国搞政变的精锐军官团。

塞拉吉用不了几个星期就看穿了斯通的伎俩。叙利亚设下骗局。国务院派去收拾烂摊子的官员柯蒂斯·琼斯说：“和斯通接头的军官拿了钱之后，就在电视上宣布自己收了意欲推翻叙利亚合法政府的‘腐败与邪恶美国人’的钱。塞拉吉的部队包围美国大使馆，逮到斯通，稍加审讯他就什么都招了。叙利亚公开指称他是乔装成外交人员的美国特工，是伊朗政变老手，更是拿数百万美元诱惑叙利亚军官与政治人物推翻政府的阴谋家。”

以美国驻叙利亚大使查尔斯·约斯特的话来说，这桩“特别笨拙的中情局阴谋”曝光，余波荡漾至今。叙利亚政府正式宣布斯通是不受欢迎的人物，这也是美国外交官（不管是有掩护身份的间谍，还是真正的国务院官员）第一次遭阿拉伯国家驱逐出境。结果，美国也驱逐叙利亚驻华盛顿大使，驱逐他国外交官自“一战”以来还是第一次。美国谴责叙利亚“无中生有”和“诽谤”，叙利亚则将斯通的同谋者，包括前总统施舍克里在内，统统判处死刑，紧接着又对曾与美国大使馆接触过的军官展开大整肃。

这次政治动乱促成叙利亚与埃及结盟，组成“阿拉伯联合共和国”，成为中东地区反美情绪最高涨的地区。美国在大马士革的声誉暴跌，苏联的政治和军事影响力则水涨船高。经过这次一无是处的政变之后，美国人再也无法赢得日益专制的叙利亚领导阶层的信赖。

布鲁斯提交艾森豪威尔的报告警告，这类失败行动所产生的问题是，不可能再“振振有词地否认”了，美国这只黑手已是众所周知。报告问道：“(约旦、叙利亚、埃及等）落空的直接损失”，难道没有个说明？有谁“估算它们对我们国际地位的冲击”？中情局“挑起动乱，引人疑虑的做法，是否存在于今日世界的许多国家中？对我们现有的盟国有何影响？明天我们又将何去何从？”

我们搭中情局的列车上台

1958 年 5 月 14 日，艾伦·杜勒斯召集副手召开例行的早会。他对威斯纳发火，要他“稍加反省”中情局在中东的表现。叙利亚政变搞砸后，贝鲁特和阿尔及尔毫无预警地爆发反美暴动。这一切莫非是全球阴谋的一环？杜勒斯跟助理们无不猜疑，从中东到全世界都有“共产党在实际操控”。担心苏联趁机包围的恐惧逐渐升高之际，在苏联南翼成立亲美国家链的目标也日显迫切。

中情局驻伊拉克官员已奉命以金钱和枪械交换反共联盟，他们与伊拉克政治领袖、军事指挥官、安全部长和权力掮客密切合作。谁知 1958 年 7 月 14 日这一天，巴格达工作站仍高卧未起，亲美的赛义德政权已被一批陆军军官推翻。当时在使馆担任政治官的罗伯特·戈登说 ：“我们完全措手不及。”

阿卜杜尔·卡里姆·凯西姆将军领导的新政权，深入挖掘旧政府档案，查出中情局收买守旧派领导人物，和皇室政府牵扯很深。有位以中情局外围组织“中东美国友人”作家身份活动的美国人约聘特工，在下榻旅馆被捕后便下落不明。工作站官员仓惶逃走。这时，艾伦·杜勒斯称伊拉克是“全世界最危险的地区”。凯西姆将军准许苏联政治、经济和文化代表团进入伊拉克。中情局劝白宫 ：“我们虽没有凯西姆是共产党的证据”，但“除非采取行动遏止共产主义，或者，除非共产党犯下重大的战术错误，否则伊拉克很可能会变成共产党掌控的国家”。中情局各领导人之间倒是很坦诚，表示自己不知道怎么对应这一威胁 ：“伊拉克境内只有一个有效且有组织的力量可以反对共产主义，那就是伊拉克陆军，而我们对伊军现状却知之甚少。”中情局在叙利亚输了一回，伊拉克这一仗又败了，因此苦恼异常，不知怎么才能阻止中东“赤化”。

伊拉克行动受重挫后，自 1950 年即担任近东分部部长的金·罗斯福挂冠求去，改当美国各大石油公司的私人顾问，另寻发财之路。取而代之的詹姆斯·克里奇菲尔德是长驻德国，和盖伦将军联络的中情局官员。

伊拉克复兴党暴徒在一次枪战中密谋杀害凯西姆，使得克里奇菲尔德立刻对该党大感兴趣。他手下也执行过一次失败的暗杀计划，而且用毒手绢暗算的点子是经过中情局层层指挥链批准的。中情局花了 5 年多的时间，终于以“美国势力”之名策划了一起成功的政变。

“我们是搭着中情局列车上台的”，20 世纪 60 年代担任伊拉克内政部长的复兴党人阿里·沙列·萨亚迪说道。这列火车上还有位乘客，是个前途看好的刺客，此人名叫萨达姆·侯赛因。

第15章

印尼内战："这是一场很奇怪的战争"

美国对从地中海到太平洋诸国的看法黑白分明，毫不含糊：从大马士革到雅加达都需要一只美国的手坚定守护，以免多米诺骨牌一一倒下。然而，1958 年中情局试图推翻印度尼西亚政府的计划产生了极严重的负面效果，反而促成继中国和苏联之后，全世界最大的印度尼西亚共产党崛起。要打败这支武装力量，必须进行一场真正的战争，这必将葬送数十万人的性命。

印度尼西亚在"二战"后反抗荷兰殖民统治，1949 年底赢得自由。美国支持新领袖苏加诺总统所领导的印度尼西亚独立。朝鲜战争后，中情局得知印度尼西亚可能有 200 亿桶未开发的石油，而领导人不愿与美国结盟，加上共产运动方兴未艾，顿时将印度尼西亚列为重点目标。

中情局在 1953 年 9 月 9 日提交给国安会的报告里，第一次就印度尼西亚问题拉响警报。当时担任马歇尔计划后继军事和经济援助机关"共同安全总署"署长的哈罗德·史塔生听了中情局的迫切说明后，对副总统尼克松及杜勒斯兄弟说道：总署"也许会仔细考虑政府应采取何种措施来促使印度尼西亚新政权下台，既然它那么坏，若真像中情局所认为的那样已遭共产党严重渗透，比较明智的做法是设法扳倒它，而不是支持它"。4 个月后，尼克松在全球巡回访问行程中会晤苏加诺之后，告诉中情局这位印度尼西亚领袖"极受人民爱戴，绝对不是共产党，而且他无疑是美国手上的一张王牌"。

杜勒斯兄弟强烈质疑尼克松的说法。苏加诺已宣称自己是冷战时的非战斗人员，而在杜勒斯兄弟眼中却是没有中立派可言的。

1955 年春天，中情局慎重考虑杀害苏加诺的可行性。比斯尔细述："确实是有这么一个可行性研究计划。计划进展至找到了一个中情局觉得可加以吸收来完成此目标的重要资产（一名刺客），但始终没有达到或没有完善到可行的地步。障碍在于，如何制造一个可以让潜伏特工接近目标的机会。"

用选票颠覆

就在中情局思量如何暗杀苏加诺的时候，苏加诺已邀请亚洲、非洲和阿拉伯世界 29 个国家的元首到万隆举行国际会议，会上提议成立一个不依附莫斯科或华盛顿的全球性国际组织，可以自由规划自己要走的道路。万隆会议结束 19 天之后，中情局接到白宫下达的展开新秘密行动的命令，也就是 2003 年解密的 5518 号国安命令（NSC 5518）。

它授权中情局运用"一切可行的秘密手段"，诸如收买印度尼西亚选民与政治人物、搞政治战争结交朋友和颠覆潜在敌人、利用准军事武力等，以防止印度尼西亚左倾。

中情局依该命令的条款，在 1955 年举行的印度尼西亚独立后的首次国会大选时，拨出大约 100 万美元转进苏加诺最强劲的政治对手"马斯友美党"账户。这次行动功亏一篑：苏加诺的政党获胜，马斯友美党第二，印度尼西亚共产党（PKI）获得 16% 的选票，高居第四。这种结果虽令华盛顿震惊，但诚如比斯尔口述史中所说的，中情局仍然继续资助该局相中的政党和"若干政治人物"。

1956 年苏加诺访问莫斯科、北京与华盛顿后，红色警报再度响起。白宫听到苏加诺说他很欣赏美国的政府形式，自然龙颜大悦，可苏加诺并没有以西方民主作为他治理印度尼西亚的模式。华盛顿觉得自己被出卖了。印度尼西亚绵亘 3 000 余英里，包含将近 1 000 座无人岛，以伊斯兰人口为主的 8 000 多万人口里，包括了 13 个主要族群，20 世纪 50 年代成为全球第四大国。

苏加诺是个能令听众着迷的演说家，每星期总会发表三四次公开谈话，以铿锵的爱国言论团结人民，领导全国。在印度尼西亚，少数能听懂他公开演讲内容的美国人说，他可以今天引述杰弗逊名言，明天大谈共产理论。中情局虽然一直对苏加诺不甚了解，但 5518 号国家安全委员会命令的授权十分广泛，只要是反苏加诺的行动，该局都可以搬出正当理由。

中情局新任远东部长厄尔默很喜欢这种自由挥洒的感觉，这也是他爱上中情局的理由。厄尔默在 40 年后说道："我们走遍世界各地，为所欲为。太好玩了！"

按照厄尔默自己的说法，在他担任雅典工作站站长期间，地位介乎好莱坞明星和国家元首之间，过的是显赫的上流生活。他帮艾伦·杜勒斯与希腊王后芙蕾德莉卡搞了一段浪漫的热恋，又帮他安排与船运业巨子乘游艇作乐。远东分部部长一职就是艾伦对他的回报。

厄尔默在一次访谈中说自己接手远东分部的时候，对印度尼西亚可说是毫无所知，但他得到艾伦·杜勒斯的绝对信任。他还清楚地记得 1956 年底与行将崩溃的威斯纳之间的谈话。他记得威斯纳说，是该加把劲给苏加诺一些厉害瞧瞧了。

雅加达工作站站长告诉厄尔默说，印度尼西亚正是颠覆共产党的大好战场。站长瓦尔·古德尔是个有着殖民者姿态的橡胶业大亨，他连发几通煽风点火的电报，内容都做成笔记让艾伦·杜勒斯带到 1957 年第一季度的白宫周会上：情况危急……苏加诺是秘密共产党人……速遣送武器。苏门答腊岛上的反叛军官关系到印度尼西亚的前途。他在电报中说："苏门答腊人准备抗争，但他们缺少武器。"

1957 年 7 月地方选举结果显示，印度尼西亚共产党从第四变成第三大政党。古德尔回报："苏加诺坚持共产党参与"印度尼西亚政府，"因为有 600 万印度尼西亚人投票给共产党"。中情局形容说，这次崛起堪称"收获可观"，给了共产党"极大的声望"。现在苏加诺会转向莫斯科和北京吗？没人知道。

这位站长不仅对即将卸任的美国大使休·卡明所说的"苏加诺仍然乐于接受美国势力"不敢苟同，而且从一开始就和新大使约翰·艾利森斗法，后者曾任驻日特使及远东事务助理国务卿，两人很快陷入僵局。美国对印度尼西亚究竟是要用外交影响力还是致命武力？

这时候好像没人知道美国的外交政策是什么。中情局首长会议备忘录记载道：1957 年 7 月 19 日，中情局副局长查尔斯·卡贝尔"建议局长再设法查出国务院对印度尼西亚的政策"，"局长同意去查查"。

白宫和中情局都派特使到雅加达评估，艾伦·杜勒斯派的是厄尔默，艾森豪威尔派的则是安全运作特别助理迪尔伯恩。迪尔伯恩悻悻地告诉艾森豪威尔，东亚盟国几乎全都靠不住：蒋介石在中国台湾搞"独裁"，吴庭艳在越南玩"单人秀"，老挝领导人"腐败"，韩国李承晚极不得人心。

总统特使回报说印度尼西亚苏加诺的问题不一样：它是用选票搞颠覆，这正是民主的风险之一。

厄尔默则认为，必须找出印度尼西亚最强大的反共势力，再以枪械和经费支持他们。[①] 他与古德尔气呼呼地和艾利森在使馆官邸阳台上争辩了"一个漫长而没有结果的下午"。中情局的人不接受印度尼西亚军方领导人全都在表面上效忠政府、私底下反共、政治上亲美的说法。他们相信惟有中情局支持叛变军官，才能挽救印度尼西亚不被共产党接收。有了中情局支持，他们可以在苏门答腊岛上成立分离政府，再伺机拿下首都。厄尔默返回华盛顿后大骂苏加诺"无可救药"，谴责艾利森"对共产主义软弱"。他这两个说法都对杜勒斯兄弟产生莫大的影响。

几星期后，在中情局的建议下，国务院将最有经验的亚洲通艾利森大使调离原职，并即刻改派到捷克斯洛伐克。

艾利森指出："我很尊重福斯特和艾伦两兄弟，但他们不太了解亚洲，总是以西方标准来评判。"在印度尼西亚问题上，"他俩都是行动派，认定立即要有所作为"。他们听信工作站的报告，认为共产党已逐渐颠覆和控制印度尼西亚军方，而中情局可以阻止这一威胁。中情局等于是自招叛乱。

秘密只维持了 72 小时

1957 年 8 月 1 日，中情局报告在国家安全委员会上点燃蓄积多时的炸弹。艾伦·杜勒斯说苏加诺"已经走上不归路"，"今后会大玩共产党花样"。副总统尼克松接下话头，并建议"美国应动员印度尼西亚军方组织反共"。威斯纳说，中情局可以支持叛军，但不能保证叛乱开始后能"完全掌控"，因为"随时可能出现爆炸性的结果"。第二天，他告诉同僚："美国政府最高层以最慎重的态度看待印度尼西亚形势恶化。"

福斯特·杜勒斯全力支持政变主张，并派离开印度尼西亚才 5 个月的前大使卡明，主持一个由中情局和五角大楼官员组成的委员会。该委员会在 1957 年 9 月 13 日提出建议书，敦促美国提供秘密军事与经济援助给争逐权力的军官。

但建议书中也提出秘密行动后果的根本问题。卡明小组指出，武装反叛军官"可能增加在美国支持与援助成立的印度尼西亚走向解体的可能性"②。"既然美国在成立独立印度尼西亚上扮演很重要的角色，倘若印度尼西亚瓦解，我们这只黑手最终难免不为人所知，在亚洲和世界各地的损失不是太大了吗？"这个问题无解。

根据笔者取得的中情局记录，艾森豪威尔在 9 月 25 日下令中情局推翻印度尼西亚。他订下的三大使命是：提供"武器及其他军事援助"给印度尼西亚各地"反苏加诺的军事指挥官"；强化苏门答腊岛及苏拉威西岛上反抗军军官的"决心、意志与团结"；支持并"鼓动（爪哇岛上各政党）单独或联合的非共或反共行动"。

3 天后，苏联掌控的印度周刊《闪击》，以蛊惑的头条新闻“美国阴谋推翻苏加诺”刊出长篇报道，印度尼西亚媒体竞相转载。秘密行动的秘密大约只维持了 72 小时。

比斯尔派出 U-2 运输机飞越印度尼西亚群岛，计划从海路和空中运交军火与弹药给反抗军。不曾经手准军事行动或规划军事计划的他，发觉这事儿做起来还挺有趣的。

这次行动花了 3 个月时间规划。威斯纳飞到与北苏门答腊岛隔马六甲海峡对望的新加坡，成立政战活动中心。③厄尔默则在菲律宾克拉克空军基地和苏比克湾海军基地——美国在东南亚最大的军事基地，成立指挥站。厄尔默的远东业务主管约翰·梅森召集菲律宾的准军事行动军官成立一个小组。这批人里不乏中情局的朝鲜战争行动老手。他们负责联络苏门答腊岛上的反抗军官，以及苏拉威西岛上若干企图争权的指挥官。梅森负责与五角大楼合作，征集足可供 8 000 名士兵使用的机关枪、卡宾枪、步枪、火箭发射器、榴弹炮、手榴弹和弹药，并规划从海空两路运交苏门答腊与苏拉威西反抗军事宜。第一批军火由美舰托马斯顿号载运，1958 年 1 月 8 日由苏比克湾开向苏门答腊。梅森搭乘翻车鱼潜艇随后护送。这批军火在第二个星期运抵新加坡南方约 225 英里、位于苏门答腊北部的巴东港。卸货时毫不避人耳目，自然招来大批群众。

2 月 10 日，反抗军从中情局资助在巴东港设立的新电台，发出挑衅苏加诺的广播谈话，要求在 5 天之内成立新政府，并宣告共产主义为非法。当时苏加诺正在东京艺伎馆和澡堂玩乐，叛军盼不到回音，便宣布成立革命政府，并由中情局钦点并资助的一位能说英语的基督徒马鲁丁·辛博隆上校为外长。他们通过电台提出各项主张，并警告外国不要干涉印度尼西亚内政。与此同时，中情局准备了数批军火在菲律宾待命，一旦出现全国性的反苏加诺民变迹象便可启程。

中情局雅加达工作站告诉总部，由于“各派系均设法避免暴力”，政治操作期可能会很长、很慢。8 天后，也就是 2 月 21 日这天，印度尼西亚空军把苏门答腊中部的革命电台炸个精光，海军则封锁反抗军沿岸阵地。中情局印度尼西亚籍特务和美籍顾问撤退到丛林里。

中情局显然没有注意到，印度尼西亚军队里最有影响力的指挥官有不少是由美国训练出来的，并自称是“艾森豪威尔的子弟兵”。攻打反抗军的就是这些人。换言之，由反共军官领导的政府军是在和中情局打仗。

"我们所能召集到的最佳群众"

印度尼西亚政府军轰炸苏门答腊岛后几个小时，杜勒斯兄弟通过电话急商对策。福斯特说，他虽"赞成有所作为，但很难找到合适的方式和理由"。万一美国在地球另一端"卷入内战"，要怎么向国会和国人说明这是正当之举？艾伦答称，中情局所聚集的已是"我们所能召集到的最佳群众"，并提醒"没有太多时间让我们考虑该考虑的事"。

国家安全委员会开会时，艾伦·杜勒斯告诉总统说，美国在印度尼西亚"面临着非常棘手的问题"。

国家安全委员会备忘录显示："（艾伦）他概述最新发展，但大部分都是报纸上刊登过的消息。"接着便提出警告："要是这次反对运动付诸东流，他确定印度尼西亚必会投向共产党。"福斯特则说："我们不能让这种事情发生。"总统答应："若真有被共产党接收的可能，我们势必介入。"中情局的假警报是使人误信真有这种威胁的原因。

艾伦·杜勒斯告诉艾森豪威尔，苏加诺的部队"对攻击苏门答腊并不是很热心"。几个小时之后，来自印度尼西亚的报告涌到中情局，说一批部队"轰炸并封锁异议分子的据点，首次动用一切手段以图粉碎叛军"，且已"计划用空中和两栖行动攻击苏门答腊中部"。

美国战舰在新加坡附近集结，喷气式飞机 10 分钟便可飞临苏门答腊海岸。提康德罗加号航空母舰配备两个营的陆战队，在两艘驱逐舰和一艘重型巡洋舰护航下落锚。海军战舰大举集结之际，福斯特·杜勒斯在 3 月 9 日发表声明，公开呼吁以造反来对付苏加诺"专制"。苏加诺手下的参谋总长纳苏辛将军立即派出 8 艘军舰，在空军联队护送下，运送两营官兵到距新加坡港只有 12 英里的苏门答腊北部待命。

美国新任驻印度尼西亚大使霍华德·琼斯急电国务卿，说纳苏辛将军是值得信赖的反共人士，反抗军没有获胜的机会。可惜他这封电报石沉大海。

纳苏辛的作战司令阿曼·雅尼上校正是"艾森豪威尔子弟兵"之一，是李文沃斯堡美国陆军"指挥参谋班"的结业生，也是美国驻雅加达武官乔治·本森少校的好友，是个忠实的亲美人士。雅尼上校准备大举攻击苏门答腊反抗军的时候，曾向本森要地图以便顺利完成此次任务，本森少校对中情局秘密作战毫无所知，欣然提供地图。

在菲律宾克拉克空军基地里，中情局指挥官已召集一个 22 人的空中小组，组长就是自从 8 年前那次时运不佳的阿尔巴尼亚行动后，一直替中情局效力的波兰飞行员。他们的第一次飞行任务是运送5吨的军火弹药和一捆捆现钞给苏门答腊岛上的反抗军，但一进入印度尼西亚领空就被纳苏辛的巡逻机侦察到。纳苏辛的伞兵部队乐得将中情局投下的物资一箱箱扛回基地。

在东边的苏拉威西岛上，中情局这场仗打得一样糟糕透顶。美国海军飞行员执行侦察任务找出潜在目标时，美国支持的反抗军突然英勇过人，以中情局提供的狙击枪扫射该机，飞机在200英里外的菲律宾境内坠毁，机组人员侥幸逃生。波兰飞行小组已收到那架侦察机发回的新标靶报告，于是便派出两组双人机员飞到苏拉威西一处小机场。他们驾驶的改装过的B-26轰炸机上配备有6枚500磅炸弹和重机枪。其中一架成功地攻击了印度尼西亚政府军的一处机场，另一架则起飞后随即坠毁。两名英勇的波兰人被装进尸袋，送交他们英国籍的妻子。然后讲述一则精心编造的故事，掩饰他们死亡的真相。

中情局的最后希望落在苏拉威西及东北方偏远群岛的反抗军身上。苏加诺军队在4月最后几天摧毁苏门答腊反抗军之后，5名中情局官员随即搭乘吉普车向南逃亡，油料用尽后便徒步穿越丛林，沿途在独立小村庄的小商店偷些食物补给，一路走到沿海一带。抵达岸边后征用一艘渔船，再以无线电将自己的位置通报新加坡工作站。一艘美国海军潜艇前往救援。

苏门答腊任务已“实质上瓦解”。艾伦·杜勒斯在4月25日闷闷不乐地向艾森豪威尔提出报告：“苏门答腊岛上的反抗武力似乎没有作战的意愿。他们的领袖无法向手下军官说明为何而战，这是一场很奇怪的战争。”

“他们判我谋杀罪”

艾森豪威尔希望美国可以随时否认这次行动，下令美国人不得“在印度尼西亚涉入任何含有军事性质的活动”。杜勒斯却违抗他的命令。

中情局的飞行员已从1958年4月19日起，开始在印度尼西亚外岛展开轰炸和低空扫射任务。这些中情局空中武力在该局提交白宫和总统的书面报告中称之为“反抗军飞机”，也就是印度尼西亚人开的印度尼西亚飞机，而不是该局工作人员开的美国飞机。阿尔·波普就是开这些美国飞机的美国人之一，年方25岁的他，已经是有4年秘密任务经验的老手，一向以凶狠著称。

他第一次执行印度尼西亚任务是在4月27日。随后3周，他和中情局飞行员多次攻击印度尼西亚东北部各村庄和港口内的军事与民间目标。5月1日，艾伦·杜勒斯告诉艾森豪威尔，这些空中攻势“太有效了，结果连英国和巴拿马都各有一艘货轮被炸沉”。美国大使馆则回报说，已经有数百名平民丧生。

4 天后，杜勒斯紧张兮兮地向国家安全委员会报告，这些轰炸已激起印度尼西亚民众"极大愤怒"，纷纷指控是美国飞行员在操控。这些指控都是真的，但美国总统和国务卿双双公开否认。

美国大使馆和太平洋军区美军司令费利克斯·斯顿普海军上将提醒华盛顿，中情局的行动是个显而易见的失败。总统要中情局局长自己解释。中情局总部的一组人马立即拼凑一份印度尼西亚行动大事记，指出尽管行动极具"复杂性"和"敏感性"，需要讲求"细心协调"，但已"每日"改进。鉴于行动规模巨大，人员甚众，实不可能"当做一个完全秘密的行动来执行"。然而未能保持隐秘已违反该局章程与总统的命令。

波普在 5 月 18 日星期天一大早就到印度尼西亚东部炸沉一艘海军船舰，轰炸一处市场，并摧毁一座教堂。官方伤亡记录是平民 6 人和军人 17 人丧生。紧接着，波普又追踪一艘载有千余名印度尼西亚官兵的 7 000 吨级军舰。他这架 B-26 被舰上的防空炮锁定，又有一架印度尼西亚战斗机尾随，从后方与下方向他开火，波普的飞机在 6 000 英尺上空着火。他命印度尼西亚籍无线电员跳机。他撞开驾驶舱罩，松开弹射椅，谁知在向后翻倒的时候腿部撞在机尾上，大腿折断了。他发射的最后一枚炸弹的着弹点距那艘军舰约有 40 英尺，好几百人得以幸免于难。降落伞下的他疼得死去活来，缓缓落到地面。波普的飞行衣里有他的人事数据、飞行报告以及克拉克基地军官俱乐部会员卡。这些文件证明他的身份是奉政府之命轰炸印度尼西亚的美国军队官兵。他本应被当场击毙，但印度尼西亚却将他囚禁起来。

"他们判我谋杀罪，判我死刑。他们说我不是战俘，没有资格享受《日内瓦公约》保护。"他说道。④

当天傍晚，波普在战场失踪的消息传到中情局总部，局长马上找老哥商量。两人一致认为，这一仗打输了。

5 月 19 日艾伦·杜勒斯发出快电通知印度尼西亚、菲律宾、中国台湾和新加坡工作站官员：解散、切断经费、关闭军火供应线、销毁证据、撤退。那天早上总局会议的备忘录透露他对"显著的混乱"大为震怒。

美国换边的时候到了。美国外交政策迅速转向，中情局的报告立即反映了这种转变。中情局 5 月 21 日告诉白宫，印度尼西亚军方正在压制共产主义，苏加诺的言行举止都对美国有利。现在威胁美国利益的反而是那些中情局的老朋友了。

比斯尔说："这次行动当然是彻底失败。"苏加诺在位的岁月里经常提起这段往事。他知道中情局试图推翻他的政府，军方知道这回事，政府机关也知道。

此次行动的最终效果是强化了印度尼西亚共产党，使得它的势力和实力在之后7年里连年增长。

波普悻悻地回忆：“他们说印度尼西亚行动失败，但我们却打得他们屁滚尿流。我们杀了好几千名共产党，虽然其中一大半可能根本不知道共产主义到底是什么。”

波普在印度尼西亚执勤的唯一记录，目前只剩中情局1958年5月21日给白宫的报告里的一行话，全文为：“反抗军B-26飞机于5月18日攻击安汶时遭击落。”这是一个谎言。

问题一年比一年严重

印度尼西亚行动是威斯纳担任中情局秘密行动处处长的最后一次行动。1958年6月他从远东归来时已是神智不清，到夏末时便疯了⑤。医生的诊断是“精神躁郁”，其实症状已出现好几年了——想要凭意志力改变世界、高谈阔论、实施自杀任务。精神病医生和新发明的精神药物都帮不上忙，主要还是靠电击疗法。约有半年时间，他脑袋夹在虎头钳里，通上足可点燃100瓦灯泡的电流。一番治疗下来，聪明才智和胆色都少了许多的他，被外派伦敦当工作站站长。

印度尼西亚行动撤销之后，杜勒斯多次在国家安全委员会上夸夸其谈，提出模糊不详的警告说有威胁来自莫斯科。总统不免怀疑中情局是否知道自己在干什么，有一回他突然问：“艾伦，你是想吓唬我，逼我开战吗？”

在总部，杜勒斯问那些最资深的官员，他该上哪儿去找苏联相关情报。1958年6月23日，他在会议中说“当他需要明确的苏联相关情报时，完全不知道该找局内哪个部门”。中情局内毫无苏联情报可言。它对苏联的相关报告完全是捕风捉影。

中情局最优秀分析员之一，后来出任“国家情报评估处”的阿博特·史密斯，1958年底回顾中情局10年来的工作时写道：“我们已经建构了一幅苏联图像，不管发生什么事都得让它符合那幅图像。情报评估员的恶劣行径以此为最。”

12月16日，艾森豪威尔收到他的情报顾问委员会报告，劝他改组中情局。各委员都忧心忡忡，中情局“没有能力就自身的情报信息与业务作客观的评估”。由前国防部长洛维特领衔的顾问委员会，吁请总统取消艾伦·杜勒斯手中的秘密行动业务。

杜勒斯依旧力阻所有试图改变中情局的努力。他告诉总统中情局没什么不对。回到总部又对高级幕僚说"我们的问题一年比一年大"。他向总统保证，接替威斯纳职务的人会调整秘密行动的任务和组织。他已经有人选了。

本章注释

① 1957 年夏天，厄尔默电请秘密行动处的情报人员，监视搭着泛美航空包机到亚洲各处寻花问柳的苏加诺。这次任务的成果不过是，香港工作站站长希契尔通过机上一位中情局外围的爱国机员，从苏加诺的便器取得采样供医学分析而已。

② 艾利森大使接到苏加诺召唤，请他到总统府聊天。苏加诺希望艾森豪威尔亲自到印度尼西亚来瞧瞧，当第一个到他在巴厘岛新盖的宾馆访问的国家元首。两个星期后，华盛顿冷冷地回绝了，艾利森胆战心惊地把信交给苏加诺："我看到苏加诺一见到艾森豪威尔的回信，惊讶得下巴差点没掉下来。他不敢相信。"

③ 中情局的记录显示，威斯纳在 1957 年秋天和 1958 年春天两度前往新加坡。威斯纳尽量不让国务院知道他的秘密行动计划。1957 年 12 月 26 日的局长会议记录指出，他预定在 12 月 30 日会晤国务院官员"讨论印度尼西亚形势，威斯纳先生表示，希望讨论局限在政策问题上，不要涉及行动事务的问题"。

④ 波普接受作者访问时表示，苏加诺等了 2 年才将他送审，又将这位中情局飞行员送到梅拉比山避暑山庄软禁，看守警卫带他出去打猎，处处给他逃跑机会，但他料定这是印度尼西亚政府要把他交给共产党的手段。他被软禁 4 年零两个月之后，美国司法部部长罗伯特·肯尼迪出面要人，终于在 1962 年 7 月获释。获得自由后又重操旧业，20 世纪 60 年代一直在越南帮中情局开飞机。2005 年 2 月，76 岁的波普获法国政府颁赠的荣誉勋章，因他曾在 1954 年奠边府之役帮助过受困的法军。

⑤ 威斯纳在 1956 年底就出现异状，秘密行动处也跟着状况百出。接替凯南在国务院的职务并与威斯纳密切合作的好友保罗·尼采说："匈牙利事件和苏伊士事件的结局非威斯纳所能承受，导致他精神崩溃。我认为，（秘密行动处）问题丛生，也是在他精神崩溃……没有能力管理之后，陆续出现的。"

第16章

欺上瞒下入侵古巴

1959 年 1 月 1 日，比斯尔成为秘密行动处处长。[1] 同一天，菲德尔·卡斯特罗出掌古巴政权。2005 年出版的一份中情局秘史，详尽描述了中情局如何看待古巴威胁。

中情局细细打量卡斯特罗，就是不知道该怎么看待他。

“很多严谨的观察家都认为，他的政权几个月内就会垮台”，中情局工作站站长吉姆·诺埃尔虽作如此预言，但他手下情报官员花太多时间在哈瓦那乡村俱乐部玩乐，情报未必准确。

此外，中情局总部里也有不少人主张，卡斯特罗值得中情局军事、经济援助，例如准军事行动课课长阿尔·考克斯就建议“与卡斯特罗秘密接触”，向他提供军火弹药以建立民主政府。考克斯写信给上司，中情局虽可利用古巴人的船运送武器给卡斯特罗，但“最安全的方法还是给卡斯特罗钱，让他自己购买需要的军火”。考克斯是个酒鬼，他的想法也许有点糊涂，可他的同僚却有不少人也持相同看法。“我的幕僚和我都是卡斯特罗主义者。”中情局加勒比海地区业务主管罗伯特·雷诺兹多年后说道。

1959 年 4 月和 5 月间，新胜的卡斯特罗访问美国，在华盛顿为他作简报的中情局官员形容卡斯特罗是“拉丁美洲民主与反独裁势力的新精神领袖”。

“不能露出我们这只黑手”

总统对中情局错看了卡斯特罗很生气。艾森豪威尔在回忆录中写道：“我们的情报专家虽已重返岗位且补充编制好几个月，事态发展却使得他们不得不作出卡斯特罗上台意味着共产党已渗透西半球的结论。”

得出这种结论后，比斯尔于 1959 年 12 月 11 日给艾伦·杜勒斯发了一份备忘录，建议“彻底考虑除掉卡斯特罗”。杜勒斯用铅笔在建议案上作了重大修正。他划掉“除掉”这个带有杀气的字眼，换上“撤除”，并下达执行令。

1960 年 1 月 8 日，杜勒斯要比斯尔组建特别任务小组推翻卡斯特罗。比斯尔亲自挑选多位 6 年前颠覆危地马拉政府并当面欺瞒艾森豪威尔的人马。他选了庸碌的巴恩斯负责政战和心战，才华横溢的菲利普斯搞宣传，有干劲的罗伯逊负责准军事训练，无情又无才的亨特处理政治外围团体。

他们的组长是在“成功行动”中主持华盛顿战情中心的埃斯特莱恩。他第一次注意到卡斯特罗，是在 1959 年初还担任委内瑞拉工作站站长的时候。他亲眼见到在新年刚战胜富尔亨西奥·巴蒂斯塔的这位年轻司令官巡访加拉加斯，听见群众把卡斯特罗当成胜利者般欢呼。

埃斯特莱恩说 :“我看见，有眼睛的人都看见了，南半球形成一个强大的新势力，应该尽快加以处理。”

1960 年 1 月，埃斯特莱恩回总部接下古巴特别任务小组长职务。这个小组以中情局内秘密小组的形式运作，所有的经费、信息和决策都得经过比斯尔，但他对谍报工作不太有兴趣，要他在古巴内部搜集情报更是兴趣寥寥。他不曾仔细分析，万一反卡斯特罗政变成功或失败，会有什么结果。埃斯特莱恩说 :“我没有深思过这种事情，我想，他们第一个反应是，天哪，这儿可能有个共产政权，我们最好以在危地马拉弄掉阿本斯的方法把他铲除。”

比斯尔从没和秘密业务第二号头子赫尔姆斯谈过古巴问题。两人都很不喜欢对方，互不信任。赫尔姆斯确实仔细审查过古巴任务小组的点子。这是个宣传伎俩 :一位由中情局训练的古巴特工，会在伊斯坦布尔港岸边露面，宣称自己是刚从苏联船只跳船逃亡的政治犯。他会宣称卡斯特罗奴役自己同胞，将数千人送往西伯利亚。赫尔姆斯否决了这个所谓“湿淋淋的古巴人”的计划。

1960 年 3 月 2 日，也就是艾森豪威尔批准以秘密行动对付卡斯特罗两个星期之前，杜勒斯向尼克松副总统简报筹备事宜。杜勒斯读着比斯尔草拟的《我们在古巴的作为》(共 7 页)，特别强调其中经济战、破坏、政治宣传和“将毒药掺在卡斯特罗的食物中，让他的举止失去理性，一旦公开露面必会对他造成严重不良影响”的计划。尼克松对此全力支持。

1960 年 3 月 17 日下午 2 点 30 分，在白宫 4 人会议上，杜勒斯和比斯尔将计划呈交艾森豪威尔与尼克松，他们并没有建议入侵古巴。他们告诉艾森豪威尔会以巧妙手法来推翻卡斯特罗。他们会利用吸收来的特工成立一个“有责任感、有号召力且团结的古巴反对势力”，并由秘密电台向哈瓦那进行广播宣传以激起民变，美国陆军设在巴拿马的丛林战训练营则训练60名古巴人潜回本岛，再由中情局空投军火弹药给他们。

比斯尔保证，卡斯特罗会在6～8个月内垮台。这一时机相当敏感，因为7个半月之后便是美国总统大选日，而两党参选人肯尼迪（JFK）参议员和尼克松副总统上星期才以极大的票数优势赢得新罕布什尔州的初选。

艾森豪威尔的参谋秘书安德鲁·古德帕斯特将军记下当天会议的情形：

“总统说他也没有更好的计划……机密泄漏和安全是最大问题……每个人都得发誓不知道这件事……不管做什么都不能露出我们这只黑手。”

中情局倒是不需要别人提醒，因为该局章程早已明确规定，所有的秘密行动都得密不透风，绝不能牵扯到总统。不过，这回艾森豪威尔要确认中情局尽全力掩饰这次行动。

U-2 侦察机惨事

当时最大机密之一便是U-2侦察机，总统和比斯尔为此陷入日趋紧张的权力之争。艾森豪威尔自半年前在戴维营与赫鲁晓夫会谈后，就不许美国飞机再飞越苏联领土。赫鲁晓夫回国时极力称赞艾森豪威尔追求和平共存的勇气，艾森豪威尔则希望“戴维营精神”能成为自已流芳后世的遗产。

比斯尔极力争取恢复秘密任务，总统为此陷入两难。因为他确实希望取得U-2所搜集的情报。

艾森豪威尔急欲抹去“导弹落差”，即中情局、空军、军品承包商和两党政治人物谎称苏联在核武器方面大幅领先的错误主张。中情局对苏联军力的正式评估，并不是根据情报，而是立足于政治意图和胡乱猜测。1957年以来，中情局一再给艾森豪威尔以惊人的报告，说苏联在研制核弹头洲际导弹方面比美国更快、更具规模。1960年，中情局提出美国正面临一个致命威胁。该局告诉总统说，到1961年苏联就会有500枚洲际弹道导弹。战略空军指挥部则以这些评估为基础，提出一个利用300多枚核弹头导弹，摧毁从华沙到北京之间每一座城市和军事据点的计划，试图先发制人。其实，当时莫斯科只有4枚核弹头导弹，哪来500枚对准美国。

总统足足担心了5年半，唯恐U-2会惹来第三次世界大战。万一U-2在苏联失事，很可能会连和平也一起葬送。因此，在戴维营与赫鲁晓夫对话一个月后，艾森豪威尔否定了用 U-2 侦察苏联任务的新提案。他再次坦率地告诉艾伦·杜勒斯，通过谍报运作查明苏联意图，比发现苏联军事设施的细节更为重要。唯一能告诉他苏联意图的是特工，不是精巧的器械。

总统说，若是没有这种认识，U-2 飞行任务便是“令人不快的挑衅，可能会让对方以为，我们正在规划用偷袭摧毁他们的军事设施”。艾森豪威尔已预定在 1960 年 5 月 16 日与赫鲁晓夫在巴黎举行高峰会议，他很担心万一在美国和苏联“进行极其诚恳的讨论”时突然有架 U-2 坠机,那么他个人的最大资产，也就是他诚实无伪的名声，势必会荡然无存。

理论上只有总统有权下令 U-2 执行任务，但经管该计划的是比斯尔，偏偏他是个一想到要执行飞行计划就生气的人。因此，他会尽量规避总统权限，私下设法把飞行任务外包给英国和中国国民党。他在回忆录里写道，艾伦·杜斯勒得知 U-2 首次飞行便直接飞越莫斯科和列宁格勒，不由大惊失色。局长根本不知道这回事。比斯尔始终觉得不适合告诉他。

他和白宫争论了好几个星期，艾森豪威尔终于让步，同意 U-2 可在 1960 年 4 月 9 日从巴基斯坦飞越苏联。表面上是比斯尔赢了，然而，苏联知道领空再次受到侵犯，已保持高度警戒。比斯尔争取再飞一次。总统将日期定在 4 月 25 日。那天乌云密布，挡住了侦察目标，于是，比斯尔又请求再飞一次。总统给他 6 天时间缓冲，即接下来的那个星期日是巴黎峰会前最后的飞行期限。然而，比斯尔再度绕过白宫，找上国防部长和参谋长联席会议主席，争取他们支持再飞一次。

果然不出总统所料，5 月 1 日这天，U-2 在俄罗斯中部被击落，中情局飞行员弗朗西斯·加里·鲍威尔斯被活捉。当天担任代理国务卿的是迪伦，他说道 ：“总统要我与艾伦·杜勒斯合作，我们总得发表一个声明。”令两人震惊的是，结果竟是由 NASA（航空暨太空总署）出面宣布，有架气象研究机在土耳其失踪。这是中情局用以掩饰的说辞。中情局局长要不是完全不知道，就是完全忘光了。

迪伦说 ：“我们不晓得怎么会有这种事，但我们总得设法脱身。”

事实证明，很难脱身。白宫和国务院坚持中情局的说辞，欺骗了美国民众大约 1 个星期，只是越说越露馅。最后一次公然说谎是在 5 月 7 日 ：“绝未授权进行此类飞行。”这显然与艾森豪威尔诚实无伪的精神背道而驰。迪伦说道 ：“他不能让艾伦·杜勒斯承担全部责任，否则会留下总统对政务毫不知情的印象。”

5 月 9 日，艾森豪威尔走进办公室，大声说道 ：“我真想辞职谢罪。”这是美国史上第一次让数百万民众了解到，总统会以国家安全为借口欺骗、隐瞒大家。做了坏事可以振振有词加以否认的论调，就此寿终正寝。艾赫峰会触礁，短暂的冷战解冻期结束。中情局侦察机几乎毁了和解理念 10 年之久。艾森豪威尔之所以会批准最后一次飞行任务，无非是希望将谎言推到“导弹落差”头上，但掩饰坠机真相却使他变成骗子。艾森豪威尔退休前说道，他任内最大的遗憾是“我们在 U-2 事件上说了谎，我不晓得我们会为谎言付出这么高的代价”。艾森豪威尔知道，自己已无法带着国际和平与和解精神离职了。现在的他打算在离职前尽量维持世界安全。

1960 年夏天是中情局危机不断的季节。艾伦 · 杜勒斯和他的手下带到白宫的地图上，以红色箭头标示的加勒比海、非洲和亚洲热点地区增加了不少。U-2 遭击落所造成的懊恼已变成暴怒。

首先是比斯尔加快推动颠覆古巴计划。他在佛罗里达州珊瑚顶市增设一个代号为“波浪”的新工作站。

他告诉尼克松自己需要一支（从几星期前的 60 名增至）500 名经过训练的古巴流亡人士来领导这场抗争，但设在巴拿马的丛林战训练中心应付不了一下增加数百名菜鸟新兵的任务，于是派埃斯特莱恩到危地马拉，独自与米格尔 · 伊迪戈拉斯 · 富恩特斯总统交涉秘密协议。富恩特斯是退役将领，同时也是个干练的策略家。埃斯特莱恩取得一个有机场、妓院，更有自己行为准则的据点，成为猪湾事件的主要训练营。但据比斯尔的首席准军事行动策划、陆战队上校杰克 · 霍金斯回报说，中情局吸收的古巴人“完全不满意”，因为他们居住在“牢狱般的环境中”，因而产生让“中情局很难处理”的“政治难题”。尽管这个训练营僻处一地，但危地马拉军方还是很清楚，国内出现外国部队也险些酿成一场反总统的军事政变。

8 月中旬，温文儒雅的比斯尔找了一个黑手党来对付卡斯特罗。他找到中情局安全室主任谢菲尔德 · 爱德华兹上校，请上校帮他联络一位可以执行杀人任务的黑道。这次他倒是向杜勒斯局长申请了，杜勒斯也批准了。中情局史家的结论是 ：“比斯尔可能认为，卡斯特罗准会在古巴军登陆猪湾之前，就死于中情局所指使的刺客手中。”

比斯尔手下并不知道已有黑手党计划，正在研究第二个谋杀计谋。最大难题在于怎么把中情局训练的杀手安排到可狙击卡斯特罗的射程之内 ：“我们能弄个像里普 · 罗伯逊这样的人接近他吗？我们能找到长着长毛的古巴人吗？——我的意思是说，胆色过人的古巴人？”负责古巴任务小组运作的迪克·德雷恩说。答案是否定的。迈阿密虽有好几千名流亡古巴人，准备加入日渐为人所知的中情局秘密行动，但其间充斥着卡斯特罗的间谍密探，而且卡斯特罗早已对中情局的计划有相当程度的了解。有位叫乔治·戴维斯的联邦调查局探员在迈阿密各地的咖啡厅和酒吧混了好几个月，听了很多大嘴的古巴人聊天之后，向“波浪”工作站的中情局官员提出善意的忠告：靠这些饶舌的古巴流亡人士不可能推翻卡斯特罗，唯一的希望是出动陆战队。他的这位中情局同行把消息转到总部，总部却置若罔闻。

1960 年 8 月 18 日，杜勒斯和比斯尔私下与艾森豪威尔讨论古巴任务小组相关问题，谈了不到两分钟，比斯尔就要求再拨 1 075 万美元经费，以便着手在危地马拉训练 500 名古巴人。总统说没问题，但有个条件：“只要参联会主席、国防部、国务院和中情局认为我们有较大的机会成功”，可以“解除古巴人的梦魇”。比斯尔提到想成立一支美国部队来领导古巴人打仗时，杜勒斯两度打断他的话，避免招来更多的争论与反对。

艾森豪威尔曾经领导过美国史上最大规模的秘密入侵行动，他提醒中情局领导人，要防范“举措不当的风险”，或“在我们还没准备好之前轻启事端”。

避免出现另一个古巴

当天稍晚的时刻，总统在国家安全委员会上命令中情局局长除掉中情局眼中的非洲卡斯特罗——刚果总理帕特里斯·卢蒙巴。

卢蒙巴在 1960 年夏天，刚果摆脱比利时残暴殖民统治宣布独立后，经自由选举当选，并向美国请求援助。中情局认定他是个愚蠢无比的共产党傀儡，因此美援迟迟未到。当比利时空降伞兵试图重掌首都控制权时，卢蒙巴接受了苏联飞机、卡车和“技术人员”支持，以维持他勉强可以运作的政府。

比利时官兵抵达的那个星期，杜勒斯派布鲁塞尔工作站站长拉里·德夫林负责中情局在刚果首都的工作站，将卢蒙巴视为秘密行动目标进行评估。德夫林在刚果待了 6 周之后，8 月 18 日拍电报回总部：“刚果目前所面临的正是被典型的共产党接收……不管卢蒙巴真是共产党，还是在玩共产党花招……机不可失，必须及早采取行动，避免出现另一个古巴。”杜勒斯当天就在国家安全委员会上摘要报告。国家安全委员会记录员罗伯特·约翰逊多年后提交参院的秘密证词指出，当时，艾森豪威尔直截了当地告诉杜勒斯，卢蒙巴应予铲除②。8 天后，杜勒斯电传德夫林：“高层一致认为，若让卢蒙巴继续霸占高位，无可避免的结果是：好一点会发生混乱，糟的话会为共产党接收刚果铺路……我们的结论是，解除他的职务应为首要的紧急目标，在现今情况下，这也是我们秘密行动的首要任务，因此我们希望能赋予你更广泛的权限。”

中情局首席化学家悉尼·戈特利布带着装有数瓶毒物的航空随身包前往刚果交给站长，包里有一副皮下注射器，可将致命毒药打进食物、饮料或牙膏里。德夫林的使命就是为卢蒙巴送终。两人大约在9月10日晚间在德夫林寓所紧张兮兮地会谈。德夫林在1998年解密的秘密证词中说：“我问，是谁下令执行这些指示。”答案是“总统”。

德夫林在宣誓作证时说，他将毒药锁在办公室保险柜里，不知如何是好。他还记得自己当时的想法：我若让那玩意儿一直留在身边才见鬼了咧。他应该趁早把毒药带到刚果河岸边掩埋。他说毒杀卢蒙巴的命令使自己深感羞愧。中情局一定还有别的方法。

中情局已经选定约瑟夫·莫布杜为刚果下任领导人。杜勒斯在9月21日国家安全委员会上告诉总统说，莫布杜“是刚果唯一能采取坚决行动的人”。10月初，中情局交给莫布杜25万美元，随后又在11月运交军火弹药，莫布杜逮住卢蒙巴，且（以德夫林的话来说）把他送给“死敌”。中情局设于刚果伊丽莎白维尔（接近赞比亚国界）的基地回报说，在美国新总统就职前两天的晚上，“有位法兰德斯裔的比利时军官，用机关枪一阵扫射将卢蒙巴杀死”。莫布杜凭着中情局坚定的支持，经过5年权力斗争，终于完全掌控刚果。他是中情局最关爱的非洲盟友，冷战期间美国在非洲大陆各地的秘密行动，全靠他予以后援。他统治了刚果30年，从刚果丰富的钻石、矿产和战略金属资源中获得数十亿美元，又以屠杀无数民众来维持权位，成为全世界最残暴、最腐败的统治者。

绝对站不住脚的立场

1960年总统大选日渐接近，尼克松也看得很清楚，知道中情局攻打古巴的准备行动还差得远。到9月底的时候，尼克松很紧张地吩咐古巴任务小组：“现在不要轻举妄动，等大选过了再说。”这一延迟倒给卡斯特罗莫大优势。古巴间谍告诉他，美国支持的入侵行动可能已迫在眉睫，于是他整顿军事与情报大军，极力镇压持不同政见者——中情局认为他们可以在政变时担任震撼部队。该年夏天，国内反卡斯特罗势力已逐渐消失，只是中情局一直不太理会岛上的实际形势罢了。譬如巴恩斯就私下托人在古巴作民调，结果发现绝大多数古巴人支持卡斯特罗。他不喜欢这种结果，便置之不理。

中情局空投武器给岛上反抗军的行动出了糗。9 月 28 日，一架中情局飞机从危地马拉起飞，满载机关枪、步枪和科尔特 45 手枪（Colt.45s），飞到古巴要交给数百名战士。不料这一投的误差竟达 7 英里，不仅让卡斯特罗的部队捡了便宜，还让他们逮到一名前往接收军火的古巴特工，并将他处死。飞机返航时迷了路，在墨西哥南部降落，被当地警察扣下。这种任务总共有 30 次，最多只有 3 次成功。到了 10 月初，中情局才发觉自己对古巴内部的反卡斯特罗部队几乎一无所知。埃斯特莱恩说 ："我们没有把握认为他们没遭卡斯特罗的间谍渗透。"现在他倒是很肯定，委婉的颠覆手法推翻不了卡斯特罗。

比斯尔回忆道 ："我们很努力地搞渗透和再补给，但这些努力都没有成功。"于是他决定"我们需要的是一个震撼行动"，也就是全面入侵。

中情局既没有获得总统批准，也没有执行任务所需的部队。比斯尔告诉埃斯特莱恩，在危地马拉受训的 500 人，"编制不足得近乎荒唐"。两人都了解，卡斯特罗有 6 万名配备坦克、大炮的陆军，以及一支越来越残暴且越来越有效率的国内安全部队，要对付卡斯特罗必须有更大规模的武力才可能成功。

比斯尔有两个选择，他的电话一头是黑手党，另一头是白宫。总统大选之日临近，时间就在 1960 年 11 月第一个星期。在大选压力下，古巴行动的核心概念荡然无存。埃斯特莱恩宣告计划不可行，比斯尔虽知道他说的没错，却绝口不提。在入侵前的那几个月，他选择了欺骗。

埃斯特莱恩说 ："他欺下又瞒上。"下至中情局的古巴任务小组，上至总统艾森豪威尔和总统当选人肯尼迪，通通被他蒙蔽。

肯尼迪在 11 月大选中以不到 12 万票的差距击败尼克松。共和党中有些人认为，这次选举坏在芝加哥政治选区"被偷"，另有些人则指出西弗吉尼亚出现买票舞弊现象。尼克松则怪到中情局头上。他误以为"乔治敦自由派"如杜勒斯和比斯尔之流，在关键性的电视辩论前夕用古巴内部情报暗中帮助肯尼迪。

总统当选人立即宣布胡佛和杜勒斯留任。这一决定出自他父亲，而且纯粹出于政治和个人保护的考虑。胡佛知道肯尼迪家族一些不为人知的秘密，譬如总统当选人在"二战"期间与纳粹间谍之间的风流韵事，而且他还把这个秘密告诉了杜勒斯。肯尼迪知道这一切，则是因为他的父亲——艾森豪威尔国外情报顾问委员会原顾问，告诉了他这个权威消息。

11 月 18 日，总统当选人在佛罗里达州他父亲的那幢棕榈滩别墅会见杜勒斯和比斯尔。3 天前，比斯尔收到埃斯特莱恩一份有关古巴行动的最后报告。埃斯特莱恩在报告中说 ："鉴于卡斯特罗已完成控制古巴，我们的原始构想现已无法达成，之前认为可能出现的内部动荡已不存在，古巴的防御态势也不容我们进行当初规划的攻击。我们的第二个构想（以 1 500 ～ 3 000 人的武力抢攻一处设有小机场的海滩），除非以中情局和国防部联合行动的方式进行，否则也不可能达成。”

换言之，要推翻卡斯特罗，美国势必出动陆战队。

埃斯特莱恩重述道：“我坐在中情局办公室里，告诉自己：‘但愿比斯尔够胆，能把事实告诉肯尼迪。’”可比斯尔一个字也没提。不能达成的计划就这样变成可行的任务。

比斯尔告诉中情局史家，棕榈滩会议使中情局领导人处于“绝对站不住脚的立场”。他们的会议备忘录显示，他们原本要讨论中情局过去的成就，特别是危地马拉行动，以及正在古巴、多米尼加、中南美洲和亚洲进行的秘密行动，怎料艾森豪威尔却在会前告诉他们要“缩小议程”。他们把艾森豪威尔的话理解成不得谈论国家安全委员会上讨论过的事情。于是有关中情局秘密行动的关键情报，就在总统交接期间弄丢了。

艾森豪威尔始终没有批准入侵古巴行动，但肯尼迪并不知情，他所知道的都是杜勒斯和比斯尔告诉他的。

8 年的失败

8 年来，艾伦·杜勒斯拒绝了局外人想要改变中情局的所有动作。他为保护中情局和自己的名声，否认一切，一概不予承认。他隐瞒真相，掩饰秘密行动失败的事实。

1957 年以后，他回避理性与温和的改革意见，不理会总统情报顾问团日趋急迫的建议，搁置己方督察长的报告，以不屑的态度对待属下。“那时候，他已是个身心俱疲的老头子”，他的职业行为“可能，乃至往往是走极端”，中情局有史以来最优秀的分析员之一李曼说道，“他对待我们的态度反映出他的价值观。当然是他不对，但我们不得不忍受。”

艾森豪威尔在任的最后时日，终于了解他没有一个与声誉相匹配的谍报机关。读完他希望改变中情局而委托研究的一大叠报告后，他得出这一结论。

其一，他在 U-2 侦察机遭击落后成立“联合研究小组”，旨在调查美国情报的全貌。1960 年 12 月 15 日提出的报告说，美国情报呈现游移和混乱的可怕景象。杜勒斯不曾处理苏联突袭的问题、未曾协调军事情报和文人分析员、没有可提供危机预警的能力。他把 8 年时间花在扩大秘密行动上，没有用心管理美国情报。

其二，1961 年 1 月 5 日，总统的国外情报顾问委员会提出最后建议书，主张“彻底重新评估”秘密行动：“我们无法论断，中情局至今所执行的秘密行动计划，是否值得花费这么大人力、财力和其他相关资源。”建议书还警告：“中情局把心思集中在政战、心战和秘密行动相关活动上，往往分散注意力，无法专心执行情报搜集的基本使命。”

该委员会敦促总统将中情局局长和中情局“完全分离”。杜勒斯没有能力一面管理中情局，一面执行整合美国情报的重任——诸如国家安全委员会的编码和解码，刚萌芽的间谍卫星和太空摄影侦察能力，陆、海、空军之间无休止的争论等。

艾森豪威尔的国家安全助理戈登·格雷审查报告后，写道：“我提醒总统，他已多次亲自关心这个大问题，却毫无结果。”艾克答道：“我知道，我尽力了，但我无法改变艾伦·杜勒斯。”

杜勒斯在艾森豪威尔最后一次主持的国家安全委员会上坚称，中情局“完成了许多大事”。他说一切都很顺利，已经调整秘密活动部门，美国情报已是空前的灵活和熟练，协调与合作也比以前好多了。又说，总统情报委员会的建议太荒唐、太狂野、太无法无天。杜勒斯提醒总统自己是依法负责情报协调，不能把责任交给别人。若没有他的领导，美国情报会变成“一具在稀薄空气中漂浮的尸体”。

最后，艾森豪威尔气恼之余发火了。 他告诉杜勒斯：“我们的情报组织结构有缺陷。结构太不合理，应该改组，而且我们早就该这么做了，而你们自珍珠港事变至今依然故我。”这位美国总统说道：“我在这问题上吃了 8 年败仗。”他说自己会给下任总统“留下灰烬作为遗产”。

本章注释

① 比斯尔对中情局抱有很大雄心，但阻碍也更大。他曾对局内资深官员说，他的使命是要整合美国的“热战计划和冷战能力”，让中情局成为美国对苏联战争中的一把利剑，而不只是盾牌而已。他新设的“开发计划部”，让他可以放手经营秘密行动计划。他把中情局视为美国力量的工具，其威力不下于核武器，或者说，至少不会比 101 空降师逊色。比斯尔很清楚，中情局亟需增加完成目标所需的人才。他自己虽“才华横溢，依旧难掩秘密工作基本上要靠人来做的事实”。他的助手吉姆·弗兰纳里说道。

1959 年 11 月秘密行动处的内部调查显示，比斯尔的忧虑来自：招募的青年才俊年年萎缩，庸才和中年人日渐膨胀，有“相当比例”的中情局官员起码已有 50 岁，他们都是经历了“二战”的一代人，再过 3 年就有大批人会因在军中和情报机关服务满 2 年而陆续退休。“最优秀的秘密工作官员普遍有着强烈的挫折感”，中情局内部研究报告显示。这个问题到今天仍然没有解决。

② 艾森豪威尔要取卢蒙巴的性命，证据十分明确。比斯尔后来在艾森豪威尔总统图书馆口述史访谈时指出：“总统要铲除一个他视为（包括我个人在内，很多人也有同感）十足的恶棍和危险人物的家伙，我毫不怀疑他想除掉卢蒙巴，而且是要当成紧急和重要事务来迅速处理。艾伦·杜勒斯的电报也反映出这种急迫感和优先性。国家安全委员会议秘书约翰逊的证词指出，艾森豪威尔在 1960 年 8 月 18 日国家安全委员会议下令杀死卢蒙巴，德夫林在 1975 年 8 月 25 日也作证表示命令出自“总统”，这两份证词均已提交“丘奇委员会”的调查人员。

卢蒙巴遇害后，赫鲁晓夫和美国驻莫斯科大使有过一番交谈，后者发回华盛顿的密电说：“关于刚果一事，赫鲁晓夫表示，刚果形势，尤其是杀害卢蒙巴，对共产主义大有帮助。卢蒙巴不是共产党，而且他是否会变成共产党也很值得怀疑。”

第三部分　情报霸权功败垂成

肯尼迪与约翰逊时期的中情局：1961-1968年

冷战的白热化使得美国急需一个高效率的情报机关，而猪湾登陆的失败、刺杀卡斯特罗的一再失手、误判古巴导弹危机，使得中情局成为世人笑柄。对于肯尼迪遇刺的不知所措及在越南战场情报的惨败，使得美国总统开始考虑废除中情局。美苏之间的鏖战逐渐演变成中情局和克格勃的交锋，但中情局却一次又一次地被耍……

第17章

猪湾事件：中情局最拙劣的入侵行动

1961年1月19日早上，老将军和年轻参议员在总统办公室单独见面时，移交这份遗产。艾森豪威尔带着不祥的预感，让肯尼迪略为了解国家安全大计：核武器与秘密行动。

然后两人走出办公室，到内阁厅会晤新、旧任国务卿、国防部长与财政部长。当天早晨的记录员写道："肯尼迪参议员请总统评价一下美国支持古巴游击作战的得失，即便这种支持包含美国公开表态。总统答道，'是的，我们不能让古巴现在的政府继续……'总统还提出建议说，若能同时处理多米尼加共和国，情况会对我们大有帮助。"艾森豪威尔主张以一个加勒比海政变可以制衡另一个政变的观念，而这在华盛顿是个无人能解的方程式。

第二天早上，肯尼迪宣誓就职的时候，腐败的多米尼加右翼领导人拉菲尔·特鲁希略已在位30年。美国政府和工商界的支持，帮助他一直掌权至今。他靠武力、欺诈和恐怖手段统治全国，尤其喜欢把敌人吊在挂肉的钩子上。1961年起派驻多米尼加的高级外交官亨利·迪尔伯恩总领事说："他虽然大搞刑囚室和政治暗杀，却也维持法治、清理环境，保持卫生、建设公共设施，而且他不会烦扰美国，所以我们觉得没问题。"然而迪尔伯恩也提到，特鲁希略越来越让人无法忍受。"大约在我到此履新的时候，他的恶行变本加厉，各政治团体与人权团体的压力纷至沓来，不仅美国，西半球各国也都觉得应该想办法治治这个人。"

1960年8月美国与多米尼加断交后，迪尔伯恩留在首都圣多明各照看美国大使馆。美国外交人员和特工大多已离开，比斯尔要迪尔伯恩留下代理中情局站长职务，他也一口答应。

1961 年 1 月 19 日，迪尔伯恩接到通知，有一批小型武器已起运，要交给试图杀害特鲁希略的多米尼加谋叛者。这是艾伦·杜勒斯亲自主持的“特别小组”一星期前所作的决定。迪尔伯恩请总局批准以海军人员留在使馆的 3 把卡宾枪武装多米尼加人，比斯尔的秘密行动业务副手巴恩斯答应了。紧接着，中情局急送 3 把 0.38 口径手枪到多米尼加后，比斯尔又批准运交第二批武器，4 挺机关枪和 240 发弹药。但肯尼迪新政府质疑，一旦世人得知美国利用外交邮袋运送杀人武器会作何反应，这 4 挺机关枪因而一直留在领事馆内。

迪尔伯恩接到肯尼迪亲自批准的电报：“我们不在乎多米尼加人暗杀特鲁希略，这很好，但不希望有任何事怪到我们头上。”于是中情局啥也没做。两个星期后，特鲁希略遭杀手射杀，那把凶枪没留下指纹，是不是中情局的枪，谁也不知道。然而，这起暗杀和白宫指使中情局下手差不了多少。

司法部长罗伯特·肯尼迪得知这起暗杀事件后，草草写下几句话：“现在最大的问题是，我们不知道该怎么办。”

“我为我们的国家感到惭愧”

埃斯特莱恩说，就在中情局准备入侵古巴之际，“计划逐渐加温，开始有失控现象”。比斯尔是主要动力。他突然加速向前，不愿承认中情局推翻不了卡斯特罗，更无视行动的隐秘性早已无存的事实。

1961 年 3 月 11 日，比斯尔带着 4 个方案到白宫，但没有一个能让总统满意。总统给他 3 天时间，要他想出更好的办法。比斯尔最伤脑筋的是如何选择新的登陆地点：猪湾有 3 处广阔的海滩。新地点符合肯尼迪政府的政治要求：入侵古巴必须一登陆就占领一处机场，为古巴新政府建立滩头堡。

比斯尔向总统保证，这次行动一定会成功。最坏的情况是，中情局支持的反抗军在岸上遭遇卡斯特罗的部队，被逼无奈向山区挺进。可是，猪湾是红树林地形，盘根错节，泥泞遍地，根本无法穿越。华盛顿的人对此毫不知情。中情局手握地图，说那片沼泽地可以当做游击基地，殊不知那张粗糙的调查图是 1895 年绘制的。

接下来的一星期，中情局的黑手党联络人在暗杀卡斯特罗时遭到重挫。他们把毒药和数千美元交给中情局最出名的古巴特工托尼·瓦罗纳（埃斯特莱恩形容此人是无赖、骗子、小偷。后来瓦罗纳在白宫与肯尼迪见过面），瓦罗纳再设法将药水瓶交给哈瓦那一间餐馆的工作人员，偷偷放进卡斯特罗的冰淇淋筒。后来，古巴情报官发现药水瓶在冰箱里冻成一团。

到了春天，总统还是没批准进攻计划，因为他实在搞不懂这样的入侵计划怎么能成功。4 月 5 日星期三，他再次接见杜勒斯和比斯尔，但还是不明白他们的策略。4 月 6 日星期四，总统问他们，若他们按计划轰炸卡斯特罗为数不多的空军，是否会破坏入侵者的奇袭效果。没人答得出来。

4 月 8 日星期六晚上，比斯尔家里的电话响个不停，原来是埃斯特莱恩从中情局的华盛顿战情中心“船眼”打电话来说，他和准军事行动策划官霍金斯上校得尽快与比斯尔单独见面。星期天早上，比斯尔一打开大门，赫然见到埃斯特莱恩和霍金斯怒不可遏的样子。两人进了客厅坐定之后便告诉他，入侵古巴计划不得不取消。

现在想阻止为时已晚，比斯尔告诉他们。反卡斯特罗政变预定一个星期内展开。埃斯特莱恩和霍金斯扬言辞职不干，但由于比斯尔质疑他们是否忠贞爱国，他们动摇了。

“要是你不想吃败仗，就必须把卡斯特罗的空军全部干掉。”埃斯特莱恩已经不是第一次对比斯尔这么说了。3 人都知道，中情局入侵古巴的人员一登陆，卡斯特罗那 36 架战斗机准能炸掉好几百人。“相信我”，比斯尔说。他保证会说服肯尼迪歼灭卡斯特罗的空军。埃斯特莱恩恨恨地回忆：“比斯尔劝我们继续干下去，他说：‘我保证空袭行动不会缩水。’”

可是，到了关键时刻，比斯尔却把歼灭卡斯特罗空军的美军轰炸机，从 16 架减成 8 架。他这么做是为了讨好认为悄悄搞政变就行的总统。比斯尔骗肯尼迪说，中情局只会派一架轰炸机。

4 月 15 日星期六，中情局的 1 511 人向猪湾出发的同时，8 架美军 B-26 轰炸机攻击古巴 3 处机场，摧毁 5 架古巴飞机，毁损的可能有十几架。卡斯特罗还有一半的空军军力。中情局编造的故事是，攻击者是一位古巴空军投诚者，此人已在佛罗里达州降落。同一天，比斯尔派巴恩斯到纽约向美国驻联合国大使阿德莱·史蒂文森兜售这套剧本。

比斯尔和巴恩斯把史蒂文森当傻瓜耍，仿佛他是中情局特工似的。和国务卿科林·鲍威尔在美军入侵伊拉克前夕的做法一样，史蒂文森向全世界兜售中情局的说辞，不同的是，他第二天就发觉自己被耍了。

国务卿腊斯克本来就对中情局一肚子火，得知史蒂文森公开说谎被逮到顿时愣住了。几个小时之前，腊斯克才为了另一桩行动给新加坡总理李光耀发了一封正式道歉函[①]。新加坡秘密警察冲进中情局安全屋，撞见某位接受中情局贿赂的新加坡阁员正在接受测谎。美国主要盟友李光耀说，中情局站长开价 330 万美元要他不要再追究。

4 月 16 日星期日，下午 6 点，史蒂文森从纽约打电报给腊斯克，提醒他防范“在如此不协调的行动中重蹈 U-2 惨事覆辙的最严重风险”。晚上 9 点 30 分，总统国家安全顾问麦克乔治·邦迪打电话给杜勒斯的副手卡贝尔将军说，中情局不得对古巴发动空中袭击，除非“他们能从（猪湾）滩头机场执行任务”。晚上 10 点 15 分，卡贝尔和比斯尔急忙奔向 7 楼雅致的国务卿办公室。腊斯克告诉他们，中情局飞机可以为了保护滩头堡而介入战事，但不是去攻击古巴机场、港口或电台。卡贝尔写道 ：“他问我是否想跟总统谈谈，比斯尔先生和我印象最深刻的是，史蒂文森大使与联合国极为微妙的关系，以及对美国政治立场所构成的风险”——因比斯尔和巴恩斯的谎言所造成的形势，因此，“我们认为没有必要直接和总统谈”。比斯尔受困于自己的掩饰说辞，脱身不得之余便决定不作反抗。他在回忆录中把自己选择沉默归因于怯懦。

卡贝尔回中情局战情中心报告状况，埃斯特莱恩认真考虑是否要亲手杀了他。埃斯特莱恩说，中情局要那批古巴人“像待宰的鸭子般”在致命的滩头上等死。

中情局在尼加拉瓜的飞行员正在驾驶舱内热机，卡贝尔取消行动的命令刚好赶上。4 月 17 日星期一，早上 4 点 30 分，卡贝尔从家里打电话给腊斯克，并请求总统授权增派空中武力，保护装载弹药与军用补给的中情局船只。腊斯克打电话到弗吉尼亚欧拉谷别墅给肯尼迪总统，再转接给卡贝尔。

总统说，他不知道攻击日早上会有任何空中攻击行动。请求被驳回。

4 个小时之后，一架古巴“海怒”型战斗轰炸机突袭猪湾。美国训练出来的飞行员恩里克·卡列拉斯上尉是卡斯特罗空军的王牌。他锁定中情局从新奥尔良租用的旧货轮埃斯康迪多河号，在它东南角后方有一艘由“二战”登陆艇改装的布拉加号，船上有位叫格雷斯顿·林奇的中情局准军事行动军官，则以一挺 0.50 口径机关枪对古巴战机开火。卡列拉斯上尉发射一枚火箭，击中埃斯康迪多河号前甲板船栏下方 6 英尺处，又命中几十桶 55 加仑装的汽油。大火点燃前甲板存放的 3 000 加仑飞机燃油以及 145 吨的弹药。船员纷纷弃船逃命。货轮爆炸后的火球带出蘑菇云，向猪湾上空喷出半英里高。16 英里外，中情局突击指挥官罗伯逊站在古巴人死伤遍地的海滩上，还以为卡斯特罗投下原子弹了呢。

肯尼迪总统请海军司令阿利·伯克上将出马拯救中情局。伯克在 4 月 18 日说道 ：“没人知道该怎么办，就连中情局执行这次行动和全权负责行动的人也手足无措，不知到底发生了什么事。我们一直不甚了了，只被告知部分真相而已。”

卡斯特罗的古巴人和中情局的古巴人鏖战两昼夜，到了 4 月 18 日晚上，反抗军指挥官佩佩·桑·罗曼以无线电告诉林奇：“你们到底知不知道形势有多么严峻无望？你们到底是支持还是收手？……请不要抛弃我们。我们的坦克和火箭炮弹快用完了，天一亮就会受到坦克攻击。我不撤退，必要时我们会战到最后一刻。”天亮了，援军未至。罗曼对着无线电大吼：“我们弹药已尽，正在沙滩上苦战。速派援军。我们撑不住了。”他的手下站在及膝的海水里，先后遭到屠杀。

中情局的空中行动主管中午发电报告诉比斯尔：“以空中行动支持滩头堡完全不是我们所能掌控的，目前已损失 5 名古巴飞行员、6 名副驾驶，2 名美国飞行员和 1 名副驾驶。”总计共有 4 名中情局从阿拉巴马国民兵约聘而来的飞行员在此役中身亡。中情局多年来一直隐瞒他们的死因，不让他们的遗孀和家属知道。

空中行动主管在电报里说：“我们仍然有信心，静候您的指示。”比斯尔无法作出指示。4 月 19 日午后 2 点左右，罗曼大骂中情局，愤而将无线电打烂，放弃抵抗。在这 60 个小时里，古巴反抗军共计有 1 189 人被俘，114 人死亡。林奇写道：“我活了 37 年，第一次为我们国家感到惭愧。”

同一天，罗伯特·肯尼迪传了一张具有预言性质的短笺给总统老哥：“摊牌的时候已经到了，因为在这一两年内形势必大幅恶化。我们若不想苏联在古巴设置导弹基地，最好现在就决定我们该以什么行动来阻止它。”

“拿开溢水的桶子”

肯尼迪总统对两位助理说，艾伦·杜勒斯曾在总统办公室向他保证，猪湾行动必定会成功：“总统先生，当年我就站在这张办公桌前告诉艾克（艾森豪威尔），我确信危地马拉行动一定会成功。总统先生，这次计划的前景比那一次好多了。”他若真这样说过，就是撒下弥天大谎了。事实上，杜勒斯当年对艾森豪威尔说的是，危地马拉行动成功的概率充其量只有 1/5，若没有空中武力支持，成功率是零。

入侵古巴的时候，杜勒斯正在波多黎各演讲。他公然离开华盛顿原是欺瞒计划的一环，现在看来倒像是个弃舰而逃的舰长。罗伯特·肯尼迪忆述，他返回华盛顿时用颤巍巍的双手掩住脸，宛如“行尸走肉”。

1961 年 4 月 22 日，总统召开国家安全委员会会议[②]——他原本看不起这个政府工具。总统下令 “加速掩饰国内的古巴活动”（这不属于中情局的任务）

之后，又请新任白宫军事顾问马克斯韦尔·泰勒将军与杜勒斯、罗伯特·肯尼迪、伯克将军合作，彻底检验猪湾事件。当天下午，泰勒调查委员会开议，杜勒斯手里紧拽着 1955 年授权中情局执行秘密行动的 5412/2 号国家安全委员会命令（NSC 5412/2）出席。

杜勒斯在委员会上表示，“本人首先要承认，我认为中情局不应该管理准军事行动”——用一烟雾遮掩他这 10 年来坚定支持此种行动的事实。“但我也觉得，与其毁掉一切重新开始，不如好好审视现有的机制，排除确实超乎中情局能力的任务，然后加以整合，使它更有效率。我们应该查查 5412 号国家安全委员会命令，并以用别种处理准军事行动的方式来加以修正。要找个机关来完成这些任务很不容易。事情很难保密。”

泰勒委员会很快就向总统表明，需要以新的方式来管理秘密行动。最后的证人中有个一息尚存的老者，他用清晰的口吻谈论中情局最深刻的问题。沃尔特·比德尔·史密斯将军的证词，在今天听来依旧掷地有声：

> 问：我们如何在“民主”体制内有效运用所有资产，而毋需彻底改组政府？
>
> 将军：“民主”国家不能轻启战端，要开战，必须通过法律，赋予总统特别权限。一旦紧急状况结束，国民授予行政元首的权利和权限，必须归还给各州、各郡与人民。
>
> 问：我们常说，我们目前处于战争状态。
>
> 将军：是的，先生，这话没错。
>
> 问：你是在暗示我们应该授予总统战时权限？
>
> 将军：不。美国人民并不觉得现在处于战争状态，因此不愿做出开战所需的牺牲。战时，或者你也可以说，冷战的时候，我们需要一个可以秘密运作的非道德机关……我认为，中情局已经是盛名在外，秘密工作也许该换个机关了。
>
> 问：你认为我们应该取消中情局的秘密业务？
>
> 将军：是该拿开溢水的桶，换上别的桶了。

3 个月后，史密斯去世，享年 65 岁。

中情局督察长柯克帕特里克就“猪湾事件”写下检讨报告。他的结论是，杜勒斯和比斯尔没有正确且真实地告知前后两任总统与政府。柯克帕特里克说，倘若中情局还想继续运转，就得改善组织与管理。杜勒斯的副手卡贝尔则警告，万一这份报告落入不友善的人士手里，中情局肯定会完蛋。杜勒斯很认同，并亲自负责把报告处理掉。于是20份报告的副本有19份都被回收销毁了，仅剩的一份深藏不露近40年。

1961年9月，杜勒斯从中情局局长位置上退休时，工人仍在对富丽堂皇的中情局新总部进行最后装修。这是他争取多年的结果，新总部建在首都7英里外、波托马克河西岸弗吉尼亚州的林地里，他还特别选了《新约·约翰福音》第8章第32节的经文刻在中央大厅上："你们必晓得真理，真理必会让你们得到自由。"他的圆形浮雕像同样高挂中堂，有拉丁文铭曰："要找他的墓碑，请放眼四望"③。比斯尔多待了半年，后来他在秘密证词中坦承，他在秘密工作上所谓的专长其实是虚有其表,因为中情局并不是"可以找到专业能力的地方"。他离职时，总统为他戴上"国家安全勋章"。

总统说道："比斯尔先生崇高的目标、无穷的精力和坚定不移的奉献精神，堪为情报机关表率。他留下永恒的遗产。"④

这遗产的一部分即是破碎的信心，之后19年，没有一位总统会完全相信并信赖中情局。

你站在靶心上

猪湾事件后，肯尼迪总统震怒之余，起先恨不得废掉中情局，紧接着便将中情局的秘密工作从死亡漩涡里拉出来，交给他弟弟掌管。这是肯尼迪总统在任内最不高明的决定之一。当时只有35岁、以冷酷无情和酷爱搞秘密行动闻名的罗伯特·肯尼迪，出掌美国最敏感的秘密工作，其结果可想而知。兄弟俩以空前的强度大搞秘密行动。艾森豪威尔在任8年只发动170次中情局大型秘密行动，肯尼迪兄弟不到3年就发动了163次。

肯尼迪总统原本要任命弟弟当中情局局长，倒是罗伯特觉得经过猪湾事件之后，最好找一位能为总统提供政治保护的人。考虑了几个月之后，兄弟俩选中艾森豪威尔时期的元老政治家约翰·麦科恩。

麦科恩年近6旬，是极保守的加州共和党人、虔诚的罗马天主教徒、激昂的反共人士。若1960年大选是尼克松当选，他很可能就是国防部长。"二战"期间他在西岸从事造船业而发迹，后来当了国防部长福里斯特尔的副手。新设的国防部在1948年提出的第一份预算，就出自他的手笔。他在朝鲜战争期间担任空军副部长，是让美国真正成为战后第一个全球军事强国的功臣。在艾森豪威尔总统时期，他担任"原子能委员会"主席，负责监督全美核武器工厂，并在国家安全委员会占有一席之地。麦科恩的秘密业务新主管赫尔姆斯形容他“白发、红颜、步伐轻快，穿着笔挺的黑西装，戴着无框眼镜，态度冷漠并且自信满怀”。

他的首席行政官雷德·怀特说，新局长“不是人人喜欢的那种人，但是后来和罗伯特·肯尼迪走得很近”。麦科恩起初会跟罗伯特走得近，是因为把他当成同教派人士与反共伙伴的缘故。这位司法部长位于希考利山庄的白色大宅院，距中情局新总部只有几百码，所以罗伯特常在每天上午到市中心的司法部上班途中顺道到中情局，时间通常是在早上 8 点麦科恩每日例行的幕僚会议之后。

麦科恩留下的每日记录一丝不苟，这些记录详尽记载了他的工作、想法和谈话，很多是到了 2003 和 2004 年才解密。他的备忘录上写着他担任局长期间的点点滴滴，连同好几千页由肯尼迪总统秘密录音的白宫谈话。其中有很多也是在 2003 与 2004 年才转誊为文字，详尽地勾勒出冷战期间最危险的岁月。

麦科恩就职前就试着了解中情局业务全貌[5]，他在杜勒斯和比斯尔陪同下走访欧洲，接着又前往马尼拉北部山区度假胜地，出席远东地区工作站站长会议，并埋首案牍细加研究。

不过，杜勒斯和比斯尔还是保留了一些细节。他们认为不适合告诉麦科恩中情局规模最大、历时最长，也是在国内最违法的业务：拆阅往来美国的平信。从 1952 年开始，就有长驻纽约国际机场邮政机关的中情局安全官拆开信封，再由安格尔顿手下的反情报人员过滤情报。猪湾事件后暂时搁置的暗杀卡斯特罗计划，杜勒斯和比斯尔也没告诉麦科恩。麦科恩局长过了大约 2 年才得知暗杀计划，至于偷拆邮件的事，他则是在全国都知道了之后才略有耳闻。

“猪湾事件”之后，人人都劝肯尼迪总统重建他在就职后废除的秘密行动评核组织。于是，总统的国外情报顾问委员会恢复了。“特别小组”（后来更名为“303 委员会”）重新建制，监督特勤机关。委员会主席就是随后 4 年担任国家安全顾问的麦克乔治·邦迪：他是出身格罗顿和耶鲁的哈佛大学理工学院前院长。委员则包括麦科恩、参联会主席、国防部与国务院高级副主管。尽管如此，一直到肯尼迪政府末期，中情局要不要和特别小组会商，还是取决于秘密行动的主事官。麦科恩和特别小组所知不多或毫无所知的秘密行动不在少数[6]。

1961 年 11 月，约翰和罗伯特·肯尼迪兄弟暗中成立秘密行动的规划组织：“特别小组”（扩编），成为肯尼迪总统的御用机关，其使命只有一个，就是废掉卡斯特罗。11 月 20 日夜里，麦科恩就任局长 9 天前，在家里接到一个电话，总统传唤他到白宫。第二天下午他来到白宫，发现肯尼迪兄弟由身形高瘦的53岁准将埃德·兰斯代尔作陪。此人的专长是反游击战，他因靠美国机巧、钞票和蛇油赢得第三世界的心而出名。他从朝鲜战争前就在中情局和五角大楼服务，曾被威斯纳派驻马尼拉和西贡，协助过两地的亲美领袖掌权。

兰斯代尔的新职是“特别小组”（扩编）行动组长。麦科恩的中情局档案记载道：“总统解释说，兰斯代尔奉司法部长的指示，一直在研究可行的古巴行动。总统希望在两个星期内能提交一份立即行动的计划，司法部长则非常关注古巴问题以及立即行动的必要性。”麦科恩告诉他们，猪湾事件后，中情局和肯尼迪政府内其他人士一直处在震惊状态中，“一动不如一静，所以我们做的很少”。

麦科恩认为，除了开战，别的都不可能打倒卡斯特罗。他更相信，不管是不是秘密行动，都不适合由中情局来发动战争。他告诉总统，不能再把中情局视为“‘斗篷与剑’的机关……推翻政府、暗杀国家元首、插手外国政治事务”。他提醒总统说，中情局法定的基本任务是“整合所有的情报”，加以分析、评估，然后提报白宫。在麦科恩起草并经总统签署的书面命令中，肯尼迪兄弟都同意他是“政府首席情报官员”，他的使命则是“妥善协调、比对与评估各方所搜集的情报”。

此外，麦科恩也认为，自己的使命是为总统草拟美国的外交政策，但这并不是，也不该是一国首席情报官员的任务。不过，尽管他的判断往往比政府最高层的那些哈佛人更正确，他很快便发现，肯尼迪兄弟对他和中情局应该如何为美国利益服务有很多新奇的点子。麦科恩在肯尼迪总统主持他宣誓就职当天，就已发现将由自己、总统和油腔滑调的兰斯代尔3人共同对付卡斯特罗。

总统主持宣誓仪式时告诉麦科恩：“现在你就站在靶心上，欢迎你到位。”

根本不可能

总统从一开始就要麦科恩设法打穿柏林墙。柏林墙是1961年8月建立的，首先是倒钩铁丝网，然后是钢筋水泥。它是苏联人离谱的谎言再也挡不住东德人逃亡的铁证，是西方世界政治与宣传的意外大收获，也是中情局千载难逢的机会。

围墙竖起来的那个星期，肯尼迪就派副总统约翰逊前往柏林，听取中情局基地主管比尔·格雷弗最高机密简报。约翰逊瞠目结舌地望着中情局东德特工的那张详细分布图表。

当时在柏林基地行情正看涨的哈维兰·史密斯说："我看过这张简报图表。按照格雷弗的说法，我们在苏联情报中心有特工，在波兰军事代表团、捷克军事代表团有特工，都已经渗透到东柏林的眼珠子里了。然而，要是你知道内情，自然就知道所谓渗透到波兰军事代表团的家伙，其实不过是在街角卖报纸。你也会知道，在苏联军事情报机关搞大渗透的是个修屋顶的师傅。"

他说："柏林是个大骗局。"中情局向美国下任总统谎报柏林工作站的成就。当时担任中情局东欧分部部长的戴维·墨菲在围墙筑起后的第二个星期，到白宫会见总统。他说："肯尼迪政府逼得很紧，老劝我们规划准军事秘密行动并（在东德）挑动异议"，但"在东德搞活动根本是不可能的事"。

个中原因在墨菲本人起草、2006 年 6 月解密的伤害评估报告文件中，终于真相大白。

1961 年 11 月 6 日，西德反情报首长海因茨·费尔飞被自己的安全警察逮捕。费尔飞原是纳粹死硬派，1951 年，也就是中情局接收该组织 2 年之后，他加入盖伦组织，迅速窜升。1955 年该组织成为西德联邦情报局（BND）后，他仍是一路扶摇直上。

然而，费尔飞一直为苏联工作。他渗透进西德情报机关，再借此渗入中情局工作站和基地。此外，他也利用并欺骗中情局驻德官员，使得他们后来也搞不清楚从铁幕后方搜集来的情报是真是假。

费尔飞可以"发起、指导或中止西德联邦情报局的行动，后来中情局有些行动也受他左右"，墨菲悻悻地指出。从 1959 年 6 月到 1961 年 11 月，每一次中情局重要行动的主要细节，费尔飞都向东德国家情报局透露，其中包括大约 70 次重大秘密活动、100 多名中情局官员的身份和近 1.5 万件秘密。

中情局在德国和东欧各地一事无成，而且还得花上 10 年时间来弥补损害。

总统要马上行动

柏林围墙，乃至其他世界大事，都不及肯尼迪兄弟想挽回在猪湾损失的家族荣誉的欲望强烈。罗伯特·肯尼迪在 1962 年 1 月 19 日这么告诉麦科恩，推翻卡斯特罗"是美国政府的首要任务，花再多的时间、金钱、努力或人力都不足惜"。然而，新局长却提醒他，中情局能依靠的真正情报并不多。他告诉司法部长："目前在古巴境内的 27 或 28 名特工，其中只有 12 位还有联系，而且这些联系都是断断续续的。" 4 个星期之前，7 名古巴人潜入猪湾后即遭逮捕。

在罗伯特·肯尼迪的命令下，兰斯代尔替中情局拟了一份应办事项清单：

吸收和部署天主教堂及古巴地下组织以对抗卡斯特罗，从内部分裂卡斯特罗政权，破坏其经济，颠覆秘密警察，以生化战摧毁其农作物，在1962年11月下届国会选举前改变古巴政局。

认识兰斯代尔已有10年的战情局老手、新任古巴科副科长哈尔彭说："兰斯代尔的气焰不可一世，有些人认为他像个魔术家，我可以告诉各位他的真面目：他基本上是个骗子，是那种麦迪逊大道上'穿灰色法兰绒西装的人'（原指20世纪50年代斯隆·威尔逊所著的畅销书，曾改编为电影《一袭灰衣万缕情》，由格里高利·派克担纲演出。——译者注）。看看他所提的除掉卡斯特罗和卡斯特罗政权的计划，全是一派胡言。"他的计划可以浓缩成一句空洞的承诺：不必出动陆战队就可推翻卡斯特罗。

哈尔彭告诉赫尔姆斯："这是华盛顿特区内的政治行为，与美国国家安全毫无关系。"他警告说，中情局完全没有古巴的相关情报，"我们不晓得形势如何。我们无法通过他们的政治组织和结构获得战斗顺序方面的信息。谁讨厌谁？谁喜欢谁？我们全然不知"。这情形和40年后中情局遭遇伊拉克时所面临的问题完全一样。

赫尔姆斯认同他的说法，这计划果然是痴人说梦。

肯尼迪兄弟却不爱听这种话：他们要的是以迅速且秘密的破坏行动推翻卡斯特罗。司法部长吼道："我们得赶快动手，总统要马上行动。"赫尔姆斯帅气地敬了个礼，立即着手成立一个直接向兰斯代尔和罗伯特·肯尼迪负责的独立任务小组。他从世界各地招揽人手，成立迄今为止中情局最大规模的和平时期情报行动组织，总计动员了迈阿密附近的中情局官员600人，近5 000名约聘人员，以及加勒比海地区第三大海军舰队，其中包括潜艇、巡逻艇、海防快艇和海上飞机，并以关塔那摩湾为基地。赫尔姆斯说，五角大楼和白宫也提出一些"白痴计划"，譬如炸掉一艘停泊在关塔那摩港的美国船只，佯称是恐怖分子攻击美国航道，从而将入侵的借口合理化。

行动需要代号，哈尔彭建议采用"猫鼬"（是一种灵活轻巧、强悍凶狠的小型肉食动物。——译者注）。

当然没有书面证据

赫尔姆斯选中建造"柏林通道"的哈维来领导猫鼬小组，哈维则以美国海盗威廉·沃克之名，称该计划为"W任务小组"——沃克于19世纪50年代率领私人军队进入中美洲，并自立为尼加拉瓜皇帝。除非你了解哈维的为人，否则定会觉得这代号选得很奇怪。

哈维以中情局“詹姆斯·邦德”之名被介绍给肯尼迪兄弟。这样的介绍词似乎让酷爱伊恩·弗莱明间谍小说的肯尼迪总统颇感困惑，因为邦德和哈维除了都爱喝马提尼酒这一点外，可说全无相同之处。总是揣着一把手枪的哈维，身形肥胖，眼睛凸出，午餐会上喝双份酒，一路咒骂着回家。麦科恩的执行助理沃尔特·埃尔德说，罗伯特·肯尼迪要“迅速行动，快速回报”。可是“哈维既没有迅速行动，也没有快速回报”。

他倒是有个秘密武器。

白宫两度下令中情局成立暗杀队。1975 年比斯尔在参院调查人员和总统委员会的严密盘问之下，答称这些命令出自国家安全顾问麦克乔治·邦迪，以及邦迪的助理沃尔特·罗斯托，又说除非所提的计划肯定能获得总统批准，总统的人马一般不太给人鼓励。⑦

比斯尔把命令交给哈维，哈维则遵照办理。哈维以柏林基地主管身份于 1959 年 9 月回到总部，接手主管秘密行动的 D 分部。该部的官员无所不为，譬如会闯进外国使馆偷取密码册和暗号本，供国家安全局窃听人员使用。他们自称“夜贼”，他们的本事则从开锁到盗窃不一而足，而且和各国犯罪集团都有联系，随时可以用美国国家安全委员会之名，叫他们闯空门、绑架使馆信差，或者杀人抢劫。

1962 年 2 月，哈维成立了一个代号“步枪”的执行行动组，请了一位住在卢森堡，但没有国籍的外国特工，以约聘身份为 D 分部工作。哈维打算利用他干掉卡斯特罗。

中情局的记录显示，哈维在 1962 年 4 月实施第二个方案。他在纽约会晤黑帮成员约翰·罗塞里。他从中情局医务处处长爱德华·冈恩医生那儿挑了一包毒药，打算投进卡斯特罗的茶或咖啡里，然后他驱车到迈阿密，把毒药和一卡车武器交给罗塞里。

1962 年 5 月 7 日，中情局法律总顾问休斯敦和安全事务主管爱德华兹，向司法部长简报步枪计划详情。罗伯特·肯尼迪“气疯了”，他气的不是暗杀计划，而是把黑手党扯了进来。但他也没有阻止中情局要卡斯特罗的命。

3 个月前接下秘密行动处主管职务的赫尔姆斯，批准哈维进行步枪计划。他认为白宫既然要银弹，中情局就有责任去找。他觉得最好不要告诉麦科恩。他的判断很正确，因为局长一定会从宗教、法律和政治方面提出强烈反对。

笔者曾亲自问过赫尔姆斯：肯尼迪总统真的想要卡斯特罗的命？他淡淡地说：“书面上当然什么证据也没有，但我绝对肯定他确实有这个意思。”

赫尔姆斯认为和平时期搞政治暗杀，虽有点道德错乱，但其中也有些实务考虑。他说道："一旦涉入杀害外国领袖，而且政府兴起这种念头的时候，比一般人愿意承认的多。那么问题来了，下一个被杀的是谁？你杀了别人的领袖，他们为什么不能杀你的领袖？"⑧

真的不确定

麦科恩忆述接下中情局局长的时候，"中情局多灾多难"，而且"士气荡然无存，所以我的当务之急是设法重建信心"。⑨

然而，中情局在他就任后仍闹了半年之久。麦科恩开除好几百名秘密行动处的官员——副局长马歇尔·卡特将军指出，首先针对的是那些"容易出事的人"、"爱打老婆的人"和"爱酗酒的人"。这轮大清仓和猪湾事件余波，加上白宫几乎天天盯着古巴问题，使大家"真的不确定中情局还有什么前途"，麦科恩的执行长柯克帕特里克在 1962 年 7 月 26 日备忘录中这么告诉局长，并建议也许"应该立即做点什么来恢复局里的士气"。

赫尔姆斯认定唯一的解决之道是重拾谍报业务。他惶惑不安地把优秀人才从已瘫痪的苏联分部和东欧分部调到古巴。他在弗罗里达有几位手下，很清楚如何管理东柏林等共产党控制下的特工和信差。中情局已在欧帕罗卡成立汇报中心，访谈了数千名搭乘商用客机或私人小船离开古巴的人。该中心大约盘问了 1 300 名古巴难民。他们向中情局提供古巴政治、军事与经济情报，以及文件、衣服、钱币、香烟等日常生活用品，以便特工乔装潜入古巴岛。迈阿密工作站宣称，1962 年夏天时，已有 45 名情报人员潜入古巴搜集情报，其实有些是到弗罗里达参加中情局 10 日速成班的，时间一到就搭快艇在夜色掩护下各归本位。耗资 5 000 万美元的猫鼬行动，唯一成就就是在古巴内部建立了这个小小的谍报网。

罗伯特·肯尼迪一再呼吁出动突击队暗中炸掉古巴的发电厂、工厂和糖厂，却都是徒劳。"中情局到底是不是真的想发动这种攻势？"兰斯代尔问哈维。"为什么现在称这种攻势是一种'可能'？"哈维答称，要成立一支有能力推翻卡斯特罗的武装力量，势必再花上 2 年时间和 1 亿美元。

中情局忙于执行秘密任务，没有注意到一桩危及美国存亡的威胁正在古巴酝酿。

本章注释

① 想买收新加坡政府的站长叫阿特·雅各布斯，是威斯纳在法学院时的朋友，身形瘦小，人称“小巫师”。当时在美国驻马来西亚大使馆当政治官的哈特大使说：“我们在新加坡碰到一个坏人，是中情局受薪名单上的一位内阁成员。有天晚上，他们把他带到安全屋测谎……新加坡秘密警察冲了进来，当场逮到那位正在接受测谎的阁员。”至于腊斯克给李光耀的道歉函则这样说道：“总理先生：本人深感苦恼……非常遗憾……不幸事件……不当行为……很严重……检讨这些官员的行为，可能会进行惩罚。”

② 肯尼迪已经把控制秘密权力运用的白宫内部网线通通拆掉。艾森豪威尔是通过类似军队般严谨的参谋系统施行总统权力，肯尼迪则把它当皮球踢。肯尼迪就职没几天就已废除情报顾问委员会与行动协调会。这些机制当然不尽完美，但有总是聊胜于无。猪湾事件后的国家安全委员会是肯尼迪政府第一次严肃讨论秘密行动的圆桌会议。

③ 原为伦敦大火后重建圣伯禄大教堂的克里斯托弗·雷恩爵士的墓志铭。

④ 比斯尔认为自己留给中情局“一份仍未被历史遗忘，甚至永远不会被遗忘的遗产”。在 1996 年解密的秘密证词中，比斯尔对中情局的秘密工作提出这样的评价：“由于个人的缺失和弱点的缘故，我觉得 20 世纪 60 年代的中情局有着相当可悲的记录……检视宣传战、准军事行动、政治活动等各种秘密活动，就会发现秘密工作机关并不是可以找到专业能力的地方。”比斯尔说，在中情局里，军事技能、政治和经济分析能力等都不能得到培养，它已经变成一个秘密官僚机构，而且是“很滑头”的机构。

⑤ 麦科恩在全球视察途中，于 1961 年 10 月在菲律宾北部山区观光胜地碧瑶，召开远东区工作站长会议，选定一位新副局长为首席情报分析员，此人即是台北工作站站长克莱因。

⑥ 麦科恩始终不知道自己的任命案引发了中情局内部大骚动。邦迪对总统说道：“我低估了中情局内第二、第三级人员的反弹力道，不少很好的人才都惶惶不安。”主管情报处的副局长罗伯特·艾默里，称麦科恩任命案是“廉价的政治动作”。另有些人担心麦科恩会把中情局出卖给白宫新贵，秘密行动处则不满局外人入主。

⑦ 肯尼迪总统是否授权中情局暗杀卡斯特罗的问题，比斯尔于 1975 年

在由副总统纳尔逊·洛克菲勒所主持的委员会上所作的回答，笔者就觉得很满意：

问：所有的暗杀和暗杀企图都得取得最高当局批准?

答：是的。

问：来自总统?

答：正是。

⑧ 如今，中情局又重拾设定杀害目标的勾当，赫尔姆斯对话全文值得再三玩味。他在 1978 年说道：“我们暂且抛开神学观念和好人的道德观，抛开之后立即会面临一个现实，也就是一旦请别人去杀人，马上就会遭到个人与政府的勒索。简言之，一旦涉入杀害外国领袖事件，而且政府时时兴起这种念头，只是一般人不愿承认。那么问题就来了，你杀了别人的领袖，他们为什么不能杀你的领袖?”这个问题自 1963 年 11 月 22 日之后，便时时在赫尔姆斯心头萦绕不去。

⑨ 麦科恩在 1970 年 8 月 19 日的口述中，回顾了自己被提名为中情局局长后第一次和肯尼迪见面的情形。肯尼迪说：“除了艾伦·杜勒斯，这次讨论只有麦克纳马拉和他的副手罗斯韦尔·吉尔帕特里克、腊斯克、安德森参议员(参院原子能委员会主席)4 个人知道。”他还说：“我之所以不想让别人知道，是因为一旦在地下室工作的那些自由派混蛋得知我与你的这些谈话，恐怕你还没获得参院认可就被他们毁掉了。”

第18章

站在核战争的边缘——古巴导弹危机

1962 年 7 月 30 日星期一，肯尼迪走进办公室，打开他上周末才吩咐安装的崭新录音系统。他录下的第一段对话，是关于推翻巴西政府和罢黜巴西总统乔奥・古拉特的计谋。

肯尼迪和驻巴西大使林肯・戈登商议，投入 800 万美元左右下次大选，并打下反古拉特军事政变的基础，戈登大使告诉总统："必要时把他赶走。"中情局驻巴西工作站可以"明确而审慎地表明，我们未必反对各种形式的军事行动，只要确定军事行动的原因是……"

"……对付左派。"总统接话道。他不容巴西或别的西半球国家变成第二个古巴。

于是，中情局的钱开始源源不断地流入巴西政治圈。流通渠道之一，便是"美国全国劳联"（AFL-CIO，知情的英国外交人士称之为 AFL-CIA）所属的"美国自由劳工发展协会"，另一个渠道是新成立的巴西工商与民间领袖组织 "社会调查研究协会"。受款者都是反古拉特总统，且与新任美国武官弗农・沃尔特斯（日后出任中情局副局长）有密切联系的巴西政治与军事官员。这些投资不到 2 年就有了回报。①

2001 年才誊写成文字的白宫录音带，记录着白宫秘密行动计划的每日进展。

1962 年 8 月 8 日，麦科恩到白宫见总统，讨论空投数百名台湾当局官兵到中国大陆的得失。总统已批准此项准军事行动，但麦科恩仍有疑虑。麦科恩告诉总统，毛泽东有"地对空导弹"，而且上回中情局派 U-2 飞行侦察，从中国台湾起飞后 12 分钟就被中国大陆雷达发现与追踪。肯尼迪的国家安全委员会助理迈克尔・福里斯特尔（国防部长福里斯特尔的儿子）说道："这下可好玩了，我们也给总统来个 U-2 惨事。”“这回要拿什么做掩饰呢？”总统开起玩笑。大伙儿都笑了起来。1 个月后，解放军果真击落一架 U-2 侦察机。

8 月 9 日，赫尔姆斯前往白宫讨论推翻距古巴 30 英里的海地政权的可行性。海地独裁者弗朗索瓦・杜瓦利埃一直将美国经济援助中饱私囊，并利用美国的军事支持来支撑他的腐败政权。肯尼迪总统已授权发动政变，中情局也已将武器交给不惜任何手段推翻杜瓦利埃政府的异见人士。要不要杀杜瓦利埃的问题已衡量过了，麦科恩也已批准行动。

但中情局却进展缓慢。赫尔姆斯说道：“恕我多说一句，总统先生，这计划好像不太行得通。”他提醒说，杜瓦利埃的“打手队”是“一支不择手段的武力”，因而“使得政变计划岌岌可危”。中情局吸收来的最优秀特工虽是海地海防队前首长，但缺乏执行政变的意志或手段。赫尔姆斯认为成功的希望渺茫。总统告诉赫尔姆斯：“要是找不到人合作，再来场政变的确没什么好处。”

8 月 10 日，麦科恩、罗伯特・肯尼迪与国防部长麦克纳马拉，在国务院 7 楼会议厅和国务卿腊斯克开会。讨论主题是古巴。[②] 麦科恩还记得有人“提议肃清卡斯特罗政权最高层人士”，诸如卡斯特罗和他的弟弟、国防部长劳尔（刚从莫斯科采购军火归国）。麦科恩觉得这种想法很可恶，他认为即将有个更大的危机。他预测苏联会运交核武器给卡斯特罗——具有攻击美国本土能力的中程弹道导弹。他已经担心了 4 个多月，但除了直觉，他并没有任何情报佐证。　　麦科恩是唯一看清威胁的人：“如果我是赫鲁晓夫，我一定会把攻击型导弹放在古巴，然后用我的皮鞋敲着桌子对美国说，‘瞧瞧炮管朝哪里再谈变革如何？’我们还是来谈谈柏林和我选定的其他话题吧。”没人相信麦科恩的话。麦科恩时代的中情局史指出：“专家们一致且坚决认为，这是绝不可能的事。他完全是孤军奋战。”

另外，各界也越来越怀疑中情局预测苏联行为的能力。该局的分析已连续错了 10 年之久。1962 年参加众院小组委员会审查中情局秘密预算的前总统福特说：“中情局一插进来就说三道四，指出苏联会怎么对付我们，描绘最可怕的景象，说什么我们会沦为二流国家，苏联会变成一流国家。他们在墙上钉着各式图表和数字，他们的结论是在 10 年之内，美国的军力和经济增长都会落后于苏联。这是很恐怖的报告。其实他们完全错了，然而他们就是我们最优秀的人才，就是中情局所谓的专家。”

全世界最危险的地区

1962 年 8 月 15 日，麦科恩重回白宫，讨论如何推翻英属圭亚那的总理切迪·贾根。圭亚那也就是位于南美加勒比海泥地中的破落殖民地。

身为殖民农场工人后裔的贾根，是个接受了美国教育的牙医，他娶了芝加哥出身的马克思主义者珍妮特·罗森堡。他第一次当选是在 1953 年，之后不久丘吉尔悬置殖民地宪法，下令解散政府，并将贾根夫妇拘捕下狱，直到英国恢复宪法政府才予释放。贾根已两度连任，曾在 1961 年 10 月访美，是白宫总统办公室的座上客。

贾根回忆："我去见肯尼迪总统是为了寻求美国协助，以及他个人支持我们从英国独立。他很讨人喜欢，让人有如沐春风之感。现在美国却担心我会把圭亚那交给苏联人。我说：'如果你担心的是这个，请不必担心。'我们不会有苏联基地。"

肯尼迪曾在 1961 年 11 月接受《消息报》主编（赫鲁晓夫的女婿）专访时公开宣称："美国支持每一个民族都有权自由选择其政府形态的理念"，贾根或许是"马克思主义者，但美国不会反对，因为这是公正选举的结果，而他赢了选举"。

其实，肯尼迪早已决定利用中情局罢黜贾根。贾根刚离开白宫不久，冷战就在圭亚那首都乔治敦热了起来，很多前所未闻的电台开始广播，公务员举行罢工，百余人在暴动中丧生。工会组织接受"美国自由工人发展协会"的金钱和建议之后开始造反，而协会接受的则是中情局的钱和建议。白宫特别助理和肯尼迪家族史专家阿瑟·施莱辛格问肯尼迪总统："中情局真觉得自己可以执行秘密工作？也就是说，不管贾根是输是赢，就算他心有疑虑，中情局行动也绝不会留下有形的痕迹，让他抓到美国介入圭亚那政治的证据？"

1962 年 8 月 15 日，总统、麦科恩和国家安全顾问麦克乔治·邦迪在白宫内决定，动手的时候到了。总统发动了一场耗资 200 万美元的活动，终于把贾根赶下台③。事后肯尼迪总统向英国首相麦克米伦解释说："拉丁美洲是全世界最危险的地区，英属圭亚那出现共产政府……会对美国军队打击古巴形成不可抗拒的压力。"

在决定贾根命运的 8 月 15 日会议中，麦科恩交给总统一份中情局反游击战新理论报告，还有一份清单，列出了正在越南、老挝、泰国、伊朗、巴基斯坦、玻利维亚、哥伦比亚、多米尼加、厄瓜多尔、危地马拉和委内瑞拉 11 个国家进行的秘密行动。麦科恩告诉总统，这份文件"属于高度机密，因为它和盘托出所有的龌龊勾当”。邦迪笑道：“也是你的罪行的绝佳集成。”

8 月 21 日，罗伯特・肯尼迪问麦科恩，中情局能否佯攻关塔那摩湾美军基地，为美国制造入侵古巴的借口。麦科恩面有难色，第二天便私下告诉肯尼迪总统，入侵可能是个致命的错误。此外，他首次提醒总统说，他认为苏联可能正在古巴部署中程弹道导弹。若是如此,美国偷袭可能会引发核战争。因此，他主张提高民众警觉，让大家知道苏联在古巴设导弹基地的可能性。总统立即否决，反而觉得倘若真有苏联导弹基地存在，是否需要出动中情局游击队或美军予以摧毁。那时候，除了麦科恩，没人相信古巴有苏联导弹基地。

8 月 22 日下午 6 点之后不久，总统办公室内正在延续此话题，但多了一位肯尼迪最信任的泰勒将军参加。总统希望在讨论古巴问题之前，先谈谈另外两个秘密行动计划。第一个是正在研究中的计划，即下周空投两名国民党士兵到中国大陆，第二个则是中情局窃听华盛顿记者团计划。

总统问：“汉森・鲍德温的事办得怎么样了？”④ 4 个星期前，《纽约时报》国家安全问题记者鲍德温发表了一篇详尽报道，述及苏联将建造水泥掩蔽壕以保护洲际弹道导弹的发射地,报道的内容正是中情局最新全国情报评估的结论。

总统于是命令麦科恩成立一个国内任务小组，防止政府机密流向媒体。这项命令违反了中情局章程不得在国内从事间谍业务的规定。其实早在尼克松利用中情局老手成立“管子工”小组防止新闻泄露之前，肯尼迪就已利用中情局监视美国人民了。

麦科恩稍后向总统表示：“中情局完全同意……成立此任务小组，并以持续的调查小组形式向我负责。”中情局从 1962 到 1965 年间，一直在监视鲍德温和另外 4 名记者，包括他们的消息来源。肯尼迪命令中情局局长执行国内监视计划创下先例，约翰逊、尼克松和小布什总统只是萧规曹随而已。

这次白宫会议的话题终于又转回到卡斯特罗身上。麦科恩告诉总统，这 7 个星期来，已有 38 艘苏联船只停靠古巴，船上货物“可能含有导弹零件，虽然我们不得而知”，但不管有没有，苏联总会帮助古巴提升军力。总统问：“这个问题应该跟是否建立导弹基地分开处理吧？”麦科恩说：“不，我认为两者息息相关。我认为他们是在双管齐下。”

第二天，麦科恩离开华盛顿去度蜜月。丧妻不久刚再婚的他，打算到巴黎和法国南部度假。他写信给总统说：“我乐于随时奉召。要是你真打电话来，我心中的罪恶感便可稍微减轻。”

把报告放进箱子里钉起来

8 月 29 日，一架 U-2 侦察机飞过古巴，所拍得的胶片连夜冲洗。8 月 30 日，中情局分析人员对着幻灯光片低头细看，蓦地叫了起来 ："我找到 SAM 了！是 SA-2'地对空导弹'，也就是在苏联上空打下 U-2 的同型武器。"同一天，另一架 U-2 飞越苏联领空时被侦测到，此举违反了美方保证，立即招来莫斯科的正式抗议。

麦科恩在日后表示，古巴有地对空导弹的消息，使得白宫"理所当然地不愿或不敢"再批准新飞行计划。总统命令暂代局长职务的卡特将军隐藏报告 ："放进箱子里钉起来。"他不能让国际紧张局势变成国内的政治动荡，尤其是在离选举只剩两个月的时候。谁知，9 月 9 日这一天，另一架 U-2 在中国上空也遭击落。用中情局报告里的话来说，现在国务院和五角大楼"普遍带着厌恶，或最起码是不安的情绪"，看待 U-2 侦察机和侦察风险。愤怒的邦迪在腊斯克催促下，以总统名义取消预定的 U-2 侦察古巴飞行，并召来主管"空中侦察委员会"的中情局老手詹姆斯 · 雷伯。"规划这些任务的人是不是想开战？"麦克乔治 · 邦迪不客气地问道。

9 月 11 日，肯尼迪总统禁止 U-2 飞越古巴领空。4 天后，第一批苏联中程导弹停靠古巴马里埃尔港，但相片在这历史关键时刻出现一个盲点了，持续达 45 天之久。

麦科恩通过电报，从法国里维拉不断督导中情局总部，此时便指示总部应提醒白宫可能有"奇袭危机"。总部并没有遵照执行。中情局估计古巴境内有 1 万名苏军，实际数目却是 4.3 万名，认为古巴军力为 10 万人，其实是 27.5 万人。中情局断然否定苏联在古巴建立核武器基地的可能性。

中情局顶尖专家在 9 月 19 日的《国家情报评估特别报告》里说 ："在古巴领土上成立一支可以用来对付美国的核攻击部队与苏联政策不符。"惊疑不定的中情局说 ："苏联对古巴的未来军事计划，可能连他们自己也不确定。"这是典型的制造幻象的手法。这一评估在中情局 40 年的误判史上本来居于最高峰，直到最近中情局对伊拉克军事形势的分析出错才被盖过。麦科恩独持异议，9 月 20 日，他在蜜月期间最后一次发电报回总部，敦促局里三思。分析员叹了口气，然后再看看一位路边观察员在 8 天前发回来的消息。这位在情报阶层中处于最低阶的古巴工作员报告说，圣克里斯托巴镇附近有一支由 70 英尺长的苏联拖车队，正在搬运一批用帆布盖住、有电话杆大小的神秘货物。中情局的哈尔彭说 ："我没听过他的名字，这位工作人员是'猫鼬'计划的唯一成绩。

他告诉我们，有件奇怪的事……空中侦察委员会讨论了10天，终于批准再进行一次侦察飞行。”

10月4日，麦科恩一回工作岗位就对白宫禁止U-2侦察飞行十分生气。近5个星期，美国完全没有进行侦察古巴飞行。他和罗伯特·肯尼迪在“特别小组”（扩编）会议上,就是谁禁止飞行侦察问题“发生相当（激烈）的讨论”。禁止的人当然是总统。罗伯特虽承认有必要搜集更多古巴相关情报，但也表示总统最想要的是多进行一些破坏行动：“他敦促展开‘大规模行动’。”他责成麦科恩和兰斯代尔派遣特工潜入古巴探查各大港口，绑架古巴士兵来盘问。这个命令促成10月间最后一次“猫鼬”任务，中情局在核弹危机最高潮时，用潜艇派出50名特工和破坏工作专家到古巴。

就在美国情报大乱的时候，99枚核弹头导弹在10月4日神不知鬼不觉地进入古巴，每一枚的威力都是杜鲁门在广岛投掷的原子弹的70倍以上。就凭这一次隐秘行动,苏联已对美国造成加倍的伤害。10月5日,麦科恩来到白宫,力主国家安全系于U-2侦察古巴行动。邦迪则嘲弄说，就算真有威胁，中情局也查不出来。

近乎彻底的情报震惊

中情局发现导弹10天之后，将此事描绘为成功业绩，然而当时的掌权者鲜有人这样认为。

总统国外情报委员会几个月后的报告指出：“苏联在古巴导入和部署战略导弹，之所以会让美国彻底震惊，主要是由于评估与回报情报指针的分析方法和功能失调所致。”报告中说中情局对总统“服务不佳”，又说它“未能向政府主要官员提供最正确的（苏联局势）面貌”。此外，该委员会发现“潜伏在古巴的秘密特工不足”，以及“未能妥善运用空中摄像侦察”，并在结论中说“古巴形势方面的情报处理方式，可能是情报系统最严重的缺失，若不加以改正，可能会酿成最严重的后果”。缺失仍然没有改正。2002年美国未能查知伊拉克军火实情，情况大致相同。

不过，在麦科恩的坚持之下，相片落差终于填上了。10月14日拂晓时分，由战略空军指挥部理乍得·海泽少校驾驶的U-2侦察机飞过古巴西部，6分钟内便拍下928张照片。24小时后，中情局分析人员瞠目结舌地望着前所未见的最大型苏联武器。10月15日这天，他们整天都在比较U-2照片和每年劳动节莫斯科阅兵时所拍到的苏联导弹照片,再查对去年由苏联军事情报局（GRU）

潘科夫斯基上校⑤所提供的规格说明书手册。潘科夫斯基从 1960 年夏天开始花了 4 个月时间设法接触中情局，可惜中情局官员太没有经验、太小心、太害怕，不敢敲定交易。最后，他联络上英国情报机关，英方再和驻伦敦的中情局人员合作。他冒着极大的风险把近 5 000 页文件偷出来，其中大部分是军事技术和理论方面的文件。他是自动投诚的，也是中情局第一位很有分量的苏联特工。可惜 U-2 照片送到华盛顿刚一个星期，潘科夫斯基就被苏联情报机关逮捕。

到了 10 月 15 日傍晚，中情局分析人员已经知道，照片中的 SS-4 中程弹道导弹，具有携带 1 兆吨弹头从古巴西部打到华盛顿的能力。

这时，肯尼迪总统正在纽约为 3 周后 11 月的选举候选人辅选造势。当天晚上，邦迪在家中为新派任出使法国的波伦饯别。晚间 10 点左右，电话响起，是中情局副局长克莱因打来的。“我们所担心的事，看来是确有其事了。”克莱因说道。

10 月 16 日早上 9 点 15 分，赫尔姆斯带着 U-2 照片到司法部长办公室。赫尔姆斯回忆：“罗伯特从办公桌后站起身来，愣愣地望着窗外好一会儿，然后转脸对着我，举起双拳放在胸前，好像要对空挥拳似的，大叫：‘可恶，都该下地狱。’这也正是我的感受。”

罗伯特·肯尼迪认为：“我们被赫鲁晓夫骗了，但我们也骗了自己。”

本章注释

①总统办公室谈话 2 年后，古拉特被推翻，巴西开始走向警察国家之路。罗伯特·肯尼迪曾亲自到巴西了解状况，说道：“我不喜欢古拉特这个人。”中情局策动的 1964 年政变，导致巴西在随后 20 年的大部分时间处于军事专政统治。

②这次会议的记录几乎全部销毁，幸好有国务院史家通过梳理中情局局长档案拼凑出大致情形。

麦科恩在会中坚称：“苏联在古巴已有极为重要的资产，绝不会让古巴垮台。”麦科恩预料苏联会增加经济和技术援助，并以美国在意大利和土耳其有导弹基地为由，提供古巴中程弹道导弹……讨论中也提到暗杀古巴政治领袖的问题。根据哈维在 8 月 14 日提交赫尔姆斯的备忘录，这个问题是由麦克纳马拉提起……1967 年 4 月 14 日，已退休的麦科恩提了一份备忘录给刚接掌中情局局长职务的赫尔姆斯，提到 8 月 10 日会议的情形：会中有人提议杀害包括卡斯特罗在内的古巴政权高层人士，我立即提出异议，表示这个话题已完全超出美国政府和中情局的界线，这个构想既不该讨论，也不宜形成书面文字，因为站在道德或伦理立场上，美国政府都不能采取这种行动。

麦科恩在 1962 年 3 月 12 日特别小组会议上首次提到古巴核武器问题：倘若古巴境内有导弹基地，我们是否可以制订行动方案？这是他第一次警告，苏联会把导弹送到古巴，其实，两天前他还在 26 名共和党籍参议员的聚会上表示，他“确信古巴没有导弹或导弹基地”。

③ 约翰逊政府维持肯尼迪时代的做法，继续与英国合作，鼓动和支持英属圭亚那的亲西方领袖与政治团体，以免圭亚那从自治殖民地走向完全独立。特别小组暨 303 委员会批准大约 208 万美元经费，供 1962—1968 年间进行秘密活动之用。

这笔经费一部分用在 1962 年 11 月和 1963 年 6 月期间，以提高反对党对贾根所领导的“人民进步党”的胜算。美国政府成功地说服英国政府在圭亚那实施比例代表制（对反贾根势力较为有利），并将独立时间延至强化反贾根势力之后。

美国政府通过中情局向反对党提供竞选经费与选战技巧，角逐 1964 年 12 月国会大选。美国提供的选举经费和技巧，在号召可能投贾根反对票的选民登记上，扮演决定性的角色。

④ 联邦调查局局长胡佛亲自出马侦讯鲍德温，并窃听他家里的电话。鲍德温毕业于海军军官学校，1927 年退役，1937 年起担任《纽约时报》军事分析员，曾获普利策奖。他在五角大楼的消息来源都是一等一的。

依据 7 月 30 日晚上联邦调查局录到的谈话，他从联邦调查局出来后，余悸犹存地告诉同事侦讯的详情：“我认为，这件事真正的关键人物是罗伯特·肯尼迪和总统本人，其中又主要是罗伯特对胡佛施压。”谈话内容的文本第二天就被送到司法部长桌上。白宫国外情报委员会在第二天下午和总统开会，说鲍德温已对美国构成严重威胁。

⑤ 潘科夫斯基认为赫鲁晓夫可能是引发世界大战的危险人物，因此在 1960—1961 年间分别致函西方情报机关，表示愿为对方当特工，但中情局以为他是反间间谍，并没有接受他。

第19章

赫鲁晓夫和肯尼迪的惊爆交易

中情局一直自欺欺人地认为，苏联不会把核武器运到古巴，现在虽是看到苏联导弹了，还是搞不懂苏联是什么心态。肯尼迪总统在10月16日感叹：“我无法理解他们的观点，我百思莫解。我对苏联的认识太少了。”

麦科恩飞到西雅图参加因车祸丧生的继子的丧礼，代理局长职务的仍然是卡特将军。上午9点30分，卡特带着罗伯特·肯尼迪交办的秘密攻击古巴的新方案，来到白宫地下指挥所“战情室”出席“特别小组”（扩编）会议。卡特曾背地里将罗伯特·肯尼迪在历次“猫鼬”行动会议上的表现，比喻成咬牙切齿的发怒小猎犬，他默默听着司法部长批准8项新的破坏行动，准备再报请总统核定。之后，卡特再和中情局首席相片解读员阿特·伦达尔、首席导弹专家悉尼·格雷比尔在白宫楼上碰面，3人带着放大的U-2照片走进内阁厅，会见中午前才齐聚一堂的国家安全委员会高层。

总统扭开录音机，① 开始进行古巴导弹危机会议录音，40多年以后才转誊为文字。

毁掉古巴所有的导弹

总统盯着照片问道：“有多先进？”伦达尔答：“报告，我们没见过这种装备。”肯尼迪：“连苏联也没有？”伦达尔：“没有，长官。”总统：“它要准备发射了吗？”格雷比尔：“不，长官。”肯尼迪：“多久……我们不知道，是吧，他们还要多久才发射？”没人知道。弹头在哪里？麦克纳马拉国防部长问。没人知道。赫鲁晓夫何以出此下策？总统百思不得其解。倒是国务卿腊斯克提出很好的揣测："我们对他的核武器威胁的恐惧程度，其实没有他对我们的核武器的恐惧程度高。何况，我们在土耳其及其附近一带也有核武器。"总统只隐约知道那些核武器早已到位，完全忘了是自己决定把核武器对准苏联的。

肯尼迪总统下令研究制订3个攻击计划：第一，以空军或海军喷气式飞机摧毁核弹基地；第二，发动更大规模的空中攻势；第三，入侵并征服古巴。他说："我们当然要按第一计划进行，我们要除掉这些导弹。"会议在罗伯特·肯尼迪主张全面入侵后于下午1点散会。

下午2点30分，罗伯特·肯尼迪在司法部办公室大骂"猫鼬"小组，并责成该小组提出新构想和新任务。他抛出总统在1个半小时前问他的问题，要赫尔姆斯回答，假设美国入侵，究竟有多少古巴人会为卡斯特罗政权而战。没人知道。下午6点30分，总统的人马再度在内阁厅开会。肯尼迪总统一想到"猫鼬"任务不由问道，子弹是否能摧毁中程弹道导弹。卡特将军说可以，但导弹是机动的，可以转到新的地点隐藏。对准机动导弹的问题，直到今天仍然无解。

总统开始思考对古巴发动核战争的问题，这才发觉自己对苏联领导人的了解实在太少了。总统说道："我们肯定是一直以来都误解了他的意图，我们当中认为他会把中程弹道导弹弄到古巴的人并不多。"除了麦科恩，谁也没想到，邦迪嘟哝道。赫鲁晓夫到底想干什么？总统问道："这样做到底有什么好处？他当我们好像才刚开始在土耳其部署大量中程弹道导弹似的。我觉得，现在形势非常危险。"

一阵沉默。邦迪说："我们是部署了，总统先生。"话题接着转到秘密作战上。邦迪表示："我们有一份破坏方案表，总统先生……我知道你支持破坏行动。"的确，已有10个"猫鼬"5人小组乘潜艇潜入古巴，他们的使命是要用深水地雷炸掉停在古巴各港口内的苏联船只，以机关枪和迫击炮攻击3处地对空导弹地点，并追查核弹发射器。肯尼迪兄弟摇摆得很厉害。中情局是他们的钝器。总统退席，桌上留下两个军事选项：偷袭古巴和全面入侵。他临走留言，将在明早启程前往康涅狄格州助选之前和麦科恩见个面。卡特将军、麦克纳马拉、邦迪等数人留下继续开会。

中情局副局长卡特将军已经61岁，身材矮胖，秃顶，口齿伶俐。他是艾森豪威尔时期的北美防空指挥部（NORAD）参谋长，对美国核武器战略相当了解。现在，总统一走，这位中情局长官便提出他最沉重的疑虑："以奇袭进攻古巴，毁掉所有的导弹。而这只是开始，并不是结束。"这只是第三次世界大战的第一天。

全面封锁古巴的策略

第二天，10 月 17 日星期三，早上 9 点 30 分，麦科恩和肯尼迪总统见面。“总统显然倾向于无预警地快速行动。”麦科恩在每日备忘录里指出。总统接着又请麦科恩驱车到宾夕法尼亚州葛底斯堡向艾森豪威尔作个简报。麦科恩带着 U-2 所拍的中程弹道导弹照片，在中午时分来到葛底斯堡。麦科恩写道：“艾森豪威尔似乎倾向于（并没有明白建议）以军事行动切断哈瓦那，从而控制古巴政府核心。”

局长一面驱车回华盛顿，一面整理思绪。他在 48 小时内往返奔波，已经非常疲惫。他当天下午所写的 6 张笔记，已在 2003 年解密，其中反映的是如何设法在不启动核战争的情况下，毁掉古巴导弹。

麦科恩出身造船业，自然很了解船舰在军事、政治和经济上的力量。因此，他在笔记里所提出的构想，就包括“全面封锁”古巴，亦即以扬言攻击为后盾，“阻断所有驶入的船只”。他和罗伯特·肯尼迪、麦克纳马拉、腊斯克、邦迪一直开会到将近午夜，详细说明他的封锁策略。麦科恩的笔记显示，这个构想并未获得总统顾问团的明确支持。

10 月 18 日星期四，上午 11 点，麦科恩和伦达尔带着新的 U-2 照片到白宫。照片中是另一组更大型的导弹，每一枚都具有 2 200 英里射程，可以攻击西雅图之外的各大城市。麦科恩说，导弹基地由苏军管理。麦克纳马拉接着指出，空中突袭导弹基地虽可一举杀死几百名苏军，但这是对莫斯科开战，并不是对哈瓦那开战。国务次卿乔治·鲍威尔则提出卡特将军两天前所说的话：“我们若无预警地攻击则犹如发动珍珠港事变。”

总统说：“其实关键在于什么样的行动可以减少核武器交火的概率，万一到了这个地步，那就是全盘皆输了……你有未经宣战的封锁，也有宣战式的封锁。我们有 3 种攻击计划，还有全面入侵计划。”

那一天，麦科恩争取到两票支持他以攻击威胁为由进行封锁的主张，一票是艾森豪威尔，另一票是罗伯特·肯尼迪。他们转向支持麦科恩之后，虽仍是少数，却已起到改变形势的作用。当天晚上午夜时分，肯尼迪总统一个人坐在办公室里，对着隐式麦克风说：“意见显然已向先发制人攻击的优势转向了。”麦科恩很满意地指出，总统在星期天打电话到他家说：“他已决定采取我力荐的策略。”10 月 22 日星期一晚间，总统在电视谈话中向全世界宣布了这一决定。

“我一定会被弹劾”

10月23日星期二早上，白宫由麦科恩的简报揭开一天序幕。肯尼迪兄弟深知，既然麦科恩是华盛顿唯一事先提醒他们注意苏联威胁的人，那么他也有可能对他们造成政治伤害。于是，他们将他推出操盘，向国会议员和各报专栏作家作简报。此外，他们更希望局长能让史蒂文森大使挺直脊梁，在联合国坚持美国的主张。

麦科恩从白宫打电话给中情局首席情报分析员克莱因，要他带着U-2照片副本飞到纽约。麦科恩解释说，史蒂文森团队“不太容易向国家安全委员会提出令人信服的主张。他们的处境有点尴尬，因为，猪湾事件时史蒂文森提供了假照片，后来东窗事发。”

肯尼迪总统的12名国家安全委员会顾问开会讨论，如何管理预定于明天早上开始的封锁行动。严格说来，这已经是战争行为。根据克莱因的转述，麦科恩向联合国会场外的人发表谈话，指出前往古巴的苏联船只可能试图闯过美国战舰。

> “明天早上这8艘(苏联)船若继续前行，我们要怎么办？”总统问道。
>
> “我们都很清楚该”——一阵沉默，接着是一声紧张的轻笑，“我们处理掉？”
>
> 没人知道。又是一阵沉默。
>
> “打掉他们的舵盘，不是吗？”麦科恩答道。

会议中断。肯尼迪总统签署封锁声明后，和老弟单独在内阁厅留了一会儿。总统说道：“唔，看来是真的要下手了。但话说回来，我们也别无选择，要是他们这次得逞，天晓得下次他们会怎么做？”

他弟弟说：“是别无选择。我是说，你一定会……被弹劾。”总统同意他的说法：“我一定会被弹劾。”

10月24日星期三，上午10点，封锁生效，美国保持仅次于核战的最高警戒状态，麦科恩则开始每日简报。中情局局长终于担负起法律赋予他的责任，将全国情报汇总成意见向总统呈报。他报告说苏军虽没有全面警戒，却也加强备战，而且苏联海军的数艘潜艇在大西洋上尾随舰队朝古巴前进。摄像侦察显示，苏联在兴建核弹头仓库，但未见核弹头踪迹。麦科恩煞费苦心地向总统指出，封锁阻止不了苏联建立导弹发射基地的步伐。

麦克纳马拉接着提出拦截苏联船只与潜艇的计划，可是没过一会儿，麦科恩就打断了他的话。“总统先生，我刚接到一张便条……目前在古巴海域经确认为苏联船只的是6艘……要么停航，要么就回头。”腊斯克问道：“你所谓的‘古巴海域’是什么意思？”总统则问：“是出去的船只，还是进来的船只？”麦科恩起身说道：“我去查查。”说罢便走了出去。腊斯克喃喃说道：“要分个清楚嘛。”

麦科恩再进来时也带回全新的消息，原本朝古巴航行的苏联船只，到古巴岛500余英里外时不是停航，就是折返。这时候，想必腊斯克挨近邦迪说道：“我们双方怒目对视，而对方刚眨了眼睛。”

麦科恩策略的第一部分已经奏效，对苏联船运的隔离将会持续。第二部分可就困难多了。正如他一再提醒总统的，导弹仍在，核弹头也还藏在岛上，风险逐渐升高。

10月26日，驻联合国大使史蒂文森在白宫指出，与苏联进行导弹撤出古巴的交涉可能得花上好几个星期，甚至是好几个月。麦科恩知道此事宜早不宜迟，于是在晌午时分把总统拉进椭圆形办公室（罗伯特就算在场也没有发言），和他以及照片解读员伦达尔私下会谈。摄像侦察显示，苏联已引进短程战场核武器，伪装的导弹发射器几乎都已准备就绪。每一处导弹地点都由多达500名军事人员操作，另有300多名苏军卫护。

麦科恩告诉总统：“我一直很担心，唯恐他们会在夜间启动，第二天早上导弹全对准我们。因此，我越来越关心的是接下来的政治路线。”

“还有什么别的办法？”总统问道。“另一个方法是，我们可以空袭或入侵。即使是入侵，一旦经过一番血战后到达这些导弹地点，我们还是得面对现实，它们还是指着我们。所以最后又回到他们会不会发射导弹的问题上。”

麦科恩说：“没错。”这时，总统的心思已从外交转移到战争上。总统说：“我的意思是，除了无法立即摆脱危机的外交行动，我们已经没有别的行动可言。我认为另一个方法是把空袭和可能的全面入侵相结合，也就是说，鉴于他们可能发射导弹，我们势必双管齐下。”

麦科恩力主慎重，反对入侵，他告诉总统：“入侵的严重性比大多数人想象的还要高出许多。”苏联人和古巴人有“很多装备……那儿有很多要命的东西，譬如火箭发射器、自走炮载具、半履带战车……会给入侵军队一阵迎头痛击。这绝对不是一件容易的事”。

当天晚上，莫斯科一通长电传到白宫。这通电报单收发就花了6个多小时，一直到晚上9点才接收完毕。这封赫鲁晓夫私函在非难“热核战浩劫”的同时，也提出一个解决办法：只要美国保证不入侵古巴，苏联自会撤出导弹。

10月27日周六，麦科恩以导弹最短可在6个小时内发射的坏消息，揭开上午10点的白宫会议。就在他快要结束简报时，肯尼迪总统当场朗读一则从美联社莫斯科分社发出的快报："赫鲁晓夫总理已于昨日告知肯尼迪总统，宣称美国若将火箭撤出土耳其，他也会将攻击性武器撤出古巴。"会议顿时乱成一团。

起先，除了总统和麦科恩，谁也不相信这一套。

肯尼迪说："我们也别自欺欺人，他们这项提议的确很好。"

麦科恩深表同意：这提议很明确，也很慎重，不容忽视。大伙儿讨论如何回应就拖了一整天，其间还不时被恐怖的感觉打断。首先是一架U-2从阿拉斯加沿岸误入苏联领空，苏联喷气式飞机群急起拦截。接着，大约下午6点左右，麦克纳马拉突然宣布，有一架U-2在古巴上空遭击落，空军少校鲁道夫·安德森阵亡。

于是，参联会强烈主张，应在36小时内对古巴展开全面攻击。6点30分左右总统离席，讨论立即变得较不拘形式，也较为粗暴。

麦克纳马拉说："军方的计划基本上就是入侵，而我们一旦出击，就会全面攻击古巴。如此一来肯定会变成入侵。"或是核战争，邦迪嘟哝道。麦克纳马拉接着说："届时苏联可能，我想大概一定会，攻击土耳其导弹。"接下来美国势必得攻击苏联在黑海的船舰或基地。

这位国防部长说："我认为这是非常危险的事。现在我倒是不能确定，一旦我们攻击古巴，是否还能避免这种后果。但我认为我们应尽全力避免，方法之一便是先解除土耳其导弹再攻打古巴。"

麦科恩大怒："那我就不明白了，你之前为什么不赞成换呢！"他的立场顿时来了个大转变。

又有人嚷着说：换啊！换啊！麦科恩怒火上升，接着说道："我们已经谈过这个问题，我们也说过，我们很乐意用土耳其的导弹交换古巴导弹。"他激昂地陈述自己的观点，"我会立刻把土耳其导弹换出去，甚至对别人绝口不提。我们谈了一个星期，现在可好，（赫鲁晓夫一提议）人人都赞成交换了。"

总统晚间7点半左右回到内阁厅后，建议大家先吃个晚餐休息一下。然后，他和弟弟、麦克纳马拉、腊斯克、邦迪以及4名亲信助理在办公室继续商谈。麦科恩被排除在外。

他们讨论的是他的构想，也是总统所要的。在场的每个人都立誓保密。罗伯特·肯尼迪离开白宫后，在司法部办公室里会见苏联大使阿纳托利·多勃雷宁，并告诉他说，美国接受导弹交换的提议，条件是不得公诸于世。肯尼迪兄弟不能被人看做是会和赫鲁晓夫进行私下交易的人。所以，罗伯特·肯尼迪司法部长刻意伪造会谈备忘录，删去草案中提到交易的部分。这次交易一直秘而不宣，麦科恩在 25 年后还说："肯尼迪总统和罗伯特·肯尼迪部长坚称，他们绝对没和苏联代表讨论土耳其导弹，更没有做这类交易。"

多年以来，世人一直相信全凭肯尼迪总统的冷静果断和他弟弟坚定致力于和平解决，才能让美国免于核战，至于麦科恩在古巴导弹危机中的核心角色，在 20 世纪一直淹没无闻。

肯尼迪兄弟很快便对麦科恩反目相向。这位局长大人让全华盛顿的人都知道，他是古巴导弹危机中的唯一尖兵，他在总统国外情报委员会作证时也说，他早在 8 月 22 日就把自己的预感告诉总统。1963 年 3 月 4 日，《华盛顿邮报》刊登委员会对"照片落差"的相关报告摘要。当天，罗伯特·肯尼迪对老哥说，一定是中情局泄露消息来中伤他。

总统说："是啊，麦科恩那家伙真是个混蛋。"

"必要时可以处决卡斯特罗"

麦科恩在导弹危机最严重的时候，设法抑制"猫鼬"小组，让该组把相当多的精力用在为五角大楼搜集情报上。他以为自己成功了，殊不知哈维却认定美国即将入侵古巴，下令"猫鼬"成员准备进攻。

原本推动猫鼬行动最有力的罗伯特·肯尼迪，发现这条指挥链上的严重缺失后勃然大怒。哈维与他一阵对骂后被逐出华盛顿。后来，联邦调查局查到哈维和他请来暗杀卡斯特罗的黑手党杀手强尼·罗塞里饮酒话别，赫尔姆斯急忙把他调到罗马当工作站站长。到了罗马，酷爱杯中物的哈维无人拘束，对手下作威作福，和罗伯特·肯尼迪对他的苛待没有两样。

赫尔姆斯换上远东事务主管菲茨杰拉德来接手哈维的古巴业务。菲茨杰拉德是哈佛校友，也是百万富豪，住在乔治敦的红砖豪邸，家中有管家和名车。他很符合詹姆斯·邦德的形象，总统很喜欢他。朝鲜战争初期，威斯纳把他从纽约法律事务所请出来之后，立即当上远东分部秘密行动执行官。缅甸的李弥任务他出过力，后来又指挥中情局的"中国任务"，把外国特工派去送死，直到 1955 年总部检讨认为中国任务浪费时间、金钱、精力和生命。后来菲茨杰拉德升为远东分部副部长，协助规划与执行 1957—1958 年间的印度尼西亚行动，当上远东部长后又主持扩张速度极快的越南、老挝和中国西藏工作。

现在，肯尼迪兄弟命他炸掉古巴矿场、磨坊、发电厂和商船，希望能成立一支反革命部队毁掉敌人。诚如罗伯特·肯尼迪在1963年4月对菲茨杰拉德所说的，目标是在1年半之内，也就是下次总统大选前罢黜卡斯特罗。中情局有25名古巴特工死在这些徒劳无功的行动上。

于是，菲茨杰拉德在1963年夏秋之际，领导谋杀卡斯特罗的最后任务。②

中情局打算用该局在古巴政府内地位最佳的特工罗兰多·古贝拉当杀手。神经质、口风不紧又暴戾的古贝拉，是古巴陆军少校，曾任驻西班牙武官，游历甚广。在1963年8月1日与中情局官员在赫尔辛基的谈话提到，他自动请缨"除掉卡斯特罗，必要时可以处决他"。9月5日，他利用代表古巴政府出席世界大学生运动会的机会，在巴西阿格雷里港会晤中情局主事官内斯特·桑切斯。9月7日，中情局适时指出，卡斯特罗已让巴西驻哈瓦那大使馆向美联社记者发表了一篇攻击性演说。卡斯特罗说："美国领导人若协助任何杀害古巴领导人的企图，他们也将自身难保……倘若他们协助恐怖分子阴谋杀害古巴领导人，他们自己也难保安全。"

10月初，桑切斯和古贝拉在巴黎再度见面时，古巴特工告诉中情局主事官说，他需要一把配有望远式瞄准镜的强力步枪。1963年10月29日，菲茨杰拉德搭机飞到巴黎，在中情局安全屋会见古贝拉。

菲茨杰拉德说，他是罗伯特·肯尼迪所派的专使（相当接近事实），古贝拉所指定的武器中情局会照办。他说，美国希望古巴来次"真正的政变"。

本章注释

① 白宫录音带到底有什么内容，一直是各界热烈争论的议题。肯尼迪总统图书馆历史专家谢尔登·斯特恩花了两多年时间整理，终于在2003年理出一份可靠的文本。

一般认为，古巴导弹危机使得约翰与罗伯特·肯尼迪兄弟脱胎换骨，一个是从少不更事的三军统帅变成英明领袖，一个从鹰派变成鸽派，白宫也从哈佛座谈会变成智慧殿堂。其实，这是从不正确和伪造的历史记录中衍生的一种迷思。肯尼迪总统老爱以文情并茂但明显不实的故事糊弄一些他属意的新闻记者，罗伯特的遗著则充斥着虚构和杜撰的对话，经由在别的事情上还颇为可信的历史专家以及忠于肯尼迪的亲信随从反复渲染。

现在我们已经知道，肯尼迪兄弟如何扭曲历史记录，掩饰解决危机过程的真相。

② 详见 1993 年解密的易尔曼督察长呈赫尔姆斯局长报告——“主题：暗杀卡斯特罗计划报告，1967 年 5 月 23 日”。

下文即引自该报告：

最后计划展开时，麦科恩虽不知情，但已心里有谱。1962 年 8 月 15 日，《芝加哥太阳报》记者打电话到中情局总部，询问黑手党头子萨姆·詹卡纳、中情局、反卡斯特罗古巴人士之间的关联。这话传到麦科恩耳中，麦科恩于是问赫尔姆斯此事是否属实。赫尔姆斯交给他一份 3 页的备忘录作为回应。备忘录出自中情局安全室主任爱德华兹，内容是 1962 年 5 月 14 日向罗伯特·肯尼迪简报的“敏感古巴行动”：1960 年 8 月至 1961 年 5 月之间的反卡斯特罗行动，涉及以“洛杉矶罗塞里”和“芝加哥詹卡纳”为代表的“若干赌博业人士”。司法部长对这些人知之甚详。备忘录虽然没有提到“暗杀”的字眼，但个中含意不言而喻。赫尔姆斯交出备忘录时还加上一句话：“想必你已得知附件讨论的行动性质。”麦科恩花了 4 分钟时间读完以后才知道详情，怒不可遏。

这大概也就是赫尔姆斯不告诉他菲茨杰拉德领衔暗杀卡斯特罗新计划或谁在主导计划的原因。1975 年，赫尔姆斯向基辛格表示，罗伯特·肯尼迪不止一次“亲自处理”暗杀卡斯特罗计划。

第20章

被抛弃的傀儡，吴氏兄弟之死

1963年11月4日星期一，肯尼迪总统一个人在椭圆形办公室，口述一桩他在半个地球外启动的大风暴，亦即暗杀美国盟友、南越总统吴庭艳的备忘录。

肯尼迪说道："我们必须负起相当大的责任。"他停了一会儿，和在屋里跑进跑出的孩子玩了一下，然后恢复口述。他又顿了一下："杀他的方式，尤其让人痛恨。"

中情局鲁希安·柯耐恩是肯尼迪安插在杀害吴庭艳的叛将里的间谍。柯耐恩多年后在一次特别作证中表示："我是整件阴谋中重要的一环。"

柯耐恩绰号"黑路吉"，颇有科西嘉黑帮分子的气派。柯耐恩早年加入战略情报局和英国人一起受训，空降到法国战线后工作。1945年飞到中南半岛和日本人打仗。他也曾与胡志明在河内交往甚密，两人一度是亲密战友。他一直待在战情局，后来成为中情局的创始元老之一。

1954年，他是第一批派驻南越的美国情报官之一，胡志明在奠边府之役打败法国之后，在日内瓦国际会议（国务次卿沃尔特·比德尔·史密斯代表美国出席）仲裁下，越南分割为北越和南越。

往后9年里，美国一直支持吴庭艳总统作为越南反共先锋。柯耐恩在中情局新派的"西贡军事代表团"里隶属中情局兰斯代尔麾下。中情局的鲁福斯·菲利普斯说，兰斯代尔获有"很广泛的授权"，"一言以蔽之，就是'兰斯代尔，竭尽所能拯救南越'"。

柯耐恩到北越执行破坏任务，摧毁火车和巴士、污染石油、组建200名中情局训练的越南突击队、将武器埋藏在河内墓园里，然后回到西贡帮吴庭艳总统撑起场面。吴庭艳是越南这个佛教国家中少见的天主教徒，中情局提供他数百万美元经费、一批保镖以及可直通艾伦·杜勒斯的热线。中情局成立南越各政党、训练秘密警察、拍电影，并印行了一本占星学杂志，预言哪些明星是吴庭艳的最爱等。中情局是从底打起，建立一个国家。

美国大使馆里真正当家的人

1959 年，北越工农大兵开辟“胡志明小道”穿越老挝丛林，游击队和特工间谍从小道源源南下。

老挝尚属前产业时代的莲花国度，成了“美国认为利益受到共产世界挑战的引爆点”，美国驻万象（老挝首府）大使馆内的国务院年轻官员迪安说。中情局着手收买老挝新政府，组建一支反共游击队攻击胡志明小道。北越则以加强渗透，并训练老挝共产党（也称巴特老，或战斗老）作为回应。

美国在老挝的政治策略规划者，是现为中情局万象工作站长的赫克舍，他也是柏林基地和危地马拉政变的老手。赫克舍利用新进外交人员为掮客，建立美国控制网。迪安回忆说：“有一天，赫克舍问我，是否可以带个手提箱交给首相。手提箱里装的全是钱。”

日后出任驻泰国、印度、柬埔寨等国大使的迪安说道，这笔钱让老挝领导人“了解到美国大使馆里真正当家的不是大使，而是中情局站长。大使理应支持老挝政府，基本上不是要动摇老挝。但赫克舍却一心一意地反对中立派的首相，甚或要把他弄下台。就是这么回事”。

中情局强行逼退经自由选举产生的联合政府，并扶植佛玛亲王为新首相。当时中情局负责佛玛首相的主事官詹姆士，是铁路大亨的继承人，言行举止及穿着打扮都和 19 世纪英国近卫军没有两样。从耶鲁毕业已有 8 年的他，自认是老挝总督，过的当然也是总督般的生活。他在私人赌坊结交老挝各界领导人物，收买影响力。赌坊中间是一台向迪安借来的轮盘。

老挝之争真正的开端是，负责泰国突击队丛林战训练的中情局官员莱尔，发现老挝皇家陆军里有位王宝将军，率领一支自称为赫蒙族的山岳民族。1960 年 12 月，莱尔向远东科长菲茨杰拉德提到这位新吸收的人手。莱尔报告：“王宝曾说：‘我们无法和共产党一起生活，你给我们武器，我们就打共产党。’”第二天早上，菲茨杰拉德在工作站要莱尔写份建议书。“那是一通 18 页的电报，很短时间内就有回音……是真的准了。”莱尔回忆道。

1961 年 1 月初，艾森豪威尔总统任期最后那几天，中情局飞行员运交第一批武器给赫蒙族。半年后，王宝旗下 9 000 余名山岳民族，加入莱尔所训练的300名泰国突击队，投入反共战斗。中情局陆续送枪械、经费、无线电和飞机给首府老军和山区各游击队领导人。他们最迫切的任务是，切断胡志明小道。这时，河内早已在南方宣布成立“民族解放阵线”（1960年12月成立）。那一年，总计有4 000名南越官兵死在北越手中。

肯尼迪上台几个月后，把老挝和南越的命运视为一体。肯尼迪不想派美国战斗部队到丛林送死，反而叫中情局倍增老挝山岳民族部队，配合吸收来的亚洲特工“尽其所能（在北越）发动游击作战”。

肯尼迪时代派到老挝的美国人，并不知道这个山岳民族叫赫蒙族，而以一个介乎“蛮族”和“老黑”的浑号称他们为苗族。何姆[①]就是当年的美国青年之一。回首前尘，他感叹“无知又自大的美国人来到东南亚……我们对所要协助的民族的历史、文化和政治仅有微薄的认知……我们的战略利益就是在总统选定的地区，以我们自己的方式强行‘画出一条（反共）界线’。”

主管情报业务的副局长艾摩里说，在中情局总部“所有的行动派都赞成在老挝开打，他们认为老挝是打仗的好地方”。[②]

CIA收到很多谎报

派到越南的美国人同样对越南的历史文化一无所知，中情局官员却自认是全球“反共战争”的先锋。

他们支配西贡。当时驻在西贡的国务院官员倪贺说：“他们以各式各样的身份为掩护，如电影和戏剧制作人、产业营业员。他们是教练、武器专家、商人。他们的经费多得让人难以置信……他们要什么有什么，是一辈子最风光的时候。”

他们独独缺了敌人相关情报，这是1959—1961年担任西贡工作站站长科尔比的责任，他不久高升远东科负责秘密行动。

科尔比原为战情局敌后突击队，“二战”期间亦然。他推动“伏虎计划”，空降250名南越特工到北越。2年后，217人遇害、失踪或疑为双面间谍。最后报告列出52组（每组最多达17名突击队员）特工的下场：

> “着陆后不久即遭俘虏。”
> “河内电台发布俘虏消息。”
> “全组阵亡。”
> “该组据信已遭北越控制。”

“着陆后不久遭虏掳。”

“内奸、背叛、歼灭。”最后这一行字显示，美国发现有一组突击队暗中为北越工作，从而追杀其他组员。中情局一直搞不懂任务怎么会失败，直到冷战后科尔比的同伙、伏虎计划副指挥杜文田上尉透露，他一直为河内当间谍，这才真相大白。

美国大使馆政治组副组长巴博尔说：“我们收到很多谎报，有些一听就知道是在骗人，有些却令我们难辨真假。”

1961 年 10 月，肯尼迪总统派泰勒将军评估越南形势。泰勒在极机密报告中说：“南越目前已陷入极严重的信心危机”，美国必须“以行动而不仅是徒托空言，表明美国严正承诺帮助拯救越南”。他写道：“为取信于人，这承诺必须包含派遣美国军力到越南。”这是很重大的秘密。

泰勒将军继续写道，为赢得这场战争，美国需要更多的间谍。中情局西贡工作站副站长戴维·史密斯则在报告秘密附件中表示，主战场应该是在南越政府内部。他说，美国必须渗透并左右西贡政府，“以加速决策与行动过程”，必要时可以改变西贡政府。这差事落在了柯耐恩头上。

没人喜欢吴庭艳

柯耐恩于是跟吴庭艳半疯的弟弟吴廷携手推动“战略村”计划，把各村庄农民集中迁进武装营区，以防共产党渗透。一身美军中校军装的柯耐恩，就此一头栽进腐败的南越军事、政治与文化里。

他说：“我可以到每一个省份。可以和各部队指挥官聊天，其中有些是我认识多年的人，有些甚至是“二战”时期的老交情。这些人有些已身居要职。”他的人脉很快就成为中情局在南越的最佳联系。但是，还有太多的事是他不知道的。

1963 年 5 月 7 日，佛陀诞生 2 527 年纪念日前夕，柯耐恩飞到越南古都顺化，发现有一大批他前所未知的军事护法人员。他们劝他搭下班飞机离开。他回忆说：“我想留下。我想看看佛诞日庆祝活动，看看点满蜡烛的小船顺着香江而下的光景，谁知大谬不然。”第二天早上，吴庭艳的军队攻击且杀害顺化护法人员。

柯耐恩说：“吴庭艳与现实脱节。”吴庭艳的蓝色童军装模仿“希特勒青年团”，中情局代训的特种部队和秘密警察，设法想在佛教国家越南成立一个天主教政权。吴庭艳压迫僧侣，也使得他们变成一支强大的政治势力。接下来的5个星期，僧侣反政府示威风起云涌。6月11日这一天，66岁的僧人释广德在西贡十字路口引火自焚。自焚照片轰传全世界。他肉身成灰，只留下一颗心。吴庭艳为保权位开始破坏佛塔、杀害僧侣和妇孺。

罗伯特·肯尼迪事后不久说道："没人喜欢吴庭艳，要怎么弄掉他，找个既可以继续'反共战争'，又不致使越南一分为二，从而丢掉'反共战争'和越南的人，这是个大问题。"

1963年6月底、7月初，肯尼迪总统开始在私下谈话中谈到摆脱吴庭艳的问题。若要办得好，最好是秘密行事。肯尼迪从提名驻越新大使展开政权变革计划，他所提名的洛奇，为人傲岸专横，也是两度败在他手下的政治对手，一次是角逐马萨诸塞州参议员，另一次他担任尼克松竞选伙伴。肯尼迪保证让他在西贡享有总督般的权力，洛奇便欣然接受任命。

7月4日，柯耐恩接到南越代理参谋长陈文敦将军的信息，这位他相识18年的老朋友说：请至卡拉维尔饭店一晤。当天晚上，陈文敦将军在烟雾弥漫、众声喧哗的饭店地下室俱乐部透露，军方已准备推翻吴庭艳。

陈文敦问："要是我们动手，美国会有何反应？"8月23日，肯尼迪总统给了回答。

星期六，雨夜，总统独自一人，因背痛拄杖而行的他，哀悼着两星期前安葬的死产儿子派屈克。当晚9点过后不久，总统接到国家安全委员会助理迈克尔·福里斯特尔的电话，也接到由国务院希斯曼起草尚未批示的极密电报，是要传给新任大使洛奇的。电文告诉洛奇："我们必须面对吴庭艳权位难保的可能性"，并敦促洛奇"就如何罢黜吴庭艳一事拟订详细计划"。国务卿、国防部长和中情局局长都对以政变推翻吴庭艳心存疑虑，故拟这通电报并未与三人磋商。

"我真不该核准。"总统明白后果后这么告诉自己，但命令已经传下。

希斯曼告诉赫尔姆斯说，总统已下令罢黜吴庭艳。③赫尔姆斯把任务交给刚上任的远东科长科尔比，科尔比又把任务转到他挑选接替自己西贡工作站站长职务的理查森：尽管这命令"显然要我们在还没有正确辨认林中鸟儿以及它们哼什么调之前，就抛掉手中的鸟儿"，但"中情局必须完全接受决策者的指令，设法完成他们想要的目标"。科尔比指示理查森说。

8月29日，到任才6天的洛奇打电报回华盛顿："我们已走上推翻吴庭艳政府的不归路。"在白宫，肯尼迪接收电报，下令洛奇应确实掩藏美国（柯耐恩）在政变中的角色，④赫尔姆斯则在一旁听着。

洛奇很不满中情局在西贡高高在上。他在私人日志里写道：“中情局经费比较多。房子比外交人员的大。薪水较高、武器较多、现代设备较多。”他很嫉妒理查森大权在握，很瞧不起这位站长对柯耐恩在政变计划中的关键角色所展现的持重态度。洛奇决定要换个新站长。

于是，他处处激怒理查森，以罗伯特·肯尼迪 8 个月后做秘密口述史时的话来说——“让他曝光，公然把他的名字泄露给各大报”，以精心算计的手法泄露给一位路过西贡的优秀记者。这则报道成了热门大独家。报道中指名道姓说理查森（前所未见的安全漏洞），“使洛奇从华盛顿带来的行动计划受挫……因为中情局不同意该计划……此间一位毕生奉献民主的高级官员，将中情局的坐大比喻为恶性肿瘤，并表示连白宫也治不了它”。《纽约时报》和《华盛顿邮报》亦陆续报道。理查森事业毁了，4 天后便离开西贡。洛奇大使不久就搬进他的住处。

柯耐恩的老朋友陈文敦将军说：“幸好理查森被召回了，要是他继续待下去，可能会对我们的计划造成很大伤害。”

完全没有情报

10 月 5 日，鲁希安·柯耐恩到西贡参谋总部拜会杨文明将军。据他的报告说，这位习称“大明”的将军提到暗杀和美国支持新军事执政团的问题。工作站代理站长戴维·史密斯则建议“我们不要画地为牢，毫无转圜地反对暗杀计划”。这话听在洛奇大使耳中如聆天音，麦科恩听来却宛如恶咒。

麦科恩训令史密斯站长不要“煽动、批准或支持暗杀行动”，并匆匆跑到椭圆形办公室。日后他作证指出，当时他很小心地避开可能让人把白宫和谋杀联想在一起的字眼，而选择用运动来比拟：总统先生，假设我是棒球队领队，而我只有一位投手，那么，不管这位投手是好是坏，我都会让他留在投手丘上。麦科恩在 10 月 17 日“特别小组”会议上，以及 4 天后一对一与总统面谈时，先后指出自从 8 月洛奇到任后，美国在越南的外交政策一直建立在“完全没有（西贡政情）情报”的基础上，柯耐恩周遭的形势发展“极为危险”，且有形成“美国绝对灾祸”的隐患。

洛奇大使则向白宫保证：“我相信，迄今为止我们透过柯耐恩涉入的程度，仍在可巧言否认的范围内。基于两个理由，我们不应反对政变。第一，即使只是最起码的和局，下任政府也不至于像现任政府这么糟糕和跌跌撞撞。第二，就长远而言，对政变企图浇以冷水颇为不智……我们应该切记，这是越南人民唯一可能改变政府的方法。”⑤

白宫发了一通审慎指示的电报给柯耐恩：查明南越将领们的计划，不要鼓动他们，保持低调。可惜太晚了：谍报和秘密行动的界线已名存实亡。柯耐恩太有名了，做不了潜伏的工作。柯耐恩说：“我在越南相当出名。”相关人士都知道他的身份，知道他代表的是什么机关。他们相信，这位中情局先锋是美国代言人。

10 月 24 日晚上，柯耐恩会晤陈文敦将军，得知政变将在 10 天内发动。10 月 28 日，两人再度碰面。陈文敦日后写道，柯耐恩“提出要给我们经费和武器，但我拒绝了，我说我们只需要勇气和信念”。

柯耐恩小心翼翼地转达美国反对暗杀的意思。他日后作证时说，当时南越将领的反应是：“你们不喜欢那样吗？好，我们自有办法……你们不喜欢，我们也不会再谈。”他并没有阻止他们。他说，要是他当时阻止，“我当时就会被大卸八块，弄瞎眼睛”。

柯耐恩回报洛奇大使说政变已近。大使随即派中情局菲利普斯去见吴庭艳。两人坐在总统府里谈论战争和政治，蓦地，“吴庭艳狐疑地看着我，说道：‘有人要搞政变对付我？’”菲利普斯回忆道。

“我看他一眼，真想大叫一声。我说：‘大概是吧，总统先生。’我们没再深谈。”

谁下的命令

政变⑥在 11 月 1 日，西贡时间正午，华盛顿午夜时分展开。陈文敦将军差专人到柯耐恩家相请，柯耐恩换上军装，召来菲利普斯照顾他妻子和幼儿，然后抓起一把 0.38 口径的左轮手枪和装有大约 7 万美元的袋子，跳上吉普车，快速驶过西贡街道，直奔南越陆军参谋总部。街上炮火四起。政变领袖已关闭机场，切断市内电话线，突袭中央警察总局，接收政府电台，攻击政权中心。

柯耐恩在西贡时间下午 2 点过后不久，发出第一份报告。他利用吉普车上的安全通信线路和工作站保持联系，并现场描述枪林弹雨、军队调动和政治运作等状况，工作站则通过密码电报，将他的报告转发白宫和国务院。当年能达到这种近乎事实的情报，已相当难能可贵。

“柯耐恩从大明与陈文敦将军处目击观察。将领们试图以电话联系总统府，但未能如愿。他们的提议如后：如果总统立即辞职，他们可保证他安全，并让总统和吴廷安全离境。若总统拒绝这些条件，则总统府会在一小时内遭到攻击。”

这是第一通电报。

一个多钟头后，柯耐恩发出第二通电报 ：“没有商量余地，总统只有答应或不答应，毋庸多言。”将近下午 4 点的时候，陈文敦将军和众盟友打电话给总统，提议给他避难所和安全离境。总统拒绝。接着，这位南越总统打电话给美国大使，问道 ：“美国究竟持何种态度？”洛奇答称不知 ：“现在是华盛顿时间早上 4 点 30 分，美国政府不可能发表什么看法。”接着说道 ：“我这儿有一份报道，说是这次行动的主事者提议让你和令弟安全出境，不知你听到这消息没有？”

“没有。”吴庭艳撒了谎，吴迟疑一下，大概是已恍悟阴谋政变也有洛奇一份。“你有我的电话号码。”说罢便结束交谈。3 个小时后，吴庭艳和弟弟逃到一位资助他建立私人情报网的中国商人所有的安全屋。这间住所设有电话线可直通总统府，因此还能维持他还在位的假象。战斗持续一整夜，叛军猛攻总统府，造成将近 100 人死亡。

凌晨 6 点左右，吴庭艳致电大明将军，表示他准备辞职下台，大明将军则保证他安全。吴庭艳说，他会在西贡华人区里的圣方济沙勿略教会等候。大明将军派出一辆装甲运兵车去接吴氏兄弟，并令贴身保镖在前引路，然后向心腹竖起两根手指。

这是暗号 ：杀掉他俩。

陈文敦将军派人清理总部、搬来一张盖着绿毛布的大桌子，准备召开记者会。陈将军对老朋友柯耐恩说 ：“请便，我们要请新闻界朋友进来。”柯耐恩一回到家，又被洛奇传了去。他说 ：“我一到大使馆就被告知说，我得去把吴庭艳找出来。我又累又烦，于是问‘是谁下的命令？’他们告诉我，命令出自美国总统。”

早上 10 点左右，柯耐恩驱车回参谋总部，向他碰到的第一位将军质问。12 年后在参院调查此次暗杀事件的委员会上，柯耐恩秘密作证 ：“大明将军告诉我，他们自杀了。我看了他一眼，说在哪里？他说，他们在堤岸区天主教堂内双双自杀。”

柯耐恩说 ：“我想，当时我是无法冷静了。”他当时想到的是道德罪愆和自己永恒的灵魂。

“我告诉大明将军，你是佛教徒，我是天主教徒，所以你大概不知道，如果他们是在教堂里自杀，今晚神父会举行弥撒，你这说辞是站不住脚的。我问他们到底在哪里？他说，他们在参谋总部，在参谋总部后面，你想见见他们吗？我说不必了。他说，为什么？我说就算只有百万分之一的人相信你说他们在教堂里自杀，我却看出他们不是自杀，又知道个中另有隐情，那我麻烦可大了。”柯耐恩回到美国大使馆报告说，吴庭艳总统已身亡。但他并没有完全据实以报。他在电报中说：“据越方告知，他们是在离城途中自杀。”华盛顿时间凌晨2点50分，传来国务卿腊斯克署名的回电：“吴庭艳、吴廷自杀一事，颇感震惊……若此说属实，理应公开表明他们确是自杀身亡。”

1963年11月2日，早上9点35分，肯尼迪兄弟、麦科恩、腊斯克、麦克纳马拉和泰勒将军在白宫召开不列入记录的会议。开议没多久，福里斯特尔就带着西贡传来的快报跑进来。泰勒将军回忆说，总统蓦地跳起来，“脸上带着我未曾见过的震惊和惶恐神情冲了出去”。

午后6点31分，邦迪给洛奇发了一通只有麦科恩、麦克纳马拉和腊斯克三人过目的机密电报：“吴庭艳与吴廷之死已造成此间震撼，此外，倘若他们遭暗杀的说法传到一位或多位未来政府高层官员耳中，未来政府的立场和名声可能会大受伤害……不宜让人留下这里很轻易接受政治暗杀的假象。”

罗森索是那个星期六美国驻西贡大使馆的执勤官，洛奇派他到大门接待几个重要访客。罗森索说：“我永远忘不了那情景。那辆车开到大使馆，照相机咔咔响个不停。柯耐恩从前座跳出来，打开后车门，敬礼，那些家伙一一下车。他好像要送他们到大使馆似的，的确没错。我刚陪他们上电梯，洛奇已出来迎接……这些人刚刚发动政变、杀了国家元首，马上就到大使馆来，仿佛在说：‘嘿，老大，我们干得不错吧？’”

本章注释

① 何姆另名 Richard Holm，先后在13任中情局局长手下任职，足迹遍布各大洲，一生多彩多姿，尤以追踪豺狼卡洛斯经历最为人熟知，曾获中情局最高奖章“杰出情报勋章”，著有《美国特工》。

② 中情局内部对在老挝开战的得失有过大辩论。1953—1962年间主管情报业务的艾摩里副局长说：“局里争论得很厉害。行动派都赞成在老挝开打，他们认为那里是打仗的好地方……菲茨杰拉德就强烈支持此议。”艾摩里不以为然，于是在代拟肯尼迪总统第一次谈到老挝问题的全国电视谈话稿子后不久便辞职。肯尼迪表示，老挝受到内外共产势力威胁，他告诉全国民众：“它的自身安全和我们大家的安全息息相关。本着人人共遵的真正中立精神，我们在老挝所求的是和平，不是战争。”

③ 1963 年 8 月 23 日星期六傍晚，肯尼迪总统决定推翻吴庭艳，中情局给总统的每日简报提到，中情局训练的南越突击队杀害佛教徒示威群众，而且，“昨日吴庭艳告诉美国人士，军方将领已建议总统实施戒严。吴廷否认此举形同政变，但也警告说万一吴庭艳在佛教徒问题上动摇或妥协，很可能会酿成政变”。这份简报很可能促成肯尼迪批准希斯曼电报。麦科恩向艾森豪威尔表示，总统取出即兴批准未经协调的电报，乃是迄今为止肯尼迪政府“最重大的错误”之一。前总统艾森豪威尔大怒。国家安全委员会在干什么？国务院搞什么政变？麦科恩答道，肯尼迪身边“尽是一些想要改革全世界所有国家的自由派”。艾森豪威尔反问，这些自由派是谁任命的呢？老将军“对美国前途表示担忧”。

④ 赫尔姆斯出席 1963 年 8 月 29 日白宫午间会议，与会者有总统、麦克纳马拉、腊斯克和 10 余位高层官员。会议记录显示，洛奇大使已指示中情局的菲利普斯“告诉南越将领，美国大使支持中情局的做法”，意即中情局、美国大使馆和白宫意见一致。“总统问过在场的人，是否对我们所实行的行动方针怀有疑虑”，而腊斯克和麦克纳马拉果真表示疑虑，但稍后，他决定由“洛奇大使全权负责在南越的公开与秘密活动”。

⑤ 10 月 29 日，麦科恩、赫尔姆斯和科尔比前往白宫，于午后 4 点 2 分与肯尼迪兄弟及国家安全委员会小组开会。科尔比拿出一张军事部署详图，说明吴庭艳和政变领袖双方实力相当。肯尼迪人马同样正反意见相当。国务院支持，军方和麦科恩反对。不过，到了这时候，由白宫启动的行动已势在必行了。

⑥ 根据柯耐恩在邱池委员会上的证词，吴廷与西贡军区司令安排一起伪装越共在市内作乱的假事件，计划中还包括暗杀美国官员，然后再由吴廷调兵平定假造反事件。谁知这位司令官竟将吴廷的计划告诉政变将领。依柯耐恩的说法，政变将领于是“将计就计”，致使真的发生政变时，吴廷还以为是假造反。邱池委员会说，柯耐恩在 11 月 1 日早上从家里提了 300 万越币（4.2 万美元）给陈文敦将军，当做购买粮草和抚恤伤亡费用。柯耐恩在作证时的说法则是交出 500 万越币，也就是 7 万美元左右，科尔比则说是 6.5 万美元。

第21章

肯尼迪遇刺案的惊天内幕

1963年11月19日星期二，赫尔姆斯带着一把藏在航空旅行包内的比利时制机关枪到白宫。

这件武器是战利品。中情局没收3吨卡斯特罗意图走私到委内瑞拉的军火。赫尔姆斯先把机关枪带到司法部给罗伯特·肯尼迪过目，罗伯特则认为应该让他哥哥看看。于是，两人进了椭圆形办公室，和总统讨论如何打击卡斯特罗。深秋日光渐暗，总统从摇椅上站起来，凝望窗外的玫瑰园。

赫尔姆斯将机枪放回袋子，说道："幸好特勤局没发现我们带机关枪进来。"陷入沉思中的总统，闻声转回身来和赫尔姆斯握握手。"没错，它让我的信心油然而生。"他含笑说道。

星期五，麦科恩和赫尔姆斯在总部局长房间内共进三明治午餐，7楼高敞的窗户外，鳞次栉比的屋顶一路迤逦到地平线外。突然，噩耗传来。

总统遭枪杀。麦科恩戴上软呢绒帽，直奔一分钟车程外的罗伯特·肯尼迪家，赫尔姆斯则下楼回办公室，起草一份书面文告，通电全球各地的工作站。他那一刻的想法跟约翰逊副总统相差无几。

约翰逊回忆说："当时掠过脑海的是他们枪杀了我们的总统……下一个会杀谁呢？华盛顿出了什么问题？导弹几时会打来？我认为这是阴谋，而且我一提出这个疑问，和我一起的人几乎人人都有同感。"

在往后的一年里，中情局以国家安全之名，隐瞒住它从新总统及其为调查这起暗杀所成立的委员会所得知的大部分内情，该局的内部调查也在混乱和怀疑中瓦解，留下许多疑云至今仍挥之不去。本文则是根据1998—2004年间解密的中情局记录和中情局官员宣誓证词而写成。

“结果惊人”

赫尔姆斯 11 月 22 日写给各工作站的全球通告指出：“肯尼迪总统惨死一事，我们务必迅速查出各种不寻常的情报迹象。”在总部，夏绿蒂・巴斯托立即发现异状。她在中情局所负责的是墨西哥档案管理，就在电台发布消息说，达拉斯警方逮捕奥斯华两分钟后，她抓起奥斯华的卷宗，跑过走廊，赶忙去找主管墨西哥和中美洲秘密行动的上司惠腾。

惠腾回忆道：“结果很惊人。”

卷宗显示，1963 年 10 月 1 日上午 10 点 45 分，有位自称奥斯华的男子打电话到墨西哥市苏联大使馆，询问他申请前往苏联旅游签证结果如何。墨西哥市工作站在墨国秘密警察大力协助下，得以进行代号“使节”的行动，窃听苏联与古巴大使馆往来电话。中情局因而取得奥斯华的电话通联内容。

惠腾说：“墨西哥市是全世界最大、最活跃的电话截收运作中心，联邦调查局局长胡佛一想到墨西哥工作站便会得意洋洋。”调查局因此逮到不少驻扎美国西南部的美军，意图出卖军事情报或向墨西哥市苏联使馆投诚。此外，中情局还对苏联大使馆进行摄像侦察，并拆阅进出使馆的每一份邮件。

不过，由于窃听业务量太庞大的缘故，很多没用的情报也如洪水般涌向工作站。因此，工作站是在 8 天后才听到 10 月 1 日录音、回报奥斯华预备访苏并询问总部：奥斯华是何方神圣？中情局知道他是美国陆战队出身，1959 年 10 月公开向苏联投诚。中情局档案里有一份汇整联邦调查局和国务院报告的资料，详列奥斯华试图放弃美国国籍、扬言要告诉苏联太平洋地区美军部署的机密、娶了俄罗斯女子，以及他在 1962 年 6 月被遣送回国等。

奥斯华居留苏联期间，“中情局没有任何线索可以回报他的活动，或苏联克格勃和他有什么交易”，惠腾在一份内部报告中写道，不过，“奥斯华和其他类似的投诚者可能都落在克格勃手中。我们确信，这类投诚者都会受到克格勃盘查，即使安插落户也绝对有克格勃线人环伺，甚至可能被克格勃吸收，以便日后到海外执行任务”。

惠腾知道，这位射杀总统的男子可能是共产党特工，于是拿起电话，请赫尔姆斯立即下令检查“使节”录音带和墨西哥市转译的文本。中情局工作站站长史考特随即打电话给墨西哥总统，墨国秘密警察和中情局窃听人员漏夜追查奥斯华声音的来源。

中情局有奥斯华档案的消息传开，麦科恩也回到总部，接着急忙开了 6 小时的会议，最后一次是在晚间 11 点 30 分才开议。麦科恩得知中情局早已知道奥斯华到过墨西哥市苏联大使馆，顿时大为震怒，他痛骂助理，更气中情局的管理方式。

中情局的内部调查在11月23日星期六早上具体成形。赫尔姆斯会晤局内大佬，如自1954年以来一直主持反情报业务的安格尔顿等人。安格尔顿满心期待，以为会接办奥斯华的案子，赫尔姆斯却交给惠腾去负责，令他大为愤慨。

惠腾是最了解如何揭露阴谋的人。他在“二战”期间是个战俘审讯专家，1947年加入中情局。他也是第一位在该局使用测谎器的人。20世纪50年代初期，他就已利用测谎器在德国调查数百位双面间谍、假投诚者和伪造情报者。此外，他也破获几起最大宗的骗局，譬如有个骗子拿着伪造的苏联通信密码卖给维也纳工作站。惠腾所破获的另一起案子，则牵涉到一位安格尔顿在意大利的特工，安格尔顿甚至一度为他扛上5国情报机关。后来证明这位特工是个骗子，病态的说谎者。他爽朗地分别向5个国家的情报机关透露自己为中情局工作，很快就被5国情报机关聘为双面间谍，请他回去渗透中情局。惠腾揭露安格尔顿运作缺失不只这一桩。在每个案件中，赫尔姆斯都告诉惠腾，直接到安格尔顿那间冥蒙又烟雾弥漫的办公室找他。

惠腾说：“我曾进去找我的保险单，通知我的最近直系亲属。”一次次的对冲使两人都对彼此产生“反感，最大反感”。所以，从惠腾接下奥斯华案子那一刻起，安格尔顿就千方百计搞破坏。

到了11月23日上午，中情局已知悉，奥斯华在9月底和10月间陆续前往古巴和苏联大使馆，想尽快到古巴待一阵子，等苏联签证发下来。赫尔姆斯说：“他到过古巴和苏联驻墨西哥大使馆，无疑是我们对他初步印象中很重要的一部分。”正午过后不久，麦科恩赶回市内，向约翰逊总统报告古巴牵连本案的消息，约翰逊和艾森豪威尔之间的长谈为之中断。艾森豪威尔在会谈中提醒约翰逊小心，罗伯特·肯尼迪主掌秘密工作大权。

午后1点35分，约翰逊总统打电话给老朋友，向华尔街权力掮客魏舍吐露：“这件事……这位刺客……可能有很多牵连非你我所知……可能比你我所想还要深入。”当天下午，得州乡亲、也是约翰逊亲信的美国驻墨西哥大使曼恩，表示他怀疑卡斯特罗主使暗杀。

11月24日，星期日早上，麦科恩来到白宫时，负责抬肯尼迪灵柩送至阿灵顿国家公墓举行国葬的护灵人员已逐渐到齐。麦科恩上前向约翰逊更详尽地说明推翻古巴政府的行动。这时约翰逊仍然不知道，美国想杀卡斯特罗少说也有3年了，可知道的人少之又少。艾伦·杜勒斯、赫尔姆斯和罗伯特·肯尼迪是前三位。卡斯特罗很可能是第四位。

当天，墨西哥市中情局工作站明确断定，奥斯华在 9 月 28 日向苏联情报官员申请签证时，[①] 曾与一位叫柯斯提科夫的男子面谈，此人据说是克格勃 13 科人员，也就是克格勃里负责暗杀的人员。

工作站传回一张名单，列出该站怀疑可能和苏联驻墨情报官员有接触的外国人名字，其中有位叫古贝拉的，正是中情局暗杀卡斯特罗终极计划那位古巴特工。两天后，古贝拉的主事官桑切斯在肯尼迪总统死亡时间，将一支装满毒药的笔（当静脉注射器）交给古贝拉。墨西哥工作站的报告提出一个令人痛心的问题：古贝拉莫非是卡斯特罗的双面间谍？

护灵队伍刚要离开白宫，电视实况播出奥斯华在达拉斯警局被杀的消息。总统下令中情局立即提取有关奥斯华的所有情报。惠腾汇整成一份概要交给赫尔姆斯，赫尔姆斯在一两个小时后转交给总统。这份报告是遗失还是销毁不得而知。据惠腾说，主要内容是中情局虽没有确凿证据证明奥斯华是莫斯科或哈瓦那方面的特工，但他极有可能。

FBI 与 CIA 分享情报

9 月 26 日星期二，麦科恩向美国新总统正式作情报简报。“总统带着相当鄙夷的口气说，星期六司法部某人建议他应就肯尼迪总统暗杀案进行独立调查。总统否决此一构想。”麦科恩在列入记录的每日备忘录中写道。

72 小时后，约翰逊违背自己的直觉，自己翻了案。11 月 29 日，也就是感恩节过后那一天，约翰逊连哄带骗地让满心不情愿的最高法院首席大法官华伦主持调查，接着又打了 5 小时电话，一一敲定华伦委员会各委员。总统接受罗伯特·肯尼迪的建议，打电话给既惊讶又疑惑的艾伦·杜勒斯。杜勒斯问：“你可曾考虑过我以前的工作和任务的成效？”约翰逊匆匆说声“考虑过了”，便挂上电话。杜勒斯马上打电话给安格尔顿。

外面天色已暗，总统匆匆赶在报纸截稿前召集委员谈话。他一一念出自己钦点的人选。审慎为要，总统说：“我们不能只有参院、众院、联邦调查局和一些人忙着作证说，赫鲁晓夫杀了肯尼迪，或卡斯特罗杀了肯尼迪。”约翰逊给福特众议员的印象是，他需要找些了解中情局运作的人。约翰逊最重要的一通电话在晚间 9 点打出，电话那头是他最敬爱的良师，也是国会监督中情局最力的参议员拉塞尔。约翰逊给通讯社的华伦委员会名单虽已将他的名字列入，拉塞尔却谢绝了。

总统吼道：“我跟你说，你非当不可，你是中情局委员会主席，这回非得借用你不可。”约翰逊重申，不要随意谈论赫鲁晓夫杀害肯尼迪的话题。

拉塞尔说：“唔，我不觉得是他直接下手，若说卡斯特罗脱不了干系，我倒是一点也不觉得意外。”

成立华伦委员会对赫尔姆斯构成严重的道德两难困境。惠腾作证道：“赫尔姆斯知道，暗杀计划曝光对中情局和他个人有很不好的影响，甚至有可能变成古巴之所以会实行暗杀手段，无非是为了报复我们意图暗杀卡斯特罗的种种活动。这对他和中情局都有灾难性的影响。”

赫尔姆斯自己再清楚不过了。他在15年后的最高机密证词中说：“我们如履薄冰。我们很担心当时的结论可能……指控外国政府主使此种行为，等于是存心撕毁这层面纱。”

揭露反卡斯特罗计划的问题，也对罗伯特·肯尼迪造成难以负荷的压力。因此他一直保持沉默。

总统已下令联邦调查局调查肯尼迪总统遭暗杀事件，并训令中情局充分配合，将调查结果呈报华伦委员会。然而，他们沉疴积重，积习难改。

中情局、联邦调查局、五角大楼、国务院和移民局在1962年初的时候就有奥斯华的档案。1963年8月，奥斯华在新奥尔良数度与中情局资助的反卡斯特罗团体“古巴学生理事会”成员接触，这些成员也先后向主事官报告说，他们怀疑奥斯华想打进理事会高层。到了1963年10月，联邦调查局已知道，他可能是支持古巴革命的狂乱马克思主义、可能诉诸暴力、最近一直与苏联情报官员有所接触。10月30日，联调局得知他已混进达拉斯“得克萨斯高中图书储藏室”工作。

简言之，奥斯华是个心仪卡斯特罗的愤怒投诚者，中情局有理由相信他可能被共产党吸收，急于经由哈瓦那回莫斯科，于是在总统车队路线埋伏。

中情局始终没有和联邦调查局比对报告。联调局一直没能追查到他的行踪。这等于是预告他们在2001年“9·11”事件前的表现。胡佛局长在1963年12月10日就宣告，联邦调查局“严重无能”，只是这份备忘录一直秘而不宣，直到进入21世纪才解密。

联调局助理局长狄洛奇敦促胡佛不要惩戒玩忽职守的探员，以免此举被视为“直接承认我们的失职，可能造成暗杀总统事件”。胡佛依旧惩处17名手下。胡佛在1964年10月写道：“我们未能就奥斯华调查任务中若干明显的层面彻底加以追查。我们大家都应该吸取教训，但我怀疑有些人到现在还是懵懵懂懂。”

华伦委员会完全不晓得这回事。正如惠腾不久便得知，中情局也掩盖很多明知是事实的情报，没让委员会知道。

惠腾孜孜矻矻地爬梳从海外工作站蜂拥而来的大量假情报，从中整理出事实。惠腾回忆道："好几十人宣称在这儿、在那儿见过奥斯华，从北极到刚果，各式各样的阴谋境况下都有人见过他。"几千条假线索把中情局引入迷宫，要从中理出事实，惠腾还得依赖联邦调查局和他共享情报。结果他还是花了两个星期，才获准调阅联调局在 1963 年 12 月所作的初步报告。"我这才知道，调查期间联调局显然早就知道无数与奥斯华背景相关的重大事实，却一直没有和我沟通。"惠腾在多年后作证时说道。

联邦调查局按例是不与中情局分享情报的，怎奈总统已下令要他们配合。负责中情局和联调局之间联系的正是安格尔顿，而"安格尔顿压根儿就不告诉我，他和联调局会谈的内容是什么，或他从联调局获得什么情报"，惠腾说道。安格尔顿既无法左右调查方向，便打击惠腾，非议他的工作，瞒下本案相关事实，要惠腾徒劳无功。

赫尔姆斯和安格尔顿已达成协议，根本不告诉华伦委员会和局内调查人员有关暗杀卡斯特罗的计划。这是个"在道德上可以理解的行为"，惠腾 15 年后作证说道。"赫尔姆斯之所以扣下情报，乃是因为它会让他丢了工作"。这些情报"在分析肯尼迪暗杀事件的周边事件上是个绝对关键因素"，要是他早知道，"我们对肯尼迪暗杀事件的调查必会大不相同"，惠腾如是说。

安格尔顿和艾伦·杜勒斯的秘密谈话，主导着中情局情报的走向。他和赫尔姆斯的决策则可能形成华伦委员会的结论，但安格尔顿在作证时却说，委员会对苏联与古巴挂钩的意义，解读方式跟他和他那一小撮幕僚始终不一样。

他说："我们的看法比较敏锐，我们比较积极投入……我们对克格勃 13 科和苏联这 30 年来的破坏与暗杀史也比较有经验。我们知道很多案例，也知道他们的手法。"他表示，交出他严守的秘密没有意义。

他的行为已构成妨碍司法。他只有一个辩词。安格尔顿相信，莫斯科已派出一位双面间谍来掩饰苏联在杀害肯尼迪事件中所扮演的角色。

受牵连必会酿成大乱

他怀疑的人叫诺先科。在 1964 年 2 月，也就是安格尔顿接下中情局内部调查的时候，诺先科以克格勃设诚者的身份来美。他是苏联精英的爱子：父亲是造船部长、共产党中央委员会委员，逝世后安葬于克里姆林宫内。1953 年诺先科 25 岁的时候加入克格勃，1958 年在克格勃内专门监视国内英美旅客的部门工作。后来转调美国科，1961—1962 年间专责监视美国大使馆，之后升为观光科副科长。

此君酷爱伏特加，因此出了不少纰漏，但都有他父亲地位罩着而安然无事，直到 1962 年 6 月，以安全官身份随同苏联代表团前往日内瓦出席 18 国裁军会议才真正出事。他第一天晚上就喝得烂醉如泥，隔天一醒过来赫然发现有个妓女抢了他价值 900 美元的瑞郎。克格勃对经费处理不当的弹劾相当严厉。

诺先科认为（或误认）美国代表团有位叫马克的团员是中情局官员，于是便去找他。5 年前以美国大使馆政治与经济参事身份到过莫斯科的马克，虽然不是间谍，却帮了中情局不少小忙，苏联因此公开宣布他是不受欢迎的人物。这对他的事业并没有影响，后来他也当了大使和国务院情报部门第二号人物。

马克还记得，有天下午，核禁试条约会议快结束的时候，诺先科朝他走过来，用俄语说道：“我有话要和你谈……这儿不方便。我想和你吃个午餐。”这是很明显的推销手法。马克想到郊外有家餐厅，便约定第二天见面。“当然，我立刻就告诉中情局的人，他们说：‘天哪，你怎么选那家餐厅呢？那是间谍光顾的地方。’”美国人和苏联人进餐，两名中情局官员一旁严密监视。

诺先科告诉马克妓女和失款的事。马克记得他是这么说的：“我得赶快补上。所以，我给你一点中情局很感兴趣的情报，我只要钱。”马克提醒他：“你这可是犯了叛国罪。”但诺先科已有心理准备。于是两人商定第二天在日内瓦再碰面。两名中情局官员赶忙飞到瑞士首都主持盘问，其中一位贝格莱是苏联科驻伯恩官员，会一点俄语，另一位专程从总局飞过来，此人叫齐赛瓦勒，是处理苏联特工问题第一把好手。第一次见面，诺先科就醉醺醺而来。他在多年后说道：“醉得厉害。”中情局录下他一大篇谈话，怎知录音机却出了故障，事后虽由贝格莱根据齐赛瓦勒的记忆拼凑出一份记录，但大部分都已在转译过程中漏失掉了。

贝格莱在 1962 年 6 月 11 日打电报回总部说，诺先科已“彻底证明他的诚意”，且已“提供重要情报”，完全配合。然而，在往后的一年半里，安格尔顿却说服贝格莱，使得他相信自己是上当了。原本最支持诺先科的人，从而变成最反对他的人。

诺先科答应回莫斯科替中情局当间谍。1964 年 1 月底，他再度随苏联裁军代表团到日内瓦，也悄悄会晤中情局主事官。2 月 3 日，华伦委员会听取第一批证人证词这一天，诺先科表明他想立即投诚。诺先科说，他处理过克格勃的奥斯华档案，其中没有任何苏联涉及暗杀肯尼迪的指涉。

安格尔顿认定他撒谎。这个判断产生严重的后果。

诺先科虽已提供大量机密，怎奈安格尔顿已认定他是苏联大阴谋的一环。他相信，克格勃很久以前就已渗透中情局高层，不然，阿尔巴尼亚和乌克兰、波兰和韩国、古巴和越南一连串行动以失败收场，该怎么解释呢？搞不好这些反苏行动，苏联早就知情。也许他们全受莫斯科控制，也许诺先科是奉命来保护卧底间谍的。安格尔顿唯一接纳的投诚者高利钦——中情局精神病专家已证明此人属于临床型偏执症，更证实并加深安格尔顿最深层的忧虑。

身为反情报主管，安格尔顿最大的责任是保护中情局及探员，但在他手中却是失误连连。1959 年，中情局第一位身在苏联内部的间谍波波夫少校遭克格勃逮捕及处死。为莫斯科工作的英国间谍布雷克，在柏林通道尚未开挖便泄露消息，但直到 1961 年身份才曝光，致使中情局不得不推测苏联可能利用地道传送假消息。6 个月后，安格尔顿的西德合作对手费尔飞，苏联间谍身份曝光，但已对中情局在德国与东欧活动造成极大伤害。一年后，古巴导弹危机中的秘密英雄潘科夫斯基被苏联逮捕，1962 年春天遭处死。

接着是安格尔顿在反情报业务上的指导者、至交、酒伴菲尔比，在 1963 年 1 月逃到莫斯科后，这才揭露在英国情报机关最高层服务的他，原来是苏联间谍。想当初，他刚开始引人疑窦的时候，沃尔特・比德尔・史密斯便训令所有与他接触过的人都得提出报告。哈维明确地表示他是苏联间谍，安格尔顿则明确地说他不是。

到了 1964 年春天，安格尔顿经连年失败惨重后，亟思设法补救。他认为只要中情局咬住诺先科，也许就能揭穿大阴谋——肯尼迪暗杀事件自可迎刃而解。

1998 年解密的赫尔姆斯国会证词就说出这个问题：

> 赫尔姆斯：假如诺先科提供的奥斯华相关消息属实，我们自会在奥斯华及其与苏联当局的关系上得出明确的结论。倘若他所说不实，如果他是奉苏联情报机关之命对美国政府放出这种消息，则必然会导致完全不同的结论……倘若他确实是说谎，则不啻暗示奥斯华是克格勃特工，那么，我认为这种指涉必会酿成大乱——这不是对中情局或联邦调查局而言，而是针对美国总统和国会来说的。
>
> 问：你可以说得明确点吗？
>
> 赫尔姆斯：可以，我可以明白地说。换言之，苏联政府下令暗杀肯尼迪总统。

这些话等于罪名已定。于是，1964 年 4 月中情局在司法部长罗伯特・肯尼迪批准下，将诺先科单独拘禁起来，先是关在一处安全屋，然后转到弗吉尼亚州威廉斯堡郊外的中情局训练中心“佩里营”。在中情局苏联科监管下的诺先科，所受到的待遇与在古拉格（劳改营）的苏联同胞无异。三餐粗茶淡饭少得可怜，一盏孤灯整天亮着，无人相伴。诺先科在一份 2001 年解密的申诉中指出："我没东西吃，一直处在饥饿状态。我不能和别人接触，不能看书，不能抽烟，甚至连呼吸新鲜空气也不行。"

他的证词与 2001 年"9·11"事件后被中情局监禁的人犯极为相似："我被卫兵带走，蒙上眼罩，戴着手铐，载到机场，弄上飞机。我被带到另一处地点，关进门上有铁窗的水泥牢房，里面只有一张铁床和一条床垫。"中情局档案里保留着诺先科在牢房里接受贝格莱心理恐吓侦讯的详情。诺先科以俄语低声恳求："我衷心……衷心……求你相信我。"贝格莱以英语扯开嗓门吼回去："一派胡言！一派胡言！一派胡言！"贝格莱因为这件差事荣升苏联科副科长，并获赫尔姆斯颁发的"杰出情报勋章"。

1964 年夏末，向华伦委员会报告诺先科审讯结果的差事落到赫尔姆斯头上。这是需要极为慎重处理的难题。于是，赫尔姆斯在委员会结束调查前几天便告诉华伦首席大法官，中情局不能接受莫斯科方面在暗杀总统一事上辩称清白的说辞。华伦对这最后结论甚感不快，因此，委员会的最后报告里也完全没提到诺先科这个人。

赫尔姆斯自己倒是很担心监禁诺先科可能招来的后果，他说："我知道，我们不能违反美国法律，一直非法监禁他。天知道，要是今天发生类似情况会有什么结果，因为我们的法律并没有修改。我不知道该怎么处理诺先科这种人。当时我们就曾请司法部指示机宜。很显然地，我们是非法监禁他，但到底要怎么处置他呢？要是放了他，一年半载后准会有人说：'你们这些人要是有点脑筋就不会这么做了，他是攸关谁杀害肯尼迪的关键。'"

中情局派另一侦讯人员审讯诺先科之后，断定他一直都在说实话。终于，诺先科在投诚 5 年后获释，获得 8 万美元赔偿，有了新的身份，更由中情局支付津贴。

然而，安格尔顿和他那帮人依旧不罢手。他们要在中情局里找叛徒，要把苏联撕作两半。猎捕内奸行动从追查有斯拉夫姓氏的工作人员开始，一路循着指挥链查到苏联科长。行动一直持续到 20 世纪 70 年代，中情局的苏联业务也因此瘫痪 10 年之久。

诺先科投诚后的 25 年间，中情局一直努力想把他的案子写下最终章。中情局总共进行 7 次大规模的个案研究，其间诺先科经历定罪、免责、再起诉等折腾，直到冷战末期才由中情局的修雅作出最后裁决。修雅本来坚信大阴谋说，后来在衡量诺先科提供的情报价值后才逐渐改变看法：这位苏联间谍指认或提出的调查线索，包括克格勃有意吸收的外国人约 200 名，美国人 238 名。指出大约 300 名苏联情报员和联络人，以及将近 200 名的克格勃官员。找出苏联在美国驻莫斯科大使馆内安装的 52 个隐藏式麦克风。增加中情局对苏联恐吓外交人员和外国记者手法的认识。几经衡量后，若还相信大阴谋说，势必得坚信 4 件事：第一，莫斯科愿为保护一名卧底间谍交出上述情报。第二，所有的共产投诚者都是特工伪装。第三，组织庞大的苏联情报机关存在的唯一目的是为了误导美国。第四，肯尼迪暗杀事件背后有让人猜不透的大阴谋。

对赫尔姆斯来说，案子仍未了结。他说，除非有一天苏联和古巴情报机关交出档案，否则这件事永远不会了结。反正，肯尼迪之死不是由一个神经错乱的流浪汉，用劣等来复枪和 7 美元的瞄准镜下的手，就是有更惊人的内情。正如约翰逊总统在任期快结束前所说的："肯尼迪一直要干掉卡斯特罗，可是卡斯特罗却先把他干掉了。"

本章注释

① 苏联情报官员和中情局官员一样，都是以大使馆签证官的身份为掩护。苏联情报官涅奇波仁科在回忆录中指出，他起先是听闻有奥斯华这个人，后来亲眼看到他以差强人意的俄语申请签证。他显然是要回古巴，免得自己和卡斯特罗遭美国情报势力加害："奥斯华极为苦恼紧张，特别是在提到联邦调查局的时候。他突然歇斯底里，开始啜泣，泪眼模糊地叫道：'我好怕……他们要杀我！让我进去！'他一再重复自己受到迫害，连在莫斯科也到处有人跟踪，然后用右手从夹克左侧口袋掏出一把左轮手枪，'看吧，现在我得随身带枪保护自己的性命。'"

第22章

虚假情报开启越战

肯尼迪兄弟的秘密行动与作为,令约翰逊一辈子挥之不去。他曾再三表示,达拉斯暗杀事件乃是吴庭艳事件的报应[①]。约翰逊感叹道:“我们这一伙人找上一票天杀的强盗恶棍跑去杀他。”他在任的第一年,一次又一次政变冲击着西贡,越南开始出现杀害美国人的暴动,他唯恐中情局成为政治谋杀工具的疑虑,与日俱增。

现在他才知道,罗伯特·肯尼迪掌握秘密行动大权,威胁到他的总统大位。约翰逊在1963年12月13日和麦科恩在椭圆形办公室会议上就坦率地说,假使罗伯特·肯尼迪要离开政府,他什么时候会走人。麦科恩说道:“部长打算继续当司法部长,至于总统要他涉入情报工作、国家安全委员会议题、反游击事务多深,则不得而知。”[②]答案不久就明朗了:罗伯特指挥秘密机关的日子结束了。他在7个月后离开政府。

12月28日,麦科恩飞到约翰逊位于得州的农庄一起吃顿早餐,同时简报访问西贡的结果。“总统立即提起,他希望改变中情局‘斗篷与剑’的角色”,麦科恩记录道。[③]这位局长再赞成不过了。麦科恩说,中情局的唯一合法任务是情报搜集、分析和汇报,而不是阴谋推翻外国政府。约翰逊则说“他烦透了每次提到他或中情局的名字,因为这总是与龌龊勾当联想在一起”。

不过,约翰逊还是彻夜未眠,拿不定是该全面进入越南,还是该撤出。没有美国支持,西贡政府肯定会垮台,但他既不想投入成千上万的美国大兵,又不想被人看做是袖手旁观。战争与外交之间,唯一的办法就是秘密行动。

情报业务没人管

1964 年初，麦科恩和西贡工作站新站长奚尔瓦向总统汇报的全是坏消息。麦科恩“极为担心”，认为“我们赖以衡量战争趋势的情报资料完全错了”。他提醒白宫与国会：“越共从北越乃至其他地方获得大量支持，且这种支持可能日益扩大，鉴于海域辽阔和海岸线绵长，欲借封锁疆界来加以阻止，虽然说不是不可能，却也极为困难。越共从政治立场向南越人民诉求的攻势十分有效，既为他们的武装部队取得新血，更化解掉反抗。”

西贡工作站 2 年前对北越展开的“伏虎”准军事行动计划，在死伤与叛逃无数中结束。现在，五角大楼提议配合中情局重起炉灶。

“34A 计划行动”是个为时一年的秘密突击作战系列计划，目的是要北越别在南越和老挝作乱，计划重心则是由另一组空降行动，将情报与游击小组空投到北越，并由沿岸一带的海上攻击配合，攻击主力则是中情局所训练的南越特种部队，中国国民党军人和韩国突击队则担任支持。至于这些攻击是否能让胡志明改弦易辙，麦科恩却完全没有信心。我们“应该告知总统，芝麻绿豆般的活动不是什么大事”，他建议道。

中情局奉命将亚洲准军事活动网交给五角大楼在南越的“特别作战小组”指挥后，赫尔姆斯提醒要防范“险恶的趋势”，将中情局由谍报业务拉到传统军事支持幕僚角色，该局执行长柯克帕特里克则预见“中情局分崩式微，秘密工作被参联会吃掉”。这些都是预言式的忧虑。

1964 年 3 月，总统派麦科恩和麦克纳马拉回西贡。局长回来后告诉总统说，战局不太乐观。麦科恩在为约翰逊总统图书馆所做的口述史中说道：“麦克纳马拉先生提出乐观看法，认为战事顺利。我必须表明我的看法，只要胡志明小道畅通，补给和护送人员毫无拦阻地涌入，就说不上战事顺利。”

这是麦科恩局长生涯末日的开端。约翰逊关闭椭圆形办公室大门，中情局和总统的沟通仅限于两周一次的世界形势书面报告。总统只是有空时想看就再浏览一下。

4 月 22 日，麦科恩向邦迪表示，他“极为不满约翰逊总统没有依肯尼迪和艾森豪威尔总统惯例，直接听取我作情报简报”。一星期后，麦科恩说：“我难得见到他，这令我非常担心。”于是，约翰逊和麦科恩在 5 月到焦树乡村俱乐部打了一场 8 洞高尔夫。但两人一直到 10 月间才有深入的交谈。总统在职已 11 个月，这时才问麦科恩中情局规模到底有多大，经费多少，究竟能给他什么样的服务。局长的建言总统很少听得进，也很少去注意。总统不理睬，他就没有权力。他一没有权力，中情局就逐渐走向20世纪60年代危险的中间路线。

麦科恩和麦克纳马拉在越南问题上的歧见，透露出更深刻的政治裂痕。按法律规定，中情局局长是国内所有情报机关会议的主席，但五角大楼这 2 年来，一直处心积虑要局长在这个现称为“情报界”的不和谐乐团里担任第二小提琴手。过去这 6 年间，总统情报顾问委员会多次建言，中情局局长应该管理情报界，中情局本身则让首席营运官去管理，但艾伦·杜勒斯断然拒绝，全心全意只关心他的秘密行动运作。麦科恩虽一再表示他个人希望摆脱“斗篷与剑”的业务，但 1964 年时秘密业务仍消磨掉中情局 2/3 的预算，以及麦科恩 90% 的时间。他要伸张局长的法定权限，主管美国情报通盘业务。他需要与责任相应的权力，但每次都被五角大楼破坏，让他始终无法如愿。

美国情报三大机关这 10 年来都壮大不少。三者名义上归中情局局长统辖，可惜这权力只是徒有虚名。譬如局长按理应该监督“国家安全局”——因朝鲜战争失误连连，而在沃尔特·比德尔·史密斯敦促之下由杜鲁门在 1952 年成立的全球电子侦听机关。但该局的经费与权力却掌握在国防部手中。此外，国防部长麦克纳马拉还掌控着他在猪湾事件后，为协调陆、海、空军及陆战队情报所成立的“国防情报局”。还有一个是 1962 年专为建造人造侦察卫星所成立的“国家侦察局”，但 1964 年空军将领就试图从中情局手中，抢走对这个年度预算高达 10 亿美元机关的掌控权。夺权结果也撕裂了仍颇为脆弱的侦察局。

麦科恩大发雷霆：“我正准备要告诉国防部长和总统，他们尽可以拿走国家侦察局。我想，我应该做的是，打电话告诉总统，请他另外找个中情局局长……五角大楼的官僚老是想把事情搞砸，好让情报业务没人管。”

麦科恩在那年夏天就想辞职，但约翰逊命令他最起码要待到大选。现在越战已全面开打，表现忠诚最为要紧。

“那些蠢大兵只是在打飞鱼”

越战是在总统和五角大楼宣称，北越于 8 月 4 日无端攻击航行于国际海域的美国船只之后，在国会强力通过“东京湾决议”授权后展开的。负责搜集与汇整相关情报的国家安全局坚称，北越攻击证据确凿，麦克纳马拉发誓赌咒背书，海军的官方越战史也说是有真凭实据。

这倒不算是真正的错误。越战是从根据假情报编造政治谎言开始的，倘若中情局能依其章程行事，假如麦科恩能落实法律赋予他的责任，所有的假报告可能都撑不过几个小时就会被拆穿。然而，全盘真相却一直到 2005 年 11 月国家安全局发布极为详尽的的自白书后才大白于世。

1964 年 7 月，五角大楼与中情局断定，6 个月前展开的“34A 计划”陆上攻击，正如麦科恩所提醒的，只是一连串无意义又烦人的琐事。美国于是决定让中情局高格曼指挥，从海上展开突袭。此人是久经沙场的陆战队员，多年后成为最后一位在越战中捐躯的美国人。另一方面，华盛顿也加强侦察北越以支持高格曼部队，海军则在代号 “德索托”作战计划下，从越南外海一艘驱逐舰上一间密室里,展开窃听敌人加密通信〔术语称为信号情报 (SIGINT)〕运作，每间密室各有天线和监视器，由 10 余名“海军安全大队”军官操作。他们窃听北越军方的谈话，国家安全局则将他们所搜集的数据加以译码和翻译。

参联会派出“麦道克斯号”军舰,由贺立克上校指挥,执行德索托任务以“刺激和记录”北越对突袭行动的反应。美国并不承认越南适用 12 海里领海的国际规定，是以命“麦克道斯号”待在距离大陆 8 海里、北越东京湾沿岸岛屿外以 4 节速度航行。1964 年 8 月第一天晚上，麦道克斯号监看“34A 计划”攻击北越中部海岸外翁美岛，并在追踪北越反攻行动时，监视在岛外集结的配备鱼雷和机枪的俄制巡逻艇。

8 月 2 日午后，“麦道克斯号” 侦察到 3 艘巡逻艇逼近，贺立克于是向第七舰队指挥官发出快电：必要时他会攻击北越船舰，并请求“透纳乔伊号”驱逐舰和“提康德罗加号”航空母舰喷气式战机支援。下午 3 点一过，“麦道克斯号”三度向北越巡逻舰开火。五角大楼或白宫绝口不提,也不承认这 3 次开火，反而一口咬定是北越先动手。“麦道克斯号” 仍然炮火不断之际,4 架海军 F-8E 喷气式战机已猛轰北越巡逻艇，炸死 4 人，重创两艘，并向第三艘进击。北越艇长逃开，躲在岸边海口内等候海防方面的指示。北越巡逻艇机枪也在“麦道克斯”号留下一个弹孔。

8 月 3 日，约翰逊总统宣布，美军会持续在东京湾巡逻，国务院则表示已向河内发出外交照会，警告北越“进一步无端军事行动”的“严重后果”。同一时间，另一起“34A 计划”海上任务，已展开破坏北越外海翁迈岛上雷达站的行动。

紧接着，在 8 月 4 日风雨之夜，美军第 7 舰队各驱逐舰舰长、指挥官和五角大楼领导都接到发自信号情报操作员的紧急警报：8 月 2 日在翁美岛外遭遇的那三艘北越巡逻艇回来了。在华盛顿，麦克纳马拉立即电告总统。东京湾时间下午 10 点，华盛顿时间上午 10 点，美军驱逐舰纷纷发回快报，说他们遭到攻击。

“麦道克斯号”与“透纳乔伊号“上的雷达与声纳操作员报告说，看见屏幕上光点明灭，舰长于是下令开火。2005年解密的国家安全报告形容“两艘驱逐舰在东京湾暗沉沉的海面上猛地回转，“透纳乔伊号”狂野似的发射300多发炮弹”，正由于这两艘舰艇采取回避行动，“美舰高速回转，因而造成声纳操作员的报告中多了许多鱼雷来袭的警报”。他们是对自己的影子开火。

约翰逊总统立即下令，当晚开始空中攻击北越各海军基地。

不到一个小时后，贺立克上校回报：“整个行动留下许多疑点”。90分钟后，疑点在华盛顿消失。国家安全局告诉国防部长和总统说，该局已截获北越海军公报：“牺牲两艘船舰，其余均无恙。”

然而，美军展开空袭北越行动后，国家安全局再查看所截收的通信，却找不到上述内容。派在南越和菲律宾的信号情报窃听人员再查，结果还是没有。国家安全局于是复核提交总统的电信内容，再比对原始电文的翻译和时间戳记。

这一查才知道原文是：“我们牺牲了两名同志，但人人都很英勇。”这封电文虽是在8月4日“麦道克斯号”和“透纳乔伊号”开火之前或开火之际所写，但所说的不是当晚的情形，而是两天前，也就是8月2日美舰第一次开火的情况。

国家安全局瞒下这明显的事实。该局分析员和语言专家再三查看时间戳记，结果，人人都三缄其口。8月5日至7日之间，国家安全局领导层拼凑出5份报告和摘要，然后汇编成一份正式的大事记，这也就是官方版的真相、东京湾事故的定论、后世情报分析人员和军事指挥官要坚持的说辞。

在处理过程中，国家安全局的人销毁最确凿的证据，也就是麦克纳马拉交给约翰逊那通截收电文。当时担任中情局副局长的克莱因说道：“麦克纳马拉已接管粗糙的信号情报，并已将他们认为是第二次攻击的证据交给总统过目，而这也正是约翰逊想要的证据。”在讲理的世界里，严核东京湾发回来的信号情报，并对情报内容提出不偏不倚的解释，应该是中情局的工作。可惜世界已不讲理了。克莱因说：“亡羊补牢，为时已晚，战机已经出动了。”

诚如国家安全局2005年的自白书中所说：“绝大多数报告的说法都是没有发生攻击事故，所以，为要说明的确发生攻击事故便采取一个刻意的后续动作……一个让信号情报符合8月4日晚间东京湾事故说辞的动作。”自白书的结论说：“我们刻意扭曲情报，以佐证确有攻击事故的见解”，坦承美国情报官员“将相左的证据合理地处理掉”。

其实，约翰逊打算轰炸北越已有两个月之久了。原为中情局资深分析员的东亚事务助理国务卿比尔·邦迪，在1964年6月就已拟妥一份战争决议草案，待时机成熟便可提交国会审议。

国家安全局的假情报完全符合这项预定政策。8月7日，国会授权在越南开战。参院以 818 对 2 票、众院以 416 对 0 票通过。克莱因说，这是一出“希腊悲剧”。这政治剧场上的一幕，重现于 40 年后以伊拉克军火假情报支持另一位总统开战的论调。

东京湾上到底发生了什么事，有赖约翰逊来作个总结，4 年后他果然说了实话。总统说道：“见鬼了，那些蠢大兵只是在打飞鱼。”

本章注释

① 赫尔姆斯说，约翰逊曾在 1963 年 12 月 9 日，在和麦科恩、菲茨杰拉德开会时表达“天谴论”的看法：“肯尼迪在某种意义上造成吴庭艳惨死，结果他自己也遭人暗杀。”后来又多次向韩福瑞副总统、白宫助理杜根、肯尼迪的新闻秘书沙林杰提到类似的看法。

② 麦科恩在 12 月 13 日的备忘录指出：“我向总统解释说，我已告诉罗伯特，他不可能重拾与总统之间的亲密关系，因为过去他和哥哥是手足之亲，不是正式关系。那种关系在兄弟之间已很少见，在商界或政界更是前所未见。”

③ 约翰逊总统更在意的是自己的形象。1962 年出版的畅销书《隐形政府》，首度严谨地检视中情局及其与白宫之间的关系，令约翰逊颇感不安。书中揭露，所有的秘密行动都是由“特别小组”这个由中情局、国务院、五角大楼和白宫高层所组成的委员会所批准，并表明总统是这些秘密任务的最高负责人。委员会主席国家安全委员会顾问麦克乔治·邦迪觉得，特别小组最好改个名字，于是在驳回幕僚群的许多建议（其中包括建议改名“隐形小组”）之后，发布“303 号国家安全委员会决议备忘录”，正式更名为 303 委员会。

该委员会的解密记录显示，肯尼迪执政期间中情局进行的大规模秘密行动有 163 次，每个月不到 5 次，从约翰逊执政到 1967 年 2 月为止，共 142 次，每个月不到 4 次。

第23章

难以抽身的越战泥淖

赫尔姆斯说：“越南是纠缠我整整 10 年的梦魇。”从他由秘密行动处主管到升为中情局局长，越战一直和他相左右。“像噩梦似的，梦中总牵涉许多不可能成功的活动，以及不可能达成却一再重提、加倍、强化、再加倍的要求。”

赫尔姆斯重述：“我们按规矩试过各种作战方式，也动员最有经验的地下工作人员，努力想打进河内政府。在局里，未能渗入北越政府是这些年来最让人感到受挫的一面。我们无从断定胡志明政府最高层的动向，也无从得知他们的决策过程和主事者是谁。”至于这种情报失败的根源，则是“举国对越南历史、社会以及语言毫无所知所致”。我们自己不想知道，当然就对不知道的东西知之甚少。

赫尔姆斯在约翰逊图书馆口述史中说：“最悲哀的是，无知（或者，你也可以说是天真）导致我们误判、误解和作出许多错误决定。”

越南也让约翰逊噩梦连连。要是他在越战上有所动摇、迟疑或失败，“罗伯特·肯尼迪肯定会跳出来带头反对我，见人就说我背弃约翰·肯尼迪对南越的承诺，说我是懦夫，说我不像男人，说我没有担当责任。唉，我可以看到梦魇悠悠而来。每晚一睡着就看见自己躺在宽敞的空地正中央，远处有好几千人众声杂沓，呼喊着朝我跑过来：‘胆小鬼！叛徒！无能者！’”

麦科恩的战争

随着南方共产游击队“越共”的实力不断增长，原主管“特别作战小组”（反游击）的新任大使泰勒将军和中情局远东处处长科尔比，于是积极寻求新战略对付神出鬼没的游击战士。当了 9 年情报业务副局长，后转到白宫当秘密计划预算官的艾摩里说："反游击作战变成最荒唐的战争口号。它代表很多东西，不同的人解读也不相同。"罗伯特·肯尼迪知道它的意思，并已提炼出它的精义："我们所需要的，是会开枪的人。"

1964 年 11 月 16 日，中情局西贡站站长奚尔瓦一份爆炸性的报告搁在麦科恩办公桌上，报告标题叫"反游击战实验及其含义"。赫尔姆斯和科尔比已经过目和批准。这是一个含有高风险的大胆构想：正如中情局副局长卡特当天所提醒局长的，可能把越战由麦克纳马拉的战争，变成麦科恩的战争。

奚尔瓦一直想借由在南越各省成立准军事巡逻队，追剿越共，扩大中情局在南越的力量，于是和南越内政部长及警察总监合作，向一位心术不正的工会首领买下东北角一片地产，并为南越民众开办游击战速成训练班。1964 年 11 月第一个星期，美国选民让约翰逊再当 4 年总统，奚尔瓦则飞到东北角视察。训练的三组各 40 名南越新兵的军官报告说，他们只牺牲 6 人就已杀掉 167 名越共。奚尔瓦于是决定从南越各地运 5 000 名平民到东北角，接受中情局军官和美国军事顾问 3 个月的军事与政治教育训练。以奚尔瓦的话来说，这些人在归乡后可以充当"反恐小组"，也可以杀越共。

麦科恩虽对奚尔瓦很有信心，也批准他的计划，但总觉得这是一场失败的战争。因此，奚尔瓦报告到他手上的第二天，他又到白宫再度向约翰逊总统递交辞呈。他提出几个够格的继任人选名单，请总统让他辞职。总统对这位中情局局长的请求不予理会。

麦科恩继续留任的同时，他所面临的危机也日渐累积。他和几任服侍过的总统一样，笃信多米诺骨牌理论，也曾告诉未来出任总统的众议员福特说："一旦南越落入共产党手中，老挝和柬埔寨肯定会垮台。接着是泰国、印度尼西亚、马来西亚，最后是菲律宾"，从而对中东、非洲和拉丁美洲产生"巨大影响"。他不认为中情局对付得了叛乱分子和恐怖分子，更担心"越共可能成为未来主流"。他相当肯定中情局没有打击越共的能力。

奚尔瓦后来也感叹中情局"有目如盲"，看不清敌人和敌方策略。他写道，在乡村里，"越共运用的手段具有目的性和准确性，教人看了会心生恐惧"。农民会"给他们食物，替他们招兵买马，藏匿他们，提供他们所需的情报"。1964 年年底，越共把战争搬到南越首都西贡。"越共在西贡市内活动的次数很频繁，有时是随机应变，有时则是精心规划与执行"，奚尔瓦写道。国防部长麦克纳马拉从机场前往西贡市途中，差点被安置在公路旁的炸弹击中。圣诞前夕，汽车炸弹炸毁西贡单身军官宿舍。随着自杀炸弹客和破坏者恣意攻击，伤亡人数也日渐增加。1965 年 2 月 7 日凌晨 2 点，越共攻击位于越南中部高地的百里居美军基地，造成 8 名美军死亡。火力战结束后，美军搜查越共攻击者尸体，在其中一位的背包里发现基地详图。

我们的武器比较多，威力较猛。他们的间谍多，也比较优秀。这是两者决定性的差异。

4 天后，约翰逊总统还击。哑弹、集束炸弹和汽油弹一齐出动。白宫发出急电到西贡请中情局评估形势。当时西贡工作站经验最丰富的越南情报分析员艾伦说，炸弹吓不了敌人，他们越来越强大、意志坚定不移。但泰勒大使一行行地细读，仔细删除悲观的段落后，才发给总统。西贡工作站中情局人员注意到，坏消息不受欢迎。情报毁在政治将军、文人指挥官和中情局自己手中的情况依旧，在往后 3 年多的时间里，中情局给总统的战情报告里，没有一份是真正有分量的。

3 月 8 日，陆战队全副武装登陆岘港，美女送上花圈。在河内，胡志明也准备要好好接待美军。

3 月 30 日，奚尔瓦在大使馆斜对面的工作站二楼，一面和手下情报官打电话，一面看着窗外一名男子开着灰色标致旧轿车从街上开过来，再一看驾驶座，炸弹的导火线赫然已经点燃。

奚尔瓦回忆 ：“理智告诉我这是汽车炸弹，世界顿时胶着变成慢动作。我手里还拿着电话，不假思索地离开窗边转身扑倒，但我身体还没落地，那辆车子已经爆炸了。”飞散的碎玻璃和金属片打在奚尔瓦眼睛、耳朵和喉咙上。这起爆炸事件造成至少两名路人和奚尔瓦那位 22 岁的秘书当场死亡，工作站内两名中情局官员永远失明，60 名中情局和大使馆人员受轻重伤。艾伦身受多处挫伤、割伤和脑震荡。奚尔瓦左眼失明，医生让他服用大量止痛剂，用纱布包扎他的头部，并告诉他若继续留在西贡可能导致完全失明。

总统不知道要怎么对付看不见的敌人。“那里一定有些比较有头脑的人，可以想出办法让我们找出明确的打击目标”，夜落西贡之际，约翰逊提出这种质问。他决定再投入数千名美军到战场，加强轰炸作战，却不曾和中情局局长磋商。

不会赢的军事努力

1965 年 4 月 2 日，麦科恩最后一次请辞，迫约翰逊选定继任者立即生效。他向总统提出不祥的预言 ：“随着时间一天天过去，我们可以预见停止轰炸的压力必会越来越大。这压力来自美国各阶层人士、新闻界、联合国和世界舆论。因此，这次作战在时间上对我们很不利，我认为北越指望的也是这一点。”他手下最优秀分析员之一的哈罗德·福特告诉他：“我们渐渐脱离越南现实”，且“继续变得越发有勇无谋”。现在麦科恩也知道了。他告诉麦克纳马拉说，美国即将“转入胜算不明的战斗状态”。他对总统的最后提醒已是尽量地直言不讳：“我们会发现自己在一场打不赢的战争中陷入丛林战斗，而且很难从中抽身。”

约翰逊早就不听麦科恩的逆耳忠言了。局长知道，不管总统想什么，自己已经没有影响力了。约翰逊和以后的总统一样，只有在中情局的工作符合自己想法的时候才喜欢中情局，不符合的时候就把它丢进废纸篓里。他说：“我来和各位谈谈这些搞情报的家伙。我小时候在得州家有头母牛叫贝茜，每天早上要挤牛奶时，我会把她套上夹颈框，然后坐在旁边挤鲜奶。有一天，我特别卖力地挤，好不容易挤满一大桶，但一不留神就让老贝茜沾满牛屎的尾巴甩进那桶牛奶中。这些搞情报的家伙就专干这种事。我们辛辛苦苦弄出一个很好的计划或政策，他们就大甩带屎的尾巴。”

第24章 谁来掌舵中情局这艘破船？

总统要找一位“大人物”当中情局局长，“一位可以为拯救国家而点燃导火线的人”。

中情局副局长卡特反对找局外人。他说，找个唯唯诺诺的军方人士来，是个“严重错误”，选个政治伙伴则是“大灾难”，要是白宫认为中情局里没人够格，“不如干脆关门大吉，把它交给印第安人算了”。在总统国家安全委员会小组麦科恩、麦克纳马拉、腊斯克和邦迪眼中，赫尔姆斯是近乎无异议的人选。

但总统全然不理会他们的意见。1965 年 4 月 6 日，他打通电话给 59 岁的退役海军上将雷伯恩。他是得州迪卡图人士，政治信用良好：他在 1964 年总统大选期间，在电视声明中称亚利桑那州出身的共和党候选人高华德参议员太笨不适合当总统，因而赢得约翰逊的青睐。至于他的名气则是来自主持海军潜艇“北极星”核弹开发时，结交了许多国会的朋友。他是在航天工业里有份好工作的绅士，在棕榈泉有一片好地产，俯瞰着他最喜欢的高尔夫球场第十一球道。

雷伯恩立正聆听总司令训示。约翰逊总统说：“我现在需要你，你赶快过来。”两人谈了好一阵子，雷伯恩才搞懂，原来约翰逊要他去当中情局局长。总统保证新任副局长赫尔姆斯会为他分忧解劳：“你可以天天睡午觉，我们不会让你过度操劳的。”约翰逊直截了当地诉诸他的爱国情操：“老骥伏枥，雄心未已。”

这位海军上将在 1965 年 4 月 28 日上任，总统大肆铺张地为他在白宫弄个宣誓就职大典，说他在全国寻寻觅觅，才找到唯一可以胜任这份工作的人。感激的泪水流下雷伯恩双颊。这是他当中情局局长最后一次快乐的时光。

同一天，多米尼加共和国发生爆炸案。自从 1961 年暗杀独裁者特鲁希略之后，美国一直想把多米尼加塑造成加勒比海地区的橱窗，可惜未能如愿。如今，武装反抗军已在首府进行街头巷战，约翰逊决定派遣 400 名陆战队，和联邦调查局去支持中情局工作站。这是自 1928 年以来，美军第一次大规模登陆拉丁美洲国家，也是猪湾事件后第一次在加勒比海地区从事这类军事冒险。

当天晚上，在白宫盛装集会上，雷伯恩毫无证据、信口开河地报告说，反抗军受古巴控制。

“我认为，这是卡斯特罗先生发动的真正的斗争。我心中毫无疑问，这一定是卡斯特罗开始搞扩张。”雷伯恩在第二天早上和总统电话交谈时说道。

总统问：“有多少卡斯特罗的恐怖分子在那儿？”

雷伯恩答道：“唔，我们已明确指认出其中 8 名，我已在 6 点钟左右传了一份清单到白宫，现在应该在战情室吧，清单里详细说明他们的身份、职业和他们所受的训练。”这张 8 名“卡斯特罗恐怖分子”清单，也在中情局备忘录里出现，内容是这么说的：“没有证据显示卡斯特罗政权直接涉入当前的暴动。”

总统挂上电话，决定增派 1 000 名陆战队员到多米尼加。

当天早上，总统问国家安全顾问：“中情局有发来危机警讯吗？”邦迪答道：“毫无消息。”

4 月 30 日，2 500 名陆军伞兵部队登陆多米尼加，总统对其私人律师佛塔斯说：“我们的中情局说，这完全是……卡斯特罗搞鬼，他们说是！是他们在里面的人告诉我们的！……这次绝对是卡斯特罗……他们已经转进到西半球别的地方，这可能跟越南有关，是共产党全盘大计的一部分……万一卡斯特罗接收多米尼加，我们可能遭逢最严重的内政灾难。”总统准备再派 6 500 名士兵到圣多明各。

麦克纳马拉对雷伯恩的话半信半疑。总统问国防部长：“你不认为中情局可以证明这点？”麦克纳马拉答：“我不这么认为，总统先生。你不知道卡斯特罗想干什么。你很难向任何团体证明卡斯特罗除了训练这些人，还别有所图，而且我们也训练不少人。”

这话倒是让总统沉吟一下，说道：“好吧，你觉不觉得你、雷伯恩和我得好好讨论一下？中情局告诉我说有两名卡斯特罗首领涉入，过了一会儿又说有

8 名，再过一会儿就变成 58 名……"

麦克纳马拉断然表示："我不相信这种说法。"

尽管如此，总统在对全国发表的谈话中仍然坚称，他绝不容"共产党阴谋人士"在多米尼加共和国建立"西半球另一个共产党政府"。

雷伯恩危机报告对约翰逊的伤害，一如 U-2 对艾森豪威尔、猪湾对肯尼迪，直接导致美国媒体首次认定约翰逊有"信用落差"问题。这个字眼首先出现于 1965 年 5 月 23 日，很伤人，很刺人。

总统从此没有再找中情局新局长进一步商议。

在雷伯恩摇摆不定的指挥下，中情局士气暴落。主管情报业务的克莱因副局长说："真是可悲，这是长期滑落的开端。"有个苦中作乐的笑话说，杜勒斯开的是一艘欢乐船，麦科恩是坚固的船，雷伯恩则是一艘快沉没的船。排名第三的执行官怀特说："可怜的老雷，他每天早上 6 点半出门，吃早餐时心里兀自想着总统总有一天会再找他。"约翰逊再也没找过他。怀特说，很明显地，雷伯恩"不够格管理中情局"。这位倒霉的海军上将"完全在状况外，要是你向他提到某个外国，他肯定搞不清楚你说的国家是在非洲，还是在南美洲"。这位新局长在国会秘密作证时出了大洋相，导致参议员拉塞尔不得不提醒约翰逊："雷伯恩有个缺点必定会让他惹祸上身，那就是他根本不承认自己一无所知……要是你决定甩掉他，只要换上赫尔姆斯就行了。他比任何人都有概念。"

雷伯恩跌跌撞撞胡乱挥棒的时候，其实是赫尔姆斯在管理中情局。那一年，他同时要打 3 场秘密行动作战，每一场都是从艾森豪威尔开头、肯尼迪补强、现在则是约翰逊急于想打赢东南亚战争的关键。在老挝，中情局努力想切断胡志明小道。在泰国，中情局操纵选举。在印度尼西亚，中情局秘密支持屠杀无数共产党人的领导人。这 3 国都是 3 位总统心目中的骨牌，下令中情局看牢，唯恐其中一个倒下，越南也会跟着垮台。

7 月 2 日，约翰逊致电艾森豪威尔，向他请教如何让战争升温的问题。美军在越南的死亡人数已有 446 人。暗杀吴庭艳之后的第九个军事执政团刚上台，其中领导人物之一的阮高奇，是在中情局任务中把准军事特工空投去送死的驾驶员，另一位阮文绍则是后来出任总统的将军。阮高奇心狠手辣，阮文绍贪污腐败，但两人却撑着南越民主的门面。约翰逊问道："你觉得我们真能打败越共吗？"艾森豪威尔答道，胜负完全依靠良好的情报，而"这也是最困难的事"。

老挝的圣战

老挝战事发端于情报战。依据世界强权及其盟邦所签订的协议，所有外国战斗人员都应该离开老挝，而且协调交涉的正是刚到任的美国大使沙利文。然而，实际上河内在北方就有数千名部队，以支应老挝共产党部队，中情局间谍和影子军团也遍布老挝各处。工作站长和所属情报官员都已奉命要暗中打一场战争，毋须理会外交细节和当地军事现实。

1965 年夏天，约翰逊派遣数万名美军到越南之际，主持老挝战争的是 30 名左右的中情局官员。他们以该局支持的军事补给，武装担任游击战的赫蒙族战士，潜至胡志明小道周边一带，并监督由莱尔代训的泰国突击队。

泰北湄公河对岸的乌董，有个由中情局和五角大楼辟建的基地，莱尔就在基地内一个秘密处所遥控老挝战事。莱尔年方 40，已在东南亚为中情局效力 14 年。他的祖先自美墨战争阿拉莫之役后一直住在得州，他倒是娶了泰国老婆，吃的是米饭配大辣椒，喝的是赫蒙族烈酒。老挝战事不利的时候，他把详情锁在自家保险柜里；有中情局同僚丧生的时候，他将他们的下落列入机密。这场战争应该“尽可能不曝光”，莱尔说道。“当时之所以会有秘而不宣的想法，乃是由于我们去那儿的时候，并不知道美国的长远做法如何……一旦开始时实行隐秘战术，要改变就相当困难了。”

在老挝打得最厉害的中情局官员，是大家口中的“小波”波谢尼。1965 年时他也刚好 40 岁。他十几岁时就当了陆战队员，曾在硫磺岛战役受过伤，朝鲜战争时期是中情局准军事任务老手，也是 1958 年印度尼西亚政变失败后，搭乘潜艇逃出苏门答腊岛的 5 名中情局官员之一。他住在老挝首府北方数百英里外的龙天谷中情局基地内，一瓶威士忌或赫蒙族烈酒是他随身良伴。他是秘密战争的现场指挥官，整天跟赫蒙族和泰国士兵在一起，高地与河谷内的羊肠小道都有他的足迹。他已完全本土化，甚至有点疯了。

莱尔说：“他做的全是些稀奇古怪的事，我知道，要是把他弄回国去，他在总部大厅肯定待不了 5 分钟。他虽一直待在外面，局里可有不少人很佩服他，因为他们始终没有亲身经历。再说，他也做了不少事。局里的大佬全心知肚明，可他们就是没说过半句话。”

小波手下把杀死的敌人的耳朵割下当做打胜仗的证据，他则全收在绿色玻璃纸袋里，1965 年夏天，他就带着一袋人耳到万象中情局工作站，全倒在副站长的桌上。这位倒霉的收货人就是李洁明。若是小波想吓吓这位常春藤出身的新贵，那么他是成功了。

李洁明 1951 年刚从耶鲁毕业就加入中情局，先在远东科服务，朝鲜战争期间负责空投特工到中国大陆，上过中国国民党的当。他日后到北京当差，先是当工作站长，后来当上美国驻北京大使。

李洁明在 1965 年 5 月空降老挝当副站长，站长心力交瘁时由他代理站长。他把工作重心放在万象搞政治作战。中情局的钱源源涌入，“充当部分‘建设国家’经费，”他说，“而且我们也对肯听我们建言的政治人物投下大批的钱。”下届国民大会选举结果显示，中情局钦点的领导人物在 57 席中就占了 54 席。不过，万象工作站的差事其实很不容易。

李洁明回忆：“我们眼见有些小伙子在直升机坠毁中身亡。我们在这儿有政变、洪水等各式各样的事情要处理。我们看到有些人因受不了压力而垮了。”雄赳赳的美国人到了热带战区，最常见的问题是性、酒和发疯，在万象尤其变本加厉，其中又以在白玫瑰夜总会最为常见。李洁明回忆说，某天“有位中情局高级官员向查访偏远地区秘密战争的国会代表团作完简报后，当晚就带他们到白玫瑰夜总会见识万象的夜生活。代表团看到有个美国大汉光溜溜地躺在地上大叫：‘我现在就要！’有位女侍立刻撩起裙子坐在他脸上。这名男子正是白天向代表团作简报的那位官员”。

中情局工作站设法确认共产党标的，找出胡志明小道的踪迹，并追捕敌人。李洁明说：“我们设法建立部落小队，他们回报的杀敌数字相当高，但我认为有部分是捏造的。”此外，他们也帮美国轰炸任务担任目视标的的工作，然而，单是 1965 年就发生 4 次摧毁无辜平民目标的事故，其中一个甚至是沙利文前一天才作亲善访问的友好村庄。那次轰炸是由莱尔下令，目的是为解救一位在热战区迫降而遭老挝共产党俘虏的中情局飞行员，结果炸弹落点和目标差了两英里，这位飞行员布雷斯变成战俘，在“河内希尔顿”① 关了 8 年。

1965 年 6 月，王宝手下有位最优秀的军官，搭乘直升机深入北越 40 英里，开着机门寻找迫降的美机飞行员时，遭地面炮火射杀。8 月，一架美国航空直升机坠入万象市外湄公河，中情局驻老挝西北基地主管欧吉威和同机一位老挝陆军上校殉职。中情局在总部大厅入口大理石墙上刻有一颗星星纪念欧吉威。10 月，另一架直升机在老柬边界附近坠机，两位中情局知名官员的爱子杜威尔和马隆尼身亡。中情局又加了两颗星星。

李洁明说，中情局在老挝的战争规模虽小，但具有“很大的兴奋感，这是一种终于找到有人可以打共产党，甚至偶尔还能在游击战里打胜仗的感觉。这是一场圣战，一场打得很漂亮的战争”。

中情局龙天站逐渐扩充：新的道路、仓库、军营、卡车、吉普车、推土机。

跑道更大、出机更多、火力更强、空中支持也增多。中情局飞机满天飞，空投大米，赫蒙族干脆不务农了。李洁明说："我们人手增加两三倍。"初来乍到的中情局官员，"真的把老挝当成准军事问题，不了解全盘局势……已经变得有点像是越战。大约在这个时候，形势开始失控"。

1965 年 10 月，科尔比全球视察之旅来到老挝后飞往龙天。这时越战已火力全开。年底将有 18.4 万名美军进驻越南。能否打败北越，关键仍然在老挝的胡志明小道能否让共产党将人员和物资迅速输送到战场，美军想要摧毁都来不及。科尔比很不开心：敌人控制的战略据点遍布老挝各处，乃至首都万象的外围。

他要把工作站长换上一个能强打硬攻的指挥官，而最适合这种工作的便是沙克利。

"典型的成功故事"

沙克利长年驻在迈阿密，试图推翻卡斯特罗失败后，改任柏林工作站站长。还不到半年，电话来了。他的工作重心一直集中在苏联、古巴和东德，从不曾到过亚洲。他飞到泰国乌董基地，看见推土机正在翻红土、伪装的美军喷气式战机蓄势待发准备轰炸北越、架子上堆满炸弹，不免心想："这儿没人空谈。"

他要对敌人开战，而且要立即见到成效，于是在副站长李洁明协助下，开始在丛林里建立一个王国。两人成了好朋友。李洁明形容他"好大喜功，心狠手辣"，可谓一针见血。李洁明说："他决心想做的是，整顿老挝工作站，借由打击胡志明小道在越战中扮演关键角色，他带进达成这主要目标所需的准军事人才。"

沙克利从迈阿密及柏林工作站带来亲信手下，要他们深入各省份组建乡村民兵，再派民兵出战。民兵一开始担任侦察胡志明小道的任务，然后逐步投入战斗。他在老挝各地广设中情局基地，在他手下工作的中情局官员由 30 人变成 250 人，足足增加 7 倍多。在他指挥下的老挝准军事武力，则倍增到 4 万人。他要他们当前进空中管制员，把美国空中武力带到老挝各地。到 1966 年 4 月时，老挝东南部已有 29 个道路观察小组，回报乌董中情局基地敌人活动情况，基地再派出轰炸机去摧毁敌人。

美国空军把老挝丛林炸成废墟。B-52 轰炸机飞进北越，摧毁胡志明小道前端大小村庄聚落，陆军和海军则派出突击队打断脊梁，不让小道蜿蜒进入南越。沙克利统计破坏和伤亡后得出结论，认为他结合山岳部落和美国军事技术的战法，已经“革新非正规战争”，且“将一种崭新的武器交到美国决策者手中”。在华盛顿，总统人马看到沙克利报告吸收那么多的老挝突击队员，每个月杀掉那么多的共产党徒，完成那么多的任务，无不将他的表现评为“典型的成功故事”，进而再拨出几千万美元让中情局在老挝打仗。沙克利以为自己打胜仗，殊不知北越仍然从胡志明小道源源南下。

美国靠泊东南亚

在泰国，中情局所面临的是更为棘手的政治问题：制造民主假象。1953年时，沃尔特·比德尔·史密斯和杜勒斯兄弟派“疯子比尔”多诺万到曼谷当特命全权大使。已经70岁高龄的他，还有一场仗要打。曼谷大使馆首席新闻官汤玛士说：“多诺万大使建议艾森豪威尔总统，我们应该立足泰国，再设法从曼谷进驻其他国家，阻止这股共产主义狂潮，钱不是问题。”

多诺万在朝鲜战争后就着手大力整顿东南亚各地的秘密作战业务。他背后有4万多名的泰国警力帮忙，而这位由中情局和多诺万使馆资助的警察总监却是鸦片大王。中情局和快速扩张的美国军事援助代表团则武装和训练泰国军队，而泰军指挥官又掌控曼谷各大妓院、屠宰场和酒库。多诺万公开支持军头，称他们是泰国民主的守护神。中情局利用和这些将领的关系在乌董附近所建设的基地，原本是东南亚地区秘密作战神经中枢，“9·11”事件后则充当拘押和审讯伊斯兰激进分子的秘密监狱。

在多诺万离职后，泰国仍维持10多年的军事独裁。1965年，泰国将领虽在华盛顿敦促下，提出举行大选之议，但又担心左派会乘势崛起。因此，中情局着手建立并控制泰国民主进程。

1965年9月28日，赫尔姆斯、秘密行动处主管菲茨杰拉德和远东科主管科尔比提交白宫一份“资助某一政党，并在选举上支持该党及该党候选人投入国会选举”的建议书。城府颇深且好大喜功的驻泰大使马丁，强烈支持他们的计划，只因他向来把中情局视为个人的钱柜和警察大队。他们在报告里说，问题很难处理。“今天的泰国仍处于不得组党的戒严状态”，且泰国将领“很少着力、或者根本无意发展或组织新党以准备未来大选”。不过，在大使和中情局坚持之下，他们终于同意合力组织新党，中情局则以提供数百万美元以便成立新的政党机器回报。

此举的目的无非是要维系“现今执政团体的领导和控制”，并“确保所成立的政党能在大选中成功赢得安定与绝对多数”。中情局表示，这“形同从根基上建立民主选举程序”，以便美国“在东南亚的靠泊地上有个稳定的政府”可以依靠。约翰逊总统亲自批准计划。泰国稳定与否，攸关美国在越南的成败。

“我们只是踏浪登岸”

中情局曾提醒白宫，若是丢掉美国在印尼的影响力，就算打赢越战也会变得毫无意义。[②] 中情局努力替这个穆斯林人口最多的国家物色一个新领导人。

紧接着，在 1965 年 10 月 1 日这天，发生一场政治大地震。

7 年前中情局政变试图推翻的印度尼西亚总统苏加诺，现在却展开看似要对自身政府搞政变的动作。在位已 2 年，健康和判断力大不如前的苏加诺，为了巩固统治竟与印度尼西亚共产党结盟。印度尼西亚共产党凭着不断提醒选民中情局侵害国家主权，就已吸引无数新血，实力大增，如今已有 350 万名党人，成为继苏联与中国之后的全球最大的共产党组织。

苏加诺突然左倾其实是个致命的错误。当晚，包括陆军参谋长在内，起码有 5 名将领遭暗杀，国营电台宣布革命委员会已接管政权，以保护总统和国家免受中情局伤害。

雅加达工作站在军部和政府里有些朋友，更有一位职位绝佳的工作人员马立克，48 岁的他是个顿悟前非的马克思主义者，当过苏加诺的驻莫斯科大使和商工部长。马立克在 1964 年跟苏加诺决裂后，在雅加达一处安全屋和中情局的麦卡沃伊碰过面。麦卡沃伊是秘密工作人员，10 年前曾促成中情局吸收日本未来首相。现在来到印度尼西亚，衔命要打进印度尼西亚共产党和苏加诺政府。

麦卡沃伊在 2005 年的访问中说：“我吸收并指挥马立克，在我们所吸收的印度尼西亚人里，他是位阶最高的一位。”有位共同的朋友介绍两人认识，并替麦卡沃伊的为人做担保。这位中间人是日本商人，以前是日共成员。吸收马立克之后，中情局的计划获准，加速推动在印度尼西亚左右派之间制造政治嫌隙的秘密行动。

1965 年 10 月，印度尼西亚历经数周动荡后，一分为二。

中情局竭力巩固一个影子政府，由马立克、中爪哇苏丹和一位叫苏哈托的少将三人共同组成。马立克利用自己和中情局的关系，安排与美国新任大使葛林进行一系列秘密会议。葛林大使说，他在“隐秘环境”会晤马立克过程中，“很清楚地了解到苏哈托和马立克的想法，以及他们打算要做什么”：通过他们所领导的新政治组织“打倒930组织行动阵线”，[③] 让印度尼西亚摆脱共产主义。

葛林大使说：“我下令将大使馆为紧急通信准备的 14 部对讲机，全部交给苏哈托，这可提供他和他手下高级军官额外的内部安全保障”——也是中情局监视他们作为的管道。“我将此事回报华盛顿后，比尔·邦迪回电表示极为高兴。”这位远东事务助理国务卿，是葛林大使从葛罗顿高中时代至今的 30 年老友。

1965 年 10 月中旬，马立克派亲信助手到美国大使馆资深政治官马庭思家。此人曾在莫斯科服务，而当时马立克正是驻印度尼西亚大使。马庭思交出一份由共产党报纸剪报汇整而成的 607 名印度尼西亚共产党领导人名单，他说：“我相信这不是死亡名单，它是非共产党人拼命要了解对方组织的一种手段——别忘了，当时共产党与非共产党之间生死斗争的结果，仍在未定之天。”两个星期后，葛林大使和雅加达工作站站长托瓦陆续收到两份报告，说爪哇东部和中部发生屠杀暴行，数千人遭苏哈托将军默许的民兵震撼部队杀害。

东亚事务助理国务卿和国家安全委员会顾问邦迪兄弟认定，苏哈托和“打倒 930 组织行动阵线”值得美国支持，葛林大使则提醒他们，美援不能由五角大楼或国务院经手。政治风险太大，必须彻底掩饰。大使、国家安全委员会顾问和远东事务助理国务卿这三位葛罗顿校友一致同意，这笔钱得由中情局处理。三人同意以 50 万美元医疗援助的形式，通过中情局运交印度尼西亚军方，印军可转售换成现金，另外再临时批准运交一批精密通信器材给军方领袖。葛林大使与托瓦站长磋商后，致电比尔·邦迪，建议给马立克实质报酬：

> 这通电报旨在证实本人以前的意见，即提供 5 000 万卢比（约 1 万美元）供“打倒 930 组织行动阵线”活动之用。这个由军方扶植且以平民为主的行动团体仍承担着当前镇压行动的重任……我认为，在马立克看来，我们愿以这种方式协助他，就表示我们赞同他目前在军方反印度尼西亚共产党行动上所扮演的角色，如此必可促进他和军方的合作关系。察觉或日后揭露我们支持此次事件的概率，如同以往的黑色运作一样微乎其微。

印度尼西亚开始掀起滔天巨浪。苏哈托将军与“打倒 930 组织行动阵线”杀人无数。后来，葛林大使在国会山的副总统办公室告诉韩福瑞说，“30 万～40 万人”在“血泊中”遭杀害。副总统韩福瑞提起自己与马立克相识多年，大使则称许马立克是“他这辈子见过的最聪明的人”。马立克正以外交部长身份访美，获邀在椭圆形办公室与美国总统会谈两分钟。两人谈的大部分是越南问题，但在会谈快结束的时候，约翰逊总统忽然说他一直以极大的兴趣注意印度尼西亚形势的发展，并祝福马立克与苏哈托。有了美国背书，马立克后来当上联合国大会主席。

葛林大使在参院外交委员会秘密会议上，修正他原先对印度尼西亚死亡人数的估计。

> “我认为，我们估计可能接近 50 万人。当然，正确数字没人知道，我们只是就很多村庄人口锐减来判断。”他在 2007 年 3 月解密的秘密证词中说道。
>
> 阿肯色州出身的主席傅尔布莱特参议员提出一个直截了当的简单问题。
>
> “我们涉入政变了吗？”
>
> “没有，主席。”葛林大使说。
>
> “我们是否涉入前次政变的企图？”
>
> 大使：“没有，我不认为如此。”
>
> “中情局没有份吗？”傅尔布莱特问。
>
> 葛林：“你说的是 1958 年那一次吗？”当然，从乱七八糟开始到苦涩收场，都是中情局一手主导。“这个问题恐怕不是我所能回答的，我不太清楚当时的情况。”大使说道。
>
> 这是千钧一发的时刻，谁知，就在接近惨烈行动及其严重后果的时候，主席却轻轻放过：“你不知道中情局是否涉入。而这次我们并未涉入。”
>
> 大使说道：“没有，主席。绝对没有。”

印度尼西亚新政权把 100 多万名政治犯打入监牢，很多人一蹲就是几十年，有些则死在狱中。冷战期间，印度尼西亚一直实施军管，镇压的后果波及至今。40 年来，美国一直否认自己和印度尼西亚假反共之名行屠杀之实有任何关联。“我们没有兴风作浪，我们只是踏浪登岸。”葛林说。

赫尔姆斯如愿以偿

20 年前，威斯纳和赫尔姆斯联袂从柏林飞到华盛顿时，心中还在揣想中情局是否有成立的一天。如今两人都已升到主管秘密业务的地位，只是一人即将登上权力高峰，另一人却已坠入深渊。

最后那几个月，威斯纳一直待在乔治敦家里，在绝望中啜饮雕花玻璃杯里满满的威士忌。中情局秘而不宣的机密里，有一则是其中一位创始元老进出精神病院多年。威斯纳自1962年精神病再犯之后，已被辞退伦敦工作站站长职务，强制退休。他胡言乱语，说看到希特勒，又说他看到异象，听见怪声。他知道自己已经好不了了。1965年10月29日，威斯纳和中情局老友布莱恩约好到他在马里兰州东岸的庄园打猎。当天下午，他走回住所，拿下猎枪，轰掉自己的脑袋，享年56岁。在国家大教堂举行的丧礼备极哀荣。他安葬于阿灵顿国家墓园，墓碑上刻着“美国海军上尉”。

冷战风潮逐渐衰退。威斯纳安葬后几星期，中情局副局长克莱因找上总统情报顾问委员会主席克利福德，在雷伯恩喉咙划上一刀。

克莱因警告说，雷伯恩局长是对国家有害的危险人物。1966年1月25日，克利福德告诉已担任5年的国家安全委员会顾问而正准备辞职的麦克乔治·邦迪说，情报顾问委员会“对中情局的领导问题真的深感困扰”。几天后，一则刻意向《华盛顿星报》泄露的报道，让雷伯恩知道他已经出局了。这位海军上将立予还击。他把自己的成就列了一长串清单交给总统助理莫耶斯：删除毫无成效的陈年秘密行动，设置一个全天候的运作中心，提供总统新闻与信息，越南反恐小组实力倍增，在西贡的总体活动增至3倍。他向白宫保证，总部和海外工作站士气高昂。1966年2月22日早上，约翰逊总统看了雷伯恩洋洋得意的自我评估报告之后，拿起电话打给邦迪。

雷伯恩“完全忘了自己评价不高和表现不佳的事实，他自认对中情局做了很大的改善，以为自己成就可观。我想，大概是赫尔姆斯让他有这种想法吧。”总统说道。

邦迪在那个星期就辞职，之后，约翰逊一直没找人负责习称为303委员会的秘密行动监督机制，很多需要白宫关注的活动，诸如把多米尼加大选导向有利于现流亡纽约的前总统、挹注经费和武器给刚果独裁者等，也都暂时搁置。1966年3到4月间，约翰逊一直让这个位置虚悬。他起先希望莫耶斯（后来成为电视上最明快的左派代言人）接手303委员会，莫耶斯出席5月5日那天的会议觉得不寒而栗，赶忙辞谢。结果，总统敲定他最忠心的应声虫罗斯托当国家安全委员会顾问兼303委员会主席。该委员会在5月间恢复正常运作后，虽是无为而治，却在那一年批准中情局54项秘密行动，其中绝大多数支持东南亚“反共战争”。

终于，在1966年6月第三个星期六，白宫总机拨了一通电话到赫尔姆斯家。

53岁的赫尔姆斯，虽然华发渐霜，但因为常打网球的缘故，身体仍然很健康，每天像瑞士表般上紧发条，早上6点半就开着他那辆黑色凯迪拉克老车到总部，连星期六也不例外。那天刚好是他难得的休假日。战时对秘密情报工作的浪漫情怀，已经变成全心投入的热情，结婚 27 年的妻子、大他 7 岁的雕刻家茱莉亚·席尔斯独守空闺，儿子到外地上大学。他的生活完全奉献给中情局。他一接起电话，便听到自己最大的愿望终于实现了。

6 月 30 日，他在白宫宣誓就职那天，总统把海军军乐队找来表演。现在，赫尔姆斯手中掌握将近两万名工作人员，其中 1/3 以上的人在海外担任谍报工作，并控有大约 10 亿美元的预算。他被视为华盛顿最有权势的人之一。

本章注释

① 河内希尔顿是一处监狱，越南文称 Hoa Lo，意指“火炉”。原为法国殖民时期关政治犯的地方，北越用来关战俘，1987 年好莱坞有部同名电影，便是以该监狱为背景的。

② 1965 年 3 月 5 日，中情局资深官员告诉 303 委员会说：“一个 1.05 亿人的国家落入‘共产阵营’，会使得打赢越战变得没有什么意义。”中情局 2 月 23 日的备忘录则说明印度尼西亚秘密行动计划的进展：“自 1964 年夏天以来……与国务院携手规划构思及拟订政治行动运作方案……本方案的要旨是利用印度尼西亚共产党内部的派系斗争、强化印度尼西亚素来对中国大陆的疑虑。详细的活动形态包括联合并支持现有的反共团体……（进行中的秘密计划则包括）在印度尼西亚组织和机构内部展开政治活动，以及训练E后可担当重任的军事人员及文职官员……（目标是）培养有潜力的领袖，以确保苏加诺亡故或遭罢黜后，顺利由非共产政府接手。”

③ 930 组织：前文所说 5 名将领遭暗杀之日即为 9 月 30 日，该革命委员会因而自称 930 运动组织。

第25章

毫无胜算的越南战争

赫尔姆斯接掌中情局的时候，已有25万美军投入战争。一场逐渐发展的浩劫，消磨掉东南亚100名秘密工作人员和总部3 000名情报分析人员的精力。中情局总部也酝酿着一场战争。分析人员的工作是判断能不能打胜仗，秘密行动处的使命则是协助打赢战争。多数分析员很悲观，秘密行动人员则多半干劲十足。双方各在不同的领域工作。两处之间有武装守卫把守。赫尔姆斯觉得自己像个“马戏团骑师，脚踏两匹都有充分理由要自行其道的马”。

赫尔姆斯掌权的那年夏天，有数百名新进人员到中情局上班，其中有位23岁的青年，心想可以在印第安纳大学攻硕士的最后一年时，免费到华盛顿一游，抱着好玩的心情签了约。日后当上中情局局长和国防部部长的鲍勃·盖茨，搭乘中情局巴士从华盛顿市中心开进一条倒钩铁丝网围墙夹道的车道。他走进一幢楼顶有各式天线、颇为庄严的7层楼水泥建筑。

他回忆道：“大楼里面倒是平凡得出奇，毫无装潢的长廊、狭小办公隔间、油布地板、公家发放的金属家具，看起来倒像是一间大保险公司。”中情局给盖茨一个90天惊奇的训练，立即升准尉，并派至密苏里州惠特曼空军基地学习核目标定位法。这位初出茅庐的中情局分析员，就是在这里骇然窥得越战进程：飞机驾驶员不足，派白发苍苍的校级军官出去轰炸北越。

盖茨回忆说：“这时我们便知道，我们打不赢这场战争”。

拗圆成方

赫尔姆斯和远东业务主管科尔比都是毕生从事秘密运作的人，他们提交总统的报告在反映昔日秘密机关的干劲。赫尔姆斯向约翰逊表示："本局全力奉献，以求美国在越南的总体计划成功。"科尔比则提交白宫一份颇为得意的西贡工作站评估报告：尽管"战争尚未结束，但我方在苏联和中国方面的情报报告，想必会极力关切越共日增问题，以及南越和美国不断改善打一场人民战争的能力"。此外，赫尔姆斯钦点的越南事务特别助理喀威尔，也是常向白宫报喜的人。

然而，中情局多位优秀分析员却已在分送总统及十多位白宫高级助理的长篇报告书《越南共产党意志百折不挠》中论断，美国再怎么努力都无法打败敌人。国防部长麦克纳马拉在 1966 年 8 月 26 日看到报告后，立即打电话给赫尔姆斯，说他想见见中情局第一流的越南专家。事有凑巧，喀威尔刚好休假，于是便由副手艾伦奉召到五角大楼内部密室与国防部长进行首次，也是绝无仅有的一对一谈话。他被安排在 10 点半开始，谈半个钟头。这次对话也是中情局和五角大楼在约翰逊总统任内唯一一次真正的会谈。

麦克纳马拉得知艾伦已经花了 17 年的工夫研究越南问题，不由大感兴趣，因为他根本不知道居然有人投入这场斗争这么长的时间。他说，那么，你对我们该怎么做想必有很多看法。艾伦回忆道："他想知道，若是我处于他的位置上会怎么做。我决定坦诚相告。"

他说："停止增派美军，停止轰炸北越，并与河内谈判停火。"① 麦克纳马拉叫秘书取消上午所有约会，待午饭后再说。

国防部长问道："美国为什么要任由亚洲骨牌倒下呢？"艾伦答道："谈判桌上谈和的风险不会比战场争战大，美国若能停止轰炸，并与中国、苏联、东南亚盟友及敌人交涉，也许可以获得光荣的和平。"

听了这 90 分钟扣人心弦的异论之后，麦克纳马拉作了 3 个重大决定：请中情局汇整一份战争部署报告，亦即评估敌人对付美国的武力部署。他吩咐助理汇整 1954 年以来的越战秘史，亦即《越战报告书》。他开始质疑自己在越战中的作为。麦克纳马拉在 9 月 19 日以电话向总统表示："我自己越来越觉得，我们应该确实计划停止轰炸北越，正如我以前提过的，我们应该明确地规划兵力上限。我认为我们不该只瞻前不顾后，一味叫嚷再增加、再增加，再增加到六七十万人，在所不惜。"总统唯一的响应是无法辨识的嘟哝。

麦克纳马拉终于了解（可惜为时已晚），美国大幅低估在越南杀害美国军人的敌军实力，多年之后，美国在伊拉克战争上同样犯了这致命的错误。他交办的部署研究，在西贡的美军指挥官和中情局总部分析人员之间引起极大争论。美国在越南所面对的共产党战斗人员总数，究竟是军方坚称的不到 30 万人，还是多数中情局分析员所认为的超过 50 万人？

两者的差距主要在于游击队、非正规战斗人员和民兵的数目。倘若敌人在经历美军 2 年无情地轰炸和猛烈攻击之余，仍然保有 50 多万兵力，则象征这场仗真的没有胜算可言。低报数字则是南越美军指挥官威斯特摩兰将军和他的助手柯默的信条。绰号“喷气机鲍勃”的柯默是中情局创局元老之一，负责威斯特摩兰新成立而扩展极速的反游击战活动，代号为“凤凰”。他不断发给约翰逊极密备忘录说，胜利指日可待。他说，真正的问题不在于我们能否打胜仗，而是在于我们想多快打胜仗。

双方你来我往争论了好几个月，赫尔姆斯终于忍不住派喀威尔到西贡找威斯特摩兰和柯默。他们的会谈并不顺利。军方处处阻碍。1967 年 9 月 11 日，议论陷入僵局。

柯默在晚餐会间一个小时的独白中，这么对喀威尔说，“你们这些人非让步不可”，真相会“制造公共灾害，破坏我们在这儿的大事”。喀威尔发电报给赫尔姆斯说，军方不为所动。喀威尔回报局长说，他们必须证明胜券已然在握，却凸显“他们全然没有能力让新闻媒体（乃至一般大众）相信战事大有进展，至为重要的是，再怎么说都无法贬抑进步的形象”。若将越共非正规军在南越的人数量化，则“总数超过 40 万人，从政治上来说，这实为难以接受的数字”，因为军方一旦有了“预定的总数、固定的公关立场，便会动弹不得，无法再进一步（除非你另有指示）”。

赫尔姆斯既要调和鼎鼐，又得把中情局的报告修正到符合总统的政策，不免感到极大压力，最后只得让步。他说：“数目多寡毫无意义”。于是，中情局正式接受军方假报的数字，即 29.9 万人，甚或更少。喀威尔回报局长的电报中说：“这是硬要把圆的拗成方的。”

压制和伪造越南形势报告由来已久。1963 年春天，麦科恩就受到五角大楼莫大的压力，要他删去悲观的评估报告中引述南越政府“重大缺点”的部分，诸如军队士气低落、情报机关很糟、共产党渗入军队等。中情局改写后的评估报告如下：“我们认为，共产党挺进显然受挫，形势正在改善当中。”其实，中情局根本不这么认为。几星期后果然传来顺化暴动，接着是僧人自焚和阴谋推翻吴庭艳的消息。

这种压力一直没停过。总统的新任国家安全顾问罗斯托不断命令中情局要向白宫提出战情佳报。“你到底是挺哪边呀？”罗斯托怒吼道。赫尔姆斯在拗圆成方那天，还送了一份老实得有点残酷的研究报告请总统过目。赫尔姆斯致函总统，开宗明义地说：“内附报告极为敏感，尤其是万一泄漏有这份文件存在的话。”又言：“本件现在不会、将来也不会给任何政府官员过目。”单是报告标题“越战结果不利的意涵”就很劲爆。报告中说：“迫在眉睫的问题是，美国的行动受限于传统和舆论态度，不可能弭平一个相当强大的、奉献的、有能力的、广受支持的革命运动……美国军力结构不适于应付意志坚定、应变灵敏和政治感敏锐的对手所发动的游击战。其实，这已不是新发现。”

在西贡，中情局最优秀的官员自己也有所发现：搜集情报越多，越发觉得自己知道的实在太少。

不过，到了这节骨眼上，中情局怎么回报华盛顿都已无关紧要了。从来没有一场战争有那么多的情报交在指挥官手中：虏获敌人的文件、残酷审讯战俘所得的消息、电子拦截、空中侦察、从前线血泊与泥泞中传回西贡工作站的战地报告、审慎的分析、数据研究、按季整合中情局与军事指挥官所知的大小情报。今天，距五角大楼不远处有一间旧鱼雷工厂，里面存放的 8 英里长的微缩胶卷，不过是当年越战情报档案的一小部分罢了。

情报那么多，实质意义却那么少，也是前所未见的。战争行为已由美国领导人彼此相告，且一再告诉美国人民的一连串谎言所设定，白宫和五角大楼不断地试图说服民众相信战事顺利。总有一天真相会大白。

本章注释

① 艾伦认为，美国政府的宗旨是利用编造的情报来进行“舆论操作和政治劝诱，改变认知以符合特定的观念，不管这些观念是可以赞同，或明显地无法赞同”。他所证实的做法，从伪造机密情报、控制舆论到操作政治支持等，今天的美国人也许已耳熟能详。当然，中情局的西贡报告里也有些根深蒂固的偏见，例如在究竟该选阮文绍还是阮高奇当南越下届总统的问题上，中情局就坚持南越军方会选阮高奇。国务院派驻西贡的官员，包括日后成为美国情报界龙头的内格罗蓬特在内，则确信出线的是阮文绍。国务院官员欧克莱认为，中情局跟阮高奇渊源很深，所以在报告上不免有所偏袒。

第26章

美国总统坐在政治氢弹上

1967年2月13日，赫尔姆斯走访美国各地核武器实验室一整天之后，下榻新墨西哥州阿尔伯克基某饭店休息，忽然有个气急败坏的中情局通信官，带着白宫传来的消息到饭店找他：速返华盛顿。

左派小月刊《堡垒》[①]刊出报道说，颇受敬重的全球性美国大学生团体“全国学生联合会”，接受中情局优厚津贴多年。其实，中情局前不久才提醒白宫说：“中情局涉入民间自主组织与基金会一事，势必引起大火。中情局可能被指控为不当干涉内政、操纵和危害纯真青年，届时政府可能会遭到牵连。”

报道刊出后，约翰逊立即宣布由国务院第二号人物卡真巴赫出马，彻底检讨中情局与民间自主团体之间的关系。由于赫尔姆斯是唯一知道内情的人，所以“约翰逊要我负责把中情局拉出火坑”。

《纽约时报》记者雷斯顿意有所指地说，中情局和许多未指名的电台、刊物、工会的关系也岌岌可危。中情局2年来的秘密工作，短时间内便暴露无遗。

自由欧洲电台、自由电台和文化自由会议都是中情局的手笔，所有在反共自由左派的大旗下欣欣向荣、有影响力的小杂志，所有广受敬重的团体，如福特基金会和亚洲基金会等，都为了中情局钱财和人才充当该局暗渠——全部交织成一份人头公司和外围组织的文件线索，一家搞砸就全盘皆输。

电台无疑是中情局最有影响力的政战活动，中情局花了4亿多美元补助它们。我们有理由相信铁幕后数以百万计的听众很重视广播。然而，一旦暴露它们原来是中情局的频道，其正当性就要大打折扣了。

中情局是用纸牌堆砌的一间不牢靠的房子，这一点赫尔姆斯心知肚明。中情局支持各电台和基金会，虽是该局最大规模的秘密行动计划的一部分，但它们本身其实没有什么隐秘可言。10 年前赫尔姆斯就曾和威斯纳谈过，中情局应淡出秘密补助业务，让国务院处理电台业务，两人也都同意要设法说服艾森豪威尔总统，只可惜两人都没有后续动作。国务卿腊斯克从 1961 年起就一直提醒说，数以百万计的美元从中情局流向学生团体和民间基金会，已成为 “国内外流言蜚语普遍的话题或常识”。[②] 这一年来，《堡垒》月刊都在中情局监视中，赫尔姆斯也曾送一份备忘录到白宫给莫耶斯，详述该杂志各编辑与记者的政治和个人行为。

谈到秘密行动管理问题，有怠忽之责的不单是中情局，白宫、五角大楼和国务院这些年来一直没有好好监督中情局，因此也难辞其咎。从肯尼迪就职开始到今天，中情局已展开 300 多项大规模的秘密行动，除了赫尔姆斯，没有一个当家主事的人知道大部分的运作。国务院某情报官员在 1967 年 2 月 15 日提出报告说道：“我们既没有妥善地明订执行计划的方法，也没有追踪检讨若干进行中的大计划。”

总统授权监督中情局，并挹注其秘密活动的机制，并没有发挥作用，或者说从来就没有作用。白宫、国务院、司法部和国会越来越发觉中情局已有点不受控制。

打定主意要杀卡斯特罗

1967 年 2 月 20 日，约翰逊总统打电话给代理司法部长莱姆希・克拉克[③]。

5 个星期前，约翰逊和联合供稿专栏作家皮尔森在白宫进行长达一个小时的不列入记录的对话。皮尔森的专栏“华盛顿旋转木马”果然不是浪得虚名，一篇文章提到黑手党杀手罗塞里是中情局哈维至交好友，哈维又是罗伯特・肯尼迪参议员的死敌，就让约翰逊总统头昏脑涨。

约翰逊对克拉克说：“故事围绕着中情局……派人要干掉卡斯特罗。太离谱了。”口气仿佛是转述听来的故事似的：“猪湾事件之后，他们找了一位相关人士，连同另外几个人，带到中情局，并由中情局和司法部长指示前去暗杀卡斯特罗……他们弄了些毒药。”这话没错，但故事还没完。这故事把约翰逊带到一个虽无凭据却很吓人的结论：卡斯特罗逮到阴谋者，“稍加刑讯，他们就一五一十告诉他……于是他说，‘好，我们会处理’。接着他便召唤奥斯华和一批人进来，要他们去……把任务办好”。他们要办的任务就是暗杀肯尼迪总统。

约翰逊吩咐克拉克去查查，联邦调查局是否知道中情局、黑手党和罗伯特・肯尼迪参议员之间的瓜葛。

3 月 3 日，皮尔森的专栏说 ："约翰逊总统坐在政治氢弹上——一项未经证实的报道说，可能是罗伯特·肯尼迪批准的暗杀计划反弹波及他哥哥。" 这篇文章把罗伯特·肯尼迪吓坏了，第二天就约赫尔姆斯吃午饭，而局长也把中情局唯一一份将肯尼迪与黑手党反卡斯特罗阴谋挂钩的备忘录带过来。

两天后，联邦调查局完成提交总统的报告，有个呛辣的标题"中情局派遣帮派分子至古巴暗杀卡斯特罗之意图"。报告说得简捷明快 ：中情局确曾试图暗杀卡斯特罗，中情局雇用黑手党成员下手，当时身为司法部长的罗伯特·肯尼迪很清楚中情局的计划，也知道黑手党涉案。

约翰逊斟酌了两个星期，才命令赫尔姆斯正式调查中情局反卡斯特罗、杜琦乐和吴庭艳的计划。赫尔姆斯别无选择，只得吩咐督察长易尔曼照办。易尔曼把少数知道内情的人一一叫到办公室，再一一汇整中情局档案，慢慢地整理出一份详尽的报告。

腊斯克命令国务院情报司司长休斯就中情局秘密业务展开独立调查。5 天后，休斯、鲁克斯、卡真巴赫三人坐在国务卿办公室里，盘算着总统是否该约束一下中情局。休斯认为，收买外国政治人物、支持外国政变或运交军火给外国反抗军等作为，可能侵蚀美国的价值观，因而建议将秘密活动减少到"不能再减的最小量"，而且唯有在"其预见结果攸关国家安全或国家利益，此种效益应足以胜过风险，且其他方法都无法有效获得"的情况下，才可以进行。鲁克斯把这些想法传达给赫尔姆斯，赫尔姆斯并没有强烈反对。

同一星期，赫尔姆斯很仔细地看完中情局督察长那份 133 页的报告草稿。报告中虽称杀害吴庭艳和杜琦乐的人"受美国政府鼓动而不受控制"，却详尽解析反卡斯特罗阴谋的种种手法。报告中说 ："我们不得不强调，负责其事的中情局官员感受到自己承受肯尼迪政府极大压力，才会想在卡斯特罗问题上有所作为。我们发觉，人们口中隐约提到'有所作为'时，他们心里很清楚就是要杀掉他。"尽管压力是来自政府最高层，报告里却对总统授权的问题默不做声。唯一可以提出明确答辩的罗伯特·肯尼迪参议员，正忙着推动一项加重亵渎美国国旗罚责的法案。

这份报告暗示担任过秘密行动处主管的艾伦·杜勒斯、比斯尔、赫尔姆斯以及菲茨杰拉德，这几位还在世的中情局官员共谋杀人，且特别着墨于菲茨杰拉德，说他在肯尼迪总统遭暗杀前一星期，亲口答应提供配有望远瞄准镜的步枪，给誓言要杀死卡斯特罗的古贝拉。菲茨杰拉德虽矢口否认，但极可能是谎言掩饰。

5 月 10 日，赫尔姆斯把他亲笔眉批的督察长报告放进公文包，动身去见总统，至于两人谈些什么，毫无记录可查。5 月 23 日，赫尔姆斯到参议员拉塞尔主持的中情局委员会作证。拉塞尔对中情局事务的了解比局外人多，他与约翰逊总统的关系也比华盛顿任何人都要亲密。他问赫尔姆斯一个在政治暗杀中很尖锐的问题：中情局要“前工作人员三缄其口的能力”如何。赫尔姆斯当天回到总部后，便将督察长调查所衍生的文件悉数销毁，只留下一份报告在保险柜，这一锁就是 6 年多，纹丝不动。

赫尔姆斯很清楚，最了解暗杀卡斯特罗阴谋的中情局官员，便是极不稳定的哈维。此人虽因酗酒恶习不改而被革去罗马工作站站长职务，但仍拿中情局的薪水，每天都在总部走廊上蹓跶。中情局执行长怀特说：“有时在开会的时候，哈维会醉醺醺地出现，他就是爱喝私酿的马丁尼。”怀特还记得，1967 年 5 月最后一个礼拜，他跟菲茨杰拉德、安格尔顿在赫尔姆斯办公室开会，所讨论的主题就是该怎么处理哈维。讨论结果是小心翼翼地把他弄出中情局，保证让他有个平静的退休生活。中情局安全室主任欧斯邦带这位没用的情报官出去吃午饭，并回报说“哈维对中情局和局长极尽冷嘲热讽”，若是逼得狗急跳墙，他必定会对中情局和局长恐吓勒索。哈维直到逝世前还跟中情局纠缠不休。

安格尔顿走火入魔

这是赫尔姆斯遭逢事业大危机的时候。1967 年整个春天，他面临着和暗杀阴谋这颗定时炸弹一样严重的危机：不少最优秀的情报官开始反对安格尔顿的阴谋论。

安格尔顿自从在以色列协助下取得赫鲁晓夫谴责斯大林的秘密谈话文稿以来，这 10 多年一直在中情局里享有崇高的地位。除了反情报主管这个关键角色，他仍掌控着以色列项目以及与联邦调查局联系的业务。但他那莫斯科“大阴谋”的观点却逐渐侵蚀着中情局。赫尔姆斯担任局长时的中情局秘史（2007 年解密），就详尽地透露了安格尔顿的论调和方针：

> 到了 20 世纪 60 年代中期，安格尔顿已保持一套将对美国产生严重后果的观点。他相信，在一批极高明的政府领导人引导下的苏联，对西方怀有无可化解的敌意。国际共运仍然稳若磐石，莫斯科与北京决裂的报道，无非是精心策划的“假情报战”之一环。安格尔顿在 1966 年写道，一个“整合与果断的社会主义集团”，积极助长“分裂、演变、权力斗争、经济浩劫和善恶共产主义”的假消息，刻意向莫名所以的西方世界呈现“一

片混乱景象”。一旦这战略欺骗计划成功地分化西方团结，莫斯科便可轻易地一一收拾西方世界国家。在安格尔顿看来，唯有西方情报机关可以反制这种挑战，力挽狂澜，西方文明的命运大部分掌握在反情报专家手中。

诚如中情局后来的正式评估所作的结论，安格尔顿想法很不正常，“是个思想松散和漫无章法的人，他的理论一应用在公开记录的事务上，便显得不值得予以慎重考虑”。听信他的话，后果很严重。这些后果包括，于1967年春天决定继续监禁已在中情局禁闭室非人环境下非法拘押了3年的苏联投诚者诺先科。接连诬陷苏联科资深官员为莫斯科所用。苏联投诚者或所吸收的特工之言一概不予相信。赫尔姆斯时期的中情局秘史说：“很多忠心耿耿的中情局工作人员，就因为一些巧合与薄弱的间接证据，就蒙受心怀贰志的嫌疑。针对苏联进行中的运作喊停，新任务受到压制，只因误信中情局内的卧底间谍已泄密，中情局大部分的人已被克里姆林宫盯上。投诚者和长年合作的线人所提供的宝贵情报不予理会，只因为担心情报加了料。”

中情局内部逐渐对安格尔顿产生一股力道虽小却很坚定的反弹。在1967年4月赫尔姆斯第一次看到的备忘录里，苏联科资深官员麦科伊说道：“我们没上敌人假情报的当，而是自己在骗自己。”他告诉赫尔姆斯，安格尔顿的心态使得“我们的苏联活动完全瘫痪”。5月，中情局安全室主任欧斯邦提醒道，诺先科案是个在法律和道德上都很可恨的行为。赫尔姆斯请副局长泰勒将军设法解决。后来泰勒回报说，诺先科绝不可能是双面间谍，苏联科顿时左右为难，赫尔姆斯必须释放人犯，并作重大人事变动以正门风。

安格尔顿和他的幕僚几乎完全没有提供局内其他部门任何情报。他认为自己就是最后顾客，不愿流传自己的书面结论。他破坏东欧各工作站、侵害盟国情报机关、危害总部——诚如赫尔姆斯新指派的苏联科长金斯利屡次抗议的，全然没有“丝毫佐证说苏联科内有或曾经有”卧底间谍。以泰勒将军的话来说，赫尔姆斯认为“安格尔顿走火入魔……赫尔姆斯虽感叹安格尔顿妄想太过，但也认为他是个难以取代的可贵人才，其他的特点应可以掩盖妄想的缺点”。

安格尔顿毁人事业、伤人性命、制造混乱，赫尔姆斯依旧对他信任不减。为什么？第一，大家都知道，安格尔顿掌理反情报业务这2年间，中情局没有出过叛徒或被苏联间谍渗透，单是这一点就让赫尔姆斯非常感激了。第二，诚如赫尔姆斯时期的中情局秘史首度揭露的，他局长任内的最大成就：中情局正确预告中东6日战争，安格尔顿也有部分功劳。

1967年6月5日，以色列对埃及、叙利亚和约旦发动攻击。中情局早有所知。

以色列一直告诉白宫和国务院，说他们已面临大危机。赫尔姆斯则向总统指出，这是精心算计的一着棋，而他们之所以要说这种白色谎言，无非是希望赢得美国直接军援。令约翰逊大大松口气的是，赫尔姆斯说以色列会精心挑选攻击的时间和地点，而且可能在几天之内迅速取得胜利。上述不足为外人道的预测，最终消息来源正是安格尔顿从以色列情报机关最高层的朋友处得来，然后直接独家向赫尔姆斯报告。他的话没错。中情局史记载："预测的后续准确性奠定赫尔姆斯在约翰逊白宫的声誉。这个资历肯定让赫尔姆斯的局长绩效获得高分，也进一步巩固安格尔顿在反情报评估上的地位。"

这一针见血的精辟推论，理所当然地让约翰逊留下深刻印象。赫尔姆斯颇为得意地向中情局史家叙述，这是约翰逊在总统任内首次体认到："情报在他生活中占有一定分量，而且这分量还颇重……这是他第一次真有点被'情报人具有他人所无的见解'此一事实吓到。"

他让赫尔姆斯在周二午餐会报上占有一席之地，这是全城最好的一席，政府最高会议，也就是赫尔姆斯口中"不可思议的权力核心"——同席的有国务卿、国防部长和参联会主席。往后一年半里，每周一次，中情局得到它最需要的东西：美国总统的关爱。

让中情局势力遍布全球

赫尔姆斯希望严控中情局的秘密，不让国内人民得知。为达此目的，他要求国外运作不要出现令人不快的意外。在当时的政治环境下，中情局很多的秘密活动都像是潜伏的氢弹。

1967 年 6 月，赫尔姆斯吩咐菲茨杰拉德针对中情局每一个海外秘密行动进行评估，以确保隐秘性安全无虞，对有可能搞砸的活动一一关闭。中情局经不起再一次公开丑闻或公开调查的风险。针对古巴计划的内部调查，使菲茨杰拉德承受莫大压力，5 个星期后，他竟在和英国大使打网球的时候心脏病突发。他和威斯纳一样，享年 56 岁。

菲茨杰拉德安葬后，赫尔姆斯选了忠心老友卡拉米辛来领导秘密行动处。朋友口中的老 K，是中情局创局元老之一，曾任雅典工作站站长，因为脊椎弯曲的缘故，时时痛不欲生。1967 年夏秋，两人陆续检讨中情局在全球各地的秘密行动业务。没有一个国家是中立区，赫尔姆斯的目标是要让中情局势力遍布全球。

在西贡，中情局刚展开一项极为敏感的行动，由约翰逊总统批准，代号"毛茛"，亦即吸收政治敏感度较高的越共战犯，让他配备秘密无线电发报器回到河内，试图向北越伸出和平触角，以便打开与敌人最高层谈判之门。可惜毫无成效。中情局曾在许多亲美国家如巴拿马等国，在当地设立共产党并加以控管，希望有一天莫斯科会邀请这共产党领导人访苏，从而探出苏联第一手秘密。可是，中情局在这场永不止息的渗透克里姆林宫的战争中，收获极少。赫尔姆斯于是设法动员中情局第一批遍布全球各地的潜伏特务，也就是没有外交身份保护的间谍，他们平常的身份可能是国际律师或《财富》杂志 500 大企业的巡回业务员。这个代号“环球”的行动，已经进行 5 年之久，不过，这种游走全球各地的情报官不过十余人而已。

好的行动往往要花上好几年时间布局。赫尔姆斯解释：“首先得打好基础，还得找人合作。要想成功先得在结构里埋设大量的暗管。”

然而，单凭耐心、毅力、经费和巧计，还不足以对付共产主义，而是得将真正的武器交给友好国家的统治者，或中情局训练的秘密警察与准军事部队。艾森豪威尔总统曾创设了一体适用的“海外内部安全计划”，由中情局配合五角大楼和国务院共同管理。而写出以“民主、无私、无条件的方式协助其他国家自助”任务宣言的，正是中情局自家人汉尼，也就是汉城工作站那位骗子站长，以及危地马拉“成功行动”前线指挥官。

汉尼建议以武装第三世界盟邦的方式来维护世界安全。他辩称道：“虽然有些人指责美国援助不民主国家，强化其安全机关，从而让他们巩固权位，从道德上说乃是错误的做法”，殊不知“只协助西方世界各国政权，虽可符合我们自治的理想，但美国却消受不起这种道德奢侈。将绝对君权和军事执政团完全从西方世界抹去，只指望剩下的那些国家，美国势必走上孤立之路，此乃最为明显不过的事”。

海外安全计划在全球 25 个国家训练 77.1217 万名军人和警官，也为中情局找到了秘密行动的沃土。该计划协助柬埔寨、哥伦比亚、厄瓜多尔、萨尔瓦多、危地马拉、伊朗、伊拉克、老挝、秘鲁、菲律宾、韩国、南越和泰国创设秘密警察，而这些国家的内政部长和警察总长都和中情局工作站密切联系。此外，中情局还在巴拿马成立国际警察学校、在得州洛佛雷斯诺成立“爆破”学校，训练中美和南美洲各国的军官，结业生当中则包括日后萨尔瓦多与洪都拉斯行刑队的领导人。

从课堂到刑讯室往往只有一步之隔。艾森豪威尔与肯尼迪时期的中情局情报处主管艾摩里说：“中情局身处险地，稍有不慎就会流于盖世太保式的战术。”20 世纪 60 年代，中情局在南美的工作范围大幅扩张。柏林基地老手、1965—1967 年间担任拉丁美洲课对外情报组长的波尔格说：“卡斯特罗是个触霉头，中情局和拉丁美洲资产阶级有个普遍之处，就是恐惧。”

波尔格说：“我的任务是运用拉丁美洲各国的工作站，搜集与苏联和古巴相关情报。要达成这个目标，得有个相对稳定的政府与美国合作。”

中情局支持拉丁美洲阿根廷、玻利维亚、巴西、多米尼加共和国、厄瓜多尔、危地马拉、圭亚那、洪都拉斯、尼加拉瓜、秘鲁和委内瑞拉等 11 个国家的领导人。一旦友好政府掌权，中情局就有 5 个管道可以维持美国对这些领导人的影响力。波尔格说：“我们可以成为他们的对外情报机关，因为他们对世界大事不甚了了，所以我们就来个每周简报——当然得做点手脚以符合他们的感受。钱当然是最受欢迎的。采购玩具、娱乐器材、武器，训练。还有，我们可以领一票军官到布雷格堡或华盛顿度个假。”

在赫尔姆斯签准的正式报告里，中情局所坚定的立场，当然是认为拉丁美洲各国军事执政团对美国有利。他们是唯一有能力控制政治危机的势力。有法治总比乱成一团争民主自由好。

在约翰逊执政的时候，肯尼迪兄弟所发动的反游击任务已生了根，艾森豪威尔的海外安全计划也大行其道，中情局则到处扶植政治和军事盟友。1967 年，中情局通过在中美和南美两地所细心培养的独裁者，取得冷战时期最大的胜利：追捕切·格瓦拉。

“记住，你在杀人”

切·格瓦拉是古巴革命军人和间谍的象征。他们深入蛮荒，远至刚果作战，该国有支叫“辛巴”的平民反抗军，不仅让强人莫布杜饱受威胁，更在 1964 年绑架中情局史坦利维尔基地主任。

刚果是冷战战场，莫布杜和中情局如胶似漆。中情局驻刚果第三号人物戈森提议，双方另设一支对付苏联和古巴在非洲势力的部队。戈森说：“莫布杜给我一间房子、7 名军官、6 部福斯车，我则教他们侦察技巧。我们建立一个对中情局负责的刚果情报机关。我们指导并管理他们。最后，在总统同意下，我们支付他们的活动经费。有了情报之后，我先审查、编纂，再交给莫布杜。”莫布杜从中情局手中得到所需要的一切：金钱和枪械、飞机和驾驶员、一名私人医生，以及与美国政府相濡以沫所产生的政治安全感，中情局则在非洲心脏地带广建基地和工作站。

在一场典型的冷战战争中，切·格瓦拉和古巴同志在中非坦干伊喀湖西岸，遭遇中情局与古巴游击队。配备了无后座力步枪和战机的中情局部队，攻击

7 000 名左右的辛巴反抗军和大约 100 名切·格瓦拉的古巴士兵。在炮火中，切·格瓦拉接到卡斯特罗的命令："自保为上，避免被歼灭。"

切·格瓦拉忍辱撤退。撤退途中，他横渡大西洋，试图在拉丁美洲点燃革命火花。他辗转进入玻利维亚山区，中情局也追踪而至。

这时，中情局出资 100 多万美元扶植的右翼将领巴里恩托斯已接掌这个赤贫国家的政权。以中情局自己的话来说，这笔钱是要"鼓励"一个"友好亲美的稳定政府"，以及"支持军政府绥靖计划"。巴里恩托斯将军就凭着日益强大的军队镇压反对人士。中情局拉丁美洲科长布罗伊满意地写信向赫尔姆斯报告："随着巴里恩托斯将军于 1966 年 7 月 3 日当选，此次行动可谓功德圆满。"中情局另备有巴里恩托斯档案呈给白宫，国家安全顾问罗斯托转交给总统的时候说道："这是在解释下星期三你和巴里恩托斯将军午宴时，他可能会向你致谢的原因。"

1967 年 4 月，巴里恩托斯告诉美国大使韩德森说，他手下官兵正在山区追捕切·格瓦拉。韩德森当周即飞回华盛顿，并将消息转告菲茨杰拉德。菲茨杰拉德说："这不可能是切·格瓦拉。我们认为，切·格瓦拉已在多米尼加共和国丧命，安葬在一处未标示的坟墓里。"尽管如此，中情局还是派出两名猪湾事件的老手南下，加入美国所训练的玻利维亚骑兵队追捕行动。

这两位中情局古巴工作人员里，有位叫罗德里格斯的，从前线传回一系列令人悸动的快报。他这些 2004 年才解密的消息，是多年来一直笼罩在迷雾中的那场遭遇战唯一的目击描述。罗德里格斯从希格拉斯村以无线电回报拉帕斯工作站长提尔顿，再由提尔顿转报总部的布罗伊和波尔格。他们将报告汇呈赫尔姆斯，赫尔姆斯再带到白宫。

1967 年 10 月 8 日，切·格瓦拉与玻利维亚骑兵冲突后遭俘时，除了大腿受伤，状况尚可，只是他要在南美制造一个越南的理想，已消逝在玻利维亚高地的稀薄空气中。俘虏者把他带到一间小校舍。罗德里格斯得知，切·格瓦拉的命运将在明天由拉帕斯的玻利维亚统帅部决定。

罗德里格斯报告中说："我会设法保住他的性命，但恐怕事与愿违。"

第二天破晓时分，罗德里格斯盘问切·格瓦拉时，只见他以手掩脸坐在校舍地上，手腕和脚踝绑得很结实，旁边有两具古巴同志的尸体。两人谈到刚果遭遇战和古巴革命方向。切·格瓦拉说，除了猪湾事件之类的武装冲突，卡斯特罗所杀的政敌不超过 1 500 人。"当然，古巴政府对侵犯领土的游击队领袖是一概处死"，根据罗德里格斯的说法，当时切·格瓦拉是这么说的。"这时，他顿了一下，脸上露出狐疑神情，及至发觉自己正在玻利维亚领土上，不觉微微一笑。"罗德里格斯继续说道："他这一落网，游击组织已遭重挫……他坚信自己的理想终会实现……他断然决定成败在此一举，并没有规划万一失败时从玻利维亚潜逃的路线。”

上午 11 点 50 分，统帅部下令处决切·格瓦拉。罗德里格斯以无线电通报提尔顿：“下午 1 点 15 分，切·格瓦拉在一排枪弹下遭处决。切·格瓦拉最后的遗言是：‘告诉我太太择人再嫁，告诉卡斯特罗，革命必会在美洲再起。’他对行刑官说：‘记住，你在杀人。’”提尔顿传回切·格瓦拉死亡消息的时候，波尔格是总部执勤官。

“能送他的指纹来吗？”波尔格问道。

提尔顿答道：“我可以送他的手指。”刽子手已将切·格瓦拉的双手剁下。

“首要考虑应是政治敏感性”

像这种能让赫尔姆斯和手下情报官员吹嘘的成就并不多见。无数失误已让成就黯然失色。国务院埃及科长通知刚上任的近东事务助理国务卿贝妥：“中情局的活动再次捅出大麻烦。”埃及统治者纳赛尔抱怨（已不是第一次，而且不是无的放矢），中情局试图推翻他的政府。传给贝妥的消息中说：“中情局显然希望可以遮盖这些事件，绝不容许有这种事情发生。”

贝妥知道中情局在埃及的勾当。有位乐天的主事官不慎泄露中情局和开罗知名报纸编辑阿敏之间的关系时，贝妥正是驻埃及大使。阿敏一直和纳赛尔走得很近，中情局于是收买他，要他提供消息并刊登亲美的报道。开罗工作站站长曾向贝妥大使撒过谎，否认中情局与阿敏之间的关系。贝妥说道：“其实他一直拿美国薪水。欧岱尔（中情局主事官）定期与阿敏碰面。他向我保证绝无金钱交易，但阿敏被捕时的照片显示分明就有此类交易。”这件案子成为全球报纸头条，其中特别点出欧岱尔是以外交身份为掩护的特工。阿敏以间谍罪名受审，被判处 9 年徒刑。

赫尔姆斯一直想建立中情局的信心，也一直希望约翰逊总统能在 1967 年 9 月中情局成立两周年时，到弗吉尼亚州兰利向总部同仁发表谈话，可约翰逊却一步也不曾踏进过中情局。他派副总统韩福瑞参加庆祝典礼，而韩福瑞发表的正是鼓励的谈话：“你们必定会遭人批评。只有不做事的人才不会被批评，我可不希望见到这种情况。”

中情局禁不起来自政府的持续批评，何况是大众的批评。中情局的存续全靠隐秘，每回有砸锅的行动上报，中情局内仅余的信心就消减几分。

1967 年 9 月 30 日，赫尔姆斯颁下严格的秘密活动新准则，并分送各工作站遵行。工作站长及其顶头上司收到这种过于谨慎的指示，还是中情局史上第一遭。命令中说："检讨所有具有政治敏感性的计划，凡列名美国支薪表上的外国朝野政治人物以及若干军方领导人"，均应将其身份通报总部。花在秘密活动上的经费，再小也要据实申报。"我们的首要考虑应是该活动的政治敏感性及其与美国外交政策的一贯性"。

流向江郎才尽的外国特工、三流报纸、无足轻重的政党和其他成效不佳活动的经费逐渐缩水。于是西欧地区的大型政治作战工作开始萎缩。中情局要把重心放在东南亚的热战，以及中东、非洲与拉丁美洲的冷战上。

然而国内也有一场战争正在进行。总统刚吩咐赫尔姆斯展开政治敏感性最高的活动：监视美国人。

本章注释

①《堡垒》是政治与文学刊物，于 1962—1975 年发行。

② 腊斯克在 1961 年 12 月 9 日要求"特别小组"处理下列问题："第一，中情局支持教育与慈善性质的民间团体。第二，这些秘密经费已成为国内外流言蜚语普遍的话题或常识。第三，秘密经费引起外界对相关团体的疑虑，可能使得它们无法进入某些国家。第四，秘密经费吓走其他不想和中情局活动或目标扯上关系的其他经费来源。第五，大多数个案都毋需隐瞒经费系由美国政府提供的事实。第六，所有的活动都应由暗化明。第七，如何处理与亚洲基金会、非洲学生运动及其他组织的关系？"

1968 年 6 月 21 日，303 委员会开会处理亚洲基金会问题，指出"联邦政府纵有经费，也没人能准确预测要怎么分配"才能取代中情局的补助。

③ 莱姆希·克拉克于 1967 年 3 月 2 日升为司法部部长，直到 1969 年约翰逊总统任期结束。此人虽是执法机关首长，却站在受压迫者一方，曾创设"国际行动委员会"(IAC)，对维护人权和民权着力颇深，也曾公开宣称米洛舍维奇和侯赛因是反帝国主义英雄，有些媒体因此称他是"战犯的最好朋友"。

第27章 无法击败自己不了解的敌人

约翰逊总统一直很担心，唯恐反战运动会把他赶出白宫，不料最后将他扫地出门的却是越战本身。

1967 年 10 月，少数中情局分析员参加第一次华盛顿反战游行。总统把示威者当成国家公敌。他深信这些和平运动都是莫斯科和北京在幕后主导及资助，可惜苦无证据，故吩咐赫尔姆斯找出证据。

赫尔姆斯提醒总统，中情局依法不得监视国人。他说，约翰逊是这么告诉他的："这我很清楚，所以我要你做的是追查这件事，外国共产党人干涉我们的内政，是可忍孰不可忍，我要你竭尽所能追查。"这些话若是约翰逊亲口来说，可能会比赫尔姆斯所转述的更率直。

于是，中情局局长明显违反法律赋予它的权限，兼差当起秘密警察头子。中情局代号"混沌"的国内监视行动，时间长达 7 年之久，赫尔姆斯为此增设特别工作小组，负责监视国人业务，并审慎地把它安插在安格尔顿的反情报工作人员里。11 名中情局情报官员留起长发，学了些新左派的术语，混进美国和欧洲各和平团体。中情局汇整了一份 30 万名美国人姓名和组织名称的计算机索引，以及 7 200 名公民的档案，并开始与全国警察单位秘密合作。中情局无法区分极左和反战主流，干脆把和平运动的主要组织都列入监视。在总统指挥下，国家安全局经由赫尔姆斯和国防部长把庞大的窃听威力用在美国公民身上。总统和国会保守派都认为，和平运动与动摇美国的种族暴动之间必有关联，因此要中情局证明确是共产党在背后搞鬼。中情局全力以赴。

1967 年，美国贫民区成了战区。75 起都市暴动撼动全国，总计 88 人死亡，1 397 人受伤，1.6389 万人被捕，2 157 人被定罪，经济损失估计达 6.645 亿美元。

底特律43人死亡，纽瓦克26人死亡，纽约、洛杉矶、旧金山、波士顿、辛辛纳提、岱顿、克里夫兰、杨格城、托列多、佩欧利亚、迪蒙、威奇塔、伯明翰和坦帕街道上怨气冲天。10月25日，阿肯色州民主党人、参院常设调查小组委员会主席麦克里兰函请赫尔姆斯找出苏联在美国搞黑人权力运动的证据。"本委员会对国内各好战组织的活动甚感兴趣。"麦克里兰参议员写道。

麦克里兰说，莫斯科已"在非洲加纳专为有色人种成立一所谍报或破坏学校"，且有不少美国人担任教官。参议员写道："据称，这些教师都来自加州，若能得知返美教师或学生的身份，对本委员会将大有帮助……如蒙贵局合作，不胜感激。"

中情局这个秘密情报机关果然通力合作，卡拉米辛在10月31日便将得自迈阿密古巴人士的未证实传言回报白宫。报告中说，古巴圣地亚哥附近海边成立一处"黑人训练营"，专门"训练黑人从事反美颠覆活动，课程中包括由苏联教官教授英语"。接着说道："他们的反美颠覆活动包括与种族暴动相关之破坏行动，目的是要把黑人革命带进美国。"报告指出："参加训练课程的黑人约有150人，部分可能已潜抵美国。"

约翰逊大为震怒。他在1967年11月4日周六午后一次95分钟的叫嚣中，告诉赫尔姆斯、腊斯克和麦克纳马拉："我不会容共产党打倒政府，他们眼下就在干这种事。我看到这些人搭着共产党的飞机在我们国家到处飞，就是一肚子火。总得有人仔细查查是谁出国了、去了哪里、为何出境。"最后这句话约翰逊是针对赫尔姆斯说的。

可是，中情局一直找不到可以把美国左派或黑人权力运动领袖和外国政府扣在一起的证据。赫尔姆斯在11月15日将这令人不快的事实回报总统。他报告说，中情局虽怀疑有些美国左派人士可能在意识形态上与莫斯科或河内有关联，但没有证据显示"他们是受他人指令行事"。约翰逊命赫尔姆斯加强搜查，但除了让中情局持续违反规章，毫无所获。

对无数美国人而言，每晚电视都把战争带进家里。1968年1月31日，几乎每个南越主要城市和军事要塞，都遭越共40万大军攻击。攻势从农历新年第一天开始，敌军围攻西贡以及美军在顺化、溪山的基地。2月1日，电视和静态照相机捕捉到西贡警察局长用手枪冷血射穿越共俘虏脑袋的画面。攻击无日或已。美军还击火力虽大——单是溪山一带就投下10万吨炸弹，越共奇袭战术却造成美国心理重创。赫尔姆斯无法预测越共新春攻势，因为中情局对敌人的意图几乎毫无所悉。

1968年2月11日，赫尔姆斯在总部召集手下所有越南专家开会。除了喀威尔一人仍然很乐观——但也为时不久，与会者都同意以下几点：驻西贡美军总司令威斯特摩兰将军没有一贯的战略；增派美军无济于事；南越政府与军方无法协力抗敌，美国应该抽身。赫尔姆斯派艾伦回西贡评估损失，并拜会阮文绍总统和阮高奇副总统。艾伦发现南越军方一盘散沙，两位领导人尔虞我诈。美军保护不了越南。美国特工惊惶失措，士气低落。自 1954 年在奠边府之役重挫法国以来，河内已取得最大的政治胜利。赫尔姆斯亲自向总统报告极悲观的结论，使得约翰逊最后一点政治意志荡然无存。

2 月 19 日，河内展开第二波新春攻势之际，约翰逊总统私下与艾森豪威尔会谈。第二天午餐会报上，赫尔姆斯倾听总统叙述詹、艾两人对话内容。约翰逊重述：“艾森豪威尔将军说，威斯特摩兰将军担负着比美国历史上所有将军都要沉重的责任。我问他，‘二战’期间有多少盟军归他指挥。他说，包括美国和盟国部队，大约有 500 万人。我告诉他，威斯特摩兰手上只有 50 万大军，怎么说他是承担最大责任的美国将领呢？他说，这是不一样的战争，威斯特摩兰并不知道谁是敌人。”①

约翰逊终于明白，没有什么办法能让越南情报的失败起死回生，美国无法击败一个自己所不了解的敌人。几星期后，他宣布不会寻求连任。

本章注释

①有些历史学家和回忆录作者认为，约翰逊决定退出选举之前的几个星期，是中情局分析员喀威尔让他改变对越战的看法。但据中情局首席越战史专家哈罗德·福特指出，喀威尔和中情局对约翰逊的影响，“显然远不及中情局情报之外的其他因素，如越共新春攻势本身的震撼力、国会与民众反战情绪急剧升高、参联会主席惠勒、保罗·尼兹、万克在新春攻势后所作的坦诚而严酷的评估报告、克利福德及原本支持约翰逊越战行动的“智者”大多突然倒戈。此外，国务院和中情局分别在 3 月底提交的评估报告也得记上一笔”。

第四部分　逐渐陷入政治旋涡

尼克松与福特时期的中情局：1968-1977 年

尼克松和基辛格将秘密情报运用到登峰造极的地步，此时的中情局完全成为总统的“第三只眼”，开始明目张胆地监视美国人。情报政治化使得中情局削足适履，按照白宫的政治形态修改情报。中情局蹩脚的秘密行动仍在进行，直至“水门事件”使其成了背黑锅的主角。陷入政治旋涡的中情局似乎已难逃被解散的命运。

第28章

中情局已成尼克松的“第三只眼”

1968年春天,赫尔姆斯很担心下一位老板不是罗伯特·肯尼迪就是尼克松。肯尼迪担任司法部长时，滥用中情局的力量，既征用中情局，又对赫尔姆斯冷眼相待、满心不屑。不管他是候选人，还是当上一国最高统帅，中情局的秘档都会对他构成威胁。肯尼迪参议员6月间在竞选活动时遭人暗杀，赫尔姆斯着实震惊，却不怎么悲伤。肯尼迪加诸赫尔姆斯的讥讽，留下一辈子难以抹灭的伤痕。

尼克松的问题则完全不同。赫尔姆斯很清楚他对中情局怨恨有多深。尼克松认为中情局充斥着东岸精英主义者、反射思考的自由派、乔治城街谈巷议、肯尼迪的人马。他把自己一生中最大的失败，亦即1960年大选失利，怪罪到中情局头上，已是公开的秘密。他确信（误信）艾伦·杜勒斯所泄漏的秘密和谎言，帮助了约翰·肯尼迪在电视辩论上取得关键性的票数。尼克松在1962年回忆录《6次危机》里写道，要是他当选总统，一定要在中情局之外成立新的机构来执行秘密行动。这等于公开威胁要将中情局剜心剖腹。

1968年8月10日，尼克松和赫尔姆斯首度长谈。约翰逊总统邀尼克松到得州故乡的农庄，请他吃牛排和带穗玉米，又开着敞篷车带他参观农庄，然后才回头和赫尔姆斯畅谈国际大事：捷克斯洛伐克与苏联之间的对立，卡斯特罗仍然支持全球革命运动，以及美国和北越之间的秘密和谈。

尼克松直接向赫尔姆斯提出一个尖锐的问题。

“他们仍然相信我们输了这场战争？”他问道。

赫尔姆斯道：“北越确信他们已取得奠边府之役后的胜利。”这是尼克松最不想听到的答案。

尼克松当选 3 天后打电话给约翰逊：“你觉得赫尔姆斯这个人怎么样？你会继续用他吗？”

约翰逊答：“我会的。他够格，干练、诚实，而且为人忠心耿耿。”

这是很高的评价。这一年来参加总统晚餐会，赫尔姆斯不仅赢得约翰逊的信任，也使他在华盛顿赢得首席专家的声誉。他相信，中情局经过这 2 年的历练，已培养出一批专精于苏联威胁的情报分析员，以及一个能执行谍报任务而不致暴露身份的秘密机关。他自诩是个为总统效命的忠诚军人。

赫尔姆斯不久便会发觉忠诚的代价。

利用中情局监视美国人

赫尔姆斯在 2 年后忆述：“尼克松谁都不信。他虽当了美国总统，乃至一国行政元首，却一再告诉民众，空军在越南的轰炸行动什么也打不着，国务院尽是些穿细直条纹西装、喝着鸡尾酒的外交官，中情局想不出打赢越战的法子……‘他们都是笨蛋呆瓜，这也不会做，那也不会’。”

1969 年 1 月，新政府上台没几天，白宫午餐会上，尼克松正在吃干酪和灌装菠萝，赫尔姆斯则如坐针毡。总统臭骂中情局，国家安全顾问基辛格留神倾听。赫尔姆斯表示：“我丝毫没有怀疑，尼克松对中情局吹毛求疵的态度一定也影响到基辛格。”

总统当选人和这位哈佛人可说是志同道合。国务院情报司司长休斯观察：“两人都是无可救药的隐秘行动派，基辛格尤好此道。两人都是积习难改的炒手，但尼克松手法比较透明些。”他俩已达成共识：他们将独自构想、指挥和管理秘密行动。秘密行动与谍报变成为他们个人所用的工具，尼克松利用它们在白宫建立政治堡垒，基辛格则借此变成主管国家安全的代理国务卿——以他的助理莫里斯的话来说。

赫尔姆斯采取自保的防范措施，网罗各方贤达成立“秘密活动研究小组”，一方面向总统当选人尼克松报告秘密行动处的价值，一方面也免得中情局横遭抨击。

该小组由曾是威斯纳心腹的林赛来主持，会址设在哈佛大学，秘密召开会议。主要委员是比斯尔和柯克帕特里克，以及 6 位曾在白宫、五角大楼和中情局服务的哈佛教授。其中有三位教授和老同事基辛格很熟，他们早就知道不管谁当选，基辛格都是下任总统的国家安全顾问，因为基辛格同时担任尼克松和韩福瑞的亲信顾问。尼、韩两位压根儿没想过要找别人当国家安全委员会顾问。

该小组于 1968 年 12 月 1 日提出秘密报告，在诸多建议中有一项令基辛格特别开心：新总统应赋予一位白宫高层官员监督所有秘密活动之责。基辛格不单是监督，还要经营它们。

报告吁请新总统："向中情局局长明确表示，一旦局长断定研议中的行动不可行，他寄望局长会说'不'。"尼克松把这个建言当做耳边风。

报告又说："单凭秘密行动很难达成重要目标，秘密活动充其量只能争取时间、预测政变，不然就是制造可以使用明显手段以达成重要目标的有利条件。"尼克松根本不懂这个原则。

"接受中情局秘密援助的个人、政党或现任政府万一曝光，可能受到严重伤害，甚或毁于一旦。总的来说，秘密行动曝光会造成美国在国际舆论上观感不佳。对有些人来说，曝光表示美国无视国家权利与人权，另有些人则认为会曝光正显示我们无能且不胜任，才会被逮个正着……对很多美国人，尤其是知识界和青年人而言，美国从事'龌龊勾当'的印象会使得他们疏离政府。"报告接着说道："在这种情况下，曝光不啻替新左派制造机会，使他们能影响政治舆论的层面也更加宽广。美国一向站在这些相关国家的第一线，倡导国际事务应讲究法治，万一我们秘密介入可能是（或看似）他国内政的事务，我们的信用和在国际法治上的角色，必会受到相当程度的伤害。"尼克松和基辛格刻意不理会这些见解。

报告结论："我们的印象是中情局这些人变得太过内生，几乎所有的高层人员在组织里的年资都已 2 年……此外尚有强烈的孤立与内化倾向……缺乏创新与洞察力。"这点尼克松倒是非常相信，于是着手打入中情局核心，任命陆战队中将库希曼为副局长，此人在他副总统任内担任他国家安全委员会助理。库希曼的使命是帮总统盯着美国间谍。

中情局急于向总统当选人邀宠，于是比照约翰逊时代的做法，每天呈交情报简报给尼克松，可惜它们都被锁在尼克松所住的纽约皮耶饭店 319 楼套房保险柜里，纹丝不动。到 12 月时，基辛格传话表示，尼克松不看简报。基辛格摆明地说，中情局有事通报总统必须通过他，赫尔姆斯或中情局的任何人都不许单独见总统。

基辛格一开始就掌控中情局的业务，而且是越看越紧。1967—1968 年，中情局的监督机关 303 委员会热烈辩论秘密行动方针的光景逐渐消逝。现在基辛格控制着委员会里的每一位委员——赫尔姆斯、司法部长米契尔，还有国务院和五角大楼的第二号官员。委员会俨然变成他的个人秀。

在往后 32 个月里，303 委员会名义上批准了近 40 项秘密行动计划，但却没有真正开过一次会。尼克松时期的秘密行动计划，总计 2/3 以上未经委员会正式审议。美国的黑手活动完全由基辛格把持。

众所周知，1969 这一年，总统窃听民间人士以预防消息外泄，并管控政府内的信息流通。他的国家安全顾问基辛格更过分：利用中情局监视美国人，此一事实在此之前未见诸史册。在反战运动呼吁全国罢市，也就是每个月全国休业一天之后，赫尔姆斯接到基辛格命令，要他监视反战罢市组织领导人。中情局安全室资深官员班纳门的办公日志里，有一份标题为“基辛格博士——信息请求”的备忘录。

备忘录记载道：“基辛格博士请求我们提供反战罢市各团体领导人所有信息。经考虑后，将此请求转交答应承当本报告核心任务，并在周末撰写本报告的人。”这不只是中情局“混沌”行动的延续——搜查外国支持反战运动，更是总统国家安全委员会顾问明确要求中情局监视美国公民。

这一记录也反映出赫尔姆斯这方面毫不迟疑地配合。自 1962 年至今，三任总统都无视中情局规章，命令局长监视美国公民，尼克松更认为总统在国家安全范围内的所有行动全都合法。他说就算总统做了，也不算不合法。在他之后的历任总统当中，只有小布什全然拥抱这种源于君权神授的总统权限解释。不过，总统发出这种命令是一回事，非民选官员以总统之名这么做又是另一回事。

狠狠地打击苏联

尼克松和基辛格对隐秘性的操作能耐远超乎中情局之上，他们和美国的敌人交易——与苏联、中国和北越秘密交涉，中情局所知不多，甚或全然不知。这是有道理的：白宫不太相信中情局专家对共产势力的说法，尤其是该局对苏联军力的评估。

在 1969 年 6 月 18 日国家安全委员会上，尼克松对赫尔姆斯说：“我无意说他们在说谎或曲解情报，但我希望各位审慎区分事实与意见。”

“事实是，1965—1968 年的情报预测我全看过了，发觉和苏联人实际拥有的武力误差高达 50%，而且都是低估了。我们必须从事实下手，所有的事实，并在确切的事实基础上作出结论。明白吗？”尼克松说。中情局回嘴说苏联既没有意图，也没有发动先制核武攻击的技术。尼克松勃然大怒。这是针对苏联战略武力一系列正式评估所得出的结论，但尼克松一概不予相信。他在赫尔姆斯呈上的苏联核武能力报告上做眉批："没用。肤浅且不用心地引述我们从报上已得知的消息。"中情局的分析报告，在尼克松建立反弹道导弹系统计划（日后星战狂想曲的前奏）下飞散。"中情局到底要站在哪一边？换言之，就是'我们一起来修改证据吧'。"赫尔姆斯对白宫该次议论如是回忆道。

最终，赫尔姆斯还是奉命唯谨，删除1969年中情局最重要的苏联核武力评估报告中的关键段落。中情局再度削足适履，为配合白宫的政策形态而修正自己的报告。他决定配合白宫之举"与中情局分析人员不合，在他们看来，我破坏中情局最基本的责任，亦即评估所有可取得的资料，不拘美国政策而作出结论的权限"，赫尔姆斯记录道。但赫尔姆斯不想在这方面冒险："我确信，我们跟尼克松政府争论肯定有输无赢，反而会在争论过程中使中情局受到永久的伤害。"他手下分析人员虽对压制异议和未能记取失败教训颇有怨言，却没有任何改善苏联军力与意图分析的计划。

中情局这8年来一直在研究间谍卫星所拍摄的侦测照片，从太空往下看，力图凑出苏联军力的拼图。中情局研议中的次世代侦察卫星将配备电视摄影机。赫尔姆斯始终认为，仪器取代不了间谍。[①] 然而，他却向尼克松政府保证，侦察卫星可赋予美国力量，确保莫斯科会遵守正在赫尔辛基谈判的《限制战略武器条约》所达成的协议。

然而中情局取得苏军相关原始资料越多，大拼图却越不清楚。尼克松批评中情局低估苏联核武火力虽不无道理，但他任期中从头到尾咬住这一点猛批中情局，这种压力所造成的结局现在已是一目了然：从尼克松时代到冷战末期，中情局每回评估苏联战略核武时，都高估莫斯科核武现代化的速度。

尽管如此，尼克松仍须依赖中情局来颠覆苏联，不仅在莫斯科，而且是在全球每一个国家搞颠覆。

赫尔姆斯在1970年3月25日的备忘录里记录："今天国家安全委员会后，总统召唤基辛格和我到椭圆形办公室，就SALT、老挝、柬埔寨、古巴和黑手活动等问题讨论了25分钟。在黑手活动方面，总统吩咐我要打击苏联，尽可能在世界各地狠狠地打。他说，'尽管动手'，应随时知会基辛格，尽量发挥想象力。我不曾听过他这么铿锵有力地谈论一件事情。"总统难得关爱中情局，赫尔姆斯大受鼓舞之余，"便把握机会大加发挥说，我强烈觉得美国应不计一切，以施压或激怒而又不致招明确代价的方式对付苏联"。他向总统保证，中情局将发动另一波反苏秘密行动。[②]

赫尔姆斯在第二周送呈白宫的报告里，只有一段文字引起尼克松的注意。

赫尔姆斯检讨（2 年来斥资 4 亿多美元）自由欧洲电台和自由电台的工作，以及电台维系铁幕后不满火种的能力，并详述苏联异议分子，如生物学家沙卡洛夫和索忍尼辛（中情局已将他们所说的话回播苏联）的工作。莫斯科虽花了 1.5 亿美元的经费来拦截广播信号，还是有 5 000 万东欧人收听自由欧洲电台，苏联公民也想尽办法把收音机调到自由电台频率。此外，这两家电台自 20 世纪 50 年代末至今，已陆续发放了 250 万本书籍和期刊到苏联及东欧各国，希望借由广播和印刷品促进两地的知识与文化自由。

这些都是好消息，但也是老消息。最让尼克松神驰心动的是中情局左右选举的能力。

赫尔姆斯提醒总统：“西方世界在共产党或人民阵线的威胁下，打赢选战的例子不胜枚举，我们成功地面对并化解威胁。1963 年圭亚那和 1964 年智利大选，就是在困境下也可落实计划的绝佳例子。也许世界各地很快就会出现同样的状况，我们早有精心策划的秘密选举方案，随时可以采取行动。”这还像话。金钱和政治才是接近尼克松心意的话题。

唯一的办法是老办法

中情局支持西欧各国政治人物的做法，冷战期间不绝如缕，名单中包括西德总理勃兰特、法国总理莫勒，以及在意大利全国性选举中当选的每一位基民党候选人。

这 2 年来中情局起码花了 6 500 万美元在罗马、米兰和那不勒斯收买影响力。尽管麦克乔治·邦迪在 1965 年就已表示，在意大利的秘密行动计划是“奇耻大辱”，但依旧行之不辍。尼克松时期驻米兰总领事斐纳说，外来强权操弄意大利政治已有数世纪之久，华盛顿只是追随“法西斯、共产党、纳粹、英国和法国传统罢了”。斐纳是美国在意情报与外交老手。他指出，中情局“补助某些政党，从某些政党撤资，给某些政治人物钱，补助书籍出版、广播内容，补助报纸，补助记者”。中情局有的是“财源、政治资源、朋友和勒索的能力”。

尼克松和基辛格恢复传统，他们的工具则是中情局罗马工作站站长暨特命全权大使马丁。

基辛格称马丁是“那个冷眼家伙”，绝对是恭维的意思。马丁的首席政治官巴博尔说：“他显然很欣赏和他一样冷酷无情施展权术的人。”另有些美国外交官则觉得马丁阴森古怪，“滑溜得像一桶鳗鱼”。2 年前，马丁任职美国驻巴黎大使馆时，就曾把马歇尔计划经费转成中情局经费，1965—1968 年担任驻泰大使时,更与中情局密切合作。美国外交官里没像他这么钟情于秘密活动的。尼克松也认为他很出色。他在 1969 年 2 月 4 日告诉基辛格说："我个人对马丁很有信心。"就这一句话，机器启动。

马丁出任驻意大利大使，乃是旅居罗马的美国右翼富豪塔伦提的手笔。此人于 1968 年尼克松角逐总统时，向朋友及政治盟友募了几十万美元，从此打开通往白宫之门。塔伦提到白宫见基辛格的军事助理海格上校，提醒他社会主义者行将接掌意大利，并建议另派新大使以反制左派。他提到马丁，他的口信直达高层。"马丁说服尼克松和基辛格,相信'他是最佳人选,因为他坚毅不拔，可以带给意大利政坛改变'。"罗马大使馆副馆长史塔伯乐说道。

悻悻然投入美国在意大利秘密行动的史塔伯乐说："马丁决定，唯一的办法就是老办法。"马丁在取得尼克松与基辛格正式批准后，从 1970 年开始，负责将 2 500 万美元分配给基民党人和新法西斯主义者。史塔伯乐说，这笔钱在宏伟的大使馆"密室"，由"大使、我本人和工作站长"分配，"有些给政党，有些给个人，站长和我偶尔会提点建议，但批准之权掌握在大使手中"。工作站长史东是搞伊朗政变和叙利亚流产政变的老手，在苏联科当了 3 年行动组长之后，调派罗马当工作站长。

史塔伯乐说，史东将大约 600 万美元交给主流基民党人，另有数百万流入各政党内推动"极保守政策"的委员会。同时又有数百万流入极右地下组织。

正如马丁所保证的，这些钱改变了意大利的政治面貌。他所支持的安德烈奥蒂就是靠着中情局挹注的经费当选总理的。不过，秘密金援极右派也在 1970 年引起新法西斯流产政变。这笔钱资助极右团体进行包括恐怖爆破等秘密行动，但意大利情报单位一直把罪名扣在左派头上。此外，秘密金援也导致战后意大利最大政治丑闻。意大利国会调查发现，军事情报首长米契里将军至少拿了中情局 80 万美元。米契里以意图武力窃国罪名被捕入狱，意大利在位最久的总理安德烈奥蒂，晚年全花在抗辩谋杀等刑事罪名上。

中情局在意大利收买影响力的日子，终于随着马丁离开罗马，转调美国下任，也是最后一任驻南越大使而结束。

"我们知道风险所在"

从 1969 到 1970 年，尼克松和基辛格把中情局的工作重点摆在秘密扩大东南亚战争上。他们命令中情局以 72.5 万美元贿赂阮文绍总统，操纵西贡媒体以及泰国选举，并加强在北越、柬埔寨和老挝三地的秘密突袭行动。

尼克松巡访东南亚前夕，赫尔姆斯奉命告知总统中情局在老挝行之有年的战争。他提醒尼克松，中情局“维持着 3.9 万名非正规部队，负担大部分的实际反共战斗”，他们是自 1960 年以来即由王宝将军所领导的赫蒙族战士，“8 年连续征战下来，这些非正规军已兵困马乏，王宝……不得不以十三四岁的少年补充伤亡兵源。本局从游击战角度来阻止北越前进的做法，至此已达极限”。尼克松的响应是，命令赫尔姆斯在老挝增设一支泰国游击大队以支持赫蒙族战士。基辛格问道，若出动 B-52 轰炸老挝，以何处为佳。

尼克松一面强化东南亚秘密作战，一面筹思与毛泽东秘密和解。为清除通往中国之路的障碍，他们于是压制中情局对付中国政权的活动。

过去这 10 年间，中情局以打击中国共产主义为名，花了几千万美元空投数吨武器给西藏达赖 14 世丹增嘉措的反叛武装。1960 年 2 月，艾伦·杜勒斯和菲茨杰拉德向艾森豪威尔报告时说：“总统就猜疑这些活动的最后结果，是否会让中国采取更激进的镇压报复手段”。

尽管如此，艾森豪威尔还是批准该计划。中情局于是在科罗拉多州落基山成立训练营，每年直接补助达赖喇嘛 18 万美元，并在纽约和日内瓦设置西藏之家，充当达赖的非正式使馆。西藏行动的宗旨一方面是要维系所谓“自由西藏”的梦想，同时也借此牵制华西地区的中共军队，但至今结果不过是死了几十位反共战士，以及在一次交火之后取得一包沾满血污但毫不重要的文件而已。

1969 年 8 月，中情局申请来年再拨 250 万美元经费给西藏反叛武装，并称这 1 800 人是“一支万一与中国敌对时足堪大用的武力”。基辛格问道：“这对我们有什么直接利益？”他已回答自己的问题。补助达赖继续，西藏反叛武装解散。

基辛格接着一一解除中情局其余的反华任务。

突击队行动萎缩成台北和汉城有气无力的电台广播、空飘传单到大陆、在中国香港和东京散播假消息，以及中情局所谓的“中伤与妨碍中华人民共和国的全球行动”。中情局仍然与蒋介石合作，蒋则在中国台湾做着无望的“反攻大陆”企图，完全没有察觉尼克松和基辛格已计划到北京和毛泽东主席、周恩来总理促膝长谈。

基辛格好不容易和周恩来同席，周总理问到中国台湾最近的选举：“中情局有没有动手脚？”

基辛格对周恩来说：“太过高估中情局的能耐了。”

“他们已成为全世界谈论的主题，只要有个风吹草动，大家都会想到他们。”周恩来说。

基辛格答：“这倒是真的，这是太恭维他们，其实他们担当不起。”

周恩来得知基辛格亲自批准中情局秘密行动后，不由大感兴趣，故表示他怀疑中情局仍在颠覆中国。

基辛格答道，大多数的中情局官员只会写“长篇大论、言不达意的报告，不搞革命”。

周恩来说：“你用了‘革命’这个字眼，我们说的是‘颠覆’。”

基辛格忙认错：“或颠覆。我了解。我们知道双方关系的风险所在，绝不会让某一个机关执行可能妨碍此一进程的小活动。”

这就是结论，中情局自此不得插手中国业务。③

“民主”在泰国不管用

中情局从各战线来支持越战，其中最大活动之一在尼克松就职三周后臻于成熟，也就是 1969 年 2 月制造泰国政变的秘密行动。

军事执政团已统治泰国 11 年，泰国各基地有数万美军枕戈待旦，准备对河内开战。可是，统治者未必支持美国为东南亚民主奋斗的想法。

代号为“莲华”的中情局选举作战，其实就是直接给钱——1965 年由马丁大使首度提出此构想，经约翰逊总统批准，尼克松总统再次背书。中情局曼谷工作站劝诱军事执政团举行大选，军头们一再推拖。最后，中情局在 1968 和 1969 年砸了好几百万美元到泰国政坛，资助执政团脱下军装转型为执政党，准备迎接各项选举。中情局的泰国掌柜撒拉辛，是 1952—1957 年驻美大使、1957—1964 年东南亚公约组织主席、军事执政团首屈一指的文官门面。

大选结果是军事执政团轻松获胜，但统治者对“民主”帽子越来越没耐心，不久就终止闹剧，冻结宪法，解散国会。撒拉辛重做冯妇，扮演戒严下的文官门面，在不流血政变之夜，带着军头们向美国驻曼谷大使馆的同伙解释：“美式民主在今天的泰国显然不管用”。

中情局的秘密行动向来只是其薄无比的虚饰而已。泰国政变后，基辛格告诉尼克松说：“泰美关系不致有变，‘革命委员会’的领导人，其实就是我们长久以来一直打交道的同一批人。我们预期在泰国的各项计划，都可以继续推动。”

“叫中情局那些笨蛋动起来”

1970 年 2 月，尼克松急令中情局赶紧在柬埔寨采取行动。经过一年规划之后，在名义上属中立国家的柬埔寨秘密轰炸疑似越共据点的行动，终于在 3 月 17 日展开，美军 B-52 轰炸机以 10.8823 万吨的炸弹，轰炸业经中情局与五角大楼确认（误认）为北越秘密指挥中心的 6 个疑似共产党训练营的地点。

赫尔姆斯忙着为驻柬埔寨新工作站动土奠基时，柬埔寨已发生政变，右翼总理朗诺掌权。政变时间正是秘密轰炸开始那一天，中情局和美国政府为之震惊。

“那些混蛋到底在兰利做什么？”尼克松大发雷霆。

“叫中情局那些笨蛋动起来。”他吩咐道。他要赫尔姆斯运交数千支 AK-47 自动步枪给朗诺，印制 100 万份传单，散播美国即将入侵的消息。接着，又命中情局交 1 000 万美元给柬埔寨新领导人，并强调“把钱交给朗诺”。

尼克松曾吩咐中情局，统计通过施亚努港流入敌手的武器弹药到底有多少。实际上，中情局在这个问题上已花了 5 年时间，可惜一直乏善可陈。尼克松建议，中情局若能收买柬埔寨右翼军头，或许可以切断军火流动，赫尔姆斯基于现实理由提出异议：这些军头个个都靠军火交易进账数百万美元，中情局没有经费可以收买或租用他们的忠心。总统听不进这种辩解，1970 年 7 月 18 日，尼克松在国外情报顾问委员会上对中情局的表现百般挑剔。

他说：“中情局形容经由施亚努港流入的物资是涓涓细流。”其实，柬埔寨境内共产党的军火有 2/3 来自该港。他质问道：“如果连这么直截了当的问题都能犯错，教我们怎么判断中情局的评估或更重大的发展呢？”

尼克松说：“美国每年花 60 亿美元在情报业务上，应该要有比现在更好的成绩。”情报委员会的会议记录描述尼克松越说火越大：“他不能容忍有人在情报上说谎。若有情报不足或与恶劣形势相关的情报，他要知道详情，不能忍受扭曲的情报。”会议记录写道：“他知道，情报系统被狠狠地咬了好几次之后，报告尽量写得不温不火，以免再被人咬上。他认为故意扭曲情报报告的主事者应予以开除，并暗示不久他可能就会看到情报系统大造反的报告了。”

在这微妙时刻，尼克松命令中情局操作智利选举。

本章注释

① 连最先进电子窃听技术所截收的都不算是情报。1968 年，中情局和国家安全展开一项代号“孔雀鱼”(Guppy) 的计划，截听莫斯科行动电话线路。同年 9 月，苏联入侵捷克前夕，华沙公约主席从莫斯科机场打电话给苏联领导人勃列日涅夫。中情局虽截听到这通电话，“问题是，他们也不傻，满口暗语，什么‘月亮红了’啦，我们根本猜不透倒底是入侵开始还是取消”，国务院情报官费雪说道。

② 赫尔姆斯列出对付莫斯科的 5 点方案：

a. 中俄紧张关系。中俄边境冲突和全球共产政党的控制权之争，使得苏联极易（下一行未解密）……

b. 苏联涉入中东事务。由于苏联现身中东含有许多不安定因素，其间有大好机会诱发阿拉伯世界与苏联关系紧张。

c. 苏联与东欧关系。面对苏联的军事干预和经济剥削，东欧民族主义稳定成长，已成为（下一行未解密）升高苏联及其附庸国间紧张的行动沃土。

d. 苏联与古巴关系。卡斯特罗怀疑苏联意图掌控古巴政治与经济命脉，并影响卡斯特罗未来的领导地位，可制造（下一行未解密）能利用的形势。

e. 苏联国内异议与经济停滞。助长知识分子间的不安，可形成压力，促使克里姆林宫节制对外行动，集中精力处理国内危险局势。

③ 也不尽然。尼克松访问中国 1 年之后，在中国出生的中情局特工李洁明，在亚洲从事谍报活动 2 年就自请加入即将设立的北京联络办事处，这也是中华人民共和国成立近 25 年来第一个美国外交使节团。

第29章

拔掉“直指南极心脏的匕首”

到了1970年前后，从得州边境到火地岛，西半球每一个国家都感受到了中情局的影响力。在墨西哥，总统只和中情局工作站长（不是美国大使）打交道，而且在元旦时会在家里收到中情局局长亲自准备的简报。在洪都拉斯，前后两任工作站长都不理会大使，私下向军事执政团保证美国会支持他们。

少数拉丁美洲国家对民主法治的理想只是耍嘴皮，中情局认为红色威胁升高的智利就是其中之一。

预定在1970年9月举行的总统大选中，左派候选人阿连德遥遥领先。基民党支持、中情局最爱的温和派候选人托米克则瞠乎其后。右翼的亚历山德里（虽然强烈亲美，却是贪赃枉法，美国大使柯利认为不能支持此人）筹码尽出。

中情局曾打败过阿连德一次。[①] 在1964年9月智利总统大选前2年多，肯尼迪总统就首度批准以政战行动推翻阿连德。中情局接通管线，注入约300万美元到智利各政治组织，也就是以一票一美元的价码，把亲美的基民党候选人福雷拱上台。1964年约翰逊当选总统后，虽批准继续买票，选票价码却低了许多，福雷于是和提着装满现钞公文包的政治顾问一起展开“出门投票”的拜票活动。中情局则通过天主教会和工会资助反阿连德活动，更在军警司令部鼓动反阿连德风潮。国务卿鲁克斯告诉约翰逊总统，福雷当选是“民主的胜利”，这“部分归功于中情局表现优异”。

福雷当了6年总统，依宪法规定不能再选。现在同样的问题又来了：怎么阻止阿连德。赫尔姆斯连月来一直提醒白宫，若想继续掌控智利，就得尽快批准新的秘密行动。要赢得外国选举，固然需要钱，可也得有时间布局。中情局派在圣地亚哥工作站当站长的赫克夏，曾在柏林监视苏联、协助推翻危地马拉政权、把老挝拉到美国阵营，可说是中情局里最持久、最可靠的一位了。如今他强烈建议美国支持右翼候选人亚历山德里。

基辛格手上已有东南亚战争，心思已被占据。他曾把智利比做直指南极心脏的匕首。1970 年 3 月，他还是批准 13.5 万美元的打倒阿连德政战计划。6 月 27 日，再增加 16.5 万美元。他说："我们不能因为智利选民的态度，就让一个国家走上马列道路。"他赞成打倒阿连德，但不支持任何参选人。

1970 年春夏，中情局展开工作，在国内外向知名记者散播宣传，后者则像是中情局的速记员般照本宣科。

一份局内报告指出："特别值得一提的是，《时代》杂志的封面故事报道有极大部分得力于中情局提供的书面材料和简报。"在欧洲，梵蒂冈高级代表、西德与意大利的基民党领导人应中情局之请，共同压制阿连德。赫尔姆斯细述在智利"广印海报、散播新闻消息、鼓动社论评议、耳语谣言、发行传单和宣传品"，目的是要恐吓选民，亦即"指明阿连德当选则智利民主有毁于一旦之虞"。"我们工作很带劲，但可见的效果微乎其微"，赫尔姆斯说道。

柯利大使认为中情局的工作极不专业。他在多年后表示："我走遍世界各地，没见过这么差劲的选战宣传。我对中情局说，弄出这种'恐怖选战'的中情局白痴，根本不了解智利和智利人，应该立即革职。这种事儿和 1948 年我在意大利看到的差不多。"1970 年 9 月 4 日，阿连德以 1.5% 的差距赢得三方选举，得票率不到 37%。依智利选举法，国会应在选后 50 天宣布结果，并确认阿连德以最高得票数当选。这只是法律形式。

"可别让我也打起越战"

投票前操纵选情，中情局经验丰富。投完票后再动手脚，倒是第一回。中情局有 7 个星期的时间可以扭转结局。

基辛格指示赫尔姆斯衡量政变成功的概率。成功机会很小：智利从 1932 年就开始实施民主至今，军方未曾想要夺取政权。赫尔姆斯致电赫克夏站长，要他和能处理阿连德的军官建立直接联系。赫克夏虽没有这种人脉，却认识全智利最有权势的艾德华。艾德华拥有智利大部分铜矿、全国最大报纸《水星》、百事可乐装瓶厂。智利大选后一星期，艾德华飞到美国，探望老朋友肯道尔，此人是百事可乐的执行长，也是尼克松最重要的金主。

9 月 14 日，艾德华、肯道尔和基辛格一起喝咖啡。后来，"肯道尔去找尼克松，请求帮点小忙把阿连德赶走"，赫尔姆斯回忆道。（事后肯道尔矢口否认，赫尔姆斯常以此嘲弄他。）晌午时分，赫尔姆斯在华盛顿希尔顿饭店和艾德华见面，讨论反阿连德军事政变的时机。当天下午，基辛格批准再拨 25 万美元的智利政战经费。中情局直接交给艾德华、《水星》和反阿连德的活动经费，总计达 195 万美元。

同一天早上，赫尔姆斯告诉波尔加（时已改调布宜诺斯艾利斯工作站站长），要他带阿根廷军事执政团主席拉努塞将军一起搭乘下一班飞机回华盛顿。这位将军在 20 世纪 60 年代一次流产政变后坐过 4 年牢，是个实事求是的人。第二天 9 月 15 日午后，波尔加与拉努塞在中情局局长办公室里，等候赫尔姆斯会晤尼克松与基辛格后归来。

波尔加回忆，“赫尔姆斯回来的时候一副紧张兮兮的样子”，理由很简单：尼克松令他在不知会国务卿、国防部长、美国大使和工作站长的情况下发动政变。赫尔姆斯在笔记本上潦草地写下总统的指令：

> 也许只有 1/10 的机会，但为了扭转智利……
>
> 可动用经费 1 000 万……
>
> 动用最佳人手……
>
> 让经济重创……

赫尔姆斯有两天时间提交基辛格作战计划，49 天阻止阿连德上台。

波尔加与赫尔姆斯于 1945 年一起在柏林基地出道，至今已相识 25 年。波尔加望着老友的眼睛，看见他眼中闪过绝望的神色。赫尔姆斯转过头问拉努塞，阿根廷军事执政团能否帮忙推翻阿连德。

这位阿根廷将军凝视着局长。

他说：“赫尔姆斯先生，你手上已经有越战了，可别让我也打起越战。”

“我们需要的是有种的将军”

9 月 16 日，赫尔姆斯与秘密行动处主管卡拉米辛，连同其他 7 名资深官员举行晨间会议。他宣布：“总统要本局防止阿连德上台或把他赶下台。”卡拉米辛全权负责，并随时通报基辛格。

中情局将阿连德行动分成两路。

第一路是政战、经济压力、宣传和强硬外交，目的是收买足够的智利参院票，阻止参院认可阿连德当选。若此计行不通，则由柯利大使出马，说服福雷总统发动宪法政变。这当然是最后一招，柯利告诉基辛格，届时美国会出面“谴责智利及智利人民遭受极度剥削与贫穷，迫使阿连德实行警察国家式的强硬措施”，而挑起民变。

第二路是军事政变。柯利大使对此毫无所悉。赫尔姆斯未遵守总统排除赫克夏的命令，反而吩咐波尔加到阿根廷相助。赫克夏和波尔加都是早年柏林基地的哥儿们，是“二战”以来的好友，也都是中情局最优秀的官员。两人都认为第二路是徒劳无功的做法。

赫尔姆斯打电话到巴西工作站，请戴维·菲利普斯领导智利特别任务小组。菲利普斯自1950年成为中情局人，是危地马拉和多米尼加共和国政变老手，也是中情局最优秀的宣传专家。他对第一路不抱任何希望。

菲利普斯表示：“像我一样在智利住过且了解智利的人都知道，贿赂1位参议员或许可行，两三位呢？没有机会。他们实施民主已有好一阵子了，肯定会去检举告发。”至于第二路方案，菲利普斯说：“智利军方是很典型的民主模范。”总司令施奈德早就宣告，军方会遵守宪法，不插手政治。

在第一路方面，菲利普斯有23名御用外国记者可以挑动国际舆论。他和同僚所主导的反阿连德报道登上《时代》杂志封面。关于第二路，他有一组假旗号人马，也就是持假护照的中情局潜伏人员，一位乔装哥伦比亚商人、一位装成阿根廷走私者、第三位装扮玻利维亚军事情报人员。

9月27日，这些假旗号工作人员要求大使馆武官、中情局老朋友魏默，请他帮忙找些可以推翻阿连德的智利军官。曾在最近试图挑起政变的少数将领中，有一位叫维奥克斯的，正是绝佳人选。但魏默的同僚认为维奥克斯是危险人物，有些甚至认为他精神不正常。

10月6日，有位假旗号工作人员与维奥克斯长谈。数小时后，柯利大使首次得知中情局在他背后阴谋搞政变，于是和赫克夏发生尖锐对立。柯利大使道：“给你24小时，你要不承认是我在当家，就请你离境。”

柯利电传基辛格：“本人深感惊骇。我方积极鼓动政变的任何企图，都可能导致发生另一场猪湾事件。”

基辛格火冒三丈，训令大使不得干预，然后再度召唤赫尔姆斯到白宫密商。结果是一通快电传到圣地亚哥工作站：“联系智利军方，让他们知道美国政府想要军事解决，而且我们今后会支持他们……起码要制造一点政变的气氛……支持军方行动。”

10月7日，命令刚出总部，赫尔姆斯便启程展开为期两周的西贡、曼谷、万象和东京工作站巡回视察行程。

同一天，赫克夏绞尽脑汁，想要打消配合维奥克斯将军展开政变的点子。站长回报总部说，维奥克斯政权“将是智利和西方世界的悲剧……维奥克斯政变只会制造大量流血而已”。这话在华盛顿可不怎么中听。10 月 10 日，距阿连德上台只剩两周，赫克夏再度尝试向上司解释。赫克夏写道 ：“长官要我们挑起智利混乱，通过维奥克斯方案，我们提供给长官的政变，不可能是不流血方式。况且美国涉入的痕迹昭然若揭，更不可能掩人耳目。诚如所知，工作站人马已慎重衡量总部所提议的各项计划，结论是每项计划达成目标的概率微乎其微。因此，押注在维奥克斯身上固然风险极高，仍引起长官的青睐。”总部踌躇不决。

10 月 13 日，赫克夏回报消息，维奥克斯考虑绑架服从宪法精神的陆军总司令施奈德将军，基辛格随即传唤卡拉米辛到白宫。10 月 16 日，卡拉米辛电传命令给赫克夏 ：

> 政变推翻阿连德乃是我政府坚定且持续的政策……鉴于仅由维奥克斯及其掌控的部队来发动政变必然失败无疑……我们应鼓励他扩大计划……鼓励他联合其他的政变规划者……华伦苏埃拉等人对此行动极感兴趣……致上我们最高祝福。

圣地亚哥首都要塞司令华伦苏埃拉将军 6 天前与中情局联络，透露他愿意，或许可以助一臂之力，但又有点害怕。10 月 16 日晚上，华伦苏埃拉手下一位军官和中情局接触，要求提供经费及指示。“我们需要的是有种的将军。”这位军官说。

第二天晚上，华伦苏埃拉将军派两名上校去见中情局的军事代表魏默上校。他们的计划几乎和维奥克斯首倡的构想一模一样，也就是绑架施奈德将军，把他送到阿根廷、解散国会、以三军名义接掌政权。他们收到 5 万美元现金、3 挺轻机枪和 1 包催泪瓦斯。这些都是总部卡拉米辛所批准的。

10 月 19 日，距行动只剩 5 天，赫克夏指出，第二路方法“虽很不专业、很不安全，但在智利环境中可能有一丝成功机会”。换言之，很多智利军官都已知道中情局要阻止阿连德上台，政变的胜算已然升高。中情局 10 月 2 日的备忘录说 ：“所有相关军事部门都知道我们的立场。”第二天，赫尔姆斯结束为时两星期的亚洲工作站巡视行程，返往美国。

10 月 22 日，距智利国会开议确认大选结果只剩 50 小时，施奈德将军上班途中遭到一批武装人员袭击，连中数枪后送医急救，在国会以 153 票对 35

票通过确认阿连德为依宪法规定所选出的总统后，不久便在急救手术中身亡。

中情局花了好几天才搞清楚是谁杀的施奈德将军。在总部，菲利普斯原以为凶器是中情局给的轻机枪，后来发现下手的不是华伦苏埃拉的人马，而是维奥克斯的手下，这才松口气。原本预定要把遭绑架的施奈德将军偷偷运出圣地亚哥的那架中情局飞机，反而载起这位收受中情局金钱和枪械的军官。波尔加回忆说："他口袋里藏把手枪来到布宜诺斯艾利斯，说'我有大麻烦了，你得帮帮我'。"在此次政变中，中情局原本打算买票，结果却变成走私自动化武器给准刺客。

"中情局不值一文"

中情局未能阻止阿连德上台，白宫大为震怒。总统和白宫人马都认为，智利秘密行动之所以功败垂成，是中情局里的自由派秘密组织破坏所致。基辛格的心腹海格已晋升为将军，他说这次行动之所以会失败，全是因为中情局官员以自己的政治情感，在"最终评估报告及补救行动建议"上添油加醋。海格告诉主子，整肃"赫尔姆斯之下左翼主导的职务"正在此时，并坚称"中情局执行秘密计划的手段、态度和概念，应作大幅修正"。

尼克松颁布命令，赫尔姆斯若想保住饭碗，就得立刻清理门户。局长马上答应把 6 名副局长开除 4 名，只留下主管秘密行动处的卡拉米辛和主管科技处的杜基特。他在提交基辛格的备忘录中委婉地提醒说，继续整肃下去，将会影响手下的士气和投入。尼克松总统则一再扬言要砍中情局预算。当时担任预算局长的舒兹回忆说："尼克松奚落中情局以及该局不像样的情报表现。总统会说：'我要你砍掉中情局 1/3 的预算。不，还是砍掉一半好了。'这是尼克松发泄怒气的方式，不必太认真。"

尼克松可不是闹着玩的。1970 年 12 月，有位基辛格的助理就央求老板："私下敦促总统不要那么大幅、独断、全面地削减经费……大刀阔斧可能招来不测后果。"往后 2 年，总统还是拿着这把刀抵住中情局的喉咙。

尼克松治下的白宫不仅凌虐中情局，而且是狠狠地凌虐。就在 12 月，基辛格和舒兹奉尼克松指示，派出预算局里的挥斧手詹姆士·施莱辛格[②]为代表，针对赫尔姆斯的角色和责任展开为时 3 个月的核查。41 岁早生华发的施莱辛格，是基辛格的哈佛同窗，智能丝毫不逊，只是少了翻云覆雨的特质。他在白宫的声望就是靠大刀阔斧帮政府裁去骈枝枯木而建立的。

施莱辛格回报说，情报成本飙升，情报质量却陡降。7 000 名中情局分析人员理不出国际形势，6 000 名秘密行动官员无法渗透共产世界高层，中情局局长除了管理秘密行动，并提出尼克松与基辛格很少看的报告，无权从事任何业务。中情局不支持尼克松的全球野心：开放中国门户、对抗苏联、依美国条件结束越战。施莱辛格下了结论：“以情报团体目前的结构而言，没有证据显示它们能理解这一层级的问题。”他提出自 1947 年以来最彻底的谍报机关改组计划。新成立的国家情报机关其首长将在白宫上班，负责监督情报业务，中情局将予解散，另设新的机关专门从事秘密工作与谍报。

负责将此构想付诸行动的海格在备忘录中写道，此举将是美国政府有史以来“最具争议性的硬仗”。关键在于，国会既创设中情局，自然也应在它改造重生上扮演部分角色，而这却是尼克松不甘心接受的，一定得秘密为之。他命基辛格啥事都别做，用 1 个月时间落实改革。然而，基辛格毫无意愿。他在海格备忘录上信笔写道：“我宁愿以拖待变，我无意为它抛头颅洒热血。”

这场漫长的战争随着阿连德上台 1 年后而结束，尼克松索性直接命赫尔姆斯只扮演美国情报机关名义领导人的角色，把管理权交给他钦点的副局长库希曼将军。赫尔姆斯以灵敏的还击挡开这致命一击。他把库希曼打入冷宫，让这位将军自动请调出任陆战队司令。中情局第二号职务空缺 6 个月。

库希曼一请调新职，改革中情局的构想算是寿终正寝，仅存尼克松心中。尼克松怒道：“情报机关是圣牛。我们到白宫以来至今拿它一点办法也没有。中情局不值一文。”③ 他下定主意要甩掉赫尔姆斯。

基辛格扮起魔鬼代言人

颠覆阿连德的行动仍然持续。卡拉米辛 1970 年 12 月 10 日的笔记指出：“第二路行动并没有真正结束”，白宫会议反映出未来的走向：“基辛格扮起魔鬼代言人，指责中情局研议中的计划仍然是支持温和派，但既然阿连德以温和派自诩，我们为何不支持激进派？”

这正是中情局的做法。它把尼克松所拨的 1 000 万美元，大部分用于在智利散播政治与经济混乱的种子。这些种子在 1971 年逐渐发芽生长。从老挝和南越工作站长调回总部当拉丁美洲课长的谢克礼告诉上司说，他手下官员可以“左右主要军事指挥官，让他们在政变势力方面扮演决定性的角色”。新任圣地亚哥工作站站长华伦则已建立军事人员与政治破坏者网络，可设法摆脱智利军方的宪法根基。另一方面，阿连德也犯下致命的错误。他为应对中情局施加于他的压力，成立一支叫“总统之友”的影子军团，并由卡斯特罗在背后支持。

智利军方为此觉得良心不安。

阿连德当选快3年了，圣地亚哥工作站有位叫戴凡的年轻情报官（戴凡还曾担任秘密行动处的拉丁美洲课长、助理副局长、代理副局长以及伦敦工作站站长。1998年自中情局退休。——译者注），发了通快报给刚由尼克松提名为国务卿的基辛格。电报中说，美国会在数分钟或数小时内接到“计划推翻智利总统阿连德的军团某位主要军官”的求助。

政变在1973年9月11日爆发，快速而恐怖，阿连德得知自己可能被捕之后，在总统府以卡斯特罗馈赠的自动步枪自杀。当天下午，皮诺切特将军的军事政权登场，中情局立即与军事执政团搭上线。皮诺切特以残暴手段统治智利，在所谓“死亡篷车”的镇压行动中，④杀害3 200余人，遭监禁和施酷刑数万人。

冷战结束后，中情局在提交国会的自白书中承认：“无疑，中情局的联络人积极参与并掩饰严重侵害人权的罪行。”皮诺切特时期的智利情报局长孔特雷拉斯上校即此中主要人物。此人在政变2年后就成为中情局特工，并在中情局说他亲自主导数千件谋杀与酷刑案件之际，前往弗吉尼亚州总部会晤中情局高官。孔特雷拉斯以一桩恐怖行动而闻名：1976年暗杀阿连德时代驻美大使勒提里尔及其美籍助手莫飞特。两人在距白宫14条街外遭汽车炸弹炸死后，孔特雷拉斯扬言要将自己和中情局的关系公诸于世，阻止美方将他引渡至美国受审。中情局十分肯定，皮诺切特必定知情且批准这起在美国领土内进行的恐怖暗杀。

皮诺切特政权执政17年垮台后，孔特雷拉斯才以杀害勒提里尔的罪名，由智利法院判处7年徒刑。皮诺切特则以谋杀及窃占2 800万美元藏匿海外秘密账户罪名遭起诉，尚未定罪便在2006年以91岁高龄逝世。笔者撰写本书之际，“死亡篷车”幸存者分别向智利、阿根廷、西班牙与法国法院控告基辛格。基辛格担任国务卿时，白宫法律顾问就已向他提出持平的警告：“启动政变之企图者，可能被视为对此一行动的自然且可能结果需负有责任。”

智利特别任务小组长菲利普斯说，中情局未能“在（秘密行动）机器安装开关按键”。“我认为一旦启动军事政变，圣地亚哥可能出现两个星期的街头巷战，各地乡间则可能有好几个月的战事和数千人死亡。我知道自己涉入可能有一人会遭杀害的事情。”他在第二路方案失败5年后，向参院秘密作证时如是证言。

讯问者问道：“你怎么分辨暗杀一人和政变中数千人死亡？”

他答道：“先生，你教‘二战’时的轰炸人员如何分辨按下发射键，是会造成数百人还是数千人死亡？”

本章注释

① 中情局档案透露秘密行动影响 1964 年选举的部分详情。中情局在 1964 年 7 月 21 日致 303 委员会的备忘录中建议，增拨 50 万美元以打倒阿连德。这笔钱可以让基民党候选人福雷“维持选战活动的步调和节奏”，并让中情局得以应对“最后意外事故”。7 月 23 日，303 委员会批准此议。中情局的杰塞普在致国家安全委员会顾问邦迪的备忘录里说：“我们不能失去这个人，我认为不宜在本案上撙节经费。我们认为共产党会撒钱，但我们没有证据。他们认为我们会撒钱，同样也没有证据。所以，我们就撒点钱吧。”9 月 1 日，国务卿腊斯克就智利选情向约翰逊提出简报：“非共产势力似可赢得 9 月 4 日大选，这有一部分要归功于中情局杰出的工作。这种发展也是对拉丁美洲共产主义的一大打击。”苏联情报档案显示，阿连德至少从莫斯科拿了 5 万美元，还有由智利共产党经手的 10 万美元。在克里姆林宫眼中，阿连德的问题出在他是资产阶级社会主义者，不是真正的共产党。

② 施莱辛格是尼克松政府靠精简政府窜起的四人帮之一，其余三人分别为：温伯格、拉姆斯菲尔德和切尼。拉姆斯菲尔德在小布什上台时重返五角大楼，主掌每年预算近 5 000 亿的国防部，也成为史上最年轻的国防部长。这 4 位尼克松人马在 1973—2006 年的 33 年当中，主导五角大楼达 22 年之久。他们都跟尼克松一样，对中情局不屑一顾。

③ 尼克松仍然继续施压。他在 1972 年 5 月 18 日向哈特曼表示：“最需要清理门户的部门就是中情局。中情局的问题出在它是个四肢发达大脑麻痹的官僚机构，另一个问题是它的人马就跟国务院一样，主要是常春藤和乔治城那一票人，不像军队或联邦调查局那么兼容并蓄。我要马上研究有多少中情局人员可以用总统措施来开除……我要立即行动，通过（预算局长）温伯格将中情局执行团队所有职务的人力减少一半。精减人力行动必须在年底前完成，这样我们才能着手寻找更好的人才。精简行动只能以基于预算不得不出此下策的理由来落实，当然，你我都知道真正理由是什么，我要以实际行动来处理这个问题。”

④ 政变后数周，皮诺切特派军人搭篷车巡行全国，逮捕异议人士与反抗分子。

第**30**章

都是“水门事件”惹的祸

尼克松总统时期的政府秘密监视行动，在1971年春天达到最高潮，不仅中情局、国安局和联邦调查局分头监视美国公民。国防部长赖德和参联会主席也利用电子窃听和监视技术监视基辛格。尼克松则在肯尼迪和约翰逊的基础上加以改良，在白宫与戴维营安装精巧的音控麦克风。① 尼克松和基辛格都窃听自己亲信助理和华盛顿记者的电话，防止政府消息外泄。

尽管如此，消息还是源源外泄。6月，《纽约时报》开始刊登4年前麦克纳玛拉国防部长所提出的《越战报告书》摘要，线人艾斯伯格是五角大楼出身的年轻好手，由基辛格礼聘至国家安全委员会担任顾问，也是尼克松在加州圣克莱门庄园的常客。基辛格大怒，尼克松更是怒不可遏，于是命国内事务首席顾问艾立克曼力堵消息外泄。艾立克曼召集各方好手组成“配管工”小组，并由在危地马拉政变和猪湾事件中扮演重要角色，最近刚从中情局退休的韩特主持。

哈特大使说，韩特是个“奇人”，他在20世纪50年代末期便结识当时担任乌拉圭工作站长的韩特。“他完全不管别人，完全不讲道德，他对自己和周遭的人而言，都是个危险人物。据我所知，他历经劫难，位置越爬越高。”1950年韩特和中情局签约时是个浪漫的年轻战士，后来把才华发挥在写间谍小说上，表现也还不错。他从中情局退休不到一年，和他只是泛泛交情的尼克松总统顾问克尔森，便请他接下为白宫主管秘密行动的新差事。

韩特飞到迈阿密找已改做房地产生意的老伙伴、古巴裔美国人巴克，两人就在猪湾事件死难者纪念碑旁长谈。

巴克说道：“他形容这次任务攸关国家安全。我问他是代表谁出面，他给我的回答可真是值得大书特书。他说，他现在属于白宫层级的团队，直接受命美国总统。”两人又召集 4 位迈阿密古巴人，其中包括目前每个月仍领中情局 100 美元薪水的老手马丁尼斯，他曾为中情局出过从海上潜入古巴的任务 300 多次。

1971 年 7 月 7 日，艾立克曼以电话通报尼克松派在中情局里的密探库希曼副局长。这位总统助理告诉他，韩特会直接请他协助。艾立克曼说：“我要你知道，他其实是在替总统办事。他有相当大的自由处理权，你可别小看他。”韩特的要求水涨船高：他要他昔日的秘书回笼；在纽约有一间配有安全电话的办公室；精密录音机；在艾斯伯格心理医生位于比佛利山庄的诊所内装设监视摄影机，中情局负责胶卷显影。库希曼将军事后知会赫尔姆斯说，中情局已发给韩特全套伪装：红色假发、变音器、假身份证。紧接着，白宫命令中情局提出艾斯伯格的心理状态数据，此一命令虽是直接违反中情局不得监视美国公民的规章，赫尔姆斯依旧遵命照办。赫尔姆斯在 1971 年 11 月把库希曼赶出中情局之后，尼克松花了好几个月，终于找到绝佳的人选：沃尔特斯中将②。

沃尔特斯将军负责历任总统的特勤任务已有 2 年，但赫尔姆斯一直没有见过他，直到 1972 年 5 月 2 日他以副局长身份来到中情局才初次相识。沃尔特斯将军细述：我刚从主管一个中情局毫无所知的工作过来。心中原来另有副局长人选的赫尔姆斯说：“我听说过你的大名，但不知你对情报业务有什么了解？”我说：“我这 3 年来与中国、北越谈判，还曾悄悄把基辛格送到巴黎 15 次，你和局里全没人知道。”赫尔姆斯闻言当下怦然心动，但不久便猜疑这位新副局长心向何方。

林中每棵树都会倒下

1972 年 6 月 17 日星期六深夜，中情局安全室主任欧斯邦打电话到赫尔姆斯家里。局长心知肯定不是好消息。他还记得当时的对话：

“还没睡呀？”

“是啊。”

“我刚刚得知，华盛顿特区警方逮捕 5 名偷闯民主党总部水门大厦的人士……4 名古巴人和麦科德。”

“麦科德？从你那儿退休的人？”

“2 年前。”

“那些古巴人呢，是迈阿密还是哈瓦那来的？”

“迈阿密……到美国已有一段时间了。”

“你认得他们？”

“目前还不知道。”

“先联络行动组的人……叫他们联络迈阿密，查查这儿和迈阿密的记录……没别的事了吧？”

“不，还没完呢，韩特好像也牵涉其中。”欧斯邦沉重地说。

赫尔姆斯一听到韩特的名字，不由倒抽一口气。“他们到底在干什么？”他问道。其实他心里有数：麦科德是电子窃听专家，韩特替总统办事，罪名是窃听，这是触犯联邦法律的罪行。

赫尔姆斯坐在床边，一通电话追到洛杉矶某饭店找联邦调查局代理局长葛雷。执掌联调局48年之久的胡佛局长，已在6个星期之前逝世。赫尔姆斯很仔细地告诉葛雷：“偷闯水门大厦的人受命于白宫，中情局与此事毫无干系。了解吗？很好，晚安。”

6月19日星期一早上9点，赫尔姆斯在总部召集高层官员举行例行晨间会报。已成为中情局第三把手的比尔·科尔比执行长记得赫尔姆斯是这么说的：“我们要到大霉了，因为这些都是老人。”也就是，以前是中情局的人，而且“我们都知道他们在白宫工作”。第二天早上，《华盛顿邮报》把水门案的责任推到椭圆形办公室门口——不过，一直到今天还是没人真正清楚尼克松是否授权偷闯水门大厦。

6月23日，星期五，尼克松吩咐行事效率极佳的幕僚长哈特曼，急召赫尔姆斯和沃尔特斯到白宫，命令他们以国家安全名义阻挠联邦调查局调查。两人起初同意担当这桩很危险的事。沃尔特斯打电话给葛雷请他袖手。但在6月26日星期一这天，尼克松的法律顾问狄恩却逾越分际，命令沃尔特斯筹措大笔无从追查的款子，给6名被捕的中情局老人当封口费。星期二，狄恩重提此议。后来他告诉总统说，封口的代价约是2年100万美元，只有赫尔姆斯（他若不在国内则是沃尔特斯）有权从中情局机密预算中提拨秘密经费。美国政府内唯一可名正言顺携带一提箱现钞给白宫的官员就是他俩，这一点尼克松自己也很清楚。

赫尔姆斯回忆道：“我们在世界各地都能弄到钱。我们有一整套的三角套汇业务，用不着洗钱。”但是，一旦中情局提交这笔钱，“最终结局便是中情局末日，要是我配合白宫的做法，不仅我会锒铛入狱，中情局的信用也会就此毁于一旦”。

赫尔姆斯拒绝白宫要求后，随即在 26 日逃离华盛顿，前往亚洲、澳洲和新西兰进行为期 3 周的情报考察，留下沃尔特斯代理局长职务。一星期过去了。联邦调查局探员开始反抗袖手命令。葛雷于是向沃尔特斯表示，中情局若要他以国家安全名义撤销调查，必须给他一份书面命令。两人都清楚书面证据的风险。葛雷在 7 月 6 日与沃尔特斯会谈后不久，打电话到圣克莱门别庄找尼克松总统：“你的幕僚人员（想操纵中情局）等于是在给你致命伤害。”一阵沉默之后，总统告诉葛雷放手调查。

7 月底赫尔姆斯归来后不久，等候审判、可能有 5 年牢狱之灾的麦科德，通过律师传话给中情局说，总统的人要他在作证时说偷闯水门大厦是中情局的运作。白宫某助理告诉他，让中情局背黑锅，随后总统自会颁布特赦。麦科德在信中答说：“要是赫尔姆斯倒了，水门运作又推到中情局头上，林中每棵树都会倒下，今后将是一片赤地焦土。目前已是紧要关头。请传出信息，他们若想砸掉中情局，这次算是走对路了。”

赫尔姆斯离职

1972 年 11 月 7 日，尼克松以美国史上最悬殊的票数当选连任当天，便矢言要在第二任期内以铁腕管理中情局和国务院，要把它们毁了再依自己的意思重新改造。

11 月 9 日，基辛格建议以原子能委员会主席詹姆士·施莱辛格取代赫尔姆斯。“好主意。”尼克松答道。

11 月 13 日，尼克松告诉基辛格说，他打算“废掉外交机关。我的意思是毁掉旧的外交机关，再造一个新的”。他安排一位自家人凯西来担任这个工作。凯西是战略情报局老人，同时也是共和党募款第一把好手。1968 年尼克松初次当选后，凯西一直要尼克松让他当中情局局长，但尼克松为讨好美国工商界而作了狡狯的决定，让他去当证管会主席。如今，在尼克松第二任期，凯西将出任国务院主管经济事务的次卿，而他真正的使命则是充当尼克松的破坏分子。

11 月 20 日，尼克松在简短、尴尬的戴维营会面中开除赫尔姆斯。他提出以驻苏联大使的职务交换。赫尔姆斯考虑种种后果之际，两人顿时陷入困窘的沉默之中。赫尔姆斯说：“总统先生，我认为，派我到莫斯科不是很好的主意。”尼克松答道：“唔，可能吧。”赫尔姆斯改提出使伊朗，尼克松赶忙催他接下。此外，两人也达成协议，赫尔姆斯可以留任到 1973 年 3 月 60 岁生日，也就是中情局正式退休年龄再调职。尼克松后来自毁承诺，再次展现他无端的残忍行径。“那个人根本是狗屎”，赫尔姆斯说起这段往事仍不禁气得微微发抖。赫尔姆斯至死都认为，尼克松之所以开除他，乃是他不蹚水门案浑水的缘故。殊不知，所有的记录都显示，尼克松早在私闯水门大厦之前，就已决心要抛弃赫尔姆斯并改造中情局。尼克松确实认为，赫尔姆斯在外面专捣他的蛋。

> 10 年后，曾担任尼克松助理的好友甘农问道：“你认为中情局真有，或者曾经有阴谋要赶你下台？”
>
> 尼克松答：“很多人都这么认为。中情局有此动机。我对中情局及其报告十分不满，尤其不满他们对苏联军力，以及我们在全球各地面临的问题方面的评估，这已不是什么秘密……他们也知道我想砍掉一些朽木枯枝。所以，他们有动机。”
>
> “你觉得他们怕你？”甘农问。
>
> 尼克松答：“当然，他们有怕我的理由。”

11 月 21 日，尼克松把中情局交给施莱辛格，他欣然接受。尼克松很高兴终于“摆进自己的人——我的意思是，一个确实有尼克松标记的人，此人就是施莱辛格”，赫尔姆斯说。施莱辛格的使命与凯西一样，就是要从内部翻新。总统不断训令：“甩掉那批混蛋。他们有什么用？ 4 万个人只是在那里看报纸而已。”[3]

总统在 12 月 27 日口授的备忘录中列出他们的使命。虽然基辛格也想掌控美国情报，但“当家的人应该是施莱辛格”，尼克松说。要是国会“认为总统把所有情报活动都交给基辛格，肯定会吵翻天。另一方面，要是我提名中情局新局长施莱辛格当我的情报活动首席助理，就可以通过国会这一关。再说基辛格也没时间……我一直要他和海格改组情报机关，三年来毫无成效。”这句话强烈呼应当年艾森豪威尔在任期结束前最后一次发火，气自己在整顿情报机关这场战争上惨遭“8 年重挫”。

赫尔姆斯在任的最后那段日子，最怕的是尼克松及他亲信来搜中情局档案，于是在权限内尽量销毁两套可能使中情局毁于一旦的秘密文件。其中一套就是 2 年前他和艾伦·杜勒斯亲自批准以迷幻药和其他药物控制心灵的实验。这些记录留存极少。第二套是他自己的秘密录音带。他这六年零七个月的局长任内，在 7 楼和主管官员开过数百次会议，留下的数百卷谈话录音，也在他 2 月 2 日正式离职前已一一销毁。

“赫尔姆斯离开总部的时候，门口挤满送别的人。一屋子的人都红了眼，因为人人都知道，今后我们的日子难过了。”当时担任首席助理的哈尔彭说。

本章注释

① 从 1971 年 2 月 16 日到 1973 年 7 月 12 日，尼克松利用音控启动的隐藏式麦克风，偷偷录下在白宫和戴维营的会议与对话内容，总时数达到 3 700 多个小时。他之所以决定保留录音，部分是为了防范基辛格日后出回忆录时有所歪曲。尼克松怪基辛格以窃听手段防止白宫助理群把消息泄露给新闻界。

② 能说 9 国语言的沃尔特斯，20 世纪 50 年代担任艾森豪威尔总统幕僚，同时兼任总统和副总统、国务院与国防部高层官员口译。1960—1962 年任驻意武官兼驻中情局联络官，1962 年—1967 年派驻巴西期间策划过一次军事政变，1967—1972 年担任驻法武官期间，在巴黎和谈中扮演重要角色。

③ 尼克松强调：“中情局本身需要提升质量，同时减少高层情报官员的数量。中情局和国务院一样，基本上是个自由派的机关，我要那儿的人起码去掉一半——不，至少 35% 到 40%，我要中情局那些人确实改善他们对外交政策的态度。”

第31章

中情局大变天，老特工的好日子结束了

赫尔姆斯离职，施莱辛格来到总部这一天，象征中情局这个秘密情报机关崩解的开端。

施莱辛格只当了17个星期的局长，但在这段期间内就整掉500多名分析人员，1 000多名秘密工作人员。海外人员接到没有署名的密电，告知他们已被开除。反响是，施莱辛格接到匿名死亡威胁，于是在安全小队里增设武装警卫。

他任命比尔·科尔比为秘密行动处新主管，然后向他解释说，“改变‘特勤机关’观念”的时候已到，科技时代已经来临，在这行干了25年的老人，好日子已经结束了。科尔比回忆说：“他高度怀疑秘密行动人员的角色和影响力。他觉得中情局在这些人掌控之下，已经变得自满和自负。的确，很多‘老人’只会官官相护、尔虞我诈和细数当年太平日子，此外确无其他作为。”

这帮老人辩称，中情局的海外工作都是反苏斗争的一环，不管是在开罗，还是在加德满都，都是在对抗莫斯科和北京。然而，在尼克松、基辛格和共产国家领导人觥筹交错的时候，这还有什么意义呢？和平在望。尼克松的缓和政策虚耗冷战秘密机关的锐气。

科尔比立即针对中情局的能力展开调查。10年前，中情局的预算半数投入秘密工作，到尼克松时期降至不到10%，在吸收新人才方面也由于越战的缘故日渐萎缩。政治气氛不利于招募青年才俊，在舆论要求下，越来越多的大学校园禁止招募人员入校。另一方面，结束征兵也断了征调新进军官为中情局干部的路子。

就美国谍报人员来说，苏联仍然是个近乎未知的领域，朝鲜和北越则是一片空白。中情局最佳的情报，都是向盟国情报机关和该局直接掌控的第三世界领袖买来的。中情局对权力末端的国家最有效，可惜这些国家无足轻重，且有碍视野，让人无法看清世界舞台。

安格尔顿仍然主掌反情报部门，他的苏联阴谋论仍然使苏联科陷于瘫痪。主管 20 世纪六七十年代反苏联工作的哈维兰·史密斯说："安格尔顿害人不浅。他害我们脱离苏联业务。"科尔比最不乐意的工作之一，便是怎么处理这位酗酒成性，并且认定科尔比就是苏联卧底的捕谍人。科尔比设法说服施莱辛格开除安格尔顿。新局长拿到这份简报后斟酌再三。

安格尔顿在他烟雾缭绕的幽暗办公室里，带领新主子进行了一次苏联 50 年历史之旅，从苏联共产主义兴起开始，进入 20 世纪二三十年代苏联精心设计的诱饵行动与政治操纵等反西方工作，经过 20 世纪三四十年代共产双面间谍与假情报工作，辗转来到 20 世纪 60 年代中情局自身的最高层已被莫斯科渗透的结论。简言之，敌人已侵蚀中情局的防御系统，深入中情局内部。

施莱辛格相信科尔比的简报，安格尔顿这趟引导式的地狱之旅又让他心摇神驰。

施莱辛格说，他把 CIA 这个"中情局，看做小中央、小情报、小局"，认为它已成为基辛格管辖的"国家安全委员会的构成分子"。因此，他打算把中情局交给副局长沃尔特斯管理，他自己则处理国家安全局的电子监听大机关"国家侦察总署"，以及国防情报局的军事报告，他打算扮演他呈给总统的报告里所说的角色：国家情报机关首长。

然而，他的雄心壮志却被白宫的高犯罪率和不轨行为而粉碎。施莱辛格说："水门事件逐渐凌驾于所有的事务之上，我原有的希望渐渐被必须保护和挽救中情局的单纯需要淹没。"他在如何挽救中情局的问题上有与众不同的看法。

施莱辛格原以为，中情局已将水门事件内情一五一十地告诉他。因此，韩特作证时说中情局提供技术协助，让他和"配管工"搜索艾斯伯格心理医师的诊所，不由令他大为震惊。他从中情局的调查档案里找出中情局帮韩特处理他窥探办公室后的胶卷，更深入的调查则揭露了麦科德写给中情局那几封形同勒索美国总统的信件。

科尔比早年曾深入敌后，也有 6 年的时间监督在越南剿共的运作，自然不会轻易为口头暴力所动。可是，施莱辛格的暴怒着实令人害怕。局长下令，必要时候谁都可以开除，把中情局拆了，翻开地板，把所有藏污纳垢的东西都找出来。接着，施莱辛格亲自起草一份备忘录发给中情局所有人员。这份短笺堪称中情局局长最危险的决策之一。他想留芳后世：

> 我已命令本局所有高层运作官员，立即向我报告正在进行中，或已事过境迁但可能构成违反本局规章的一切活动。
>
> 本人在此指示目前受聘于本局的所有同仁，个别将所知的上述活动向我报告。同时，也请已离职的员工比照办理。凡有这类消息的人可来电……表示他想告诉我“中情局规章外的活动”。

中情局规章极为含糊，但有一点相当明确：中情局不得成为美国的秘密警察。① 然而，在冷战过程中，中情局却一直在监视美国公民，窃听他们的电话，拆阅他们的平信，屡奉白宫命令策划谋杀工作。

施莱辛格这份命令在 1973 年 5 月 9 日发布且即日生效。同一天，水门事件开始侵扰尼克松。他迫于形势已将白宫旧人全部开除，只留下新任幕僚长海格将军。施莱辛格命令发布后几个小时，海格以电话告诉科尔比说，司法部长已辞职，由国防部长瓜代。施莱辛格则由中情局转调国防部，并表示总统希望科尔比能出任下任中情局局长。尼克松政府乱成一团，科尔比一直到 9 月才宣誓就职，在这 4 个月空档期里，沃尔特斯是代理局长，科尔比则是内定局长，情况真是无比的尴尬。

科尔比已经 53 岁，其中有 30 年待在战情局和中情局，可说成年后的岁月就是秘密行动的化身。1973 年整个春天，他迫于形势不得不担当起施莱辛格打手的责任，召来同僚，发下辞退文件。在这当中，他那二十几岁的长女因厌食症而香消玉殒。5 月 21 日，科尔比静下心来好好地看初步汇整的中情局 693 宗可能违法的犯罪实录。同一星期，参院召开水门案公听会。尼克松及基辛格窃听助理和记者的消息曝光。专门调查水门案之特别检察官人事令宣布了。

科尔比这一生都是虔诚的天主教徒，笃信犯下道德罪愆必自食恶果，但他现在才知道反卡斯特罗阴谋以及罗伯特·肯尼迪在其中扮演核心角色。心灵控制实验、秘密监狱，还有对不自知的人身上进行各种药物实验。中情局窃听且监视美国公民与记者，有三任总统的明确命令为后盾，倒是没有抵触他的良知。不过，他也知道在当前的氛围下，万一这些秘密外泄，中情局可能会毁于一旦。科尔比将这些罪行封存起来，着手管理中情局。

白宫在水门案压力下分崩离析，往往使得科尔比和中情局好像也要垮台似的。尼克松不看中情局提供的情报反而是好事。1973 年刚好碰到犹太教赎罪日和伊斯兰教斋月两个神圣日子重叠，埃及对以色列开战，且深入以色列占有的领土内。相对于 1967 年准确预测 6 日战争，这次中情局却误判风紧云骤的形势。科尔比说：“我们并没有以昔日的荣耀自我掩饰。我们前一天就预测战争会爆发但却没有爆发。”

埃以开战前几个小时，中情局还向白宫保证：“演习活动虽异于寻常，但不至于发生战争。”

本章注释

① 中情局执行秘密行动的法律基础，完全来自国家安全委员会的合法命令、总统与中情局局长之间的共识，以及国会监督。这种三角关系在 1973 年完全破功，当时，纯属行政职务、没有法律基础或地位的国家安全顾问权倾一时，暗中把持一切。

第32章

中情局被“希腊小将”戏耍了

1973年3月7日，尼克松总统在椭圆形办公室接见中情局之友帕巴斯，此人是希腊裔美国商业巨子，也是政治说客。帕巴斯在1968年总统大选时，代希腊军事执政团送礼，捐了54.9万美元给尼克松当竞选经费。这笔通过KYP（希腊情报机关）洗钱捐出的款子，是尼克松白宫岁月黑暗秘史之一。

帕巴斯现在又要捐给总统几十万美元，用来收买因水门案系狱的中情局老人使其缄口。尼克松深表感谢："我知道你帮了很大的忙。"[①] 这笔钱大部分来自“上校团”成员或支持者，也就是在1967年4月夺权的希腊军事执政团，由艾伦·杜勒斯时代所吸收的中情局特工，同时也是KYP与中情局联络官的帕帕多普洛斯上校领衔。

日后出使希腊的居里说道："这些上校军官策划多年，他们都是法西斯主义者，完全符合以20世纪20年代墨索里尼为代表的典型法西斯主义之定义：社团主义国家、结合的产业与工会、没有国会、火车准时开、严格的纪律与管制……几乎可说是典型的法西斯妄想。"

希腊军事、情报官员与中情局先后派驻雅典的7任站长密切合作。他们和赫尔姆斯时期秘密业务主管、希腊裔美国人卡拉米辛相处甚欢，也始终认为“中情局是个可以直通白宫的有效通道”，1967年政变时美国驻雅典高级外交官员安修茨说道。

然而，这些上校们还是让中情局措手不及。情报分析老手、现为情报处主管的李曼说："我只见过一次赫尔姆斯发火，那就是1967年希腊上校团政变的时候。我们知道希腊将领一直计划以政变推翻民选政府，但时机尚未成熟。谁知这批上校先出王牌，毫无预警就动手。赫尔姆斯一直以为会接到将领政变的通知，一有政变发生，很自然地认为就是那么回事，一旦事出意外不免大为震怒。”李曼读过雅典工作站彻夜发回来的电报：“请让赫尔姆斯息怒，告诉他这是不同的政变，我们没有布线。这是新思维。”

美国官方对上校团的政策是冷淡而疏远，直到 1969 年 1 月尼克松就职后才改观。军事执政团利用与雅典工作站合作 2 年之久的帕巴斯为密使，把钱捐给尼克松总统和安格纽副总统（美国史上最有权势的希裔美国人）作为政治资金。有捐款就有回报，先是安格纽到雅典进行官方访问，国务卿、国防部长和商务部长亦陆续往访。美国开始卖坦克、飞机和大炮给军事执政团。美国大使馆官员布拉德说，中情局雅典工作站坚称卖军火给执政团，“能把他们拉回民主执政”。这其实全是“谎言”，但“我们若是对执政团稍有批评，中情局便会勃然大怒”。

1973 年左右，美国是唯一对监禁和刑囚政敌的军事执政团相处和睦的发达国家。美国驻雅典总领事肯尼迪说：“中情局工作站长和那些毒打希腊人的家伙狼狈为奸，我一提起有些事可能构成人权问题，中情局必定置若罔闻。”肯尼迪指出，中情局“和坏人太亲近了，这显然也对大使产生不良的影响”。而塔斯卡大使正是尼克松的老朋友。

1974 年春天，伊翁尼迪斯将军接掌军事执政团。他和中情局合作已有 22 年之久，中情局是他接触美国政府的唯一通道，美国大使和外交机关都在状况外。在军事执政团眼中，中情局工作站长波茨就是美国政府。国务院主管塞浦路斯事务的官员柏雅特说：“中情局在雅典有个主要资产，那就是他们与该国统治者关系深厚，因而不想受人打扰。”

中情局又一次预警失误

塞浦路斯是座岛屿，距土耳其海岸 40 英里，离雅典 500 英里，先后被希腊和自先知穆罕默德以降的伊斯兰大军征服，一分为二。希腊上校团对塞浦路斯领袖马卡里奥斯大主教衔恨甚深，一直想推翻他。美国驻塞浦路斯代表团副团长柯劳福风闻他们的阴谋。

他回忆道：“我自以为可以证明他们想把纸牌屋推倒，带着充分的证据前往雅典，雅典工作站站长波茨却告诉我说绝对不可能。他不认同我的看法：我们和这些人合作了 30 年，知道他们绝不会做出这么蠢的事。”

到了 1974 年，柏雅特确信在雅典的中情局朋友想除掉马卡里奥斯，于是传了通电报给塔斯卡大使。电报中说，去找伊翁尼迪斯将军，以“连他都可以理解的单音节字眼”告诉他，“美国强烈反对希腊政府任何人士或明或暗搅弄塞浦路斯形势的企图”，告诉他“我们尤其反对任何推翻马卡里奥斯及扶植亲雅典政府的企图，因为一旦出现这种情况，土耳其势必会入侵，这对大家都没有好处”。

可是，塔斯卡大使一辈子没和伊翁尼迪斯将军说过话。这是中情局工作站长专擅的角色。

1974 年 7 月 12 日，国务院收到雅典工作站一通电报：放心，伊翁尼迪斯和军事执政团没有任何推翻马卡里奥斯大主教的行动。

柏雅特回忆道：“所以，没事啦，既然当事人都这么说了。我回到家里。谁知，星期一凌晨 3 点忽然接到国务院行动中心的人打电话来，‘你最好过来一下’。”

军事执政团已发动攻势。柏雅特赶到国务院时，通信官已将两份文件摆在他眼前。一份是中情局给总统尼克松和国务卿基辛格的简报：“伊翁尼迪斯一再向我们保证，希腊并未调动军队到塞浦路斯。”另一份则是美国驻塞浦路斯大使馆发来的电报：“总统府火焰冲天，塞浦路斯军队被打得溃不成军。”

安卡拉传来的快电说，土耳其三军业已动员。希腊和土耳其这两支都由美国训练及武装的北约军队，眼看就要拿美国武器开战了。土军攻击北塞浦路斯海岸，用美制坦克、大炮将塞岛隔开。土耳其区对希腊裔塞人展开大屠杀，希腊区则对土裔塞人展开大屠杀。中情局整个月的简报都说希腊军方和人民坚定支持伊翁尼迪斯将军，谁知塞浦路斯之役一开打，希腊军事执政团就垮了。

中情局未能提醒华盛顿土希之战虽是不寻常的个案，但从该局的编年史来看，自朝鲜战争以降这类失误其实不少。单以 1974 年来说，就有葡萄牙军事政变，以及完全始料未及的印度核武试爆。但这回不同：中情局与希腊军方如胶似漆，理应对他们提出警告。

柏雅特在多年后说道：“我们这一票人连同整个美国情报机关全都被一个希腊小将给耍了。”

与压迫政权水乳交融的代价

1974 年 8 月 8 日，尼克松辞职。中情局遭到最后致命的一击：尼克松承认下令中情局以国家安全之名妨碍司法。

第二天，国务卿基辛格看到柏雅特极不寻常的报告，说中情局一直说谎隐瞒自己在雅典的作为，蓄意误导美国政府，这些谎言推波助澜，造成希腊、土耳其和塞浦路斯战争，数千人丧生。

过了一周，美国驻塞浦路斯大使馆周边发生枪战，一颗子弹正中戴维斯大使心脏，大使当场身亡。在雅典，数万人在美国大使馆外游行，示威者意图火烧大使馆。尼克松辞职当天由基辛格钦点库必希出使塞浦路斯，刚到任的大使是个经验丰富的外交官。

库必希主张撤换工作站长，中情局于是派出在哈佛学过希腊语、曾任秘鲁与危地马拉工作站长的魏奇。魏奇住进历任站长的住处，而该大楼的地址已是众所皆知。库必希大使说：“这是个很严重的问题。我帮他另谋住处、设法掩饰他的身份，并给他一些掩护。”鉴于雅典反美情绪高张，此不失为审慎措施。他说：“但魏奇夫妇似乎完全不在意，他们认为在雅典不会有很严重的威胁。”

魏奇夫妇前往距站长大楼只有几条街的大使官邸，参加圣诞酒会，驱车返回山上住所时，有辆坐着4个人的小车在车道上等他们，其中3人强制站长下车。库必希大使说：“他们以 0.45 手枪朝他胸口开了 3 枪，驱车扬长而去。”这虽是中情局史上第一次有站长遭暗杀，却也是该局以前的手法之一。

库必希大使说，他在雅典第一次看到“美国政府必须为……与压迫政权如此水乳交融付出可怕代价。”这代价有一部分是由于坐视中情局形塑美国外交政策所致。

本章注释

① 尼克松吩咐新闻秘书伍兹，帕巴斯到访一事不得留下记录。他说：“我不希望出现任何暗示我感谢他为水门案被告筹钱的事。”到目前为止，没有人知道白宫为什么派人到水门大厦。也许，他们是去查“民主党全国委员会”主席欧布莱恩，是否握有尼克松和帕巴斯挂钩的证据。帕巴斯是尼克松选择安格纽为 1968 年竞选搭档的幕后推手，尼克松在 1972 年争取连任时，帕巴斯个人又捐了至少 10 万美元，交换条件是让驻希腊大使塔斯卡留任。除了尼克松的心腹，塔斯卡可能是唯一知道尼克松竞选经费来自希腊军事执政团的美国人。帕巴斯并未因水门案吃上官司。至于希腊献金案，国会调查则基于国家安全理由撤销。帕巴斯于 1988 年在佛州棕榈滩豪宅内逝世。

第33章

“泄密的风险日甚一日”

1974年10月7日，福特总统第一次主持国家安全委员会时，开宗明义地说道：“我首先提个运用机密素材的问题。”

水门事件的幸存者国务卿基辛格、国防部长詹姆士·施莱辛格、中情局副局长沃尔特斯，以及雄心与影响力都不小的白宫幕僚拉姆斯菲尔德，都对最近的泄密事件甚为震怒。美国正准备运送价值数十亿美元的军火给以色列和埃及，报纸已刊出以色列的采购清单和美方的响应。

福特说：“这是令人无法容忍的事，我已和拉姆斯菲尔德讨论几个处理的选项。”福特希望在48小时内提出阻止新闻界刊登内幕消息的计划。施莱辛格说：“我们缺少必要的工具，我们必须制定《公务人员机密法》。但目前的气氛不利于这类立法。”

保密权已因历任总统以国家安全之名所说的一连串谎言而松动，譬如，说U-2是气象飞机，美国不会入侵古巴，美国船舰在东京湾遭到攻击，越战是正义之师，等等，尼克松垮台显示出这些冠冕堂皇的谎言在民主社会已不管用了。

科尔比把握机会重建中情局与白宫关系，他自己很清楚，侵害保密权也有危及中情局存亡之患。科尔比从福特当副总统那一刻起就开始调教他，每天由信差送一份专呈总统的简报副本给他，随时让他知道中情局耗资4亿元打捞苏联沉没潜艇的秘密计划（抢救计划因潜艇裂成两半而告终）。科尔比希望福特知道“总统所知道的一切。我们不希望再出现像杜鲁门竟不知道‘曼哈顿计划’那样的情况”。

不过，福特始终没打过电话给他，或找他私下密商。福特将国家安全委员会恢复到艾森豪威尔时期的光景，科尔比虽固定参加国家安全委员会，但唯独他从未获准进入椭圆形办公室。科尔比一直想要在重大议题上插一手，却始终不得其门而入。有基辛格和海格这两位守门员，科尔比始终打不进福特白宫核心。何况，就算他真有挽回中情局名声的机会，也在 1974 年 12 月消失无踪了。

《纽约时报》记者赫许已发觉中情局监视美国公民的秘密。连月报道下来，他已得知梗概，1974 年 12 月 20 日星期五这天，又获得争取多时采访科尔比的机会。科尔比（秘密录下对话）试图说服赫许，非法监视没什么大不了，只是不值一提的小事情。他说：“家丑不宜外扬。”可是，他不得不承认，家丑已然外扬。赫许彻夜赶稿，一直写到星期六早上。

1974 年 12 月 21 日，《纽约时报》周日头版大标题：“据报中情局在美国针对反战势力展开庞大运作”。

为保护中情局，科尔比把非法国内监视的问题扣在安格尔顿头上——他和联邦调查局合作拆阅平信。科尔比把安格尔顿叫到 7 楼，当面开除他。中情局外头凄凄冷冷，安格尔顿余生都在为自己的工作编织神话。有人请他解释，中情局为什么不依白宫命令销毁毒药。他的说法是：“要政府秘密部门完全遵照政府明显的命令，岂不匪夷所思。”

“死猫会纷纷出头”

圣诞前夕，科尔比发了一封长电给基辛格，概述施莱辛格吩咐汇整的秘密资料。水门事件余波荡漾之际，这些数据万一外泄，中情局可能无法幸存。基辛格将秘密数据浓缩成 5 页单行间隔的备忘录，在圣诞节这一天交给福特总统。1975 年，国会把一整年的调查全花在挖掘这份备忘录里的真相上。

基辛格告知总统，中情局确实有监视左派人士、窃听并跟监记者、非法搜查、私开无数的邮件袋。其实还有许多更不堪的事，基辛格不便把自己从所谓“恐怖文书”得知的内情写下来。他提醒福特，中情局有些行为“明显违法”。另有些人则“提出深刻的道德问题”。福特总统虽在众院中情局小组委员会当了 10 年的委员，却没听过国内监听、心灵控制和暗杀阴谋这些秘闻。暗杀阴谋的始作俑者，始于 20 世纪最为人敬爱的共和党总统艾森豪威尔时期的白宫。

1975 年 1 月 3 日，星期五，福特接到另一份报告，这次是出自代理司法部长希伯曼的手笔。

希伯曼当天得知，科尔比保险柜里有一叠厚厚的卷宗，记录着中情局各种不法行为的秘密，推测其中可能含有触犯联邦法律罪行的证据。这位全美最高执法官员于是计诱中情局局长，说他必须交出卷宗，否则会惹上妨碍司法的官司。现在已不是科尔比要不要吐露秘密的问题，而是要保护卷宗就会坐牢的问题。

在这危机四伏的关头，希伯曼自己差点就当上中情局局长，他后来出任联邦上诉法院法官，2005年主持调查中情局局长。希伯曼在口述史中说道："福特要我到白宫管情报，但我婉拒了。当时白宫方面慎重考虑由我出任中情局局长，我之所以不想接手，当然有许多理由。"最重要的理由是，他知道中情局即将面临狂风暴雨。

希伯曼在1月3日呈给总统的报告里提到两个问题。其一："暗杀特定外国元首的计划，最保守地说，也已构成独特的问题。"其二："赫尔姆斯先生可能在出任伊朗大使的确认公听会时，犯了伪证罪。"① 在宣誓作证之下，赫尔姆斯被询及中情局是否涉及推翻智利总统阿连德时，却答称没有。宣誓保密，同时宣誓实言相告的赫尔姆斯，已构成未能告知国会实情的不当行为，终得面临联邦法官以说谎罪名起诉。

1月3日晚上，福特告诉基辛格、副总统洛克斐勒和拉姆斯菲尔德，万一这些秘密外泄，"肯定会毁了中情局"。1月4日星期六中午，赫尔姆斯到椭圆形办公室。福特告诉他："老实说，我们现在可真是一团糟。"总统表示，洛克斐勒将主持一个委员会调查中情局的国内活动，只调查国内活动。福特希望该委员会能谨守这有限的授权。他告诉赫尔姆斯："要是它逾越授权可就惨了。要是群情汹汹迫使我们再进一步，坏了中情局的清白，那未免太可惜了。我当然认为你没错，除非有相反的证明。"

赫尔姆斯知道前途凶险。

他提醒总统："很多死猫会纷纷出头，中情局的事我并不是完全知道。或许也没有人知道一切。但我很清楚地知道，要是有死猫出头，我也不落人后。"

那天赫尔姆斯丢出一个人给白宫。他告诉基辛格说，罗伯特·肯尼迪一手安排反卡斯特罗暗杀阴谋。基辛格随即把消息传给总统。恐怖加深。福特本人是从华伦委员会窜起而成为全国知名人物，但现在他才了解，肯尼迪总统暗杀事件还有许多他所不知道的内情，而这些失落的拼图也纠缠他一辈子。他在生命快结束的时候称中情局"没有天良"，竟扣住证据没让华伦委员会知道。福特说，中情局"错在没把他们所掌握的资料交给我们，他们没给我们完整数据的判断是不对的"。

现在，白宫须面对8项国会针对中情局的调查和听证。拉姆斯菲尔德说明白宫的化解方法就是，洛克斐勒委员会的委员全都是"共和党和右派"。已经有一人列入名单："政治评论家、演员工会前会长、前加州州长里根"。

“最后报告该怎么写？”总统问道。与会者原则同意，当务之急是损害管理。基辛格说：“应该好好管束科尔比……要是他不三缄其口，这些资料马上就会人尽皆知。”

1975 年 1 月 16 日，福特总统在白宫以午餐会款待《纽约时报》发行人和资深编辑群。总统说，谈论中情局的过去绝对不符国家利益，一旦泄露最重大的秘密，可能会毁了杜鲁门以降每一位总统的名声。什么秘密？有位主编问道。暗杀！福特说。到底是福特所说的话奇怪，还是这些编辑人设法不将他的供述公开奇怪，倒也很难说。

尼克松辞职后 3 个月新选出的国会，堪称是美国史上最具自由色彩的一届。福特总统在 2 月 21 日告诉拉姆斯菲尔德：“问题是，怎么规划配合国会调查中情局。”拉姆斯菲尔德矢言会为总统展开“损害控制行动”。他将负责决定福特和洛克斐勒可以告诉国会山多少秘密。

3 月 28 日，施莱辛格告诉总统，首要之务是尽量减少“凸显中情局（在全球各地的）行动”。“中情局内部不满情绪高涨。”埋下此种不满情绪的施莱辛格说道。秘密机关“充斥着心力交瘁的老特工”，都是有可能泄密的人，科尔比又“太配合国会”。泄密的风险日甚一日。

本章注释

① 赫尔姆斯委决不下，不知是要说真话，还是该保守秘密。他在 1973 年出任驻伊朗大使的任命听证会作证时，在中情局有没有策动推翻智利民选政府的问题上说了谎。因此，出使伊朗 4 年期间，屡次奉命回华盛顿，接受国会委员会、刑事调查员与白宫各委员会的盘问。1977 年 11 月 4 日，赫尔姆斯经联邦法院判处 2 年缓刑和 2 000 美元罚款。他接受未向国会吐实的行为不当罪名。赫尔姆斯曾辩称，中情局局长保守国家机密的誓言高于国会作证誓言，但法院判定宪法和美国法律高于保密权。

第34章

“别了，西贡”

1975 年 4 月 2 日，科尔比提醒白宫说，美国快打败仗了。

基辛格说：“让我了解一下状况，南越还有没有机会另辟战线，阻止北越？”

科尔比指着地图说：“在西贡北边。”

“毫无希望了！”詹姆士·施莱辛格叫道。

基辛格问，南越是否即将崩溃？科尔比认为似乎是必然的。

基辛格道：“我认为马丁（驻南越大使）应该开始准备撤退计划。我们有责任把信任我们的人弄出来……我们必须把参与凤凰计划的人弄出来。”该计划是科尔比在 1968—1971 年以使馆文官身份协助逮捕、侦讯与刑讯越共的准军事行动。保守估计，凤凰计划杀了超过 2 万多名越共嫌疑分子。

科尔比说：“现在的问题是，我们到底要设法在西贡周边坚壁清野？或是协商一个保住面子，抑或保住性命的解决方案，以便不流血撤离首都？”

基辛格说：“只要我还在这个位置，绝不谈判，继续输送武器到西贡，让北越和南越自己去解决。我们什么也挽救不了。”

科尔比答：“人命是唯一还能挽救的。”但基辛格一意孤行，他决不以谈判的方式来结束战争。①

4 月 9 日，科尔比再到白宫，尽量让福特关注越共大军已逼近南越、老挝和柬埔寨各首都的事实。美国军事与情报部队 2 年的奋斗逐渐接近尾声。

科尔比在 4 月 9 日对总统和国家安全委员会成员说：“越共已展开新一轮攻势，最终目标是西贡。”美国必须开始尽快撤离美国人和南越人。西贡一旦沦陷，势必会有整肃行动。在南越有数千名美国人，数万名盟国的政治、军事与情报人员，以及无数的南越人，若再待下去，性命可能不保。

科尔比说：“目前北越在南越有 18 个步兵师。我们认为河内会采取一切必要行动，促使战争提前结束，时间可能就在初夏之际。”他多算了 2 个月。西贡市仍有 6 000 名美国军官、特务、外交官和美援工作人员在卖力工作，这里会在 3 个星期内沦陷。科尔比告诉总统：“我们应请国会拨款，以便履行撤离一两百万南越人的承诺。”这将是美国史上最大规模的紧急撤退行动。

在华盛顿，白宫、国会、五角大楼和美国驻西贡大使都没把科尔比的警告放在心上。有个人最了解情况：西贡工作站站长波尔加。

“我们已输掉这场漫长的战争”

1975 年 4 月 29 日凌晨 4 点，波尔加在火箭、大炮声中惊醒。[②] 机场火光冲天，中情局在南越往返服务的 7 架直升机全被摧毁。波尔加有好几百人要照顾。替他工作的美国人固然是个问题，为他卖命的南越人及其家属也需要安排。人人都想离开，但在目前的情况下，定翼飞机已不可能进出机场。

波尔加迅速穿上蓝衬衫和茶色长裤，直觉地把护照揣进口袋，急忙赶到大使馆。人口 400 万的西贡街头，由于全天候戒严的缘故，空无一人。他打电话给马丁大使，患有肺气肿和支气管炎的马丁痛苦呻吟。波尔加接着联络基辛格以及前任国家安全局长的太平洋区美军司令盖勒。他接获华盛顿新命令：尽可能撤离非必要人员。除此之外，对于谁该留下、谁该走以及如何离开等，基辛格完全没有指示。

南越军队溃不成军，警力瓦解，原本寂静异常的街头已成无政府状态。

福特总统下令，大使馆人员由 600 人减至 150 人，其中 50 人为中情局留守人员。波尔加倒是不太敢想象，西贡沦陷后，越共还会准许中情局工作站继续运作。

在大使馆内，波尔加看见很多人气得大摔大踩尼克松和基辛格的照片。以波尔加的话来说，大使馆成了“没有团长的马戏团”。

上午 11 点 38 分，福特下令关闭美国驻西贡使馆，所有人员必须在入夜前离境。数千名惊恐的南越人形成一道人墙围住大使馆，只剩一条由停车场通往法国大使馆花园的秘道可以进出。马丁大使把妻子和仆人藏在秘道。波尔加打电话回家，女佣告诉他说，家里有几位访客：一位是副总理、一位三星上将、南越通信情报局局长、礼宾司长、数名军官及其家属，还有多位与中情局合作的南越人。

福特总统下达撤退令后 3 个小时，第一批直升机从 80 海里的外海飞抵西贡。陆战队驾驶员凭着高超的技术和过人胆识，把大约 1 000 名美国人和将近6 000名南越人送出西贡。有一张轰传一时的照片，显示最后一批直升机群里，有一架停在屋顶上，一群人爬上安全梯。这张照片多年来一直被误认是大使馆的一角，其实是中情局的安全屋，那些仓惶登机的人都是波尔加的朋友。

波尔加当晚就把中情局的档案、电报和密码册悉数销毁，午夜后不久，他发出告别电文：

> 这是西贡工作站最后一通电报……我们已输掉这场漫长的战争……未能汲取历史教训的人必会重蹈覆辙，但愿我们不会再有另一次越南经验，但愿我们都能汲取教训。别了，西贡。

他接着把发报机也毁了。

30 年后，波尔加忆述越战最后时刻时说：“当我们爬上狭窄的铁梯到屋顶停机坪时，我们知道，我们抛下数千名大使馆后勤人员。我们都知道败军之师领导者的感受。”

15 年努力付诸东流

两个星期后，中情局在老挝的长年战争，在一处石灰岩柱环绕的山谷中终结。北越部队包围位于龙天谷的核心据点。山脊上尽是越共士兵，数万名赫蒙族战士与家属齐聚在原始跑道上，希望有飞机能载他们离开，却不知中情局这 15 年准军事任务下来，已经没有飞机可以救他们了。

留在龙天谷的这位中情局人员叫丹尼尔，在蒙大拿州当过跳伞救火员，赫蒙族朋友都称他“阿天”（Sky），虽然只有 33 岁，却已在这偏僻内地待了 10 年。他是赫蒙族军事与政治领袖，担任 1960 年至今中情局在老挝最大资产王宝将军的主事官，也是因功获老挝国王颁赠“万象”和“白伞”勋章的 7 名中情局官员之一，其他几位包括莱尔和谢克礼。

丹尼尔恳求老挝工作站站长阿诺德派机到龙天谷。阿诺德在口述史中说：“撤退不宜延误。”可是已无机可派。“空中运输须经华盛顿授权，当然，我们会优先处理。这得从中情局上报白宫……华盛顿一再要我们紧急另外安排空中运输，因为我们已经严重延误。会发生这种问题，主要是因为最高层拖延的缘故。”

1975 年 5 月 12 日，中情局好不容易在泰国找到最后两架 C-46。这两架飞机大小与 DC-3 相似，属于中情局的民间承包商大陆空运所有，10 余年来，有数百架同样机型的飞机满载货物在龙天机场降落，离开时总是空机飞越脊岭，没人搭过满载的 C-46 离开龙天。这款飞机原本只能承载 36 人，然而这次撤退每次都超载加倍的乘客，而且每趟都有数千人抢搭。

1975 年 5 月 13 日早上，在曼谷的"美国军援司令部"司令艾德霍特空军准将，接到一通陌生人的电话。艾德霍特将军与中情局合作空中行动已有 2 年，目前主管着唯一尚在东南亚运作的军事行动。将军回忆说："那位仁兄并没有表明身份。他说，美国抛弃龙天谷的赫蒙族朋友。他用'抛弃'这个字眼。"这位陌生人请艾德霍特派 4 架中型运输机 C-130 拯救蒙人。艾德霍特在曼谷机场候机楼找到一位再过几分钟就要离境的飞机驾驶员，以 5 000 美元现金请他开 C-130 到龙天谷，然后再打电话回国请参联会主席布朗将军批准执行此次任务。当天午后，C-130 飞抵龙天谷，数百名赫蒙族人不消几分钟便登上飞机。这架飞机隔天早上再飞回龙天谷。

中情局的丹尼尔负责龙天谷撤退事宜，同时担任王宝将军的贴身保镖，这时在机场当起飞行管制员，掌握着 5 万名惊恐赫蒙族人的性命。丹尼尔和王宝不能给外界留下抛弃自己手下及其家属的印象。5 月 14 日早上，C-130 飞回龙天谷，蒙人急忙奔向后货舱门。这是一幕愤怒与绝望交织的景象。王宝偷偷溜到几英里外一处停机处，搭上中情局直升机悄然离去。

丹尼尔给自己找了一架飞机。飞行记录写着："一片混乱……我们在 10 点 47 分起飞，中情局在龙天谷的秘密基地就此结束。"现场有位中情局特约飞机驾驶员诺茨上尉以录音带记录老挝长年战争的最后几分钟。丹尼尔带着公文包和一箱啤酒，开着蓝白相间的福特吉普车来到停机处。他下了车，蓦地呆立不动。诺茨说："他不想上直升机，他还不想离开！他从后座拿出公文包，开始对着无线电讲话。他慢慢地踱着圈子，一遍又一遍，最后敬个礼——他在这儿待了那么久，一旦要离开，的确是很难过的事。他立正，仿佛在对吉普车行礼，其实是对付诸东流的数 10 年心血行礼。"

赫尔姆斯称"我们打赢（老挝）战争"，实在教人不明白。福特和基辛格强行以政治安排让共产党接掌老挝，"之后我们就一走了之。"何姆说道。何姆 35 年中情局生涯是从老挝开始的。幸存的赫蒙族人落得在难民营终老或流亡异地，"他们的生活方式完全毁了"，何姆写道。"他们有家不能回"。"对这些在动荡年代与我们密切合作的人"，美国"没有负起应有的道义责任"。

丹尼尔撤出龙天谷 7 年后，在曼谷寓所瓦斯中毒身亡，享年 40 岁。没人知道他是不是自杀。

本章注释

①白宫对话后没几天，柬埔寨失守，美国大使狄恩和中情局工作站站长惠波对周遭状况的掌握，倒是比西贡同僚高明许多。狄恩忆述："中情局很清楚赤柬的组织和领导。惠波给我们看了些赤柬在1975年4月之前种种暴行的数据。"

②波尔加在1972年1月接手谢克礼的站长职务时，手下有550人，其中200人是秘密特工。1973年签署《巴黎和平协议》之后，尼克松和基辛格仍不断指示："以其他方式继续战争，以维持一个非共产的南越。"基辛格因巴黎和谈成果荣获诺贝尔和平奖，波尔加则见证外交折冲过程。大策略家基辛格在1972年美国总统大选前几个星期，未经南越总统阮文绍批准，径自与北越谈判和约条件及停火协议。在西贡，基辛格在其助手内格罗蓬特和彭克大使共同出席的晚宴上，亲口嘱咐波尔加通过中情局在南越军中的内线，"对阮文绍施压"。

波尔加认为，南越情况今非昔比，基辛格的命令毫无道理。更没有道理的是，基辛格自己向《新闻周刊》记者透露秘密谈判内容。这位记者以电报从西贡发回美国的报道，被南越情报机关截获，并将副本交给阮文绍总统和波尔加，波尔加再交给基辛格。

1973和1974年美军锐减之际，中情局西贡站仍然维持每年3 000万美元的预算。这时，波尔加的工作是搜集情报而非准军事任务。侦讯员拷问掳来的越共及特务，分析员则爬梳前线传回来的报告。中情局派在南越4个军事部门的分队长，分别负责协调数百名美国与南越官员。敌军势如破竹。

中情局仍然试图找出敌人的野战总部，美军称之为"竹幕五角大楼"，实际上丛林里并没有敌军总部，而是每一个帐篷、地道，甚至一个人就是一个总部。1974年8月尼克松垮台之后，国会群起反战，开始大砍数十亿军费，使得南越军方顿失所倚。1975年3月，北越逼近西贡。撤退计划漫无章法，造成数千名替美国工作的南越人死亡或被捕。马丁大使返回华盛顿，成为基辛格的特别助理。

第35章

情报政治化的危害日甚一日

中情局犹如被征服的城市般惨遭蹂躏。国会各委员会纷纷爬梳该局档案卷宗。其中，参院着重在秘密行动方面，众院则专挑谍报和分析失误。华盛顿街头出现手绘的科尔比海报，上头画着骷髅头、交叉骨头和几张黑桃王牌。中情局高层官员人人自危，唯恐个人和专业声誉会毁于一旦。白宫则担心政治毁灭。1975 年 10 月 13 日，福特与总统人马于椭圆办公室会商，权衡利害。

科尔比告诉总统 ："凡是正式显示美国涉及暗杀的文件，都是外交政策上的祸事。此外，他们也想深入追查（老挝战争）之类的秘密作战行动。"白宫是否要诉诸法院来阻止国会调查呢？拉姆斯菲尔德说 ："最好是采取政治对抗方式，不要诉诸法律。"为准备打这一仗，福特总统在 10 月底改组内阁。

此举立即被外界称为"万圣节大屠杀"。施莱辛格下台，换拉姆斯菲尔德当国防部长，切尼则接下白宫幕僚长职务。此外，福特还采取一项与他平素为人不太一样的权术措施 ：开除科尔比，改提老布什担任中情局局长，借此排除 1976 年总统候选人提名之争的挑战者。因此，他这种选择表面上看来显得很突兀。

老布什不是将军、元帅或间谍，对情报业务几乎是一无所知。他纯粹是个政治人物，父亲普瑞斯考特 · 布什是康乃狄克州选出的贵族参议员，也是艾伦 · 杜勒斯的知交，后来迁至得州，在石油生意上发了财。老布什当过两任众议员，但两度角逐参院失利。也当过 22 个月的驻联合国大使，水门事件期间担任共和党全国委员会主席，1974 年 8 月差点当上副总统。没当成副总统是他从政生涯中最大的打击，所幸有个慰问奖可以任他选个称心的大使职务，结果他选了中国。老布什从北京透过厚厚的三棱镜看到，中情局就凭着"美国之音"

和一星期前的剪报大搞权力斗争。政治本能告诉他这件差事没什么出息。他自问："我就此葬送在中情局？"并写道，"它是政治坟场"。他告诉福特："我认为这是彻底终结仕途。"这种前景令他意志消沉，但基于礼貌不得不答应下来。

老布什在 1976 年 1 月底接掌中情局，没几个星期便发觉自己挺喜欢它的隐秘、同志情谊、小道具和国际阴谋。中情局等于是个有 10 亿美元预算的"骷髅会"[①]秘密结社。他在 3 月间写信给友人："这是我做过的最有意思的工作。"他上任不到 11 个月，就已提振总部士气，为中情局扛上所有的批评者，并巧妙地利用中情局为自己日渐飞扬的雄心壮志奠定政治基础。

除此之外，乏善可陈。老布什从一开始就扛上控管 80% 情报预算的国防部长拉姆斯菲尔德。拉姆斯菲尔德说，这笔钱是我的。侦察卫星、电子监视和军事情报，都属于美军的战场支持系统。美军虽已全面撤退，拉姆斯菲尔德仍然处处阻挡老布什，极不愿中情局局长在机密经费上发言。老牌分析员喀威尔在中情局口述史中说，拉姆斯菲尔德对中情局很"抓狂"，且确信中情局在"监视他"，因而切断中情局与五角大楼长期以来的沟通与合作管道。

经历水门事件与越战之后，吸收新情报官员很不容易，中情局充斥着只会耗时间的中年官僚，已形成头重脚轻的现象。总部 16 名最资深的官员中老布什一口气换掉 12 名，希望挪出些位置。他想任用自已人主管秘密业务，于是把科尔比留下的老主管纳尔逊找来，告知该是他离开的时候了。纳尔逊敬个礼立刻走人，但在离开之前丢了一份备忘录在老布什桌上，告诉他还有 2 000 多名冗员。老布什依循艾伦·杜勒斯的传统，把这份报告束之高阁。

腰斩中情局

老布什在 1976 年 6 月 1 日写信给福特："这是本局动荡与苦恼期。国会参众两院一年多来的密集调查，已使过去和目前的秘密行动任务广泛曝光。"在老布什担任局长时，因调查而衍生出参院设置监督委员会，众院亦在一年后设立。老布什在信中说，总统若能设法抵挡国会，则"秘密行动运作必会像过去 28 年一样，对外交政策作出积极的贡献"。

其实，在颇为警觉的新国会监督之下，中情局的新秘密活动运作并不多。老布什在答复笔者书面提问时极力主张，国会调查对中情局造成长远的伤害。他们"阻碍我们与世界各国的联系"——中情局与外国情报机关的联系，是搜集情报的主要来源，"甚至造成许多海外人士自与中情局合作关系中抽腿"。他说最糟的是，"他们破坏堪称我国公职人员中最优秀团队的士气"。

此外，1976 年在前线连连失利，也使中情局锐气大挫。最大的失败在安哥拉。西贡沦陷 2 个月后，福特总统批准新的行动以确保安哥拉继续反共。安哥拉虽是葡萄牙在非洲的至宝，但里斯本的领导人却是欧洲殖民者当中最差劲的，撤走时把安哥拉劫掠一空。敌对势力征战不休，安哥拉行将解体。

中情局通过最好的盟友刚果总统莫布杜，投注 3 200 万美元现金，以及价值 1 600 万的武器给安哥拉。这批武器落在一批难以驾驭的反共游击队手中，他们由莫布杜的连襟指挥，且与白人南非结盟。这项计划获得赞比亚总统卡翁达从旁协助，此人是个温柔敦厚的领导人，长年接受美国与中情局暗中支持。负责协调的则是基辛格国务院的青年才俊，中情局已故秘密行动处处长威斯纳的儿子小威斯纳。

小威斯纳说："我们已经被赶出越南，福特政府颇为担心美国（在全球各地）遭受共产党军队的考验。所以，我们到底是要眼睁睁地看着一望而知是共产党领导的攻势逼近、接收油藏丰富的安哥拉，并在非洲南部展开冷战呢？抑或设法阻止……越战之后，我们不可能直接跑去对国会说，'这么着，我们就送些军事教官和装备给莫布杜'，所以，基辛格和总统决定由中情局出面。"

然而，中情局支持的反共部队已溃败，莫斯科和哈瓦那强力支持的敌人则已控制首都。基辛格下令再拨 2 800 万美元秘密支持，但中情局的应变预算已用罄。在担任中情局局长不到一年的老布什上台之初，国会就已明确禁止秘密支持安哥拉游击队，把正进行中的活动从中腰斩。这是前所未见之事。"中情局被腰斩，我们被赶回来。"小威斯纳说。

我觉得自己好像上当了

1976 年 7 月 4 日，美国建国 200 周年这一天，老布什准备在宾州赫许市某饭店会见弗吉尼亚州州长。卡特还没赢得民主党总统候选人提名，就已请中情局提供情报简报，老布什的反应特别热烈。从没有哪个总统候选人那么早就提出这种要求。老布什和主管国家情报的副局长李曼发觉卡特对简报特感兴趣。李曼早年眼见艾伦・杜斯伦看也不看便将报告束之高阁而深感挫折。3 人从间谍卫星讨论到非洲白人统治的前途意犹未尽，于是决定 7 月间到卡特位于乔治亚州平原镇的家里再续话题。

局长差点到不了，因为中情局的"湾流型"喷气式飞机应付不了平原镇的草皮跑道，中情局向五角大楼寻求后勤支持，获知老布什必须搭乘直升机到皮特森田。中情局飞行人员查了查地图。皮特森田到底在哪里？一通电话打到平原镇，这才知道“皮特森田”是镇外某农家的40亩田地。

6个小时的讨论触及黎巴嫩、伊拉克、叙利亚、埃及、利比亚、罗德西亚和安哥拉问题。中国问题谈了30分钟，苏联问题则谈了将近10倍长的时间。中情局的人从下午谈到傍晚，卡特在海军当过核武器工程师，颇能掌握美国战略核武的奥妙细节。此外，他对间谍卫星所取得的苏联武器相关证据特感兴趣，也了解它们所搜集到的情报可以在武器管制谈判上扮演重要角色。他得知苏联始终没有透露核武规模的正确数据，美方必须走上谈判桌告诉苏方，他们有多少导弹，我们又有多少。卡特不由沉吟：他似乎没想到苏联会虚报。

老布什向他保证，第一代间谍卫星所拍摄的照片足以提供尼克松和福特总统进行美苏 “限制战略武器条约”所需的信息，且可严密监视苏方是否遵守双方协议。代号“钥匙孔”的新一代间谍卫星今夏到位，可以提供实时电视影像，毋需经过缓慢的显影手续。中情局科技处研究多年的“钥匙孔”，的确是一大突破。

卡特的竞选伙伴、明尼苏达州参议员孟岱尔则问到中情局秘密行动与外国情报机关联系的问题。孟岱尔是参院调查中情局的“邱池委员会”② 成员，该会的最后报告已在2个月前出炉。时至今日，邱池委员会之所以还会有人提及，主要是由于该会主席在声明中说中情局已变成“凶野的离群野象”——此一说法免除历任总统驱象为患的责任，大有言不达意之嫌。本来就对邱池委员会恼怒异常的老布什，拒绝回答孟岱尔的问题。

2个星期后，8名中情局官员陪同老布什到平原镇，众人在卡特家围成圆圈而坐，卡特的女儿和爱猫进进出出。出乎众人意料的是，卡特对世界形势的理解极为高明，当他和福特进行自肯尼迪与尼克松之后首次电视辩论时，便细数福特外交政策得失，并对中情局严加抨击，他说：“我们的政府虽有越战、老战、中情局、水门事件等失策，但仍然是全世界最好的体制。”

1976年11月19日，老布什和总统当选人卡特在平原镇举行最后一次尴尬的会谈。卡特回忆说：“(老）布什想继续待在中情局，要是我当时同意了，他就永远当不了总统。他的人生会走上一条截然不同的道路！”

老布什对这次会谈的记录显示，他向总统当选人卡特透露几桩正在进行中的活动，包括中情局秘密金援外国元首，如约旦国王侯赛因、刚果总统莫布杜，以及若干军事强人，如后来成为巴拿马独裁者的诺瑞加等。③ 老布什察觉卡特突然兴趣寥寥。他这印象很正确。总统当选人认为中情局补助外国元首一事颇值非议。

到了1976年底，老布什和局里一些原本支持他的人意见不合，原因是他作了一个不良的政治决定，让一票新思维保守的人（李曼称之为“喧嚣的右翼人士”）改写苏联军力评估报告。

福特总统的情报顾问委员会中最会叫嚣的凯西，一直与情报圈的朋友、同事有所议论。他们都认定中情局严重低估苏联军事实力。凯西与委员会的同僚敦促福特总统让局外的团队来写苏联评估报告。这个小组的成员都对缓和政策深为不满，而且都是由共和党右派如葛里翰将军以及伍佛维茨亲手挑选。前者主张导弹防御最力，后者是希望破灭的军管谈判主谈人、日后出任国防部副部长。1976 年 5 月，老布什以轻快的笔调批准“B 组”：“让它高飞！如拟。乔治・布什。”

议论虽具有高度技术性，却归纳成一个简单的问题：莫斯科意欲何为？B 组形容苏联正处于大力整军建武阶段，事实上莫斯科正在削减军费。他们大幅高估苏联洲际弹道导弹的准确性，把苏联建造中的轰炸机数量多估了一倍。一再警告的危机没个影儿，所说的威胁根本不存在，所谈的科技根本还没开发。最可怕的是，瞎说苏联有个打赢核战的战略。接着，1976 年 12 月，他们选择性地把消息告诉同路的记者和专栏作家。李曼说：“B 组肆无忌惮，他们到处泄密。”

B 组乱了好几年，不仅导致五角大楼大幅增加武器开发预算，更直接促成里根在 1980 年共和党总统提名之争时名列前茅。冷战结束后，中情局一一检验 B 组报告，结果没有一项是正确的。这是轰炸机落差和导弹落差的翻版。

在福特政府最后一次国家安全委员会上，老布什告诉福特、基辛格和拉姆斯菲尔德：“我觉得自己好像上当了。”

情报分析变成政治利益的工具，清誉一旦玷污便永难恢复。自 1969 年尼克松强制中情局改变对苏联先制核武攻击能力的看法以来，该局评估报告的政治化倾向越来越露骨。尼克松时期主持中情局国家情报评估处的阿博特・史密斯在口述史中说道：“我把它看做转折点，自此之后江河日下。尼克松政权的确是第一个把情报当成另一种政治形态的美国政府，后果肯定是损失惨重，我认为的确惨不忍睹。”1971 年接替阿博特・史密斯的休曾格对中情局史家说得更明白，而他的看法在往后 10 年乃至进入 21 世纪后仍是掷地有声：

> 回想起来，我确实不相信美国政府里的情报机关可以提出诚实的分析成果，而不必冒着政治论战的风险。我认为这段期间里，以政治观点处理情报的倾向日甚一日，而其中又以在政治看法上极为分歧的问题为主，譬如东南亚问题和苏联战略武力成长等。回首往事，我觉得，各位

> 若以为我们大多数人都认为……只要提出率直的分析成果，政府就可以照单全收，未免失之天真……我认为，情报对我们这些年来的政策影响其实相当小。小到几乎等于没有。在某些特定情况下，某些看法和事实也许有些影响，但也只限于极狭窄的范围内。大致而言，情报活动改变不了政治领导层赖以出线的前提。他们带着包袱上台，多少都得一直背下去。理想的情况应该是，严肃的情报分析……协助政策上重新检视其前提，提出比较细致且较接近现实的决策。我想，这是我们永远无法实现的大志。

中情局局长和未来的美国总统并不把这些想法放在心上。

中情局伟大之处

老布什在总部和同仁告别时，依例发出感谢函：“但愿往后我能设法让美国民众更充分地了解中情局的伟大之处。”他是最后一位获得总部近乎完全支持的中情局局长。在他们眼中，他在挽救这个秘密机关上居功至伟。但令他惭愧的是，最后让中情局受政治挟持的也是他。

基辛格在卡特就职前的最后一次聚会上说道：“我觉得情报分析的质量没有降低。不过，在秘密行动方面却未见提升。我们已无能为力了。”

有史以来最拥护中情局的老布什答说：“亨利，你说的没错，我们既没用又怕事。”

本章注释

①“骷髅会”是耶鲁大学秘密学生组织，原则上只有出身富裕的白人男性可以参加，与耶鲁渊源深厚的中情局高层固然不乏骷髅人，政、商界也处处有骷髅人踪迹，如《时代》杂志老板鲁斯、比尔和麦克乔治·邦迪兄弟、两位布什总统皆是。

②邱池委员会想调查“暗杀阴谋”，不意却一头栽进黑巷，不晓得这些阴谋都是出自历任总统授权。该委员会最为人称道的贡献，是留下相当丰富的中情局史料和证词稿本。至于众院的情报监督委员会则是不了了之，最后

报告的草稿虽然外泄，但始终没有正式公布。国会第一次监督情报的努力功败垂成。中情局老手霍顿是个心胸开阔的人，但他在 1987 年提到邱池委员会时仍不免说道 :“经过这一番折腾，除了形同一场媒体马戏，还有什么？中情局暗杀过谁来着？据我所知，没有。但各位一定会以为我们专干这种事。”

③ 老布什还向卡特提到“未获授权电子监听”美国公民，中情局与巴勒斯坦解放组织的关系，以及夏德林悬案。夏德林是苏联投诚者（也许是双面间谍），11 个月前在维也纳遇害。中情局在维也纳还有一件案子，但老布什没对卡特提起。1975 年 12 月魏奇在雅典遇害后，科尔比局长训令工作站长与苏联情报官员在维也纳秘密会谈。他要知道莫斯科是否违反冷战不成文规矩，下手杀害魏奇。另外，此举也有为会谈而会谈的意味，因为双方最高层一直没有正式的沟通渠道。双方都觉得这次对话很有效，因此这条热线在冷战时期一直维持畅通。

第五部分　输不起的大国情报游戏

卡特、里根与老布什时期的中情局：1977-1993年

卡特以人权为核心的原则改变了美国的外交政策风向，他开始以自己的方式小心翼翼地挑战克里姆林宫。错判苏联入侵阿富汗以及对人质并不完美的解救，使得中情局再次被诟病。此时的中情局已被“冒险家”凯西的说谎遗毒撕得粉碎。在苏联逐渐衰落的大背景下，中情局是否作好了为“和平红利”牺牲的准备？

第36章

“人权卫士”的情报困境

卡特在选战期间抨击中情局是国家耻辱，他上台后签署的秘密行动命令次数，却不下于尼克松和福特。所不同的是，他是以人权之名为之。人权问题把中情局萎缩的权限引导到新任务上。

卡特寻找新局长人选不太顺利。国务院情报司前研究司长休斯谢绝之后，他把脑筋动到肯尼迪的演讲主稿人索伦森头上。索伦森忆述 ：“卡特来电问我能否到平原镇一行,的确有点出乎我意料。我有个哥哥当中情局潜伏间谍多年。我南下平原镇和卡特稍微谈了一下，第二天卡特便向我提出这个差事。”可惜，他是“二战”“良心逃兵”，提名戛然而止，这种情形在中情局史上还是头一遭。“他让我一个人悬在那儿，没有给予任何支持。”索伦森悻悻然地回忆道。

第三次尝试时，新总统选了一位几乎全然陌生的人 ：驻扎意大利那不勒斯的北约南翼指挥官史坦菲尔德·唐纳海军上将。唐纳是中情局史上第三位发现中情局这艘船很难驾御的海军上将。他虽是第一位坦承自己对中情局完全不熟的局长，但很快就能树立自己的权威。

不是正当的游戏方式

唐纳说道 ：“很多人以为，卡特总统是叫我去‘清理整顿’，其实他根本没这么说。他从一开始就有志于建立良好的情报机关。从卫星、特务到国际现势分析方式等机制，他都很想了解，也很支持情报活动。同时，从他的个性中我也完全了解，我们必须在美国法律范围内行事。此外，我还知道卡特总统要我们做的事虽有道德上的限制，但每当我质疑我们的作为是否接近极限而请他裁夺时，他的决定往往都是叫我们放手去做。卡特政府对秘密行动毫无成见，中情局自己对秘密行动觉得有问题，乃是历经批判，余悸犹存的缘故。”

秘密行动处很快就给唐纳出个生死两难的问题。“他们来对我说：‘我们有个特工快要打进恐怖组织，但他们要他再做一件事证明他的诚意，他得暗杀一位政府成员。我们可以批准他这么做吗？’”我说：“不行，把他撤出来。”这是交易。他也许可以拯救一些人的性命，但我不容许美国为了这么一点机会，就与杀人者为伍。这是攸关人命和国家名誉的事。我认为这不是正当的游戏方式。”

唐纳很快就掌握特工与仪器拉锯战的本质。他把机器置于人员之上，把更多的时间和精力用于提高美国侦察卫星的全球覆盖率。他成立一个协调组和统一的预算，设法把“情报界”组织成一个联合同盟。为他这主张效力的人都被其中的混乱情况吓了一大跳。“我负责人类情报搜集（情报运作中有人类、电波类、图像类等）。看着堆在我面前这些空中画饼式的行动，我不免心想，到底是哪个家伙想出这些极不务实，又不可行的点子。”曾在北京担任老布什驻北京时的副馆长，后来才加入“情报界”的何志立回忆道。

情报分析员的得分也不高，卡特总统自己就曾对中情局的每日简报和他在报上看到的重复消息表示不解。卡特和唐纳都猜不透，中情局的评估报告为什么总是那么肤浅和言不及义。中情局与新总统一开始就格格不入。

卡特改变行之有年的冷战规则

在卡特的国家安全委员会里，5 个大头就有 4 种不同的盘算。总统和副总统梦想以人权原则建立美国外交政策，国务卿万斯认为武器管制是首要之务，国防部长布朗希望能以比五角大楼预计经费少几十亿美元打造新一代军事与情报技术，国家安全顾问布热津斯基则是猫头鹰派和鸽派之外的鹰派。华沙落入莫斯科手中的百年苦难形塑他的思维，他不仅要帮美国争取东欧民心，更把这种志向导入总统的外交政策里，因此他总想在苏联最弱的地方给予致命一击。

福特总统和苏联领导人勃烈日涅夫于 1975 年在赫尔辛基签署协议，支持“人员与观念自由流通”。福特和基辛格把这一纸协议当成门面，苏联和东欧那些受尽苏维埃国家陈腔滥调的人却是严肃看待。

卡特批准、布热津斯基下令中情局针对莫斯科、华沙和布拉格展开一系列的秘密行动。他们命中情局在波兰和捷克出版书籍、补助杂志与期刊的印刷及发行，协助将异议分子的著作回销苏联，支持乌克兰以及其他少数族群的政治工作，将传真机和录音机交给铁幕后心怀自由的人士。他们希望借此颠覆信息管制，瓦解共产世界的压制根基。

当时在国家安全委员会担任苏联情报分析官的盖茨说，卡特所发动的政治战开辟冷战新战线："他通过人权外交政策，成为自杜鲁门以来第一位直接挑战苏维埃政府在其人民眼中正当性的总统。因此，苏联立即视这为针对他们根本的挑战：他们认为他想推翻他们的体制。"

其实，卡特的目标倒是比较温和：他想改变苏维埃体制，并没有废除之意。可是，中情局的秘密行动处不想接这种任务。白宫加强秘密行动的命令，遭到苏联和东欧科长的抵制。他们这么做有理由：他们保护在华沙一位弥足珍贵的特工，不希望白宫的人权理想危及此人。波兰有位叫库林斯基的特工。布热津斯基说道："严格说来，库林斯基上校不算是中情局特工。他是自动请缨，独立作业。"他是在访问汉堡期间暗中提供消息给美国，平时很难联络到他；往往大半年音讯全无。不过，只要库林斯基经斯堪的纳维亚到西欧游历就一定会留话。被华沙当局怀疑和跟踪之前，他在 1977 和 1978 年陆续提出的消息透露，一旦发生战争，苏联如何将东欧各国军队纳入克里姆林宫；他告诉中情局，莫斯科会怎么在西欧打这场仗；苏方计划以战术核武对付西欧，单是汉堡一地就可出动 40 枚。

苏联科摆脱安格尔顿时代的偏执妄想后，陆续吸收铁幕后的特工。中情局的哈维兰·史密斯说："我们已脱离战略情报局庄严光荣的传统，变成一个真正的谍报机关，致力于搜集外国情报。我们已深入东柏林而不会被逮到，可以吸收东欧人，可以跟踪和吸收苏联人，单单缺了一样，就是不知道如何获悉苏联意图。而且，我真的不知道要怎么做才能办到。这就是秘密机关的特权了。倘若我们能吸收到政治局成员，就可以了如指掌了。"

20 世纪 70 年代末的苏联政治局是个腐败老朽的老人统治集团。帝国过度扩张之余，已经败絮其中，而颇有政治野心的苏联情报头子安德罗波夫，已为克里姆林宫那些步履蹒跚的上司制造苏联是超级强国的假象。不过，苏联的"波将金村"[①]也让中情局上了当。唐纳将军说："我们早在 1978 年就察知苏联经济困窘，我们理应进一步推论经济问题会导致政治问题。但是，我们都认为他们会勒紧腰带，在斯大林式的政权下继续前进。"

卡特本能地决定以伸张人权原则为国际标准的做法，被秘密机关的人视为信仰行为，他适度动员中情局探查铁幕甲胄的漏洞，则是对克里姆林宫小心翼翼地挑战。尽管如此，他也促成苏联开始衰亡。盖茨下了一个结论："事实上，卡特改变了行之有年的冷战规则。"

中情局闹出间谍丑闻

卡特也利用中情局悄然破坏南非的种族隔离政策。他的立场改变了 30 年来外交政策的方向。

1977 年 2 月 8 日，白宫战情室里，总统和国家安全委员会小组一致同意，应是美国尝试改变南非种族主义政权的时候了。布热津斯基说：“由黑白冲突变成红白冲突的可能性很大。这是漫长且艰辛的历史过程，而促进此一进程符合我们的利益。”这与种族无关，而是要回归历史的正道。

中情局代理局长诺奇表示：“我们设法改变他们的基本态度。这需要密切地观察。”换言之，美国将开始监视南非。1977 年 3 月 3 日，卡特在正式的国家安全委员会上吩咐中情局，探讨如何对南非及其种族主义盟友罗德西亚施以政治和经济压力。

中情局副局长卡卢奇指出，问题在于“没有人要关心非洲，我们相当注重苏联。我们所以会派人到非洲工作站，目的无非是想吸收苏联派在那边的人。这是第一优先的要务”。

苏联支持南非种族隔离政权强敌“非洲民族议会”（ANC），而 ANC 领导人曼德拉在 1962 年被捕与监禁，中情局也有部分责任。中情局与南非 “国家安全局”（BOSS）合作极为融洽，中情局官员可说是“和南非安全警察并肩站在一起，有些传言说，他们曾对曼德拉本人下手”。尼克松、福特与卡特期间担任非洲 4 国工作站长的戈森说道。

1977 年，戈森与统治罗德西亚的白人优越论者伊安·史密斯，以及赞比亚总统卡翁达合作。戈森[②]以赞比亚首都卢萨卡工作站长的身份，定期会晤卡翁达总统与他的安全机关首长，逐渐勾勒出南非黑白武装势力各摆阵势的局面：“我们必须知道，苏联、捷克、东德和朝鲜提供多少武器和训练？他们能推翻罗德西亚吗？我们必须派人打进这两个前线政府。”

1978 年，戈森成为普勒托利亚工作站长。华盛顿命令他监视南非白人政府。现在，美国试图把苏联赶出南部非洲，同时争取非洲各国黑人政府的支持，中情局则是这个远大抱负的一环。

戈森说道：“这是我首次奉命以单边行动对付南非国家安全局，我引进一些对南非政府不公布身份的新人，锁定南非军方新标的，譬如他们的核武计划、对罗德西亚的政策等。大使馆充满疑问：南非政府到底想干什么？”中情局这 2 年开始搜集各种族隔离政权的相关情报，没多久，罗德西亚秘密警察逮捕 3 名误蹈陷阱的中情局官员，南非情报机关又逮住第 4 名。出使赞比亚担任新大使的小威斯纳回忆道："中情局官员闹出间谍丑闻，是我处于最大的危机、最棘手的时候。"

中情局总部眼见任务一一搞砸，惊慌之余赶忙停止活动，撤出谍报人员。中情局落实卡特人权政策的努力戛然而止。

秘密行动处的特殊文化

卡特政府的道德观不利于中情局道德观。唐纳局长很想遵守卡特不对美国民众说谎的承诺，但这对一个成败完全靠欺骗的秘密情报机关而言，却是个两难的问题。唐纳对秘密行动处的一点信心，往往就被一些造反行为打消。

譬如，美国驻南斯拉夫大使伊戈博格（后来出任老布什总统的国务卿）就在 1978 年意外发现总部秘密行动处发给全球工作站长的指令。唐纳背后有某位高层人士发出指示，要各工作站的主要活动别让大使知道。

伊戈博格说："我问工作站长是否属实。他答：'没错，是真的。'我说：'好，我要你发通电报回去给唐纳将军。'"

他说得直截了当："这个命令未撤销之前，你不准在南斯拉夫运作。我说到做到，你不准进办公室，不准在贝尔格莱德或南斯拉夫执行任何业务。你打烊了。"

唐纳是基督教科学派教友，平常都以热开水冲柠檬代替咖啡或茶。那些酷爱威士忌的中情局老干部，言行举止充满对唐纳的不屑。唐纳在多年后写道，秘密行动处里的敌人放话诋毁他——他们拿手的基本技巧之一。其中最主要的是一则流传 25 年之久的假消息：唐纳一手破坏 20 世纪 70 年代的秘密行动机关。事实上，第一刀是尼克松下的命令，詹姆士·施莱辛格解雇 1 000 名秘密工作人员。福特总统时期的老布什则不理会秘密行动处主管的建议，将两千多人革职。唐纳则是从绩效最差的 5% 下手，整整裁掉 825 人。他的做法获得总统大力支持。卡特给笔者的回信里说："我们都注意到，被他解聘的那些不胜任和无能的人满怀怨恨，但我完全支持他。"

唐纳选择麦克马洪来领导秘密行动处，老干部极力反对。麦克马洪不是他们那一国的人。麦克马洪从帮艾伦·杜勒斯提手提箱开始干起，目前主管科技处，此乃中情局制造谍报软件和硬件的部门。他告诉唐纳："不，我不是适当人选。他们有自己独特的文化，让他们自行其事才会表现最好。而且，你也得了解他们的思维模式。我上一回和他们接触是在 50 年代初期的柏林。时代不同了。"

1978 年 1 月，麦克马洪力辞半年未果，终于成为 18 个月来第三位秘密行动处主管。他接手 3 周后，奉命出席新国会众院情报监督委员会第一次会议。秘密行动处大反弹。麦克马洪说：“稍有风吹草动，他们就抓狂。但据我所知，国会议员并不了解中情局或秘密行动，我是去调教他们。”他提着一个购物袋装着谍报道具，如小相机、小录音机等前往国会山。“我说：‘我来给各位说明一下我们是怎么在莫斯科运作的。这是我们使用的一些装备。’接着就把道具发下去。他们看着这些道具……简直像被催眠似的。”其实麦克马洪一辈子也没到过莫斯科。结果，如遭魔法镇住的委员会通过比总统所提出的更多的预算。尼克松时代惨遭蹂躏和打击的秘密行动处，就在 1978 年秋天开始了重树信心。

不过，在美国情报总部里，情绪仍然低落。“尽管目前的士气（每下愈况）有问题，我认为中情局还是会想出有创意的点子。但我们也不宜自欺欺人：中情局原有的能力现在已很薄弱，只有少数官员能像以前那样冒险犯难以完成任务。”布热津斯基的中情局联络官在 1979 年 2 月 5 日如此建议。③

同一星期，世界在中情局眼前崩解。

壮观的运动

1979 年 2 月 11 日，巴列维国王的军队溃败，狂热的阿雅图拉④掌控德黑兰。3 天后，东方数百英里外一场杀戮，带给美国同样的负荷。

美国驻阿富汗大使达伯斯在喀布尔街头被抓走，遭到对抗亲苏联傀儡政权的阿富汗反抗军绑架，拘禁在旅馆内。他在阿富汗警方（苏联顾问陪同）攻打旅馆时，惨遭杀害。这是阿富汗失控的明显迹象。由巴基斯坦支持的伊斯兰反抗军对无神论政府发动革命，苏联那些老迈的领导人惊惶南望。中亚地区各苏联加盟共和国有 4 000 多万穆斯林。苏联眼看着伊斯兰基本教义派的火苗就要烧到边界来了。3 月 17 日，苏联情报头子安德罗波夫在政治局扩大会议上宣示：“我们不能失去阿富汗。”

接下来的 9 个月内，中情局没能向总统预警一桩改变世界面貌的侵略行动。中情局虽能充分掌握苏军的实力，却对苏联的意向毫无所悉。

1979 年 3 月 23 日，中情局提交白宫、五角大楼和国务院的最高机密报告《每日国家情报》满怀信心地说：“苏联想必极不愿导入大批地面部队到阿富汗。”该周，3 万名苏军搭乘卡车、坦克和装甲运兵车在阿富汗边界一带集结。

7—8 月间，阿富汗反抗军的攻势增强，阿富汗各军事要塞陆续出现兵变，莫斯科赶忙派一个营的空降战斗部队前往位于喀布尔郊区的巴格兰空军基地。

卡特总统在布热津斯基敦促下签署秘密行动令，命令中情局提供阿富汗反抗军医疗援助、经费和宣传。苏联由地面部队司令领衔，一共派出 13 名将领到喀布尔。然而，中情局仍在 8 月 24 日向总统保证 ：“形势恶化未必预告苏联会把军事介入的程度升高到直接战斗形态”。

9 月 14 日，唐纳将军告诉总统 ：“苏联领导人可能已到了必须决定投入本国部队以防范（阿富汗）政权崩溃的关头”，但只是一点点地逐步投入小批军事顾问和数千名军队。中情局对此评估不太有把握，于是广纳局内所有专家的意见，以及美国军事情报、电子监听文本和间谍卫星侦察数据，全面检视证据。9 月 28 日，专家一致同意 ：莫斯科不会入侵阿富汗。

苏军源源而至。12 月 8 日，第二个空降营抵达巴格兰基地。《每日国家情报》对苏军的出现所作的评估是，加强防御以防反抗军攻击空军基地。第二周，中情局喀布尔工作站站长回报两则目击消息说，苏联特种部队的突击队已现身喀布尔街头。

12 月 17 日星期一早上，唐纳将军前往白宫，出席总统最高层助理所组成的“特别协调委员会”会议，与会的有副总统孟岱尔、国家安全委员会顾问布热津斯基、国防部长布朗以及副国务卿克里斯多福等。唐纳告诉他们，目前在巴格兰空军基地已有 5 300 名苏军，阿富汗北方边界亦增设两个指挥站。他接着说道 ：“中情局不认为这是紧急整备，（而是）可能与苏联认为阿富汗军队形势恶化，必要时可予援手的想法有关。”他嘴里就是不说“入侵”这个字眼。

中情局最优秀的苏联情报分析员，如后来出任副局长的麦凯钦等人，全天候汇整情报，为总统贡献所知。12 月 19 日，他们正式提出最后判断 ：“苏军部署的速度并不意味……紧急应变。全国规模的反游击作战需动员为数更多的地面部队。”简言之，苏联没有攻击意图。

3 天后，美国电子监听龙头“国家安全局”局长殷曼海军中将，接到来自前线的一通快电 ：苏军入侵阿富汗已迫在眉睫。其实是已在进行当中。10 余万名苏军行将占领阿富汗。卡特立即签署秘密行动令，命令中情局开始武装阿富汗反抗军，该局马上建立一条直通阿富汗的全球军火运输线。然而，苏联占领已是既成事实。

中情局不仅漏失苏军入侵的消息，甚且拒绝承认自己的失误。只要是心智正常的人，谁会入侵两千年来一直是征服者坟场的阿富汗呢？情报不足不是失败原因，中情局败在没有想象力。

因此，苏联入侵成了美国人眼中“壮观的运动”，中情局明星分析员麦凯钦 2 年后写道。

"美国虽可在观众席上发出很多噪音，但对游戏场上的影响不大。这可得等到下一轮'大竞赛'⑤才见分晓。"

本章注释

①"波将金村"原指1787年凯瑟琳女王访问克里米亚之际，克里米亚战争的主导人波将金下令在聂伯河沿岸建立虚假的村庄，全村的屋子都只有漂亮的墙壁，并由受过训练的农奴表演农家乐和舞蹈来欢迎女王，让女王及随行认为这一仗打得值得。后人借此泛指政治骗局。

② 戈森出生于得州，成长于贝鲁特，1960年加入中情局，以好运乐引擎推销员的身份为掩护，遍历中东各地，之后加入非洲课。20世纪60和70年代的时候，中情局有志青年纷纷投入非洲，与苏联和东德间谍斗法。戈森说："我们是一群愿意深入不毛之地的年轻人，我们是谍报道上的先锋，局里其他部门随后才来。虽然我们科长说过：'给我2.5万美元，我就能收买非洲任何一国的总统。'但我们不做这种事。我们从事的是谍报事业。非洲还是个变动性很大的地方，我们可以说是置身于正在形成的历史当中。业务往往在不经意间开始，譬如你陪大使去见总统时，总统幕僚对你说：'我有部Pentax相机坏了，找不到零件。'只要帮他个小忙，搞不好就能看到总统府档案。"

③ 尽管如此，还是有一项在卡特任内启动的秘密行动，在15年后开花结果，也就是揭露毒枭和哥伦比亚政府挂钩。美国驻哥大使馆副馆长德雷克斯勒说："(1977年）中情局工作站长带着反毒计划来找我，这计划不宜让联邦缉毒署知道。所以，我一批准后我们就立即执行。计划内容是利用少数（便于监督，确保他们不会回过头来对付我们）值得信赖的哥国执法官员，搜集毒枭和哥国高层官员挂钩的情报。计划进行得相当顺利，所得的情报却相当吓人，它显示哥国贪腐迅速蔓延。"这项反毒行动在1994和1995年达到最高潮，哥国警方在中情局支持下，与缉毒署连手清剿哥国最大毒窟卡里。

④"阿雅图拉"指什叶派宗教领袖。

⑤"大竞赛"原指19世纪中叶至20世纪初，大英帝国与帝俄之间因中亚主权而衍生的对立与战略冲突。

第37章

逃离德黑兰

自1953年中情局把巴列维拱上宝座以来，这位伊朗国王一直就是美国中东外交政策的核心人物。尼克松在1971年4月沉吟道："我只希望世上多几位像他这么有远见的领袖，他的治国能力基本上是温和的。"

尼克松在1973年派赫尔姆斯出使伊朗，也许无意传达什么信息。但他终究还是发出了信息。美国大使馆首席政治官蒲瑞奇说："我们大惊失色，不知白宫怎会派这么个人，毕竟，他和伊朗人人视为摩萨台垮台元凶的中情局渊源太深了。在我们看来，这等于是扬弃美国中立的伪装，证实巴列维是我们的傀儡。"①

1977年12月31日，访问德黑兰的卡特在华丽的国宴上称伊朗国王是"中流砥柱"，这个看法经中情局的间谍和分析员一再说了15年而愈加坚定。事实上，巴列维也用这句话形容自己。

可是几个星期后，中情局秘密行动处最英勇的情报官霍华德·哈特来到德黑兰，展开他最擅长的工作：街头密访，报道实况。最终，却得出完全相反的结论。他的结论很悲观，也直接否定20世纪60年代至今中情局口中的伊朗国王，他的上司于是将报告压下。

中情局没有能力质疑自己这25年来的报告，干脆就绝口不提巴列维国王有问题。1978年8月，中情局告诉白宫，伊朗绝无革命之虞。几个星期之后，街头出现暴动。就在暴动蔓延的时候，中情局顶尖分析员送给唐纳将军签字的"国家情报评估"报告却说，伊朗国王也许还可以再当10年，也许撑不久了。唐纳看到这里，认为这份报告没用，便束之高阁。

1979年1月16日，巴列维国王逃离德黑兰。几天后，哈特的街头观点愈加不乐观。

他遭到一批武装暴民伏击，这些人都是宗教狂热分子阿雅图拉霍梅尼的信众，77 岁的霍梅尼正准备结束流亡返回德黑兰。哈特是投资银行家的儿子，“二战”期间，年纪尚幼的他曾在菲律宾的日本俘虏营待了 3 年，现在又成了阶下囚。抓捕他的人对他拳脚相加，举行群众公审后宣告他是中情局间谍，准备将他当场处死。哈特力称无罪，在求饶同时心中也已准备受死，但他要求请见毛拉。有位年轻教士来到现场，一见立知这位金发碧眼、身形壮实的年轻间谍正遭粗暴的审判。哈特回忆：“我说：‘这是不对的，《古兰经》绝不容许这种行为。’”毛拉考虑一下，同意他的说法。哈特获释。

霍梅尼是何许人物

几天后，1979 年 2 月 1 日，驱逐孔雀王朝国王的群众革命，也为霍梅尼返回德黑兰打开了大门。形势越来越混乱，数千名美国人包括美国大使馆多数馆员在内，纷纷撤退。这时，世俗的首相仍然在位，与教士“革命委员会”共同掌理。中情局想尽办法要与他合作、影响他、动员他对付侯赛因。美国大使馆代办兰根说：“我们与首相有过几次非常敏感的秘密对谈，双方已到确实坐下来会谈的程度，我们提出有关伊拉克的极机密情报。”

1953 年的时候，兰根是美国驻德黑兰大使馆内最年轻的官员，如今已是最资深官员了。从 1953 到 1979 年这段期间里，历任工作站长、大使都与国王相濡以沫，都和他太融洽，太喜欢他的鱼子酱及香槟。兰根说：“我们为此付出代价，我们现在才知道伊朗民众的想法，以及他们会有这种想法和行为的原因。一旦太过自得其乐地相信与自己目标相符的事物，就会有大麻烦。”

宗教会在 20 世纪末叶显然成为莫之能御的政治势力，这着实不可思议，中情局里就很少有人相信，一个年迈的教士居然会夺权，宣告成立伊斯兰共和国。唐纳说：“我们不了解霍梅尼是何许人物，不知道支持他的运动有什么能耐”——或者，霍梅尼保持的 7 世纪世界观对美国有何影响。

“我们简直是睡死了。”唐纳说。

1979 年 3 月 18 日凌晨 2 点，代理工作站长的哈特密会 SAVAK（巴列维秘密警察）一位高层官员。此人是中情局的特工与线人，一向忠心耿耿。哈特把钱和假证件交给这位官员协助他逃亡后，一出门就碰见霍梅尼的“革命卫队”的哨兵。他们一面狠狠地揍他，一面大叫“中情局！中情局！”哈特仰面躺在地上掏出手枪，开了两枪解决了两名哨兵。多年后回想当时的情景，他仍记得他们眼中狂热的神情。这就是圣战的面貌了。“我们搞不懂这是什么样的国家。”他沉吟道。

“居然派个菜鸟到我们国家”

伊朗各阶层人士、饱读诗书的教士和怒目横眉的激进派，都以为中情局是个操生杀大权的全能势力，绝不相信 1979 年夏天中情局工作站事实上只是 4 人运作，而且 4 人都是刚到伊朗的新人。哈特已在 7 月返回总部，留下的是过去 13 年一直待在日本的新站长艾亨、经验老到的主事官凯尔普、通信技师华德，以及 32 岁的陆战队退役老兵道格提——此人 9 个月前才加入中情局，在越战期间执行过 76 次战斗任务，德黑兰是他到中情局后第一次外派。

他回忆道：“我对伊朗所知不多，对伊朗人所知更少。我所接触到的伊朗，除了夜间新闻和国务院开办 3 个星期的区域研究课程，就是我伏案苦读 5 个星期的运作档案了。”

5 个月前，一票暴民盘据美国大使馆，最后还是靠阿雅图拉的追随者发动反击，解救美国人。谁也没料到大使馆会再度遇劫。总部的伊朗科长向德黑兰工作站保证：“别担心使馆再遭受攻击，唯一可能触发攻击使馆的事是我们让巴列维入境美国，但这儿没人会笨到出此下策。”

然而，1979 年 10 月 21 日，道格提一上班就看到总部来的电报，他回忆道：“我简直不敢相信。”

在巴列维众多友人（尤其是基辛格）的强大政治压力之下，卡特总统推翻自己的判断，就在这一天决定让伊朗逊王入境美国接受医疗。卡特对自己的决定也非常懊恼，唯恐伊朗会挟持美国人质进行报复。“我叫道：‘阻止逊王！’”他在阿卡波卡打网球和在加州打一样生龙活虎。要是他们捉了我们两名陆战队员，每天日出时分杀一名，该怎么办？我们真要和伊朗开战吗？”卡特回忆道。

白宫完全没想到要征询中情局的意见。

两个星期之后，由阿雅图拉追随者组成的学生团体占据美国大使馆，53 人沦为人质达 444 个昼夜，直到卡特任期终了。道格提还记得，1979 年最后那几个星期在单人监牢中度过，11 月 29 日到 12 月 14 日期间，共遭 6 次侦讯，都是由日后出任伊朗的副外长霍山主持。12 月 2 日午夜过后，霍山交给他一通电报。“我心想完了，这通电报有我的真实姓名，不仅明确写着我奉派到德黑兰工作站，更提到 10 个月前我加入中情局的一个特别计划。我抬头看看霍山和他两名手下，但见他们仨像柴郡猫般露齿嘻笑。”他在提交中情局日志的回忆录里写道。

道格提回忆说，侦讯者“说他们知道我是中情局中东间谍网的头子，又说我计划暗杀霍梅尼，挑动库尔德人反抗德黑兰政府。他们指控我意图摧毁他们的国家。这些伊朗人认为，中情局居然派个对当地文化和语言如此无知的人到伊朗这么重要的地方来，简直不可思议。几星期后，他们好不容易得知果不其然，在匪夷所思的同时，也感到莫大的侮辱。他们很难接受中情局派个菜鸟到他们国家的事实，而这个菜鸟居然还不会说伊朗话，对他们的风俗习惯、文化和历史毫无所知，简直是欺人太甚”。

每次夜审之后，道格提就在工作站长办公室内一张泡绵垫上时睡时醒。高墙围绕的美国使馆外头，数万名伊朗人在街上高唱。他梦到自己开着战机飞过大街，对群众投掷汽油弹。

中情局束手无策，救不了他和美国大使馆人质。然而，1980 年 1 月间，中情局开展典型的谍报行动，救出 6 名已经设法逃到加拿大大使馆庇护的国务院官员。

这次行动出自中情局孟德斯构想。孟德斯擅长伪造及伪装，他和组员精于打造“不可能的任务”面具，可以让白人官员乔装成非洲人、阿拉伯人和亚洲人。他是中情局少见的直觉型天才。

为掩护这次行动，孟德斯成立一间叫“6 棚”的好莱坞制片公司，在洛杉矶租下办公室，又在《综艺》、《好莱坞记者》刊登全版广告，宣布即将到伊朗拍外景，开拍一部科幻电影《亚哥》。电影（行动）脚本包括 6 名美国官员的证件和面具。他带着假护照和假身份经由正当通道从波昂搭商务飞机入境伊朗后，住进德黑兰喜来登饭店，并预定瑞士航空下星期一飞苏黎士的机票，然后便搭出租车到加拿大使馆见那 6 位美国同胞。孟德斯这次亚哥行动几乎全无差错。6 名美国官员登机时，其中有一位拍了下孟德斯的胳臂说 ：“都是你一手安排的吧？”他指了指机鼻上的名称“Argau”——这是瑞士的州名。

“我们把它视为一切顺利的象征。我们一直等到飞机飞出伊朗领空，才竖起大拇指，吩咐送上血腥玛丽。”孟德斯回忆道。

报复行动

解救其他的人质可就没这么神了。1980 年 4 月，五角大楼特别行动部队负责“沙漠一号”解救美国大使馆人质任务。1978—1981 年美国政府首席反恐协调官昆腾说 ：“这次行动须大力仰仗中情局。”中情局提供人质在使馆区内的可能地点，并由该局飞行员开着小飞机到伊朗沙漠测试降落地点。哈特则协助规划一个极其复杂的计划，以便让救出的人质安全离开。可惜，这次任务以灾难收场：直升机撞上运输机，8名突击队员死于伊朗荒漠。

人质的性命更加危险。道格提由大使馆转到监狱，往后9个月大半时间都待在仅容他6英尺3英寸高身材的单人牢房里，结果体重掉到只剩133磅。卡特总统终于离开白宫那一刻，俘虏者同意释放他和其他人质。他们的获释纯然是一种意在羞辱美国的政治声明，与秘密行动或美国情报完全没有关系。

第二天，已是一介平民的卡特飞到德国军事基地探视获释的美国人。道格提记录着："我还留着那张照片。前总统神情尴尬，我则像是面无笑容的活死人一般。"

中情局老牌的中东情报分析员波拉克写道，挟持人质是针对中情局1953年在伊朗搞政变的"报复行为"，这起陈年往事余波所及，成为美国的严酷考验。伊朗革命热情将纠缠往后4任美国总统，造成数百名美国人在中东送命。中情局最伟大的秘密行动的光荣火焰，成了后人的悲惨大火。

本章注释

① 1979年9月，蒲瑞奇在医院等候开刀："进手术室之前，我四下一看，赫然看到还有一个人也在等候开刀。此人正是1953年摩萨台被推翻时的驻伊朗大使亨德森。手术后，我一能走动就到他病房……问他当年巴列维是怎么样的一个人。大使说：'他不值一提。他不重要。他优柔寡断，但我们还是得和他打交道。'"大使证实我的猜疑，巴列维是被油价暴涨以及尼克松、基辛格等外国领袖的恭维给膨胀了。"

第38章

执掌中情局的不羁冒险家

1980 年 10 月 4 日，中情局局长和 3 名高层助理驱车到弗吉尼亚州韦克斯福德一处百万富翁宅邸——原为约翰・肯尼迪与贾姬・肯尼迪夫妇所有。共和党总统候选人里根答应给中情局 1 个小时，他们就是来作简报的。

唐纳将军以 15 分钟的时间纵论侯赛因前不久入侵伊朗，另外 15 分钟谈已有 9 个多月的苏联占领阿富汗，以及中情局运交军火协助阿富汗反抗军。中情局中东专家埃姆斯又以 15 分钟谈沙特阿拉伯王国与霍梅尼的神权政治。里根的随从一想到大选胜券在握，个个难掩兴奋之情地跑进跑出，活像狂野喜剧里的人物。1 个小时的光景一闪即逝。

里根对中情局的了解大半来自电影。他保证要让它松绑，而且说到做到。他选择担任这个差事的人，正是他那位精明又忠心的竞选总干事凯西。

仍无法忘情于战情局时代在伦敦当情报主管日子的凯西，把多诺万亲笔签名的肖像挂在总部局长办公室墙上，往后 6 年，多诺万一直盯着他。多诺万说过，在全球极权战争中，情报也应该是全球性和极权式的。这也是凯西的信条。他要恢复中情局的战斗精神。在他身边待了 6 年的盖茨说：“他对反极权战争的看法，很显然是在‘二战’期间形成的。不讲情面，万事可行。”

凯西本来意在国务卿，但他这念头不免让里根亲信大惊失色。凯西不是政治家：他邋里邋遢，看来连床铺都不整理的；说起话来嗫嗫嚅嚅，让人听不明白；吃起东西来又是一副蠢相。待命的第一夫人忍不住想到在正式国宴上，凯西把液体食物滴在燕尾服宽腰带上的情景。凯西察觉众人反对后，虽是满心苦楚，却也赢得里根的口头承诺：他可以接管中情局，但必须有阁员级待遇，可以私下请见总统，他是第一位有此殊荣的中情局局长。后来，他也就利用这些权利，不仅执行而且制定美国外交政策，仿佛他就是国务卿。凯西所要的只是和总统见个几分钟的面，眨个眼，点个头，他便告退。

凯西其实是个很有趣的无赖汉，也可说是老派的华尔街炒手，财产大多来自出卖避税方法。他的长处在于能把规则玩弄于股掌之间。有一回，他对联邦调查局局长韦伯斯特这么说 ："天哪，我们得甩掉那些律师。"韦伯斯特本身就是彻头彻尾的律师，他说 ："我想他的意思倒不是说'废弃宪法'，他只是觉得时时受法律拘束，因而想要规避罢了。"

里根很信任他，别人可就不然了。前总统福特说 ："里根总统选了他，着实让我大吃一惊，他没有资格主掌中情局。"福特时期的中情局局长老布什也衷心附和 ："凯西不是个适当的选择。"

凯西则自认辅选有功，他和里根可以携手扮演历史性的角色。他和尼克松一样，相信就算是秘密，也是合法的。他也和老布什一样，认为中情局具体实现美国的价值观，而且，他更和苏联人一样，保留说谎和欺骗的权利。

里根时代是以"国家安全计划小组"批准的新一波秘密行动作为开场。这个在白宫地下室战情室密议的小组，可说是里根时代秘密行动的研究室。起初，小组的核心成员包括总统里根、副总统老布什、国务卿海格、国防部长温伯格、国家安全顾问、参联会主席、驻联合国大使寇克帕特里克和她的好友凯西局长。第一次会议由凯西主持，而且，该小组在里根新政府成立头两个月就命令他在中美洲、尼加拉瓜、古巴、北非和南非全面展开秘密工作。

1981 年 3 月 30 日，有个疯子在华盛顿人行道上对里根开了一枪。美国人只知道那天里根差点送命，但有件事却很少有人知道。

海格哑着嗓子，浑身冒汗、发抖，在白宫新闻室用指节发白的双手抓住麦克风，宣布自己暂主国政时，其实没有多大的信心。总统复原得很慢、很辛苦，海格也好不到哪里去。整个 1981 年都"有个潜在问题"，当时的国家安全委员会成员邦迪克海军中将说，"就是谁来主持外交政策"这个问题始终没有答案，因为里根的国家安全委员会小组本身就因个人和政治尖锐对立，处于永无休止的内讧状态。国务院和五角大楼像敌人般争斗，里根始终没有设法阻止他们彼此放冷箭。吵吵嚷嚷的 8 年里，共有 6 个人当国家安全顾问。

凯西占尽上风。舒兹从海格手中接下国务卿职务后，赫然发觉凯西有很多天马行空的计划，譬如由中情局支持韩国 175 名突击队员，入侵位于南美洲东北部的苏利南。将此构想封杀的舒兹说道 ："这是极其鲁莽的构想，简直是疯了。推动如此狂妄的计划，岂不令人震惊。"他很快便发现，"中情局和凯西独立自主，不受控制。我认为他们错了"。

蒙起眼睛的兄弟会

1981 年奉里根总统之命，转任凯西二把手的国家安全局局长殷曼表示，凯西像历任中情局领导人一样聪明能干，点子层出不穷，但他也是个“不羁的冒险家”。

殷曼说：“凯西很直接地告诉我，他不想当个墨守成规的中情局局长。他要当总统的情报官，要主管中情局的秘密行动。”

凯西相信，秘密行动已成为“蒙起眼睛的兄弟会，只知活在 20 世纪五六十年代的前辈的传奇与成就里”，他的第一任幕僚长盖茨说道。中情局需要新鲜血液，他才不管什么中情局组织章程。他要直接从中情局内部或外部找些可以听命行事的人。

于是，他把秘密行动处主管麦克马洪赶走。麦克马洪说道：“他认为我在秘密行动上步调缓慢，说我心中缺少那把火。他知道，我会警戒他或中情局想做的事。”

凯西找了帮里根募款和拉票的老朋友胡格尔来取代这位服务中情局 30 年的老手。胡格尔是个满口脏话的商界大亨，战后在日本靠卖二手车发迹。他对中情局的无知，马上原形毕露。身材矮小、戴假发的他，有一回身穿开岔到肚脐眼的淡紫色跳伞装，毛茸茸的胸口挂着金链子，到局里上班。中情局的秘密行动处人员，不管是现职还是已退休的，全都起来造反。他们扒他的“粪”，“喂”给《华盛顿邮报》，逼得他上任不到两个月就走人。取而代之的史坦因曾暗助莫杜布上台，也曾在越战期间成立柬埔寨工作站。不过，5 年内第五位出任秘密行动处主管的史坦因，也因为行事太过谨慎，不合凯西的胃口，不久便由真正胆气过人的秘密行动人员乔治瓜代。凯西虽把麦克马洪赶出秘密行动处，但还是命令他改组情报处并整顿分析人员。麦克马洪首先从改组已有 30 年历史的情报处着手。①

他的作为比起 1982 年接手的盖茨可就相形见绌了。年方 38 岁的盖茨，以一篇颇获关爱的报告获得凯西提拔。“中情局已慢慢变成农业部。”他写道。中情局患了“进行性官僚动脉硬化症”，各部门的大厅里尽是些举步维艰的庸碌之辈，算计着多久可以退休，而这些人正是造成“近 15 年来情报搜集与分析质量低下”的主因。

盖茨告诉情报分析人员说：他们“心态封闭、自鸣得意、狂妄无知”。他们的研究“言不及义、了无新义、缓不济急、太狭隘、太没有创意，且往往错得离谱”。他们那一票人尽是“外行充内行”，近十年来苏联局势的重大发展和苏联挺进第三世界的情报，几乎样样都漏失掉。好好干，要不就滚蛋。

要好好干就得统一口径。凯西见到不合意的分析报告，就会改写他们的结论来反映他自己的观点。所以，当他告诉总统说“这是中情局的看法”时，其实就是在说“这是我的看法”。凯西赶走中情局里那些独立思考、就事论事、不问结果的分析员。在最后一批离职的人里面就有李曼，他可以忍受只掂报告分量而不问内容的艾伦·杜勒斯，却受不了凯西。李曼说：“替凯西工作是一大挑战，这有一部分是由于他越来越不按常理出牌，部分则是由于他自己的右翼倾向所致。虽然他不是蛮不讲理，但要说服他必须讲上一大堆的道理。”

就像报纸屈服于发行人的成见一样，中情局的分析团队也成了一言堂。国务卿舒兹说：“中情局的情报往往只反映凯西个人的意识形态。”②

“我会处理中美洲”

里根和凯西公开把卡特批评得一无是处之后，还是接纳他任内推动的 7 大秘密行动计划。其中，军援阿富汗反抗军，以及支持苏联、波兰和捷克异议人士的政战计划，虽属于中情局最重要的冷战活动之一，但凯西更感兴趣的是在美国后院打一场真正的战争。

乔治表示，“在沉沉暗夜中”，凯西向里根总统保证“我会处理中美洲问题，包在我身上”。

卡特总统已在 1980 年批准三项中美洲小型秘密行动计划，主要是针对已从右翼苏慕萨家族 43 年残暴统治中，夺得政权的尼加拉瓜左派桑定政权。结合民族主义、解放神学和马克思主义的桑定主义者，已逐渐向古巴靠拢。卡特的秘密行动计划则是授权中情局支持亲美政党、教会团体、农民合作社与工会，防止桑定社会主义扩散。

凯西把小口径手枪式的活动，变成散弹枪式的大规模准军事行动。1981 年 3 月，里根总统授权中情局提供枪械与经费，“反制外国赞助的颠覆与恐怖活动。”白宫和中情局告诉国会，此举目的是保护右翼政治人物及其行刑队所统治的萨尔瓦多，切断尼加拉瓜供应萨国左派军火的运输线。这是精心谋划的策略③，真正的计划其实是要训练并武装在洪都拉斯的尼加拉瓜人，也就是反政府游击队（简称尼游），利用他们从桑定政权手中夺回尼加拉瓜。

凯西说服里根，中情局小动干戈便可让尼加拉瓜大吃一惊。他提醒里根，万一他们失败，拉美左派大军可能从中美洲北上，直逼得州。中情局分析人员试图驳斥他的论点：尼游赢不了，因为他们少了民众的支持。凯西保证让这些否定论者的报告到不了白宫。为反制这些人，他成立一个自拥“战情室”的“中美洲任务小组”，由秘密行动官员篡改书刊、膨胀威胁、夸大成功的概率，给来自前线的报告添油加醋。盖茨说，他为战情室“和凯西大吵”了好几年，可惜徒劳无功。

凯西从钦点卡瑞基担任秘密行动处拉美科科长展开大计。卡瑞基还不到 50 岁，虽然心脏病发作过一次，但烟酒仍不离口。他没有在拉丁美洲工作过，不会说西班牙语，对拉美地区一无所知。卡瑞基道：“凯西说：‘挪出一两个月时间，好好想想怎么处理中美洲问题。’这是他做事的总原则。其实，不需要什么大学问就可以知道该怎么办。”卡瑞基提出两点计划：“在尼加拉瓜开打，开始杀古巴人。”这正是凯西想听的话，凯西于是说：“很好，放手去做。”

驻尼加拉瓜大使昆腾，刚好在开打这一天到职，他说：“秘密战争从 1982 年 3 月 15 日开始，中情局利用尼加拉瓜特工炸毁数座连接尼加拉瓜和洪都拉斯的桥梁。我与夫人走下飞机，迎面而来的是镁光灯强光和麦克风阵，以及各式各样的问题：对早上的形势有什么看法；炸毁桥梁事件对美尼双边关系有什么影响，等等。”④

昆腾大使说：“我未获悉当天所发生的事情，中情局有自己的规划程序。”

秘密战争的秘密并没有维持多久。1982 年 12 月 21 日，国会通过法律，将中情局的任务局限在切断共产党在中美洲的军火流动上，不得动用该局经费推翻桑定政权。里根总统坚守中情局的表面说辞，强调美国无意推翻尼加拉瓜政权，并在参、众两院联席会议上信誓旦旦地提出保证。此乃这位颇受爱戴的总统第一次为保护中情局而向国会撒谎，但不是最后一次。

“去它的国会”

国会再拨数亿美元给凯西，当做上任头 2 年的秘密活动经费。隐藏在五角大楼预算里的美国情报业务经费，总计已破 300 亿美元。其中，中情局的预算就超过 30 亿美元。这笔钱助长中情局的雄心以及秘密行动的规模。

凯西利用这笔意外的收获，扭转尼克松、福特与卡特任内裁汰冗员的做法，一口气增聘将近 2 000 名情报官员。这些新人对世局的了解比前辈们更不如，也更不可能派到军中或海外工作。卡瑞基说，他们“正面证实中情局已不再吸引美国最优秀的人才。雅痞间谍比较关心自己的退休计划和保健福利，不太关心捍卫民主”。

国会大力支持建立一个更大、更好、更强、更精的中情局，但不支持在中美洲打仗。美国民众也不支持。里根一直没有花心思去解释，为什么打仗是好点子。再说，中情局有些盟友，如尼加拉瓜的国民卫队领导人、阿根廷军事执政团的震撼部队、洪都拉斯军方杀人不眨眼的上校团、危地马拉行刑队的领导人等，都让大多数的美国人不敢恭维。

国会监督中情局的权限，已在 1981 年前后慢慢演变成可行的制度。目前国会有两个特别委员会，一个在参院，一个在众院，理应审查总统的秘密行动计划。这些制约并没有让凯西慢下脚步。盖茨说道 ：“凯西从宣誓就职第一天起就犯了藐视国会罪。”凯西奉传作证时，嗫嗫嚅嚅故布疑阵，不时口出谎言。“希望这样可以制服那些混账！”有一次他从公听会上出来时就这么说。欺骗作风从局长办公室向下蔓延，很多高层情报官员都学会了凯西的招数，以“中美洲特别任务小组”组长斐尔斯的话来说，也就是在作证时采用“顾左右而言他”的妙招。有些人则采取反抗态度，譬如殷曼将军就因为“好几次逮到他对我说谎”，当了 15 个月的副局长之后便挂冠求去。

凯西说谎是为了摆脱逐渐勒紧的法律束缚，就算国会不资助中情局在中美洲的活动⑤，他也要回避法律，找民间金主或外国当权者募款。凯西虽公然鄙视国会情报委员会，他们还是在“环球调查”项目下赋予他极大权限，并由里根总统授权其以秘密行动对付全球各地实际或臆想的威胁。中情局的活动很多都是凯西构思的大计，旨在拉抬美国的盟友或压榨美国的敌人，简言之就是运交军火给各地军头。头一批行动在凯西就职 10 天后展开，其中一项持续达 10 年之久。

1981 年 1 月，环球调查授命中情局设法对付利比亚独裁者格达费，他为欧洲与非洲各地激进组织运送军火。中情局为建立反利比亚基地，于是便设法控制利比亚的邻国，也就是非洲最贫穷、最孤立的乍得。担任这个任务的特工叫哈布瑞，原为乍得国防部部长，与政府决裂后带着大约 2 000 名士兵躲在苏丹西部。里根时代初期派驻乍得的资深外交官诺兰大使说 ：“凯西作了决定之后，美援开始流入。中情局涉入很深，哈布瑞直接或间接获得了不少援助。”

美国的官方政策是和平解决乍得派系争斗。哈布瑞已对自己同胞犯下无数罪行。他只能凭暴力统治。但中情局对哈布瑞及其前科不甚了了，暗助他在 1982 年拿下乍得。中情局之所以支持他，只因他与格达费为敌。

中情局飞机运载军火到北非的行动，都由国家安全委员会从中协调，国家安全委员会里有位年轻中校叫诺斯，在第一次行动时便引起凯西的注意。1981 年年底一个星期五的晚上，乍得行动的军事副官布雷克摩尔接到诺斯的紧急电话 ：他问我运交军火到乍得一事为何延误。他希望能立即行动。

"我说：'唔，诺斯中校，没问题的。我们已知会国会，还得再等几天才能行动。我们了解其中的急迫性。'"

"诺斯的回答是：'去它的国会，马上送出去。'我们立即照办。"

哈布瑞和他的部队展开争夺乍得控制权的战争，造成数千人死亡。战事加剧，中情局再以当时全世界最先进的肩射式对空武器"螫刺"飞弹相助。诺兰大使说，美国"大概花了 5 亿美元把他拱上台并让他在位 8 年"。诺兰说，美国支持乍得（其实是凯西的政策）是个"误导的决策"。可是，很少美国人听过这个国家的名字，关心它命运的更少，至于中情局的盟友哈布瑞在 20 世纪 80 年代直接接受侯赛因援助一事，知道的人更是少之又少了。

1991 年波斯湾战争前夕，中情局得知当年送给乍得的螫刺飞弹，10 余枚不见了，亦未见乍得方面说明，可能落入侯赛因手中。国务卿贝克获悉后如遭雷劈。乍得秘密行动之际，贝克是白宫幕僚长，却忘了有这回事。他大声质疑："我们干嘛给乍得螫刺飞弹？"⑥

"有天美国不在了"

中情局最大宗的军火走私任务，是为阿富汗圣战士提供武器，他们正与 11 万名苏联占领军作战。⑦这项行动始于卡特在任时的 1980 年 1 月，正由于是卡特的想法，凯西一开始并不是全心支持，但他很快就察觉机不可失。

1981 年出任巴基斯坦工作站站长的霍华德·哈特说道："我是第一个身怀'去杀苏联人'这奇怪的命令派赴海外的工作站长。简直爱死了这项任务。"这是很崇高的目标，但任务本身不是要解放阿富汗。因为，没有人相信阿富汗人真能打赢。

沙特阿拉伯从一开始就出钱出力，全力配合中情局支持阿富汗反抗军的行动。此外，埃及和英国也都各自捐输价值几百万美元的军火。中情局负责协调运输，再由哈特交给巴基斯坦情报机关。巴基斯坦先扣下大部分，再把武器交给流亡于开伯隘口东方白夏瓦的阿富汗反抗军政治领袖，反抗军领袖又扣下自己的部分，然后才把武器交到反抗军手中。

麦克马洪说："我们并没有对阿富汗反抗军说要怎么打这场仗，但我看到苏军打赢几次胜仗之后，确信我们所提供的武器并没有完全交到圣战士手中。"于是他前往巴基斯坦，召集阿富汗 7 大反抗团体的领导人开会，这些人从一身便装的流亡巴黎人士，到粗犷的山地人，不一而足。"我告诉他们，我们很关切他们扣下军火若不是私藏以备他日之用，就是'但愿你们不是拿去卖了'。

他们笑呵呵地说：‘你说的对极了！我们是扣下一些武器，因为美国总有一天会不在，届时我们得靠自己继续斗争。’”

扣下中情局军火与经费的巴基斯坦情报首长，支持最为能征善战的阿富汗派系，而这些派系正好也是最虔敬的伊斯兰教教徒。谁也没想到，日后圣战士会把圣战目标转向美国。

“在秘密行动里，应该是在开始前就想到结果，但我们往往没这么做。”麦克马洪说道。

“喂”给苏联不好的技术

1981 年 5 月，苏联衡量里根政府的言行与现实后，不免担心美国会发动突袭，因此一直采取全球核武警戒态势达 2 年之久。盖茨在 10 年后才坦承说，两大超强大国差点交战，中情局对此却是浑然不觉。盖茨是中情局最顶尖的苏联情报分析员，同时也对自己这一行的表现维护最力：“当时我们并不知道克里姆林宫绝望之情与日俱增……不知道他们是何等的平庸、孤立、自私、偏执、恐惧。”⑧不过，要是苏联偷听到法国总统密特朗和里根总统之间的谈话，也许就真得担心了。

1981 年 7 月渥太华经济高峰会议时，密特朗把里根拉到一旁，由两位身兼特工的翻译居间传话：法国情报机关手下有位叫韦卓的克格勃投诚上校，密特朗认为美国不妨看看他的报告。他那份代号叫“再会”的卷宗转到副总统老布什和凯西手中，国家安全委员会与中情局花了半年时间才彻底明白档案里的意思。这时韦卓已因发疯杀害一位克格勃同僚被捕，并于侦讯后处死。

“再会”卷宗包括 4 000 份文件，详述克格勃科技处属下某单位近十年来的工作。这个叫“X 线”的小组与东欧各大情报机关携手窃取美国技术，尤其是在当时美国领先苏联 10 年左右的软件技术方面。克格勃窃取技术的活动，从最无趣的国贸展，到最具戏剧性的 1975 年美国“阿波罗号”与苏联“联合号”宇宙飞船会合，不一而足。

卷宗还包含苏联复制美国空中雷达系统、苏联军事设计人员追求新一代军机的雄心、始终不为人知的弹道导弹防御目标等线索，更指明数十位奉命在美国和西欧各地窃取美国技术的苏联情报官员。

美国展开反击。里根任内第一位国家安全委员会顾问理乍得·艾伦提到幕僚群所构思的计划时说：“这是个很高明的计划，我们开始‘喂’苏联不好的技术，包括不好的计算机技术和钻油技术。我们是整批地给，让他们偷偷高兴。”

联邦调查局探员假装背叛军工复合体的员工，把一大批科技特洛伊木马送给苏联间谍。这些奉送的定时炸弹包括武器系统专用的计算机芯片、航天飞机蓝图、化学工厂的工程设计和最新式涡轮机。

苏联一直想建一条从西伯利亚到东欧的天然气输送管线，正需要可以控制压力计和汽门的计算机。他们在美国公开市场上寻找软件。华盛顿拒绝苏方请求之余，巧妙地指出加拿大某公司可能有莫斯科所需要的软件。苏联便派出“X线”官员偷取，中情局和加拿大暗中联合让他们得手。软件起初运作很顺利，一两个月后再慢慢将输送管压力升高。西伯利亚荒野大爆炸，造成莫斯科至少数百万美元损失。

针对苏联军事与国家工程计划的沉默攻势则持续一年左右，最高潮是凯西派出麦克马洪到西欧，将“再会”卷宗指明的苏联情报官员和特工大约 200 人的名单，交给友好国家情报机关。

这次行动中情局几乎是法宝尽出，举凡心战、破坏、经济战、战略欺骗、反情报、计算机战，无不与国家安全委员会、五角大楼和联邦调查局密切配合，结果是摧毁一个严密的苏联谍报小组，破坏苏联经济，动摇苏联国家安定，可说是成就非凡，但是如果换个角度来看，这可说是一种恐怖行动。

本章注释

① 麦克马洪奉命整顿情报处的分析员，却发现整个结构都得改组。麦克马洪说：“我若想知道某个国家的状况，就得问三个不同的办公室，有军事情报室、经济情报室、政治情报室。所以，我若问：‘墨西哥有什么状况？’就会收到三个办公室的情报，我还得自己整合和作分析。”

② 1982 年夏天，国务卿舒兹每星期和凯西有次午餐会，相交已 10 年的他们，一年下来却发觉彼此都很受不了对方。舒兹说：“他有太多的议程，中情局有议程是不对的。他们的责任是提出情报，一旦有了议程，情报可能就会偏差。”1985—1987 年间，副国务卿怀海德和中情局的盖茨仍维持每周午餐会的做法。怀海德赫然发现：“在了解攸关我国利益或有问题国家的状况上，中情局对我的帮助实在少得可怜……情报分析十分肤浅，而且往往都是不正确的消息，称得上是确切消息的少之又少……我认为，中情局组织本身已经退化，导致所接收的信息和搜集信息的系统都不是很有效率。”

③ 1982—1984 年间派驻尼加拉瓜的昆腾大使知道，这只是一场假戏：“白

宫受到凯西的唆使，已放弃对话的可能性，认定解决问题的唯一办法就是赶走桑定政权，手段则是精心策划的秘密行动。白宫提交国会的报告很不实在。里根政府主张，不断扰乱可让桑定政权寝食难安，使他们无法巩固政权，进而把他们逼上谈判桌。中情局主张这是唯一能劝说他们改变政策的办法，其实它也和全球各地的秘密行动一样，并没产生预期的效果。”

④ 里根时代的驻外大使，很少在中情局制造外交混乱的时候公开谈论。在中美洲战争出现公关困境时，中情局悄悄送国务院一份公关厚礼。中情局在萨尔瓦多逮到一名 19 岁的尼加拉瓜青年，供称是在埃塞俄比亚接受古巴军官训练。他的故事很精彩，国务院是否要让他在华盛顿公开露面呢？在中情局请求下，国务院安排一场秘密简报会，由新闻发言人带领 4 位信任的记者到一个小房间，然后再将那位尼加拉瓜青年带进来。他的故事果然精彩：“中情局刑讯我，逼我说自己是奉派到萨尔瓦多的。其实，我是尼加拉瓜爱国者，根本没到过埃塞俄比亚。”中情局被这位能言善道的尼加拉瓜青年反咬一口。

中情局独树一帜的“规划程序”，差点毁了参议员盖瑞·哈特和后来成为国防部长的柯恩参议员。他们前往尼加拉瓜调查时，一架刚投下两枚 500 磅炸弹的中情局飞机坠毁，撞进马纳瓜国际机场贵宾室，差点害他们当场丧命。昆腾大使道：“这起事故使两位参议员对中情局秘密行动的质量产生很负面的观感。”

⑤ 国会在 1984 年切断中情局的尼游经费，战争戛然而止。尼加拉瓜举行大选，中情局提供尼国前驻美大使、反桑定政权阵营的政治领袖克鲁斯选举经费与宣传，但桑定党的领导人奥提嘉仍以 2 :1 的得票率大胜。本书截稿之际，奥提嘉业已当选总统，尼加拉瓜仍然是西半球最贫穷、落后的国家。克鲁斯在里根与凯西双双逝世之后表示：“这是一场无谓、不人道和不明智的战争。我们必须这么说，我们都犯了可怕的错误。”

⑥ 1991 年波斯湾战争期间的驻苏丹大使柏戈先目击贝克当年的质疑。主管非洲军事与情报事务的国务院官员詹姆士·毕夏普的答复是，哈布瑞是“我们的敌人的敌人……我们也是后来才知道他的经历”。毕夏普在口述史中说：“非洲虽是我们的主要关切地区，但我们在这方面的情报却不足，人力情报资源尤其不佳。我们的情报内线主要是用来对付‘主敌’苏联。”

⑦ 苏联在 1979 年圣诞期间开始入侵阿富汗，中情局完全没向总统提出预警。正苦于伊朗人质解救无门的卡特，批准中情局的援阿计划，并在 1980 年 1 月命令中情局运交武器给巴基斯坦。巴国情报机关再将军火转交给阿富汗反抗军。布热津斯基接受笔者访问时说道：“如果我没记错的话，我在苏联

入侵两天后提交总统的备忘录，开头是这么说的：‘现在正是给苏联一个越战的大好机会。’我接着陈述说，此一侵略行动危及区域安定，甚至有危及我们在波斯湾的地位之虞，我们应该借由援助圣战士，全力遏阻苏联。总统批准我的提议之后，悄悄形成一个由我们、巴基斯坦、沙特阿拉伯、埃及、中国和英国提供援助的联盟。这个联盟的宗旨，基本上就是备忘录中开头的那几句话。”

⑧ 莫斯科的实际情况到底如何？中情局无法通过谍报活动提供政治局、苏联人民、苏联少数民族、异议分子以及邪恶帝国内日常生活的相关情报，凯西于是紧抱着自己先入为主的想法。1981—1984 年间担任美国驻莫斯科大使馆副馆长的辛默曼表示，在这 4 年里，凯西和中情局把他据实呈报的苏联帝国岌岌可危的报告视如敝屣。他到任时，苏联领导人勃烈日涅夫已经“老迈昏愦，连话也说不清，整天不是睡觉，就是喝酒。”1982 年 11 月 10 日勃烈日涅夫逝世后，苏联情报头子安德罗波夫成为国家领导人。15 个月后，安德罗波夫也死了，接下来的领导人契尔年科也来日无多（1985 年 3 月 10 日逝世）。辛默曼指出，莫斯科决策机关政治局则是个“由一批不曾出过国门的七八十岁老人”领导的“彻底瘫痪、效率不彰的政治机关”。他们对美国的看法，完全是从报章杂志得来的刻板印象。他们对美国“只有最粗浅的认识和了解”。

美国对苏联的了解也好不了多少。老迈的将领和共产党死硬派已来日无多。苏联经济被维持世界级的军力拖垮。由于燃油不足，无法用卡车把农作物运到市场，只能任其在田里腐烂。然而，中情局的集体意识里并没有这些事实。此外，中情局也没掌握到恐怖平衡的精义，1974—1986 年间所提出的苏联战略武力情报评估，莫不高估苏方核武现代化的进展。

1982—1983 年这视之不见的核武危机，在里根宣布美国将建立“星战”导弹防御系统，空中打击和摧毁苏联核武时，达到最高潮。事过 25 年，美国至今仍然没有里根所预见的科技。里根政府发动反宣传战来强化“战略防御构想”，着实让苏联心惊胆战。辛默曼说：“他们是真的怕了。说来好笑，他们真的以为我们有能力建造。另一方面，我们假造试验成果，他们也信了。”风水轮流转，苏联在对国内人民的政治谎言和政治局的公开声明中打肿脸充胖子，而中情局也信了。

第39章

中东情报网被撕得粉碎

10余年来，恐怖分子劫机、掳质、杀害美国大使事件频发，中情局和美国政府部门都束手无策。

1981年1月最后的星期六，当时仍担任反恐协调官的昆腾大使，接到国务卿海格的紧急电话：星期一午后，昆腾将到白宫作工作简报。昆腾大使说：“我向总统作简报，当时与会的还有副总统、中情局局长、联邦调查局局长和数位国家安全委员会成员，总统吃了两颗软糖就打起盹来，真让人丧气。”

同一星期，海格宣布国际恐怖主义将取代人权问题，成为美国的首要课题。不久之后，海格宣称苏联暗中指使全球最恶性的恐怖分子进行龌龊勾当。他要中情局证明他这大胆的断言。凯西私下同意海格的看法，但苦于无事实可以证明。中情局除了局长在逞口舌之利，分析人员提不出丝毫证据。在压力之下不免造假：凯西的结论凌驾于无法佐证的分析之上。企图把责任推到克里姆林宫头上，这代表了美国未能理解中东恐怖活动的真正本质。

中情局曾经拥有一位职位特佳的线人：“巴勒斯坦解放组织”情报头子萨拉梅，他也是1972年慕尼黑奥运时杀害了11名以色列运动员的行动的策划者。[①] 萨拉梅之所以会充当线人，是因为巴解主席阿拉法特想向美国示好。萨拉梅的主事官埃姆斯曾在贝鲁特街头明查暗访，后来升为近东科副科长。萨拉梅和埃姆斯从1973年年底开始协商，达成巴解不攻击美国的默契，往后的4年间，双方共享在阿拉伯世界的共同敌人的相关情报。在这期间，中情局在中东恐怖活动的报告上的表现比以前更佳，显示中情局已了解恐怖主义已升格为国家主导，而且知道它是根源于被剥夺者的愤怒。中情局1976年4月的研究报告断定，“未来的风潮”是“跨国恐怖活动的复杂支持基础，大多独立于国家主导的国际体制之外，并力抗其管制”。

可是自 1978 年以色列暗杀萨拉梅以报复慕尼黑事件之后，恐怖活动的相关情报便从中情局报告里消失，到里根总统就职的时候，中情局已几乎没有很好的中东恐怖活动的线人。

中情局史上最惨的一天

1982 年 7 月 16 日星期五，舒兹国务卿宣誓就职头一天就碰到黎巴嫩国际危机。他当天从办公室打两通电话给已成为中情局在阿拉伯世界方面最顶尖情报分析员的埃姆斯。

埃姆斯是他那个时代最有影响力的中情局官员，盖茨说他具有“独特才能”。高大英挺、爱穿手工牛仔靴的他，曾当面和阿拉法特、约旦国王侯赛因及黎巴嫩各领导人打过交道，在他所吸收的人里面有位叫贾梅耶的贝鲁特政治强人，是马龙派[②]基督徒，也是中情局在黎巴嫩位阶最高的线人。

马龙派网络是贝鲁特一支主控势力，中情局由于太过仰赖它，竟无视大多数黎巴嫩人对马龙派少数群体深恶痛绝的事实。这股怒火正是导致国家分裂，且为 1982 年 6 月以色列入侵大开方便之门的内战主因。

到了 8 月前后，穆斯林打基督徒，穆斯林打穆斯林，黎巴嫩已分崩离析。贾梅耶在美国和以色列大力支持下，当选黎巴嫩国会议长。中情局又有一位全国性的领导人名列支薪册。贾梅耶亲口向中情局保证，只要巴解武装部队撤出，且以色列结束轰炸贝鲁特，美国人在黎巴嫩就绝对安全。

9 月 1 日，里根总统所宣布的中东转型大策略，是由包括埃姆斯在内的一个小组私下汇整而成，成败全看以色列、黎巴嫩、叙利亚、约旦和巴解组织，能否在美国指挥下和睦相处。结果，这番大计只维持了两个星期。

9 月 14 日，一枚炸弹毁了贾梅耶的总部，也杀了贾梅耶。中情局的马龙派盟友在以军煽动下展开报复行动，杀害大约 700 名身陷贝鲁特贫民窟内的巴勒斯坦难民。妇孺葬身乱石堆。在一阵杀戮以及因杀戮引发的暴动之后，里根派出海军陆战队特遣队维持和平。殊不知，贝鲁特已无法维系和平。

美国驻黎巴嫩大使罗伯·迪伦表示，陆战队抵达贝鲁特的时候，“中情局正忙着重建已瓦解的情报网络，他们仍然（可能以危险的方式）和马龙派有牵连”。

中情局忙于在贝鲁特重建，没有看到废墟中兴起一股新势力。有个叫慕尼雅的刺客，是一个暴力恐怖团体“真主党”的首领，正广集经费和爆炸物，训练手下。嗣后由他主导的一连串炸弹攻击与绑架事件，将在往后数年令美国动弹不得。此人归附德黑兰，听命于霍梅尼创设的“解放运动事务局”——专门宣扬征服伊拉克、占有卡尔巴拉圣殿、渡过约旦河、前进耶路撒冷等救世观。

现今慕尼雅的名字早已被人遗忘，其实此人就是20世纪80年代版的拉登，有阴沉皱眉的脸孔。笔者撰写本书时，他仍逍遥法外。

1983年4月17日星期日，埃姆斯飞到贝鲁特，从机场到市区途中顺道造访美国大使馆，接着又和三名同僚前往吉姆·刘易士家中吃晚饭。现为工作站副站长的刘易士，15年前在老挝被捕后，在“河内希尔顿”监狱待了一年。

埃姆斯离开贝鲁特已有5年之久。周末夜与埃姆斯同席的中情局官员苏珊·摩根说：“他显得兴高采烈。”他这次回贝鲁特是要设法恢复贾梅耶遭暗杀而失去的情报。

星期一早上，埃姆斯打电话给摩根，邀她到“五月花饭店”共进晚餐。中午的时候，摩根到贝鲁特南面的锡登吃饭。饭后，女侍在收拾碗盘的时候告诉她，电台报道美国大使馆发生爆炸案。摩根惶惶然开车回贝鲁特，竟没留意到周遭尽是遭以军攻击摧毁的村庄。回到海滨大道，穿过警方封锁线来到美国大使馆。使馆已经毁于一旦，埃姆斯和同僚当场被震波震死，埋在石块、钢筋和灰土底下，在瓦砾中找到他们的时候已是凌晨2点30分。摩根取回埃姆斯的护照、钱包和结婚戒指。

遇害的603人当中，有17名是美国人，包括德黑兰工作站老手、贝鲁特工作站站长哈斯，副站长刘易士，以及曾在南越各省历练多年的中情局秘书费拉琪。中情局总计死了7名情报官和后勤人员，可说是中情局史上最惨的一天。爆炸案是慕尼雅的杰作，伊朗在背后支持。

埃姆斯身亡，贝鲁特工作站化为乌有，毁了中情局在黎巴嫩和中东大部分地区搜集情报的能力。当时的美国驻以色列大使山姆·刘易士表示：“不仅使我们往后多年的情报量锐减，也使我们更依赖以色列情报。”此后的冷战年代里，中情局将通过以色列的观点看待中东的伊斯兰威胁。

现在，贝鲁特已成为美国的战场，但由于全无消息来源，中情局的报告完全没有影响力。美国的陆战队与基督教徒并肩作战，美国喷气式战机轰炸穆斯林，美国船舰则朝黎巴嫩山区发射足足一吨的炮弹，却根本不知道自己在打什么。白宫在中东开打，也根本不知道自己陷入什么样的麻烦。

1983年10月23日，慕尼雅手下的恐怖分子开着载有炸弹的卡车，冲进设在贝鲁特国际机场的美军营区，造成241名陆战队员丧生。以战术核武的计量标准来说，这次爆炸威力估计属于千吨级规模。

摸黑行动

军营爆炸案后 36 个小时，贝鲁特仍在清点伤亡之际，白宫、五角大楼和中情局把美国民众的注意力，转移到格瑞纳达一小股马克思主义者的造反上。巴贝多位于加勒比海的小岛上，到处是修筑军事设施的古巴工人。入侵格瑞纳达的三位主要策划人之一的中情局拉美科长卡瑞基表示，该岛领袖莫里斯・毕夏在权力斗争中被杀，正好提供了美国“处理此一问题的借口”。

卡瑞基说：“我们在格瑞纳达的相关情报上很不像话，几乎是摸黑行动。”在混乱的行动中，造成 19 名美国人和至少 21 名精神病院患者在美军空袭中丧生。

中情局也在巴贝多③一家旅馆内展开入侵行动。卡瑞基的副手将中情局对格瑞纳达新政府的建议案交给国务院官员吉赖斯比。“中情局计划成立新政府，这是一张最高机密的名单，上面全是些密码用语。”吉赖斯比回忆道。他把建议书交给一些在加勒比海地区最资深的外交官过目。“他们看了看，双手一抬，说道，‘这些不乏加勒比海最恶劣的人，最好不要让他们接近格岛。’”名单中包括“最差劲的窝囊废……毒枭和骗子”，而这些恶棍都是中情局花钱养的通信人员。当年艾伦・杜勒斯以掂重量来判断分析员的报告分量，继任者则是以成本来检验秘密消息的价值。这是贝鲁特、巴贝多和世界各地的规矩。

到 1984 年 2 月 26 日最后一名陆战队员离开贝鲁特时，解放格瑞纳达的良好回忆早已消失无踪，他们失败的部署全是因为近乎完全没有正确情报所致。这次任务造成 260 名美国官兵和间谍丧生，并让美国的敌人主控大局。

凯西一直在仔细寻找一位胆量过人、可恢复中情局在黎巴嫩耳目的新工作站长。唯一人选便是经验老到但垂垂老矣的巴克莱。此人曾在贝鲁特服务，虽然掩护身份已经曝光，但凯西仍认为值得冒个险派他回贝鲁特。

最后一名陆战队员离开黎巴嫩不过 18 天，巴克莱就在上班途中遭到绑架。他落入敌人手中。

本章注释

① 1973 年 3 月 2 日，也就是科尔比接掌中情局秘密行动处这一天，巴解绑架美国驻苏丹大使及其二把手。这起攻击事件，其实是反苏丹总理（他和中情局的雇佣关系刚曝光）政变的余波。里根时期担任国务院反恐协调官的

欧克莱说："把总理列入我们的受薪名单，简直是自找麻烦和全然无为之举。"绑架者要求美国释放已遭定罪的巴勒斯坦人瑟罕，他是刺杀罗伯特·肯尼迪的凶手。尼克松总统的响应是，美国不与恐怖分子谈判。绑架者于是在阿拉法特命令下杀死这两名美国外交官。

中情局束手无策，因为美国政府毫无对策。已运作9年多的巴解，主要是靠沙特阿拉伯政府和科威特大公资助，因此中情局和美国政府一致认定这是国家主导的恐怖主义，而且这种看法一直持续到冷战结束后。因此，2年后，苏丹住了一位叫拉登的沙特阿拉伯富豪，竟不是国家支持的恐怖分子，而是主导国家的恐怖分子，美国人也就愈发无法理解。

1973年赎罪日战争（又称第四次中东战争、斋月战争、十月战争，发生于1973年10月6日至26日）之后的和谈进程，把中情局带向崭新的未知境地。沃尔特斯副局长秘密飞往摩洛哥会晤萨拉梅。这次会谈其实是出自阿拉法特的提议，此举所透露的信息是，他希望外界把他当成国家领袖，不要将他视为没有国家的恐怖分子。他希望就赎罪日战争后的约旦河西岸问题进行协商，以便建立"巴勒斯坦民族权力机构"。沃尔特斯回忆："基辛格说：'我不能派别人去，免得给人以正式谈判印象，激怒美国犹太社群。你是情报联络官无妨。'我说：'基辛格博士，我是中情局副局长，搞不好在他们黑名单上排第6或第7位。'基辛格答：'我是第一位，所以该你去。'"会谈成果丰硕。中情局和巴解建立高层沟通渠道。萨拉梅返回黎巴嫩基地后，定期与中情局驻贝鲁特工作站站长会面。

萨拉梅渠道让中情局了解阿拉伯世界的愤怒根源，了解巴勒斯坦人的愿望，可说是科尔比担任局长期间绝无仅有的成就，可惜只维持了5年，到1978年萨拉梅遭以色列情报机关暗杀便戛然而止。

② 马龙派是黎巴嫩的基督教派，由公元5—6世纪左右自叙利亚逃出的教徒成立。1920年，黎巴嫩山区的马龙派领袖说服了殖民当地的法国，让他们代理统治大黎巴嫩。黎巴嫩的宗教盘根错节，伊斯兰教和基督教，甚或是伊斯兰教各派系之间为争政治领导权而冲突不断，使得黎国陷入长期内讧。伊斯兰教又分成逊尼派、什叶派和德鲁兹派。基督教派则有马龙派、希腊东正教、罗马天主教和亚美尼亚东正教等。依据1932年的人口统计，马龙派和其他天主教、基督教派总计占黎巴嫩总人口51%，自20世纪70年代以后，则降到总人口的三成。而穆斯林的人口则大幅增长到七成，其中什叶派跃升为黎巴嫩人数最多的穆斯林教派。

③ 巴贝多位于东加勒比海小安地列斯群岛。

第40章

差点毁掉中情局的终极秘密行动

中情局在处理人质问题上有点经验。有位情报官被掳40天就得以获释。

曾在越战中受过伤的34岁中情局官员韦尔斯，1983年奉派到埃塞俄比亚首都亚的斯亚贝巴。该国是由门格斯图掌控，总统府侍卫队则由莫斯科提供、东德情报官员领导。韦尔斯是第二次轮调海外，这次是奉命制造政治动乱。韦尔斯说：“我有份由里根总统签署的任命状，我到那里是要协助推翻政府。”

10年前，韦尔斯担任美国驻苏丹首都喀土穆大使馆陆战队警卫时，发生巴勒斯坦枪手在接待会上挟持大使和即将离职的代办的事件。尼克松总统不假思索地发出绝不让步的声明，巴解主席阿拉法特则响应下令杀死美国人。这段恐怖经验改变了韦尔斯的一生。他返美后回大学读书，之后便投效中情局。他参加为期18个月的秘密行动训练后，先到乌干达待了2年才转到埃塞俄比亚。他的身份是国务院商务官员。当时门格斯图名列白宫通缉名单，美国与埃塞俄比亚商务往来很少。

中情局曾因卡特总统的压力，提出小型秘密行动方案，资助一个叫“埃塞俄比亚人民民主联盟”的流亡组织，到里根执政时已变成毫无保留的数百万美元的大事。韦尔斯接收一个疑似遭门格斯图秘密警察渗透的埃塞俄比亚知识分子、教授和商人的网络。他的任务就是不断供应他们经费和宣传资料——由与中情局合作的埃塞俄比亚流亡前国防部长所写。海报、宣传品和贴纸，以外交邮袋送到大使馆内，这里的中情局人员比国务院官员多一倍。

韦尔斯虽知道已被人跟踪，但依旧不为所动。他说：“他们这么久才盯上我，倒让我有点意外。”

1983年12月2日，韦尔斯正在某中上阶级小区召开会议，门格斯图的手下闯人，逮捕 3 名反对阵营领袖：一位是已故皇帝塞拉西的助理，78 岁高龄，另外两位是他侄子（生物学家）和 50 岁的商人。韦尔斯在存放宣传品的密室里躲了两天两夜，最后还是被门格斯图的总统侍卫找到。他们将韦尔斯五花大绑，再将 3 名异议人士带回屋里开始刑讯。韦尔斯听见他们惨叫，赶忙招认自己是中情局官员。他们将他蒙上眼睛丢进车里送走。圣诞前夕，俘虏者把他带到首都南方纳兹雷特一间安全屋，往后 5 个星期他备受侦讯与殴打，头骨裂伤，肩膀脱臼。

美国大使馆副馆长欧尼尔说："这个美国人为求自己活命，把组织的人全都招出来了。"结果，数十名埃塞俄比亚人被捕下狱，遭到刑讯或杀害。

刑讯 5 个星期之后，埃塞俄比亚通过以色列驻肯尼亚首都内罗毕大使馆传话说，他们手上有一名中情局官员。里根总统当即指派特使沃尔特斯将军去营救韦尔斯，他当时正好在非洲。1984 年 2 月 3 日，这位 67 岁高龄仍精神矍铄的中情局前副局长搭机来到亚的斯亚贝巴，在海拔 8 300 英尺的稀薄空气中气喘吁吁地跳上车直奔大使馆。欧尼尔问："你打算怎么对门格斯图说？"沃尔特斯答："美国总统希望要回韦尔斯先生。"他没有谈判的意思。

沃尔特斯直奔位于阿斯马拉的总统府，门格斯图对他大谈埃塞俄比亚历史，足足训了 3 小时。第二天韦尔斯获释，他头发已变成灰白。他已招出工作站另外 4 名情报官。次日，首都英文报《埃塞俄比亚先锋报》发表头条："当场逮捕反革命分子"，并在头版搭配一张照片，18 名惊恐的埃塞俄比亚人站在一张堆满武器、宣传品和录音带的桌子前面。照片中的人后来大多死于狱中。

韦尔斯搭李尔式喷气机回华盛顿，机场上有一组中情局人员等着他。这可不是欢迎派对。他们怀疑他叛国，于是把他带到弗吉尼亚郊区一间安全屋，整整侦讯了 6 个星期。韦尔斯告诉他们："要是我想继续当阶下囚，我大可待在埃塞俄比亚。"

他说："我之所以会投效中情局，只因他们很会照顾自家人。但他们根本没照顾我。他们认为我招供就是叛徒，因而要我辞职，这太伤人了。"这痛苦伴随他两年多。

韦尔斯被掳为人质时，在亚的斯亚贝巴担任代办的柯恩说道："里根政府接手卡特时期的小规模秘密活动，把它变成在埃塞俄比亚执行的活动。我不认为这种事能做得神不知鬼不觉，也曾试图阻止。我相信，以埃塞俄比亚政府对我们的监控而言，肯定会被发现。后来果不其然。"

贝鲁特人质事件频频发生

1984 年 3 月 7 日，CNN（有线电视新闻网）贝鲁特分社主任李文遭绑架。3 月 16 日，中情局工作站长巴克莱失踪。5 月 8 日，长老教会传教士魏尔牧师在街上凭空消失。总计在里根时代共有 18 名美国人在贝鲁特被掳为人质。

在凯西心目中始终以巴克莱为第一顺位，理由无他，巴克莱之所以会落难，完全是凯西局长所致。凯西将巴克莱受刑的录音带播给里根听，据闻产生深远的影响。

中情局想了至少十几个解救巴克莱的方法，但都由于情报不足而无法落实。秘密行动处失望之余，开始设法绑架慕尼雅。反恐协调官欧克莱说："里根总统已批准中情局局长凯西绑架慕尼雅的建议案。"中情局认为慕尼雅在巴黎，于是通知法国，法方情报官员临检中情局所通报的旅馆房间，却找到一位 50 岁的西班牙观光客，而不是 25 岁的黎巴嫩恐怖分子。

中情局巴黎工作站以反恐名义培养许多线人，其中有位伊朗骗子叫何巴尼法，原是 SAVAK（巴列维秘密警察）探员，为人颇工于心计。何巴尼法身材肥胖，秃头，留着山羊胡，打扮得像模像样，随身携带至少 3 本假护照，自旧政权垮台后逃出伊朗以来，一直向中情局和以色列情报机关出卖情报至今。何巴尼法是典型的事后诸葛，他所提供的消息都是为骗钱而精心炮制的。巴克莱遭绑架的第二天，何巴尼法在巴黎和中情局官员碰面，说他有办法可以救巴克莱。中情局随即对他做了三次测谎，最后一次只有他自己的姓名和国籍无误之外，其他的问题都不及格。1984 年 7 月 25 日，中情局正式认定何巴尼法是个高明的骗子，说他是个"情报杜撰者和麻烦人物"，并罕见地发出全球"火线警告"，说明此人所说没有一句真话，绝对不可轻信。尽管如此，何巴尼法还是在 1984 年 11 月 19 日，诱使已从中情局退休的谢克礼和他在汉堡一家 4 星级饭店举行 3 天会议。

谢克礼汲汲营营爬到秘密行动处第二把交椅的位置，却在 5 年前遭唐纳将军强制退休。此举让有些中情局同僚松了口气，因为他的名字已成为专业作弊的同义词。他目前从事的是私家情报掮客工作，也就是和何巴尼法一样靠出卖秘辛维生。他自称是美国总统特使，数度与伊朗流亡领袖会面。

谢克礼津津有味地听何巴尼法谈论解救美国人质的方法：秘密赎回或者直截了当的现金交易。可以说，油水颇丰。美国可以通过何巴尼法和以色列情报机关合作经营的"星矢"贸易公司，运送导弹给伊朗，这笔军火交易既可以让德黑兰产生好感，更为民间企业人士带来数百万美元收入，筹得解救巴克莱和其他美国人质的所需的大笔赎款。谢克礼将两人之间的对话向沃尔特斯报告，沃尔特斯再转给反恐龙头欧克莱。

1984年12月3日，贝鲁特美利坚大学图书馆馆员纪尔本遭绑架。在华盛顿，人质家属吁请白宫设法救人。他们的请求让总统颜面大伤，于是立即质问中情局打算怎么救人质。盖茨说道："里根一心只想到人质的命运，不了解为什么中情局探不出他们的下落救他们出来。他对凯西所施加的压力越来越重，而里根式的压力是让人很难抗拒的。他的作风和约翰逊或尼克松截然不同，没有粗口厉斥，只是一个揶揄的眼神、一个痛苦的神情，然后提出'我们必须把那些人救出来'的要求，日复一日，月复一月，重复斯言。其中隐含着无言的指控：'你管的是哪门子情报机关，连这些人都找不到，救不出？'"

国会禁止美国资助战争

1984年12月，华盛顿正为里根准备第二次任期就职典礼之际，何巴尼法以军火换人质交易的提议仍然有效。这全是凯西的功劳。同一个月，他正式提议中情局应以海外经费资助中美洲战争，其实他这半年来一直向白宫推销这个构想。

国会在1984年选举日前禁止美国资助战争，这是由中情局本身两起风波促成的。

其一是所谓的漫画书洋相。中情局在中美洲的准军事行动专家本来就不多，全都被凯西用光了。中情局副局长麦克马洪说："中情局不得不从外面找些可以替我们执行战争任务的人，主要是指通过越战学得买卖本事的特别小组退休人员。"其中有位退休人员手上有本漫画教科书，原是用来训练越南农民如何通过杀害村长、警察局长和民兵以接管村庄，中情局把它翻译成西班牙文，分发给尼加拉瓜游击队。漫画教科书大为风行，这一风行不打紧，有些中情局高层官员立时觉得"有人搞秘密行动对付我们"。麦克马洪说道："这本是荒唐事。结果是我们咎由自取。"凯西因漫画书事件对5名资深官员发出申斥令，其中有3人拒绝签字，最后，抗命的人也没有受到处罚。

其二是地雷风波。凯西为摧毁尼加拉瓜残存的经济，批准在尼加拉瓜科林多港埋设地雷。这已构成战争行为。这是卡瑞基在资助尼游经费用尽，走投无路的情况下想出来的点子。卡瑞基说："有天晚上，我在家里——不瞒各位，当时我手上拿着一杯琴酒——心想，地雷一定可以搞定！"中情局用排水管做成廉价地雷。凯西以几乎听不见的喃喃自语照会国会，共和党籍参院情报委员会主席高华德为此大吵一架，中情局官员就诋毁他，说他是昏了头的醉汉。

国会对凯西的手法早有提防，已明确禁止中情局向第三国募捐，规避不得协助尼游的禁令。尽管如此，凯西还是安排让沙特阿拉伯捐助 3 200 万美元，中国台湾 200 万，这些钱都是流经中情局的瑞士银行账户。但只是应急的权宜之计。

1985 年 1 月，连任的里根政府一开始运作，凯西就碰到来自总统的两项紧急指示：解救人质，抢救尼游。这两个任务在他心中合二为一。

凯西把人生当成企业，认为政治、政策、外交和情报等，归结到最后全都是商业交易。他认为人质危机和尼游需钱救急的问题，都可以通过与伊朗全盘交易来解决。局长本来想亲自主持伊朗行动，只是秘密行动处一致反对和声名狼籍的何巴尼法合作，而中情局又没有别的渠道可以打入伊朗。凯西当然也想只手抢救尼游，可是中情局不得提供直接援助。因此，他的解决办法便是两个行动都得在政府外进行。

凯西构思的所谓终极秘密行动，从构想到破灭不到 2 年，却差点毁掉里根总统、老布什副总统和中情局。

第41章

为什么不能用军火换人质？

1985年6月14日，真主党将从雅典飞往罗马与纽约的环球航空847班机挟持至贝鲁特，拉出一位美国海军潜水员，对他脑袋开了一枪，再把尸体丢在距2个月前美国军营爆炸案不远的柏油路上。

劫机者要求释放囚禁在科威特的17名恐怖分子（其中一人是慕尼雅的连襟），以及以色列所拘禁的766名黎巴嫩人犯。里根总统暗中向以色列施压后，300名人犯获释，伊朗国会议长拉夫桑贾尼则应白宫之请，出面协调谈判，结束劫机危机事宜。

这次考验给凯西的教训是，里根愿与恐怖分子打交道。

同一星期，何巴尼法通过已遭起诉的伊朗籍美国人军火商——与拉夫桑贾尼有亲戚关系——传话给中情局局长。他所传达的信息是配对成双的快报：真主党握有人质，伊朗握有可以左右真主党的影响力，美伊军火交易可以解救人质。

凯西仔仔细细地向里根说明。1985年7月18日，里根在日记里写道："这个提案可能是救回我方7名绑架受害人的一大突破。"8月3日，总统正式批准凯西敲定交易。

获得批准后，以色列与何巴尼法运交两批拖式导弹，总计504枚给德黑兰，伊朗付出的代价是一枚一万美元，中间人小有赚头，伊朗革命卫队则获得一批美制武器。9月15日，第二批军火运抵后数小时，遭掳16个月的魏尔牧师获释。

里根外交政策的两大支柱——不与恐怖分子打交道和不军售伊朗，就此悄然崩塌。

3个星期后，何巴尼法传话说，几千枚鹰式防空导弹即可交换另外6名人质。

价码节节攀升，从 300 枚换一名人质，到四五百枚换一条命。11 月 14 日，凯西和麦克马洪拜会国家安全顾问麦法兰和他的副手邦迪克将军。4 人都以为以色列会把军火交给伊军内部一个有意推翻霍梅尼的派系，殊不知，这是何巴尼法及可从中获取数百万美元利益的以色列后台所编造的谎言和烟幕：运交的军火越多，他们的进账也越多。

为监督这票中间人，凯西派出赛考德为中情局代表。由将官退役后转为民间军火商的赛考德，一向忠实执行美国背着国会暗中军援与金援尼游的地下任务，这次的使命则是要确保友好人士都能利益均沾。

“这家伙不是好东西”

1985 年 11 月 22 日星期五，凌晨 3 点后不久，现为欧洲科长的卡瑞基，被诺斯中校紧急电话吵醒。半个小时后，两人在中情局总部会面。

运送鹰式导弹的班机出了乱子。以色列挑了 800 枚技术过时的导弹，由以色列国营航空（El Al 747）运送，原来的构想是飞到里斯本，交给赛考德租用的奈及利亚货机转运到伊朗，但以航飞到地中海附近时才发现，还没有取得降落里斯本的许可。

诺斯说，飞机上载的是送交伊朗的钻油设备，问卡瑞基能否大展神通，清除该机降落葡萄牙的障碍？卡瑞基虽不是墨守成规的人，可也不是傻子，闻言后不由思索片刻。不管机上载的是钻油设备，还是奶瓶或火箭炮，只要是运交东西给伊朗就违反美国法律和外交政策。诺斯向他保证，总统已取消禁运，并已批准解救人质的秘密交易。

卡瑞基整个周末都在处理这个问题。班机取消一次又一次，好不容易才在法兰克福找到一架中情局 707 飞机。11 月 25 日星期一，这架小型飞机从特拉维夫起飞，运送一小部分军火（18 枚鹰式导弹）到伊朗。这批军火数量既少，质量又差，加上过时的武器上还有希伯来文，伊朗政府显然很不高兴。

但最不高兴的要数中情局副长麦克马洪，他在星期一早上 7 点赫然发觉中情局违法。麦克马洪几个星期前才将国家安全委员会意图违反总统禁止政治暗杀命令的秘密指令打回票。麦克马洪回忆道：“我们收到一纸行政命令草案，要我们以先发制人的方式打击恐怖分子。我要同事把行政命令丢回去，告诉他们：‘总统何时撤销禁止中情局暗杀的行政命令，我们就接令 。’国家安全委员会幕僚遭此打击，个个暴跳如雷。”

出动中情局的 707 秘密行动，须有总统签署的命令。麦克马洪虽知里根已在原则上批准军火换人质交易，但中情局的实际运作仍需要总统签字。麦克马洪命令局内法律顾问起草一份溯及既往的认定书，授权“中情局提供秘密关系人协助，以利中东的美国人质获释”。认定书继续说道：“这些努力包括可能提供特定的外国设备与弹药给伊朗政府，作为顺利释放美国人质的措施之一。”

中情局把白纸黑字的认定书送交白宫。1985 年 12 月 5 日，美国总统签字。根据这份认定书以及几个星期后起草的第二份认定书，凯西是军火换人质交易的最高负责人。

凯西召何巴尼法到华盛顿，授予他中情局伊朗行动特工的身份。乔治请他打消此念：“比尔，这家伙不是好东西。真的不值得。”中情局人质搜寻特别任务小组组长查尔斯·艾伦也有同感。艾伦在 1986 年 1 月 13 日和何巴尼法见过面之后，立即去见凯西。

艾伦道：“我在局长面前形容此人是骗子。”凯西的回答是：“哦，搞不好真是骗子中的骗子。”凯西坚持要继续用何巴尼法当中情局与伊朗政府之间的军火商和对谈者。艾伦知道，中情局坚持用他只有一个理由——这位伊朗骗子曾对他说，军火交易可以“帮诺斯的中美洲弟兄”弄点钱。

1986 年 1 月 22 日，诺斯秘密录下他和何巴尼法之间的对话。“诺斯，我觉得这是最好的机会。这么好的时机以后再也找不到了，再也拿不到这么多钱，我们做什么都是免费的，我们掳人免费，免费帮恐怖分子和中美洲。”这位中间人笑道。

几番讨价还价之后，第一批鹰式导弹交易向赛考德管理的瑞士银行账户存入 85 万美元，诺斯把这笔钱交给尼游。现在，伊朗成了中美洲战争的秘密资金来源。

这时，伊朗放话说他们需要战场情报以便对伊拉克开战，但中情局已提供情报给伊拉克对付伊朗。麦克马洪觉得太离谱，于是在 1986 年 1 月 25 日，一通电报打给正在伊斯兰堡与巴基斯坦情报首长会谈的凯西。他提醒局长，中情局“与恶人同谋，提供防御性武器是一回事，提供战斗序列却是另一码事，而我们给伊朗的正是攻击行动的手段”。

凯西没理会他的规劝，不久麦克马洪便以中情局第二号人物身份退休，结束 34 年的中情局生涯。盖茨接替他的职务。

美伊交易继续进行。

“这是很棒的点子”

自 1985 年以降，诺斯在维持反桑定政权战争的地下活动所扮演的角色，已是华盛顿尽人皆知的公开秘密。当年冬天，记者开始爬梳诺斯在中美洲作为的详细报告。至于他在伊朗行动中的作为，则仍只有中情局和白宫极少数人知道。

军火换人质计划的经费部分由诺斯一手规划。五角大楼转移数千枚拖式导弹给中情局。但很少有人知道中情局是以一枚 3 469 美元的折扣价购入。代表中情局的赛考德以一枚一万美元的价格买进，其间产生的 6 531 美元毛利，先将分红的利润入袋，再将净利转给中美洲的尼游组织。这一万美元的成本则从何巴尼法抬高价格转卖给伊朗后抵销。尼游所得依美国卖给德黑兰的武器多寡而定，几百万美元跑不了。

1 月底，国防部长温伯格下令首席助理，也就是日后出任国务卿的鲍威尔，从五角大楼仓库转移 1 000 枚拖式导弹给中情局监管。2 月间，这批导弹经由赛考德与何巴尼法之手流入伊朗。军火卖给德黑兰之前，这位伊朗掮客将售价大幅提高，当这笔钱回笼的时候，中情局以全球各地洗钱客惯用的手法偿付五角大楼。中情局开出的支票面额都不超过 999 999.99 元。因为中情局金钱转移在百万或百万美元以上时，依例需向国会提出报告书。赛考德从何巴尼法手上拿到的 1 000 万美元，大部分利润为援助尼游专用款。

诺斯在 1986 年 4 月 4 日备忘录中，为新任国家安全委员会顾问邦迪克陈述大要。他说，每个人的成本抵偿之后，“还有 1 200 万美元，可用来购买尼加拉瓜民主反抗军急需的补给”。正如诺斯很出名的一句话：“这是很棒的点子。”

这精细的盘算当中单单漏了人质因素。1986 年 7 月有 4 名美国人质，6 个月后变成 12 名。美国愿意提供武器给伊朗，反而助长了对方掳获人质的胃口。

驻黎巴嫩大使凯利说：“诺斯的论点（受到中情局内部协助他的人支持）主张，黎巴嫩的绑架者和拿到钱的团体不一样，我们的什叶派很可靠，他们与绑架者分属不同的什叶派团体。全是废话！”

凯西跟少数几位亲信分析员炮制武器交易象征支持伊朗政治温和派的观念。以 20 世纪 80 年代国务院首席情报官、兼对中情局联系的最高官员小威尔考克斯的话来说，这正是里根政府时代“中情局堕落”的可悲例子。伊朗的温和派不是被接收武器的人杀了，就是被捕下狱，政府内根本没有温和派可言。

秘密交易泄露

武器交易所得，以及凯西从沙特阿拉伯弄到的几百万美元，使中情局得以重新经营中美洲。

中情局在圣萨尔瓦多郊外建立一个空军基地，以及一个安全屋网络，以利军火运送。基地由两位中情局支薪的反卡斯特罗古巴人管理，其中一位是曾协助逮捕切·格瓦拉的罗德里盖茨，另一位叫卡利列斯，因恐怖爆破一架古巴客机，造成 73 人死亡，被关在委内瑞拉监狱，前不久才逃出来。

1986 年夏季前后，他们空投 90 吨的枪械弹药给尼加拉瓜南部的游击组织。6 月间，国会态度急转，批准以 1 亿美元支持中美洲战争。10 月 1 日起生效这一天，中情局又拿回狩猎执照。一时间，战争形势一片大好。

然而，中情局细心掩藏的军火网络却在这时瓦解。担任军火运输空中运输管制官的哥斯达黎加工作站长费南德斯，有一座简陋的小机场可供秘密班机起降，但哥斯达黎加新总统阿里亚斯正致力推动中美洲和谈，已当面警告费南德斯不得利用该机场援助尼游。1986 年 6 月 9 日，一架满载军火的中情局飞机，在恶劣天气中从圣萨尔瓦多郊区的秘密空军基地起飞，未依预定飞航程序降落该机场，结果深陷泥地中。费南德斯惊怒交集，一通电话打到圣萨尔瓦多，命令中情局同僚“把那架飞机弄出哥斯达黎加”，结果花了 2 天的工夫。

同一个月，罗德里盖茨渐渐察觉到，供应线有人（他怀疑是赛考德将军）从中中饱私囊。8 月 12 日，他和一位老朋友中情局老手格雷格碰面时，忍不住提出检举。时任老布什副总统国家安全顾问的格雷格，也认为这是一件“非常可耻的事”。

1986 年 10 月 5 日，有位十几岁的尼加拉瓜娃娃兵发射一枚导弹，击落一架从圣萨尔瓦多运载武器给尼游的 C-123 货机。唯一幸存的那位美籍操作员告诉记者，他是中情局的约聘人员。罗德里盖茨惊惶地打了通电话到美国副总统办公室。货机被击落时，诺斯正在法兰克福与伊朗商谈一宗军火换人质交易。

11 月 3 日，黎巴嫩一家小周刊在德黑兰街头散布匿名传单，首度揭露秘密交易。几个月后，全盘真相浮出水面：伊朗的革命卫队已通过中情局办事处，接收 2 000 枚反坦克导弹、18 枚精密防空导弹、2 架飞机的零件和若干战场情报。这批军火“大幅提高伊朗军队的能力”，反恐协调官欧克莱说。“我们转给他们的情报，对他们也大有帮助。”但伊朗还是被骗了。他们抱怨最后一批鹰式导弹零件索价高出 600%。何巴尼法自已也手头拮据：债主追讨几百万美元，他已扬言为自保不惜揭露真相。

凯西的秘密行动开始松动。国务院法律顾问索法尔说："凯西是负责掌控全局的人，这一点我毫无疑问。我很早以前就认识凯西，我很佩服他，也很喜欢他。但我一检举之后，认为我的所做所为是叛国的也是凯西。"

1986 年 11 月 4 日，美国中期选举日，国会议长拉夫桑贾尼揭露美国官员曾到伊朗来送礼。第二天，老布什副总统在录音日记里说："目前所要关切的是人质问题。我是少数完全了解详情的人……这是一次极其严密的运作，但愿不会泄露。"

11 月 10 日，凯西出席极为紧张的国家安全委员会。他吁请里根发表公开声明，表示美国正在研拟一套可以挫败苏联和伊朗恐怖分子的长程战略计划，并不是进行以军火换人质计划。里根照本宣科。他在 11 月 13 日告诉全国民众："我们没有，容我重复一句，我们没有以武器或任何东西交换人质。"正如 U-2 侦察遭击落、猪湾事件、中美洲战争一样，总统再次为了保护中情局的秘密活动，公然向人民说谎。这次，很少有人相信总统的言论。

最后一名美国人质获释是 5 年多以后的事。其中两名人质一直没有回来：图书馆馆员纪尔本已遭杀害，工作站站长巴克莱连遭几个月审讯与刑讯后，死于狱中。

凯西撒下弥天大谎

国会情报委员会要凯西说个明白，但他选择依循传统的做法，在危机时刻出国避风头。

11 月 16 日星期天，凯西南下中美洲视察部队，留下副手盖茨收拾烂摊子。公听会改到下星期五召开。这 5 天空档期可说是中情局史上最难捱的几天。

星期一，盖茨和属下开始拼凑大事记。局长吩咐乔治和他主管的秘密行动处帮他准备向国会作证的证词，用意当然不是要说实话。

星期二，情报委员会幕僚人员传唤乔治，到国会山圆顶一间电子安检的密室召开闭门公听会。乔治一年前就已知道中情局在未经合法授权下进行军火换人质计划，但在严密盘问之下，他的做法与 5 天前的里根完全相同：说谎。

盖茨连夜派凯西另一名助理南下中美洲，转交国会证词草稿，并将局长请回总部。

星期三，凯西飞回华盛顿途中在写字板上改写证词，不一会儿就发觉他写的字连自己也看不懂，于是用录音机口述一篇华丽无比的散文，但实在讲不清楚。他干脆抛开不管。

星期四，凯西公文包里装着证词原稿，前往白宫跟诺斯和邦迪克开会。3人聚首商议的时候，凯西在原稿上潦草地写下附注："美国政府内没有人知道"1985年11月中情局运送鹰式导弹。这是弥天大谎。他回到总部后，在7楼会议厅与中情局领导层以及多位直接参与伊朗军火案的官员开会。

凯西的执行幕僚长麦卡洛说道："这次会议纯属一大败笔。"另一位亲信助理葛瑞斯则说："与会者没有一个人能够或愿意完整凑出伊朗—尼游的拼图。"

"现场气氛显得颇为离奇，许多与会者显然都把心思花在自保上，没有太大意愿协助凯西。凯西则是一副心力交瘁的样子，时时显得前言不搭后语。麦卡洛和我很清楚，明天早上我们就要陪这位迷迷糊糊的局长到国会。"葛瑞斯回忆道。

星期五，凯西向国会情报委员会提出的闭门证词，通篇都是由托辞和唬弄，加上一个醉人的事实拼凑而成。有位参议员问，中情局是否在伊朗和伊拉克自相残杀之际，同时秘密援助两伊。没错，凯西答道，我们这3年来一直在援助伊拉克。

星期六，诺斯向邦迪克提到从军售伊朗所得中挪用数百万美元给尼游的备忘录浮现了。这几星期来，两人都急急忙忙地销毁相关文件，不知诺斯怎么漏了这份备忘录。

11月24日星期一，老布什副总统的口授日记说："真是十足的爆弹……诺斯把钱存进瑞士银行户头……供援助尼游之用……准会变成大危机。"这是自尼克松离开华盛顿以来最大的政治动乱。

4天后，凯西召集中情局、国务院和五角大楼情报首长会议。"我们这个情报界6年多来比政府大多数的部门更有效地合作而没有重大失败，令人十分欣慰"。他话中之意是，"没有丑闻，成就斐然"。

留下一个虚弱的中情局

自水门事件以降，侵蚀华盛顿权力的不是犯罪，而是掩饰。凯西已掩盖不了了。在一个星期断断续续的作证当中，他步履蹒跚地到国会山后，人就瘫在椅子上，一句话也说不完整，连头也抬不起来，助手们虽是惊骇不已，仍然不停地催促他。

在中情局服务已34年的老手麦卡洛说："凯西有很多问题没回答，没有他的默许和支持，运作能否上路，或能否撑过一年，很值得怀疑。"

12月11日星期四晚上，凯西到费城出席为殉职的埃姆斯举行的纪念餐会。

星期五凌晨 6 点回总部，接受《时代》周刊记者范武尔思专访。中情局常在危机时刻利用《时代》改善公关形象。范武尔思曾在中情局服务 7 年，是个可靠的人。中情局预定采访原则：30 分钟谈伊朗—尼游案，30 分钟检讨中情局在凯西领导下的成就。麦卡洛听过凯西长篇大论的报喜访谈很多次了，笃定局长虽然疲惫不堪也能背得出台词。前半个小时虽难捱，毕竟捱过了，接着是一记好球投到本垒："凯西先生，能否谈点中情局在您领导下的成就？""我们都如释重负地吁了口气，顿时放松下来。谁知凯西只是瞪着范武尔思，好像不相信他会问这种问题。他什么也没说，一直沉默不语。"麦卡洛回忆道。

12 月 15 日星期一早上，凯西在 7 楼局长办公室突然病倒，大伙儿还没弄清楚是怎么回事，他已躺在担架上被人抬了出来。乔治城大学附属医院断定他患了很难治愈的中枢神经淋巴瘤。

凯西再也没回到中情局。1987 年 1 月 29 日，盖茨奉白宫之命带着一封辞职函到医院去请局长签字。凯西握不住笔。他躺回床上，眼中充满泪水。第二天，盖茨回到白宫，总统要他接下局长工作。"一个没人想要的工作，难怪。"盖茨回忆道。盖茨以代理局长的身份度过了痛苦的 5 个月，一直到 1987 年 5 月 26 日。只是他的任命案注定要失败。他必须再俟时待机。下任局长韦伯斯特说："他和凯西的行事作风太相近了，他的处事方式是什么都不想知道。在目前的环境下，这是很难让人接受的。"

韦伯斯特已管理联邦调查局 9 年之久。为人方正清廉的他，是个没有政治色彩的卡特时代的老人，也是伊朗—尼游纠葛之后，里根政府内极少数道德廉洁的象征。他是联邦法官出身，喜欢别人以敬语称呼他。指派一位叫"法官"的人出掌中情局，在白宫的吸引力不言而喻。他和唐纳将军一样是基督教科学派，是个怀有道德信念的正直之士。他不是里根人马，与总统没有丝毫的政治或个人关系。现在里根可是满口公事了。3 月 3 日，总统宣布提名韦伯斯特为中情局局长，并称许他是"献身法治的人"。

他对凯西就没说过这种话。凯西在 5 月 6 日以 74 岁高龄逝世后，连主教都在葬礼讲台上骂他，里根和尼克松默然无语。凯西这 6 年间把中情局的规模扩充近一倍，现今秘密行动处就有近 6 000 人。他花了 3 亿美元，在总部为新进人员打造一座玻璃宫。他在全球各地动员秘密部队。但中情局却被他的说谎遗毒撕个粉碎，变得更加虚弱。

盖茨在凯西手下学到一个简单的教训："秘密行动处是中情局的灵魂，却也是让人锒铛入狱的部分。"

第42章

陷入死局的反情报游戏

美国总统向民众坦承自己在军火换人质问题上骗了大家之后，白宫设法把政治旋风转到凯西和中情局身上。中情局的人和机关都提不出辩词。国会传唤凯西手下的情报官员和特工作证。他们留给人们的印象是，美国专请一些骗子、小偷来从事外交事务。

韦伯斯特法官上任意味着敌已接收中情局。国会与一位独立律师将判定凯西任内到底做了什么。活动中止、计划搁置、事业泡汤。30余名联邦调查局探员带着传票穿堂入室，打开双重锁的保险柜，翻阅最高机密档案、搜查妨碍司法与伪证罪的证据，总部内人心惶惶。秘密行动处各主管都遭到盘查，可能有遭起诉之虞。凯西的“中情局不受法律拘束”见解给他们带来了毁灭。

韦伯斯特说：“我花了好几个月才弄清楚状况，以及谁对谁做了什么事。凯西留下很多问题。”韦伯斯特认为，主要问题在于不服从上级命令的传统。“现场人员觉得应该自行其是，他们不应该未经上司批准就擅自行动，但各工作站长却都认为自己就是老大。”

秘密行动处的官员都认定，韦伯斯特（马上就被冠上“温和比尔”的称号）不了解他们的身份、业务或凝聚大伙儿的神秘感。曾在老挝、柬埔寨和越南服务的汤普森说：“别人都不了解，这是一层迷雾，一旦深入其间，藏身其后，就会觉得自己已成为美国政府里的精英。而且，中情局从你一加入开始就鼓吹这种想法，让你不得不信。”

局外人把他们当成弗吉尼亚男性俱乐部、白衫南方文化，他们却自认是身穿迷彩装的战斗团、血盟兄弟会。他们和韦伯斯特的摩擦从一开便陷入白热化。卡瑞基抱怨道：“我们或许可以容忍韦伯斯特的自尊、外交事务经验不足、美国小城式的世界观，乃至他雅痞式的自大，却容忍不了他是律师的事实。”

“他所受的律师和法官的训练是不能做违法的事，他永远不可能接受中情局在海外所做的正是违法的事。我们违反所在国的法律。但这正是我们搜集情报的方法，正是需要我们办事的原因。韦伯斯特和组织的存在之间有个无法跨越的障碍。”

韦伯斯特到任没几星期，卡瑞基和他同僚的话便已传到白宫：他不够分量，是个玩票的，半吊子的交际花蝴蝶。韦伯斯特知道下属的反抗情绪，于是听从赫尔姆斯的建言，尽量设法还击：赫尔姆斯①已从与刑事法院的冲突中复出，仍是备受尊重的情报界元老。韦伯斯特回忆说：“赫尔姆斯向我提示一个重点：由于我们不得不在海外做那些事情且不得不撒谎，因此重要的是，我们彼此间不能尔虞我诈和互扯后腿。我想要传达的信息是，让别人信赖你，你就可以做更多的事。他们虽是很认真地听，但我实在不晓得有多少影响。局里的问题是：他这话是真是假？他们心里始终存有这种想法。”

韦伯斯特矢言，中情局不会对国会保留任何秘密，但国会情报委员会已吃多了亏，且认定伊朗—尼游案给他们的教训是，中情局必须由国会山来管理。国会的确是可以管，因为根据宪法，国会掌握着政府的支票。韦伯斯特已竖起白旗，而他这一投降，中情局就已不再纯粹是总统的权力工具，而是在三军统帅和国会之间随机维持平衡。

秘密行动处担心 535 名参、众议员里，可能只有 5 位了解中情局内幕，于是力抗国会插手管理中情局。国会监督委员会的助理群迅速挑选可以照顾自己的职业中情局官员。

国会委员会刀口伸向仍为秘密活动主管的乔治。他一直是凯西派驻国会的特别联络官，也是骗术大师。凯西看中他的魅力和巧诈，但这两样特质都不符合韦伯斯特中情局的要求。韦伯斯特说：“乔治能言善道，很能讨人喜欢，可惜他认为应以回避方式处理国会的问题。”

1987 年 11 月底，韦伯斯特把他叫过来：“国会既然不信你，我想我该接替你的工作。”乔治想了一下。“他说，‘我想我真的该辞职了，也许我会带走一些也该辞职的人’。”3 个星期之后的某天正午，卡瑞基正和乔治为圣诞而畅饮，韦伯斯特唤他上楼，要他走人。卡瑞基一时间想到要反击，首先是恐吓韦伯斯特，接着再运用他在白宫的人脉，怎奈刚刚接到好朋友、美国副总统一封短笺。老布什说：“你我友谊常存，我对你的尊重和敬意永远不会改变。”但卡瑞基认为盟约已毁，于是便辞职走人。一些经验丰富的秘密行动老干部和他一齐出走。

“美国情报机关很大方”

乔治最牵挂的不是失败的任务或可能遭起诉，而是中情局内有卧底间谍的阴影。

在他监督之下的苏联暨东欧科，在 1985 和 1986 年分别损失一名特务，10 余名苏联潜伏间谍一一被捕或被处决，莫斯科和东柏林工作站已停止运作，情报官员掩护身份曝光、工作全毁。1986—1987 年间，苏联暨东欧科恍如慢动作的爆破大楼般崩溃，中情局搞不懂原因何在。中情局起先认为有位叫霍华德的新人是叛徒。此人 1981 年才加入秘密工作，第一次海外轮调就派到莫斯科当潜伏间谍。他虽通过 2 年训练，但有些私人数据中情局竟是到最后一刻才知道：他是醉鬼、骗子和小偷。中情局请他走人，结果他在 1985 年 4 月向苏联投诚。

霍华德所受的训练里，有一课就是阅读中情局在莫斯科最优秀间谍的档案，托卡契夫便是其中之一。托卡契夫是军事科学家，4 年来一直向苏联提供尖端武器研究方面的文件，是中情局近 2 年来最可贵的苏联内线。

1986 年 9 月 28 日政治局在克里姆林宫开会时，克格勃主席雪伯里科夫得意地告诉戈尔巴乔夫，托卡契夫已在昨日以叛国罪名被处决。戈尔巴乔夫说道：“美国情报机关对他很大方，我们从他身上找到 200 万卢布。”这等于是五十几万美元。克格勃现在总算知道世界级间谍的行情了。

中情局虽相信霍华德可能出卖托卡契夫，但那十几名死者当中起码有 3 人已从中情局的苏联间谍名单中剔除，不可能是他所造成的。必定是别的地方或别的人出问题。总统的国外情报顾问委员会调查本案后，提出报告：“苏联科基本上没人能从不可能处着眼”，也就是，叛徒可能在秘密行动处。凯西看过这份报告，也为此训诫过乔治，说他经“此一惨事”之后兀自 “自鸣得意”，着实令“本人深感震惊”。但凯西私底下对这份报告不以为然，随意指派 3 个人（其中 1 人是兼差）调查中情局最可贵的外国特工死亡事件。秘密行动处对韦伯斯特的信赖评估是，绝不告诉他本案的所有事实，因此他始终不知道这已构成中情局史上最严重的渗透事件。他知道有个层级很低的调查——“不过是做个样子而已”。他说：“若能查出原因，当然很好，若是查不出不利的原因，他们也许会另外找理由，或根本不必找理由，我所知道的就是这些。”

调查无疾而终，中情局的反情报梦魇却与日俱增。

1987 年 6 月，古巴驻捷克情报组组长阿斯比拉加开车越过边界到维也纳，走进美国大使馆，向中情局站长欧尔森投诚。他向欧尔森透露，中情局这 2 年来所吸收的古巴特工都是双面间谍，他们一面假装效忠美国，一面暗中替哈瓦那工作。[②] 真是晴天霹雳，简直让人难以相信。不过，中情局分析人员经长时间辛苦检讨后断定，这位少校所说的全是实话。同年夏天，苏联及苏联集团的情报官开始点点滴滴地透露中情局特工死亡的相关情报，慢慢汇成小溪，然后变成大河，中情局在 7 年后才恍悟这是用来唬弄并误导中情局的假情报。

“中情局终于做对了一件事”

韦伯斯特就任后不久，找来盖茨问道，莫斯科现状如何？戈尔巴乔夫有什么意图？他始终不满意他们的回答。“我手下有一票人是一知半解，另一票人是半吊子。这边说东，那边道西。”韦伯斯特摇头叹息。

中情局不知道，戈尔巴乔夫在 1987 年 5 月华沙公约会议上就已表明，苏联绝不会以入侵东欧来维持帝国大业。中情局不知道，戈尔巴乔夫在 1987 年 7 月就告诉阿富汗领导人，苏联会尽快着手撤出占领军。因此，1987 年 12 月华盛顿街头挤满赞许戈尔巴乔夫为英雄的美国民众时，中情局不免感到莫名的惊愕。街头上的人似乎已知道这位共产世界领导人想结束冷战，中情局却还茫无头绪。接下来这一年，盖茨不时问属下，为什么戈尔巴乔夫老是会让人吓一跳。

在这 30 多年里，美国花了将近 2 500 亿美元建设侦察卫星和电子监听设备来监视苏军。这些计划按理说是该由中情局局长负责，但实际上却是五角大楼一手包办的。它们提供无数的数据供“限制战略武器条约”谈判使用，谈判固然有助于让冷战冷却下来，但华盛顿和莫斯科始终没有放弃一个双方都想建立的武器系统。美苏两国的军火仍然可以炸翻世界 100 多次。而且，后来背弃武器管制理念的还是美国。

会谈效益出现于 1988 年 8 月一个极具讽刺意味的场合里。美国国防部部长卡卢奇前往莫斯科会晤苏联国防部长雅佐夫，并在伏罗希洛夫军事大学对苏军将领发表演说。有位将军问 ：“你怎么这么了解我们？”卡卢奇答道 ：“我们全靠卫星，贵方若能和我们一样公布军事预算，我们要了解你们就容易多了。”全场哄堂大笑，事后，卡卢奇问苏联随扈军官，什么事那么好笑。苏联军官答道 ：“你有所不知，你这一问正好击中他们体制的核心”——隐秘。美苏军事首长面对面接触，让苏联了解两件事 ；第一，美国人并不想杀他们。第二，他们在核武方面也许和美国一样强大，却于事无补，因为他们在其他各方面都弱多了。他们这时才知道，他们以隐秘和谎言所建立的封闭制度，不可能打败一个开放的国度。

他们知道游戏已经结束，中情局却一无所知。

中情局仍然在那一年（1988 年）达成 3 件轰动一时的成就。第一件是中国台湾中山科学研究院核能研究所副所长张宪义上校投诚美国。张宪义③还是军校生时就被中情局吸收了，20 年来一直暗中为美工作。他所服务的核研所表面上是为民间用途而研究，实则有美国援助的钚、南非的铀和国际技术相助。台湾当局在核能研究所内另设一个制造核弹的小组。这种武器只有一个想当然的目标：中国大陆。中国大陆领导人早已扬言，中国台湾一部署核弹就攻台。美国要中国台湾中止计划。中国台湾表面佯从，暗中仍继续开发。李洁明是少数知道张宪义长年为美工作的美国人士之一，他曾任中国台湾工作站站长，不久转任驻中国大陆大使。李洁明说：“选定一个新人，指派一个主事官，再根据意识形态（虽然金钱也包含在内）审慎地吸收他，然后保持联系。”张宪义向主事官发出通知，投诚，并交出核武计划进展的明确证据。一位投效中情局 20 年的间谍阻止了大规模杀伤性武器的扩散，李洁明说：“这是他们真正做对的一件事情。他们把他弄出来，拿到文件，再当面质问台湾。”国务院掌握证据之后对台湾当局强力施压，中国台湾终于宣布中国台湾虽有能力但无意制造核弹。这才是最高杆的武器管制。

其次是高明的反“阿布 · 尼达尔组织”④的计划。该组织这 12 年来不时在欧洲和中东杀害、绑架与恐吓西方人。中情局的计划牵涉到 3 个国家的政府和一位美国前总统，构想出自中情局的新反恐中心，开端则是由卡特在 1987 年 3 月将阿布 · 尼达尔相关情报交给叙利亚总统阿塞德。阿塞德驱逐恐怖分子。往后 2 年间，中情局在巴解、以色列和约旦情报机关协助之下，展开反阿布 · 尼达尔心战。不断流入有力的假情报，使阿布达内尔逐渐相信手下高层助手都是叛徒。第二年，他杀了 7 名助手和数十名属下，使得他的组织自乱阵脚。在阿布 · 尼达尔两名手下投诚后，倒戈攻打他在黎巴嫩的总部，并杀死他 80 名手下，此时，心战活动达到最高潮。该组织分崩离析，正是中情局反恐中心以及崔顿主持的近东科所获致的成就，崔顿不久即晋升为秘密行动处主管。

第三大成就（当时人人都这么认为）是阿富汗反抗军胜利。

中情局扶植的其他自由斗士势力，个个都分崩离析。尼游在中情局切断秘密援助后不久与桑定政权签署停火协议。在尼加拉瓜，选票取代子弹。一支失利的反格达费战士，在苏丹各地漂泊，迫使中情局不得不解散这支不成熟的叛军，撤出北非，先是把他们弄到刚果，再送到加州。在非洲南部，外交取代秘密行动，从华盛顿和莫斯科流入的军火渐渐用罄。凯西支持柬埔寨反抗军对抗河内部队的计划管理不善，不仅经费和枪械落入腐败的泰国军队手中，也把中情局的盟友推向柬埔寨屠夫赤柬，使之同流合污。当时担任里根国家安全委员会副顾问的鲍威尔提醒白宫三思之后，总算及时结束行动。⑤

唯独阿富汗圣战士在浴血奋战，逐渐有胜利之望。这时，阿富汗行动已是每年花费中情局 7 亿美元的大计划，约占秘密行动处海外预算的八成。配备螯刺型防空导弹的阿富汗反抗军，杀苏联兵、击落苏联直升机，重创苏联形象。中情局已达成最初的目的：给苏联一个越战。1981—1984 年，负责武装阿富汗的霍华德·哈特说："我们把他们一个个宰掉，让他们回老家。这才是恐怖活动。"

中情局在阿富汗一走了之

苏联宣布，里根政府一下台，他们就会永远撤出阿富汗。中情局的简报始终没有解答，一旦好战的伊斯兰部队击败无神论的入侵者会有什么后果。1988 年夏天，已升为秘密行动处第二号人物的崔顿，负责规划阿富汗反抗军的出路。他表示自己很快就搞清楚"我们根本没有计划"。中情局只是认定"将会有个'民主阿富汗'，而且不会太顺利"。

苏联的战争已经结束，中情局的阿富汗圣战则方兴未艾。1988—1991 年，美国驻巴基斯坦大使欧克莱主张，美国和巴基斯坦应"大幅削减对（阿富汗）激进分子的援助"，致力于让圣战士变得比较温和些。他说："可惜中情局无法或不愿与巴基斯坦伙伴同心协力，所以我们继续支持某些激进分子。"阿富汗反抗军领袖之一的赫克马帝亚接受中情局数亿美元的军援，大部分都私藏起来，如今已准备利用这些武器对阿富汗民众展开全面战争。

欧克莱大使说："我对中情局还有个意见，这批和苏联打仗的人，也正是从毒品交易获利的人。"阿富汗至今仍然是全世界最大的海洛因来源，罂粟一年两获，栽种面积难以计数。欧克莱道："我怀疑巴基斯坦情报机关也有份，中情局却不愿为此动摇双方合作关系因而置若罔闻。"

他说："我一再要工作站从阿富汗内线口中取得毒品交易的相关情报，他们却矢口否认有可以胜任这种差事的内线。他们既能获得武器与其他物资的相关情报，怎能否认有内线。"

"我甚至对韦伯斯特提过这件事，但始终没有得到满意的答复，仿佛没这回事。"欧克莱说。

韦伯斯特邀请阿富汗反抗军领袖到华盛顿做客。他回忆道："这票人不可小觑。"赫克马帝亚正是贵宾之一。几年后，笔者在阿富汗与赫克马帝亚见面时，他誓言要创造崭新的伊斯兰社会，就算再死上 100 万人也在所不惜。他和手下杀害美军与盟军无数。至本书截稿时为止，中情局仍在阿富汗境内追捕他。

1989 年 2 月 15 日，最后一批苏军离开阿富汗。中情局的武器仍然源源涌入。欧克莱大使说 :“没人预见重大的后果。”不到一年的光景，阿富汗各省会和荒废的村庄开始出现白袍阿拉伯人。自称酋长的他们，逐步收买各村落的领袖，各自建立自己的小王国。他们是一支海外新势力的使者，世人称之为“基地”组织。

“我们一走了之，其实不该走的。”韦伯斯特说。

本章注释

① 赫尔姆斯是唯一因向国会撒谎而遭起诉的中情局局长，并在 1977 年被判处最高罚款和 2 年缓刑。

② 古巴情报机关玩弄中情局 2 年的杀伤力，并未因阿斯比拉加投诚而结束。2001 年 9 月 21 日，联邦调查局逮捕国防情报局资深古巴分析员安娜·贝兰·蒙蒂丝。6 个月后，她供称自从 1985 年起就替古巴工作。根据古巴投诚情报员的说法，自猪湾事件之后，以外交官、出租车司机、军火商、毒枭和情报掮客身份在美国活动的“古巴国家情报局”间谍不下数百人。由国防部长劳尔（卡斯特罗的弟弟）主持的古巴情报机关，在渗透古巴流亡团体和美国政府机关上，表现相当成功。

③ 张宪义 1963 年就读于陆军理工学院，即今日的中正理工学院。

④ “阿布·尼达尔组织”于 1974 年从巴解法塔革命委员会分离出来，策划多起劫机与暗杀行动。2002 年，首脑阿布·尼达尔于巴格达逝世。

⑤ 中情局计划军援的对象“高棉人民民族解放军”主席宋申，于 1987 年 5 月 1 日致函里根总统，表示反对“改善美越关系”，并提醒里根不宜对“苏联在东南亚的主要代理人……太过温和”。

第43章

柏林墙倒下之后该怎么办?

1989 年老布什宣誓就职为美国总统时，中情局大肆庆祝。他是自家人。他爱中情局，了解中情局。事实上，他是第一位，也是唯一一位了解中情局如何运作的三军统帅。

老布什形同自兼中情局局长。他很尊敬韦伯斯特法官，他手下人马可不然，于是只好把韦布斯特请出权力核心。老布什要的是出自专家的每日简报，若是简报不满意则要看报告原稿。要是秘鲁或波兰发生什么事，他要工作站长尽快回报。他对中情局的信心近似宗教信仰。

这种信仰在巴拿马遭到严峻考验。在 1988 年选战期间，尽管老布什矢口否认曾与巴拿马独裁者诺瑞加见过面，但有很多照片可以作证。诺瑞加列入中情局员工名册多年，凯西每年都在总部欢迎他，自己也曾不止一次南下巴拿马去看他。里根与老布什时期驻巴拿马大使小戴维斯说："凯西把诺瑞加视为亲信。"

1988 年 2 月，诺瑞加虽在佛罗里达州以可卡因毒枭的罪名遭到起诉，但他仍然在位，而且不时讥讽美国。这时，一般民众都已知道诺瑞加是杀人魔，同时也是中情局的长年友人。双方僵持令人难耐。国家安全委员会幕僚帕斯多里诺说道："中情局和他有多年的交情，不想结束合作关系。"帕斯多里诺在 20 世纪 80 年代以五角大楼文官身份多次会晤诺瑞加。

诺瑞加遭起诉后，里根两度令中情局设法赶他下台。老布什就职后不久，再度令该局推翻这位独裁者。中情局每次都犹豫再三，现为驻联合国大使的沃尔特斯将军尤其审慎。1989 年时正担任美国驻巴拿马大使馆第二把手的达奇，与沃尔特斯将军、诺瑞加将军都有私交，他说："身为中情局前副局长的他，和若干曾在美军南区司令部待过的人一样，并不急于见到诺瑞加被押解到美国受审。”诺瑞加在中情局和军方的老朋友,都不愿他在美国法院作证时供出他们。

1989 年 5 月巴拿马大选时，中情局在老布什总统命令下，以 1 000 万美元暗助反对党。诺瑞加第四次以智取胜中情局。老布什批准了第五次秘密行动，包括以准军事行动支持政变。但多位秘密行动人员都不以为然，认为唯有全面军事入侵才能把诺瑞加赶下台。中情局内若干最有经验的拉美通，包括巴拿马工作站长温德斯在内，都不愿挺身出来反对诺瑞加将军。

老布什气恼之余，公开表示他从 CNN 得知的巴拿马形势，比中情局告诉他的还要多。这是韦伯斯特作为中情局局长的末日。从此以后，老布什就和对中情局疑虑日渐加深的国防部长切尼连手，规划推翻诺瑞加大计。

中情局未能扳倒秘密老友，迫使美国发动自西贡沦陷以来最大规模的军事行动。1989 年圣诞节那周，智能型炸弹将巴拿马市贫民窟炸成废墟，特种部队一路杀进首都——逮捕诺瑞加,并将他押进迈阿密。这次军事行动为时两周，23 名美国人和数百名巴拿马无辜民众为此丧命。

美国政府已在诺瑞加审判庭上坦承，通过中情局与军方付给这位独裁者至少 32 万美元，中情局的温德斯则在作证时代为辩护，形容诺瑞加是中情局在美国和卡斯特罗之间可靠的联络人，是中美洲“反共战争”中的忠实朋友，更是美国外交政策不可或缺的人——他甚至曾经收容伊朗逊王巴列维。诺瑞加一共被判贩毒和不当获利等 8 项罪名。多亏温德斯的审后证词，诺瑞加的战犯罪减轻 10 年，重订于 2007 年 9 月假释。

“我永远不会再相信中情局”

1990 年，另一位独裁者萨达姆・侯赛因挑衅美国。

两伊 8 年战争期间，里根总统曾派拉姆斯菲尔德为个人特使，前往巴格达与侯赛因握手致意，并给予他美国援助。中情局提供包括卫星所拍摄的战场资料等军事情报，美国政府批准高科技出口执照，使伊拉克得以制造大规模杀伤性武器。

美国政府作出这些决策，凯西和中情局扭曲情报是决定性因素。国务院驻中情局联络官小威尔考克斯说：“侯赛因虽是众所皆知的残暴者，但很多人认为两害取其轻,他还算是两伊中不那么邪恶的。当时有关伊朗威胁的情报评估，事后回想起来实在是太夸大伊朗的能耐了……”

“我们的确是一面倒向伊拉克。我们提供伊拉克情报，将巴格达从支持恐怖活动国家名单中剔除，正面评价侯赛因，暗示他支持以阿和平进程的谈话，于是很多人开始乐观地把伊拉克视为安定的潜在因素，而侯赛因则是我们可以合作的人。”小威尔考克斯说。

美国对伊拉克的投资，回报微不足道——没有情报回流。中情局始终打不进伊拉克这个警察国家，对侯赛因政权的第一手认知几乎等于零。中情局的伊拉克特工网，不过是几位驻外使馆的外交官和商务官员而已，这些人对巴格达各级秘密议会当然谈不上什么见解。中情局一度沦落到连在德国某家伊拉克饭店工作的职员也想吸收。

中情局仍然维持 40 多名伊朗特工的情报网，其中有些中阶军官对伊拉克军队略有所知，法兰克福工作站站长于是利用隐形墨水这种古老的通信技术和这些人联系。谁知，1989 年秋天却有一位中情局职员在同一个时间，从同一个信箱，用同一种笔迹，发信给所有特工，而且寄信地址也只有一个。只要一位特工泄漏身份，整个情报网便曝光。这是不及格的情报技术。结果，中情局的伊朗特工一一被捕入狱，且其中很多人以叛国罪遭处决。

当时的伊斯坦堡基地副主任纪拉迪说 ：“被捕的特工遭刑讯致死，中情局里没人受到处罚，负责一线人员的主任反而升了官。”① 伊朗情报网瓦解，等于关闭了中情局对两伊的情报窗口。

1990 春天，侯赛因再度动员军队，中情局不仅再度漏失此情报，甚且在提交白宫的国家情报特别评估报告中说，伊拉克军疲士乏，需假以数年才能从两伊战争中恢复元气，在最近不可能发动军事行动。接着，韦伯斯特法官在 1990 年 7 月 24 日带着卫星照片，向老布什总统展示两个共和卫队师，约数万名伊拉克军队在科威特边界一带集结。但第二天中情局的《每日国家情报》的标题赫然是 ：“伊拉克虚张声势？”

中情局里只有负责国家情报预警的知名分析员查尔斯·艾伦，判断战争概率高于往日。 “我确实发出预警。令人称奇的是，居然很少有人相信。”艾伦说道。

7 月 3 1 日，中情局称伊拉克不可能入侵科威特。侯赛因也许会攫夺一些油田或若干岛屿，但不至于有进一步行动。一直到第二天，也就是入侵前 24 个小时，中情局副局长克尔才提醒白宫，伊拉克入侵已迫在眉睫。

老布什总统不相信中情局的判断。他急电埃及总统、沙特阿拉伯国王和科威特君主，三人异口同声地表示，侯赛因绝不会入侵。约旦国王侯赛因告诉老布什总统 ：“伊拉克方面向您致上祝福与最高敬意，总统先生。”老布什安心地上床睡觉。几个小时之后，伊拉克 14 万大军的第一波部队越过边界占领科威特。

老布什最信任的情报顾问盖茨正在华盛顿郊外举行家庭野餐，有位朋友的妻子走过来，“你在这里干什么？”她问道。“你说什么？”盖茨反问。“入侵。”她说。“什么入侵？”盖茨问道。简言之，国务卿贝克指出：“我们对伊拉克形势的相关情报不太充分。”

美国驻沙特阿拉伯大使傅立民说，往后两个月中情局“表现出相当典型的作为”。[②] 中情局改采完全相反的作风：8 月 5 日，该局报告说，侯赛因将会攻击沙特阿拉伯，结果是子虚乌有。它曾向总统保证说，伊拉克没有化武弹头可供短程及中程导弹使用。接着又信誓旦旦地主张，伊拉克确实有化武弹头，而且侯赛因可能会动用。这类警告并没有确凿的证据，波斯湾战争期间侯赛因始终没有动用化武，倒是伊拉克的飞毛腿导弹落到利雅得和特拉维夫时，引起极大的恐慌。

在 1991 年 1 月 17 日展开为时 7 周轰炸的前几周，五角大楼请中情局选择轰炸目标。中情局选了很多地点，其中一个是巴格达市内的地下军事战壕。2 月 13 日，美国空军将它炸毁后才知道，这个战壕实际上是民间防空避难所。数百名妇女与儿童死于非命。自此之后，五角大楼再也没请中情局挑选轰炸目标。

不久，中情局和“沙漠风暴行动”美军指挥官史瓦茨科夫将军爆发严重争议。口角的焦点是战争损害评估，也就是轰炸行动对军事与政治冲击的报告。五角大楼必须向白宫保证，美军轰炸机已摧毁许多的伊拉克导弹发射器，足以保护以色列和沙特阿拉伯；摧毁许多的伊拉克坦克与装甲车，足以保护美军地面部队。史瓦茨科夫将军向总统和美国民众保证战事顺利，中情局分析人员则告诉总统，他夸大轰炸对伊军造成的伤害。这话虽然没错，但是这把剑太不堪一击，一砍向史瓦茨科夫就折断了。中情局被禁止再作战争损害评估。五角大楼拿走卫星照片解释权。国会迫使中情局担任屈从于军方的角色，致使中情局不得不另设一个军事事务处，专门担任五角大楼的次级支持任务。往后十余年间，中情局回答军事人员无数的问题：那条马路有多宽？那座桥有多坚固？翻过山头是什么？ 45 年来，中情局一直对文职领导人负责，而不是回答军事官员的问题。可以说，它已丧失独立于军事指挥链之外的地位。

波斯湾战争结束，侯赛因仍然在位，中情局却元气大伤。中情局听信伊拉克流亡人士的话，因而报告说有民变的可能，老布什总统也呼吁伊拉克人民揭竿而起，推翻侯赛因。伊南什叶派和伊北库尔德人听信老布什的话，中情局则运用一切手段（主要是宣传和心战）激起民变。往后的 7 个星期里，侯赛因无情镇压什叶派和库尔德人，杀害数千人，数千人被迫流亡。中情局开始跟这些流亡伦敦、安曼和华盛顿的领袖合作，建立下次以及下下次政变的网络。

波斯湾战争后，联合国特别委员会派人前往伊拉克寻找核/生物武器。调查人员当中，有打着联合国旗号的中情局官员。平日就紧张兮兮的国家安全委员会幕僚克拉克回忆起当时临检伊拉克农业部，找到侯赛因核武指挥部核心的光景。克拉克 15 年后在电视节目“前线”中说：“我们到了那儿破门而入，炸开钥锁，进入内室。伊拉克立即响应，他们包围设施，不让联合国检查人员出来。我们早已料到可能会发生这种事，因而发给他们卫星电话，让他们在现场将核武数据由阿拉伯文译成英文，通过卫星电话念给我们听。”他们断定，伊拉克可能在 9 ～ 18 个月之后，就可拥有第一枚核弹。

克拉克说：“中情局完全漏失了，我们该炸的都炸了，就是漏掉核武开发设施。我们不知它就在那儿，一颗炸弹也没投。切尼看了报告之后说道：‘这等于是伊拉克自己在说：这儿有个在战争期间分毫未损的设施。他们几乎达到可以制造核弹的地步，而中情局对此一无所知。’”

克拉克的结论是：“我相信切尼一定会告诉自己，‘以后中情局再说哪个国家即将制造核武，我绝不会轻信。’9 年后切尼重出政坛时，无疑心中还牢记着：‘伊拉克要核武，而且差点就获得核武，而中情局毫不知情。’”

任务已结束

中情局“1989 年 1 月完全不知道历史浪潮即将袭来”，1 月间离开总部（他以为是永远离开），出任老布什国家安全委员会副顾问的盖茨说道。③

中情局在苏联开始要消失的时候，兀自宣称苏联体制纹丝不动且无可匹敌。1988 年 12 月 1 日，也就是老布什就职前一个多月，中情局发布正式报告，满怀信心地说：“苏联国防政策迄今未因戈尔巴乔夫改革运动而改变。”6 天后，戈尔巴乔夫站在联合国讲坛上宣布片面裁减 50 万苏军。次周，中情局首席苏联问题分析员麦易勤在国会连呼不可思议：就算中情局断定这种惊天动地的变化会横扫苏联，“老实说，我们也不可能公布。要是我真这么做，肯定有人会要我脑袋。”

苏联日趋式微的时候，中情局“一再报道苏联经济日日增长”，老布什政府内最有经验的克里姆林宫学家帕玛说，“他们常常拿着苏联官方宣布的数据，扣掉一个百分点就发布。这是不对的，只要是在苏联城市或乡村待过的人，都不难看出这简直是胡扯。”但这就是中情局最优秀的智囊——如担任首席苏联问题分析员的盖茨之流的工作，帕玛觉得甚为气恼：“他根本没到过苏联！他一次也没到过，却是中情局所谓的顶尖专家！”

不知怎的，中情局连主要敌人日趋衰亡的事实也漏失了。老布什时期的参联会主席柯罗威海军上将说：“他们口中所说的苏联与现实脱节，好像他们根本不看报纸，更不去开发秘密情报似的。”1989年春天，苏联各加盟共和国开始出现裂痕时，中情局着实是从当地报纸得知消息，可惜已是3个星期前的旧闻。

1989年5月，中情局里没人问老布什刚指派的驻德国大使沃尔特斯：“一旦柏林围墙倒下，我们该怎么办？”

冷战最大的象征“柏林围墙”已竖立将近30年。1989年11月，当它一夜之间倒塌时，中情局苏联科科长毕尔登在总部无言地盯着CNN新闻。这个新秀电视网，已变成中情局的大问题。每当有危机事件，CNN总是能提供及时情报，中情局怎么拼得过？现在，白宫就在电话在线：莫斯科怎么了？我们的谍报人员怎么说？中情局很难启齿，现在根本没有值得一提的苏联特工——苏联的特工死的死，捉的捉，中情局也搞不懂原因何在。④

中情局想象征服英雄般乘势东进，并接收捷克、波兰和东德的情报机关，但白宫力持慎重。中情局首先要做的是，代捷克剧作家哈维尔等东欧新领袖训练安全幕僚，并以最高价收购被推翻东德秘密警察的群众抛到街头的档案。

苏联的情报机关，都是庞大且精密的压迫工具，最主要作用就是监视、恐吓和控制本国公民。它们的规模比中情局更大，手段比中情局更残忍，也曾在许多海外战役中击败敌人，最后却毁在残暴和老朽上。

少了苏联这个大敌，等于是把中情局的心揪了出来。没有敌人中情局要怎么活？毕尔登说：“中情局的独树一帜和隐秘行事本来是再简单不过的事，但这是指任务而言，不是指一个机关。这个任务就是十字军东征，一把苏联拿掉就没别的东西。我们没有历史，没有英雄，甚至连我们的勋章都秘而不宣。现在任务结束。完了。”

数百名秘密行动处的老手在宣告胜利后功成身退，从罗马一线情报官干起，16年后当到巴塞罗那基地主任的纪拉迪便是其中之一。他在罗马工作站的伙伴已经拿到意大利政治学博士，但在巴塞罗那，他只是个不懂西班牙文的英文主修生。

他说：“最惨的是在精神层面上，我所认识的年轻情报官大多已辞职求去，他们是最优秀、最聪明的一批人，但其中有八九成半途就不干。剩下的也已热情不再。我在1976年加入中情局的时候，局里有一种部落意识(Tribalism)⑤，由这种意识创造出来的团队精神，颇能适合需要。”如今这种文化不见了，秘密工作也大半随之消失。

在老布什政府中主管国家安全委员会预算的中情局退休人员唐纳休指出，早在 1990 年，“就已迅速演变成很险恶的境况”。每回碰到索马里、巴尔干半岛或世界各地发生危机，白宫要“10 或 15 名地下秘密工作人员到现场查清状况”时，就会问 ：“有人可以派上用场吗？” 回答始终是 ：“绝对没有。”

中情局逐渐缩小

1991 年 5 月 8 日，老布什总统把盖茨叫到“空军一号”前舱，要他接下中情局局长的工作。盖茨在兴奋之余，又有点害怕。他的任命使得听证会变成杀戮战场。考验持续半年之久。盖茨不仅被凯西的罪愆拖累，也被自己的弟兄小看。他想谈中情局的未来，听证会却在追究中情局的过去。听证会让一大票被凯西和盖茨串通欺骗多年的愤怒分析员有发言机会。他们的愤怒既对事，也对人，但都一致抨击中情局自欺欺人的文化。服务 40 年，绩效卓著的哈洛德·福特说，盖茨和中情局对苏联生活实态的理解“错得离谱”。这 4 个字使中情局的论点备受质疑。

盖茨仿佛是卫冕的拳击手般浑身发抖，几乎听不到下一回合开始的铃声。但他还是尽力说服参议员，“在重新评估美国情报的角色、任务、优先事项与结构不容错失的机会”上，他们将是他的伙伴。盖茨赢得的赞成票大部分要归功于参院情报委员会幕僚长，也就是未来的中情局局长特尼特。年方 37 岁的他，雄心勃勃，长袖善舞，是希腊移民后裔，双亲在皇后区边上经营一个叫“2 世纪餐车”的汉堡连锁店。特尼特是个天生的幕僚人才，工作认真，对老板忠心耿耿，乐于讨好老板。他替那些只要证明盖茨可以放权的参议员寻找证据。

盖茨在华盛顿受苦受难的时候，中情局在海外倒是逍遥自在。1991 年 8 月，反戈尔巴乔夫政变虽然失败，苏联却已逐渐垮台。这时，中情局在莫斯科最佳地点作现场报道，即位于捷尔任斯基广场的苏联情报总部屋内。中情局苏联科明星苏立克在立陶宛宣布独立之际驱车赶到，成为第一个站在前苏联共和国土地上的中情局官员。他公开介绍自己的身份，并向这个新生国家的领导人自荐，要帮他们建立情报机关。他获邀进入副总统莫提耶卡办公室工作。苏立克在局内刊物中写道 ：“对一个一生打击苏联的中情局官员来说，独自坐在副总统办公室里，叫人有亦真亦幻之感。要是几个月前一个人在苏联共和国副总统的办公室，我肯定会觉得自己挖到情报母矿。现在，我坐在莫提耶卡办公桌旁，文件四散，我唯一的目的却是打电话到华沙。”

谍报人员辛苦偷运出来的点滴情报，始终拼凑不出苏联的大致架构。冷战期间，中情局掌控 3 名可以提供具有恒久价值的苏联军事威胁相关情报的特工，全都被捕和处决。侦察卫星可以准确地算出苏联坦克与导弹的数量，但这些数字现在似乎已无关紧要。窃听来的千言万语，现在已全无意义。

盖茨宣誓就职后，立即在 1991 年 11 月 7 日和 8 日召开会议。“外面是个崭新的世界，不调整就是死路一条”，这是他在会议前两天写在记事本上的话。下个星期，老布什对内阁成员发出的国家安全委员会检讨 29 号令，是盖茨花了 5 个月起草的成果，命令中建议政府所有部门各自提出往后 15 年对美国情报机关的要求。“这是历史性的重大工作”，盖茨向数百名中情局员工说道。

国家安全委员会检讨令虽由老布什签署，实际却是盖茨对政府各部门的请求：请告诉我们，你们需要什么。他知道中情局要想存活，就得让人有改革的印象。已在老布什任内当了 4 年副局长的克尔不免怀疑，中情局以后是不是还会存在。他说，中情局“和前苏联一样在闹革命，我们已丧失这 40 多年来驱动情报机关乃至整个国家的单纯目标或凝聚力”。也就是说，各界对美国利益所在以及中情局如何为国家利益效力的共识已经不见了。

盖茨发布新闻稿，称国家安全委员会检讨是“自 1947 年以来，在评估未来情报需求与优先事项上，影响最为深远的指令”。然而，到底是什么需求呢？冷战期间，没有一位总统和中情局局长提出这个问题。现在中情局到底是专注于地球破坏，还是全球市场兴起的问题？到底是恐怖主义还是科技更具威胁性呢？盖茨整个冬天都在汇整新世界的工作清单，2 月间完稿，1992 年 4 月 2 日提交国会。最后定稿的清单从气候变迁到网络犯罪，总共列有 176 项威胁。名列榜首的是核 / 生物武器，其次是毒品与恐怖主义这两个孪生兄弟——可见这时恐怖主义还是次要问题，接着是世界贸易和科技上的意外发展，但没有把苏联的广大市场计算在内。

老布什总统决定缩小中情局规模，重订中情局业务范围。盖茨同意。这是冷战结束后的合理反应。于是，中情局权限刻意缩小。人人都觉得，中情局变小了，应该会变得精明些。情报预算从 1991 年开始减少，往后 6 年节节下降。削减预算在 1992 年中情局奉命大幅增援日常军事活动时最为要命，总计有二十几个海外据点解散，有些设于主要国家首都的工作站缩编 60% 以上。同时，在海外服务的秘密行动处人员也随之锐减。分析人员所受的打击更严重，新任情报分析主管麦易勤“和一群 2 年轮调一次的 19 岁少年郎”很难作严肃的分析。这话虽然有些夸张，但也不致太离谱。

盖茨在就职不久后的私人工作日志上写道：“预算缩水，紧张升高。”往后数年，预算连年缩水，老布什和许多人把责任推到软脚虾的自由派头上，但记录显示他们的作为和自由派其实没有两样。从 1992 年选举季开始时，科尔比为“民主价值同盟”这个团体所拍的电视广告来看，他们的主张其实挺符合时代精神的。

他说：“我叫科尔比，曾任中情局局长。[6] 情报工作目的是要为我们的军队提供预警。现在冷战已经结束，军事威胁大减，正是削减 50% 军事预算，把这些钱投资到教育、医疗和经济的时候。”这就是著名的“和平红利”。

然而，事实证明这次和平也像“二战”后的和平一样转瞬即逝，而且这次还没有胜利大游行，难怪有些冷战老手要为消逝的敌人哀悼。

赫尔姆斯曾告诉笔者：“若你想投入情报工作，必须要有很大的动机。”他目光凝聚，声音低沉而急切。“这可不是好玩的游戏。它很龌龊，也很危险，往往会玩火自焚。“二战”期间，我们在战略情报局很清楚自己的动机是：打倒纳粹。在冷战期间，我们知道动机是：打倒苏联。现在冷战突然结束了，还有什么动机呢？还有什么能让人用一生去从事这种工作呢？”

盖茨花一整年时间来回答这些问题：每天在国会山作证，争取政治支持，发表公开演说，主持特别小组和圆桌会议，承诺提供军方更多情报，少对分析人员施予政治压力，全面打击十大威胁，建立一个更优秀的新中情局。可惜，他没有时间来落实这些愿景。他上任 10 个月后，就得抛下工作飞到小岩城为下任美国总统作简报。

本章注释

① 姑且不谈特工惨死的悲剧，中情局这段时期的报告和分析也不断出错。1987 年夏天，两伊战争进入最后阶段之际，伊朗开始骚扰科威特持籍的海上油轮。这些船只纷纷挂上美国国旗，并由美国海军战舰保护，中情局的波斯湾形势评估报告却极力建议终止易旗护舰行动。争议上达国家安全委员会顾问卡卢奇。“中情局报告基本上是说，与伊朗搞军事对抗无济于事。事实上，伊朗一挑衅，我们 24 小时内就击沉他们一半的船只，吓得他们掉头把船只开进港内，我们才能安然航行波斯湾。中情局错了。”曾任中情局副局长的卡卢奇说道。

② 1991 年 1 月 10 日，中情局提醒白宫和五角大楼说：“侯赛因肯定会对西方国家，特别是美国，展开大规模恐怖行动。可能在包含美国在内的若干

地区同时展开多起攻击，以争取最大曝光并制造恐慌。”中情局和联邦调查局虽在美国攻打伊拉克前几天，在中东和亚洲地区追捕到起码三批伊拉克军官，但没有任何证据显示伊拉克情报机关的外围组织已渗入美国本土。

③ 盖茨手下的国家安全委员会幕僚，尽是些对中情局分析充满不屑的专家。1989—1990 年在国家安全委员会里负责苏联与东欧事务的布雷克威尔大使就说："中情局仍然提出很多分析报告，可我一份也没看。就我所知，除了盖茨，国家安全委员会里根本没人要看中情局的报告。"

④ 1990—1991 年苏联解体期间，是中情局最用心追究这些特工死亡原因的时候。盖茨告诉笔者："1987 年初获提名为中情局局长后，我和赫尔姆斯一起吃了顿午餐。我还记得，在局长餐厅用餐之际，赫尔姆斯对我摇摇手，而这时在场的只有我俩，他告诉我说，每晚回家都不免心想，内奸在哪儿。"这个问题在盖茨为时不久的局长任内最后几个月渐露端倪，1992 年 4 月，埃姆斯被捕。

⑤ Tribalism 在西方中心直线史观中，带有负面、消极、落后的弦外之音。在政治上，用以形容政治组织形态与西方相异者，甚有派系意识、裂解、残暴之意。

⑥ 科尔比于 1973 年 9 月至 1976 年 1 月任中情局局长。

第六部分
大国情报机关能否于灰烬中重生？

克林顿与小布什时期的中情局：1993-2007年

直至埃姆斯案重创中情局，白宫才发觉中情局到了必须变革的地步。但克林顿根本没时间去了解中情局，无论是“误炸”中国大使馆，还是放过恐怖公敌本·拉登，抑或是变成谍中谍骗局中的一环，中情局已经成了大国情报失败的象征。随着美国霸权的衰落，中情局能否从灰烬中重生，成就其情报霸权，世人将拭目以待。

第44章

把中情局“毁了吧”

自柯立芝①以来，从没有哪位三军统帅像克林顿一样那么小看大世界。不管他怎么转动地球仪，最后一定停在美国上。

出生于1946年，年纪不比中情局大的克林顿，成长于全国反越战和反征兵运动时期，经阿肯色地方与州事务的磨练而步入政坛，再凭着复苏美国经济的承诺当选美国总统。在他的五大议程里并没有外交政策这一项。他对美国在冷战后的战略利益并没有很深入的看法。以他的国家安全委员会顾问雷克的话来说，他把自己在位的时代视为“极其民主，并能给企业带来发展机遇的时期”。克林顿政府上台8个月后，才由雷克宣布，美国的外交政策是增加全世界自由市场的数目。这比较像是商业企划，而不是外交政策。克林顿把自由贸易和自由画上等号，仿佛出售美国商品就能把美国价值观普及到海外。

克林顿的国家安全委员会小组人马都是二流货色。他选品格高尚但散漫急躁的众议员亚斯平当国防部长，结果不到1年，亚斯平就下台了。他选高傲的律师克里斯多福为国务卿，但此人既古板又冷淡，把重大的全球性问题当成案例处理。克林顿到最后一刻选择尼克松时期国家安全委员会幕僚、神经过敏的伍尔西为中情局局长。

伍尔西51岁，律师出身，也是经验丰富的武器管制谈判人才，曾任卡特政府海军部副部长。此君太阳穴外凸，尖嘴利舌，倒像是头高智慧的座头鲨。伍尔西在克林顿当选1个月后，发表一篇相当引人注目的谈话，说美国苦斗恶龙40年，好不容易屠龙成功，却发现自己置身于毒蛇遍地的丛林中。这话简直是冷战后的美国情报机关的真实写照，没人能比这刻画得更生动了。几天后，他接到一通电话，于是飞到小岩城，在12月22日午夜后见到克林顿。总统当选人悠悠谈起自己在阿肯色州的童年时光，然后问起伍尔西在隔壁俄克拉何马州的童年岁月，带他走了一趟 20 世纪 50 年代记忆长巷。到黎明时分伍尔西才得知自己将是下任中情局局长。

当天早上正式宣布前 15 分钟，克林顿的新闻秘书迪迪·迈尔斯看了一下记事本，说道，“将军，我不知道你也在老布什政府服务过。”

伍尔西说 ：“迪迪，我不是将军，我最高的军衔只是上尉。”

“哇，那我们新闻稿最好改一下。”她说。

他忙不迭地逃开。由于机场已起雾，伍尔西找来一名中情局官员开车送他到达拉斯，再搭机到加州过圣诞节。这是他最后一次自由意志行为，往后他即将成为中情局的战俘。

往后 2 年内，他只和总统开过两次会议——创中情局史上最低记录。多年后他说道 ：“我和总统不是坏关系，是根本没有关系可言。”

现在，中情局高层官员服侍的是一个他们晓得没有影响力的局长，服侍的总统对中情局毫无所知。1991—1993 年间担任秘密行动处处长的崔顿说 ：“我们在老布什时期与白宫关系极佳，常有戴维营圣诞派对之类的活动，接着就从相濡以沫变成毫无关系。经过大约半年之后，我们才赫然发觉，局里没人见过总统或国家安全委员会成员。”没有总统的指令，中情局就没有权力，宛如扣上铁链的船只漂泊浮沉。

克林顿虽是在刻意无视中情局的状态中上台，但很快就得靠秘密行动处来解决海外的问题，在任的前 2 年便批准数 10 项秘密行动方案。碰到秘密行动无法迅速拨乱反正的时候，他不得不转向军事指挥官，而这些人多半看不起他这个逃兵。结果可想而知——很惨。

索马里暗巷行动

“再也没有比索马里更严酷的考验了。”小威斯纳说道，他是中情局秘密行动处创始人威斯纳的儿子。

索马里可说是冷战受害者。美国和苏联提供给竞争派系的大量武器，为彼此交战的部族留下了大批军火。1992 年感恩节前夕，老布什总统以人道的理由批准美国军事介入。索马里已有 50 万人饿死。在老布什政府末期，几乎是每天要死 1 万人。如今，各交战部族又在偷取粮食援助，互相残杀。粮食援助奄奄一息的民众的任务，很快就演变成针对势力最强大的军头艾迪德将军的军事行动。小威斯纳在短暂代理国务卿职务后，于 1993 年总统就职日当天，转任国防部副部长，负责政策事务。他看看索马里，发现那里的情报网一片空白。老布什总统 2 年前就已关闭美国大使馆和中情局工作站。

小威斯纳说："我们没有事实，没有情报网，无从得知当地的动态。"这是他必须靠中情局协助解决的问题。他设立索马里特别任务小组，先部署美国特种部队突袭队，再以中情局为前线耳目。这工作落在刚派任索马里工作站长琼斯的身上。原为迈阿密警探的琼斯，带着 7 名手下和推翻一大票军头的任务，被丢到一个没人知道的地方。他的总部设在原美国驻摩加迪沙大使废弃住处中洗劫一空的房间内。没几天光景，他手下最优秀的索马里特工饮弹自尽，另一位被美军直升机火箭炮炸死，副站长被狙击手一枪打中脖子丢了半条命，琼斯自己则主持在各处暗巷追捕艾迪德及其副手的行动。在一次造成 1 200 名索马里人死亡的冲突中，这些暗巷行动葬送了 18 名美军士兵。

索马里行动的事后检讨，出自柯罗威将军之手。他已从参联会主席职务退休，转任当年艾森豪威尔所创设的元老委员会"总统国外情报顾问委员会"主席。委员会的调查结论是："索马里情报失误就发生在国家安全委员会里。他们指望情报不只是提供当地形势的消息，更要代他们作决策。他们不了解为什么情报不能正确地建议他们该怎么做。"柯罗威将军说。

"这也因此导致高层对索马里形势困惑不已，总统自己对情报不是很感兴趣，这才是最不幸的事。"柯罗威道。

结果，白宫和中情局之间一直存在的不信任感愈发加深。

"报复行动对伊拉克洗衣妇相当有效"

1993 年伊始，恐怖主义还不是中情局大多数人最优先考虑的课题。美国自从被逮到出售导弹给伊朗后，一直没有采取有效行动处理恐怖根源。里根时期被掳的人质，除了巴克莱成了尸骨装棺而回，其余都已在 1991 年前后从贝鲁特回国。因此，1992 年就出现关闭中情局反恐中心的严肃议论。事态已平息下来，很多人以为恐怖活动问题已自然消解。

克林顿执政第 5 天，1993 年 1 月 25 日，黎明过后不久，中情局总部入口外的交通信号灯（Stoplight）前有一排车子，排第一位的正是 60 岁的中情局官员史塔尔。信号灯一直没转绿，车辆已回堵到 123 号高速公路，耐心等候进入总部林荫区。上午 7 点 50 分，有位巴勒斯坦青年下车，开始以 AK-47 攻击型步枪扫射。他首先对 28 岁的秘密行动通信官达林开枪，击中达林的右肩，在达林太太惊叫声中，枪手一旋身，射杀 66 岁的中情局医师班内特，再转身对史塔尔左臂和左肩开枪，接着是 61 岁的中情局工程师摩根，以及后来经由法院记录确认为中情局员工的 48 岁男子威廉斯。杀手再次回身，一枪轰掉达林的脑袋，然后驾车扬长而去。全部过程大约半分钟。身受重伤的史塔尔总算赶到中情局大门的警卫室告急。

克林顿始终没有到中情局慰问伤亡。他派老婆出面。中情局总部怒不可遏。同年夏天，中情局派驻在乔治亚共和国首都第比利斯的代理工作站长伍德鲁夫，在观光途中被一个显然是随兴杀人的凶手射杀，伍尔西飞了大半个地球去接他的遗骸。

1993 年 2 月 26 日，中情局大门口枪杀事件一个月后，世贸中心地下停车场发生爆炸案，造成 6 人死亡，1 000 余人受伤。联邦调查局原以为是巴尔干分裂主义者干的，但不到一个星期便查出，炸弹客乃是居住于布鲁克林区的埃及酋长拉曼的手下。这位盲眼酋长在中情局总部可是大名鼎鼎。他曾号召数百名阿拉伯战士，打着"伊斯兰团"的旗号，投入阿富汗反苏战争。1981 年他因暗杀埃及总统沙达特受审并被定罪，但一直软禁在埃及直到 1986 年。他一出狱就开始设法进入美国，1990 年终于成功入境。他是怎么入境的呢？他是众所皆知的煽动家，因而也成为杀害美国人阴谋的精神领袖。

美国大使馆代办欧尼尔说，他的签证是在苏丹首都"由中情局驻喀土穆的某位官员所签发，中情局知道他在该地区游走找签证，却始终没告诉我们"。欧尼尔心想，一定是搞错了："一定是这个名字飞快地掠过，一时看花了。"事实上，中情局审查过 7 次拉曼的入境申请，其中有 6 次通过。欧尼尔说："居然会发生这种事，真是可怕，这是严重的错误。"

1993 年 4 月 14 日，老布什飞抵科威特庆祝波斯湾战争胜利，随行的有他的妻子、两个儿子和前国务卿贝克。在这趟行程中，科威特秘密警察逮捕 17 名男子，并控告他们在丰田 Land Cruiser 车上藏暗大约 200 磅的塑料炸弹，意图炸死老布什。有些嫌犯熬不过刑讯，招供说是伊拉克情报机关指使这起暗杀的。4 月 29 日，中情局的技师报告说，炸弹的结构体上有伊拉克记号。数日后，联邦调查局接手审问嫌犯，其中两人承认是伊拉克所派。这幅拼图唯一让人困惑的是嫌犯本身：大部分是威士忌走私客、大麻叶贩子和患弹震症（shell-shocked）退役军人。尽管如此，中情局还是断定侯赛因意图杀害老布什。

第二个月，克林顿衡量反应措施。6 月 26 日凌晨 1 点半左右，23 枚战斧导弹落在位于巴格达市中心一处高墙坚壁设施里的 7 幢建筑上，那里是伊拉克情报机关。至少有一枚导弹击中一幢公寓，造成一位知名女艺术家及其夫婿等 7 名无辜平民死亡。参联会主席鲍威尔将军表示，这次轰炸旨在"扯平对老布什总统的攻击”。

中情局局长对克林顿总统的平衡观甚为愤怒。伍尔西在多年后说道 :“侯赛因意图暗杀老布什前总统，克林顿总统却在巴格达午夜时分对空屋发射数十枚巡弋导弹，这种报复行动对洗衣妇和守更夫倒是十分有效，要报复侯赛因却不尽然。”他在不久之后又指出 :“我们一有直升机在摩加迪沙被击落，就会像10年前在贝鲁特一样，忙不迭地一走了之。”

美军士兵的尸体被拖到摩加迪沙街上示众的印象记忆犹新，克林顿已着手恢复海地民选总统、左派神父阿里斯蒂德的权力。他确实把阿里斯蒂德看做海地人民的合法统治者，希望借此彰显正义。这必须先瓦解罢黜阿里斯蒂德的军事执政团，可是，其中很多人列名中情局受薪名册多年，一直是秘密行动处可靠的线人[②]。对白宫而言，这着实令人不快。由此揭露中情局所创设的海地情报机关，其军事领袖除了分销哥伦比亚古柯碱、摧毁政敌、维持自身在首都太子港的权势，几乎没有其他作为，这很令人难堪。现在，中情局要推翻自家特工，处境十分尴尬。

这也使得克林顿和中情局陷入正面冲突的局面。所以，中情局正确评估说，无论是实力还是品行，阿里斯蒂德都不是栋梁之才。伍尔西则形容这是意识形态之争。他回忆说，总统和他的助理群“急着要我们中情局的人说，阿里斯蒂德可以成为海地的杰弗逊。我们不快地予以拒绝，并指出他的缺点。我们因此惹人嫌”。伍尔西只说对一部分。中情局对阿里斯蒂德缺点的分析虽让白宫感到不快，但中情局在海地的老盟友更令白宫骇然失色。

克林顿对中情局在海地问题上与他交锋极为恼火。然而他未能拟具外交政策致使行动瘫痪。直升机在索马里遭击落更令他震惊，总统于是决定暂时撤出第三世界。然而，美军和间谍一撤出非洲角[③]，该地马上陷入杀戮的局面。这批军人和间谍随即奉命前往卢旺达救人——该国两大部族正自相残杀。

1994 年 1 月底的时候，中情局研究报告说，卢旺达可能会有 50 万人死伤，白宫则刻意不予理睬。[④]不久，卢旺达就爆发了 20 世纪最惨重的人为浩劫。国家安全委员会幕僚霍尔珀林说 :“由于没有影像数据，消息也不多，事态尚未失控之前，没有人真正注意到情况有多么严重。”克林顿政府不太愿意卷入未见诸电视报道的他国苦难，因此不愿将卢旺达发生的单向大屠杀称为“种族灭绝”。总统决定狭义地界定美国国家利益，亦即偏远地区的失败国家如索马里、苏丹和阿富汗，就算崩溃也不会直接影响到美国，这是他对卢旺达的反应。

“毁了吧”

伍尔西几乎是每仗必输，而且输得次数还不少。还留在局里的冷战时代的明星分析员，一旦明白伍尔西无法恢复中情局的经费和权力，大多卷铺盖走人。老手先闪，30 和 40 出头的有为才俊继之，纷纷出走另谋高就。招收二十几岁的新人才，一年比一年难。

中情局的才智之士和行动人才逐渐流失，总部由一些职业文官管理，只知道把日渐缩水的经费分出去，不知道哪些计划管用。前辈没有留下辨别计划优劣的制度，他们当然也没有。既没有成败优劣的评分表，自然不太知道怎么分派选手上场。有经验的行动人员和分析员日渐减少之际，局长的权限也被虚胖的中间管理阶层削弱，特别助理、幕僚助理和特别任务小组越来越多，总部容纳不下，他们竟到各商场和工业园区租赁办公室。

伍尔西赫然发觉，自己主持的是一个渐渐和政府其他部门脱节的秘密官僚机构。犹如大城市的医院医疗管理不当会让患者病情加重，出错已成为中情局日常业务的一部分。中情局首席行政官西蒙写道：美国情报机关已逐渐变成“科学怪人”，是个“由不同甚至是漠不关心的运作员，在不同时间把不匹配的零件凑在一起的集合体”，由于“中枢神经缺陷，造成协调与平衡障碍”。

这问题太过复杂，不是马上能解决的。中情局像航天飞机一样，是个只要组件一出故障就会爆炸的复杂系统。美国总统是唯一有权力让各零件相匹配的人，可惜克林顿根本没时间去了解中情局是啥玩意儿，怎么运作，如何与政府其他部门配合。总统把这些问题全交给他带到白宫来主管国家安全委员会情报业务的幕僚长特尼特。

特尼特在克林顿政府里已待了 14 个月，时时在离白宫两条街外的露天咖啡座喝特浓意式咖啡，边抽雪茄边呻吟。到底他认为要怎么改革中情局呢？特尼特说：“毁了吧。”当然，他的本意是指创造性毁灭，由根底重建，可是措辞听来倒颇让人回味。

本章注释

① 柯立芝是美国第30任总统，任期为1923—1929年。

② 推翻阿里斯蒂德的军事执政团成员普鲁多姆上校，主管海地的情报机关，也是收受中情局金钱的海地军官之一。1989年11月2日，顶着全国治安机关首长头衔、领受中情局优渥待遇的普鲁多姆，在主持侦讯时，严刑拷打首都太子港市长保罗，他断了5根肋骨且有严重内伤。保罗说："普鲁多姆自己倒是没动手，他扮演智囊的角色，细心地找出你供词中的矛盾点。他想向世人证明我是个恐怖分子……他好像亦步亦趋跟着我似的，对我从小至今的生活了如指掌。"

③ 非洲角是非洲东北部的俗称，范围包括埃塞俄比亚、厄立特亚、吉布提和索马里。非洲角是联络印度洋、红海、地中海的要冲，地理位置和战略意义重要，历来成为列强争战角力的地区。

④ 即使白宫理睬，中情局也拿不出什么办法来防止屠杀，因为中情局并没有派人驻在卢旺达。"中情局在非洲政局上帮不了太大的忙。始终没有作用，他们对非洲不是很感兴趣。"驻卢旺达大使葛里宾三世说道，他是长年服务非洲大陆的职业外交官。

第45章

埃姆斯案重创中情局

中情局督察长奚淡说，他的工作是在烟硝散去的时候，到战场射杀受伤者。他的内部调查报告很尽心，也很严厉。他是老派中情局人，普林斯顿大学4年级当选学生会主席后被中情局吸收。命运弄人，他手上最大的案子就是1969年中情局干部在职训练时的同学，中情局苏联科出身的酒精性精神倦怠者埃姆斯。

1994年2月21日“总统日”① 这天，埃姆斯从郊区住家到总部上班时，一票联邦调查局人马把他从美洲豹轿车里揪出来，扣上手铐带走。他被捕后，笔者曾到亚历山德拉郡监狱看他。他是个53岁的灰发男子，替苏联当间谍将近9年，不久就要被送去终身监禁，因此急着要找人谈谈。

埃姆斯是个不满分子和装病逃避勤务的人，他能到中情局工作，只因他父亲曾在中情局服务。他的俄语还过得去，不喝酒的时候写起报告倒也通顺，只是人事数据上记载着他长期酗酒和不称职。他已17年没有升迁，1985年担任苏联暨东欧反情报科科长是他事业的最高峰。众所皆知，他一醉就满腹牢骚，中情局却让他接触在铁幕后工作的重要特务人员档案。

他变得很看不起中情局，认为老是说苏联对美国的威胁多么强大且与日俱增，实属荒唐。他认定自己比别人更了解。“我知道苏联真正的用意是什么，更知道什么对我们的外交政策和国家利益最为有利，我必须有所作为。”他忖度道。

埃姆斯佯称可以吸收苏联驻华盛顿大使馆的情报官，因而取得上司许可去和这位俄罗斯人见面。1985年4月，他以5万美元代价交出3名替中情局工作的苏联公民名字。几个月后，他将自己所知道的名字和盘托出。莫斯科拨给他 200 万美元。

美国在苏联的间谍一一被捕、下狱和被处决。埃姆斯说，他们被处死的时候，秘密行动处内“警铃和警哨”大作，“霎时间，克里姆林宫各处霓虹灯和探照灯全开，一路照过大西洋，‘我们遭间谍渗透了’”。但中情局领导人一直不相信自家人会出卖他们。克格勃利用双面间谍和骗术，巧妙地操纵中情局对本案的看法。一定是遭窃听，不可能是内奸。

此外，埃姆斯还提供莫斯科数百名中情局同僚的身份及其工作的详尽纲要。奚茨说：“他们的名字和美国正在进行中的活动详情，都交到苏联情报机关手上。从 1985 年开始，一直持续到被捕前一两年，埃姆斯一直很热心搜集情报，交给他的苏联主事官。以严格的情报术语来说，这是恐怖事件。”

中情局虽知道有个地方出了差错，坏了苏联的运作，却拖了 7 年才慢慢地面对现实。中情局没有能力调查自己，这点埃姆斯很清楚。他得意地笑道：“非得到最后才会有人举手投降，说‘我们做不来’。你有 2 000 ～ 4 000 人到处搞谍报，不可能监督、控制和制衡，这或许是谍报机关最大的问题。谍报机关最好要小，一旦变大了，不是变成克格勃那样，就是变成我们这样。”

中情局违反第一诫命

埃姆斯被捕后，奚茨花了一年多时间来评估他所造成的伤害，最后却发现中情局本身就是高明骗术的一环。

中情局在冷战期间和冷战结束后所汇整的最高机密文件中，有些是所谓的“蓝带报告”，也就是在报告书边上以蓝条线标示其重要性的报告，专门评估苏联导弹、坦克、喷气机、轰炸机、战略和战术实力，由中情局局长签名，呈送给总统、国防部长和国务卿的报告。奚茨说：“这是情报界存在的理由。”

从 1986 到 1994 年的 8 年里，负责这些报告的中情局官员都知道，中情局内线已受苏联情报机关控制，却明知故犯地把这些受莫斯科操控的消息提供给白宫，而且刻意地隐瞒此一事实。揭露中情局一直提供错误情报和假情报的事实，未免太难堪。这些染了毒的报告，扭曲美国对莫斯科军事与政治发展的看法。其中有 11 份报告直接呈交里根、老布什和克林顿总统，大大扭曲并减弱美国了解莫斯科形势的能力。

奚茨说道：“这是匪夷所思的发现。”负责这些报告的最资深中情局官员和埃姆斯一样，都自认为自己最了解苏联。只要他自己知道孰真孰假就行，报告出自特工欺瞒的事实无关紧要。奚茨说：“是他自己作的决定，可恶至极。”

“这整个事件给人的感觉是中情局不可信。简言之，这是违反第一诫命。正因如此，才会造成恶劣的影响。”奚茨表示，中情局向白宫撒谎，就是破坏“神圣的信任，少了这种信任，谍报机关就啥事也办不了。”

“这地方需要彻底翻修”

伍尔西承认，埃姆斯案所揭露的制度性疏忽，已濒于刑事过失的程度。他说：“我们大概可以作个结论说，不仅没有人监督，甚至没人在意。”但他也表示，不会有人因中情局在埃姆斯案的“制度缺失”而遭到开除或降级。他寄出训诫信给 6 名前资深官员，以及包括秘密行动处主管蒲赖斯在内的 5 名现职官员。他把失误界定为“怠忽之罪”②，且认为是中情局的缺陷文化，也就是自大和否认的传统所致。

1994 年 9 月 28 日下午，伍尔西向众议院情报委员会提出他的决定，却留下很不好的印象。委员会主席、堪萨斯州出身的民主党人葛利克曼从会场出来后表示：“让人不得不怀疑，中情局是否已变得和其他官僚机构无异，让人不得不怀疑它是否失去执行特殊任务的活力。”

埃姆斯案对中情局的打击强度可谓前所未见。攻击来自美国政坛左派、右派和逐渐萎缩的中间派。白宫与国会的愤怒和嘲讽源源而来。大家都深深觉得，埃姆斯案不是单一的脱轨现象，而是结构性干腐的证据。里根时代的国家安全局长欧多姆中将说，唯一的解决办法是动个大手术。

伍尔西内外交困之余，一面要为中情局辩护，一面要向美国民众保证，他们有权利质问中情局的未来走向。可惜，他已丧失规划走向的能力。于是，国会在 1994 年 9 月 30 日成立一个委员会，专门检讨中情局的过去，并赋予它为中情局擘画 21 世纪新道路的权力。埃姆斯案为中情局带来难得的改革机会。

“这地方需要彻底翻修。”已服务参院情报委员会 6 年的宾州共和党籍参议员史贝特说。

此刻最需要的是美国总统推一把，但克林顿一直没有动作。国会花了 3 个月时间才选定 17 名委员、4 个月起草议程、5 个月后召开第一次会议。情报委员会是由国会议员，尤其是佛州出身的共和党籍保守派戈斯众议员主导的。戈斯于 20 世纪 60 年代在中情局的秘密行动处服务，表现优异，是唯一有中情局实务经验的国会议员。委员会里最知名的一位局外人伍佛维茨，则是认为中情局通过谍报活动搜集情报的能力已然瓦解，此君也是下任总统权力核心里最有影响力的人士之一。

委员会由亚斯平主持，他9个月前因优柔寡断而丢了国防部长职务。克林顿已任命他为总统国外情报顾问委员会主席。既沮丧又漫无章法的亚斯平，提出几个没有解答的大问题：“现在它的意义何在？有什么目标？我们打算怎么做？”几个月后，56岁的他因心脏病突发逝世，委员会幕僚意志消沉，委员会的工作更加漫无目的。委员各执一端，十几个方向并陈，无法决定目的地。

幕僚长史奈德宣称：“我们的目标是出卖情报。”但很多证人纷纷提醒，销售不是问题，问题在于产品本身。

委员会终于开议并听取证词。3年前列出376项威胁与目标清单的盖茨，现在却说太多的任务让中情局喘不过气来。主事官和工作站长纷纷表示，太多离题太远的小事情让秘密行动处应接不暇。白宫为什么要中情局报告拉丁美洲福音运动的成长？这对美国国家安全真有这么重要吗？中情局能做的只有少数重大任务而已。告诉我们，你们到底要我们怎么做吧，中情局官员央求道。

委员会仍然抓不到重点：即使是1995年3月日本发生真理教派主导的东京地铁沙林毒气事件，造成12人死亡，3 769人受伤，象征恐怖主义已由民族国家转型为自命不凡的恐怖分子活动；即使1995年4月发生自珍珠港事变以来美国本土死伤最惨重的俄克拉何马市联邦大楼爆炸案（169人死亡）；即使查获伊斯兰好战分子意图在太平洋地区炸毁十余架美国航空公司班机，并驾驶一架劫持而来的喷气式客机冲撞中情局总部的阴谋；即使中情局官员已提出警告，有一天美国会面临“空中恐怖活动”，亦即以飞机俯冲标的；即使情报圈总共只有3个人具备可以了解穆斯林对谈的语言能力；即使电子邮件、个人计算机、手机和加密技术已公开供民间通信使用等，已淹没中情局的情报分析能力；即使中情局处于崩解状态的事实已渐渐为人所知，情报委员会依旧抓不到重点。

因此，该会历经17个月酝酿所提出来的报告，毫无分量和影响力。委员会幕僚庄森说道：“很少有人关心反恐。”

“秘密活动的界限一直没有明确界定，责任缺失的问题也大多没有处理。”看过报告的人都不信稍微调整一下就能修好这部大机器的温吞论调。

委员会完成这份报告的时候，中情局在职训练中心总共只有25名新人报到。中情局吸引人才的能力，降到有史以来的最低点。中情局的名声也骤然下降。埃姆斯案使得中情局的未来变成自身前科的受害者。

奚茨表示，秘密行动处“极为关切前线工作人员不足的问题，找到合适的人摆到合适的地方，已经成为另一亟待解决的问题。我们找到一些很好的人才，可惜人数不足，不够派到最需要他们的地方。要是美国总统和国会不帮忙，一旦有不测事态把我们拉回来可就为时已晚了，届时世界某个地方，或许就在我们国内，发生类似珍珠港事变的可怕事件，我们便会突然惊醒，自问：我们怎么会不知道呢？”

本章注释

①“总统日”是庆祝华盛顿生日的国定假日。

②“怠忽之罪”是圣经语言，还有另一种罪是“干犯之罪”。怠忽之罪是指没有做到应该做的；干犯之罪则指做了不该做的。

第46章

“情报失败不可避免”

1994年底，伍尔西录下给中情局同仁的告别谈话，同时派信差将辞呈送到白宫，只身匆匆离开华盛顿。克林顿赶忙寻找有意愿和能力接下这份差事的人。

国防部副部长杜奇说：“总统问我是否有意愿当中情局局长。我很明确地向他表示没有。眼见好友伍尔西局长当得那么辛苦，我没有任何理由自认会比他做得更好。”

“没关系，”克林顿说，“那么去找个可以胜任的人。”6个星期之后，杜奇设法推荐了一位叫卡恩斯的空军退役将军。又过了6个星期，提名运作从起先的摇摆不定，到骤然停止，最后以失败而告终。

杜奇说：“总统逼我接下工作。”他就这样开始短暂而痛苦地学习美国情报政治学。杜奇不敢接这差事自有他的一番道理。他在国家安全委员会的圈子待了30年，当然知道从来没有一个中情局局长可以完成同时担任美国情报机关主席和中情局执行官的任务，于是他提出和凯西一样的请求，并同样取得阁僚层级的身份，以确保自己有点接近总统的机会。他原寄望克林顿若能在1996年连任，自己可以出任国防部长，但他也知道中情局处于混乱状态，不是一两年内就可以拨乱反正的。

中情局老牌分析员金特里在杜奇上任头几天写道：“中情局苦于领导无方，可谓风雨飘摇。它得了明显的萎靡症，从雇员到管理阶层，到处散发着悲观的气息。资深官员同样步履蹒跚。”中情局“由一批极度缺乏领导能力的资深官员主导，导致它无法进行独立而有创意的活动”。金特里写道，克林顿只要从CNN获得情报就心满意足，中情局已“没人愿意迎合他”。

杜奇当国防部副部长的时候，曾以一整年的时间和伍尔西探讨美国情报的得失，并设法调停五角大楼和中情局之间永无休止的经费与权限之争。他们会选定一个议题来检讨，譬如核武扩散问题，一天下来的结论是，应该可以有更大的作为。埃姆斯案之后，议题当然就更多了。支持军事活动？很重要。人力情报？需更多的谍报人员。更好的分析？绝对重要。一番检讨下来，需求不胜枚举，经费和能胜任的人才也庞大无比。美国情报圈无法从内部改革，当然也无法从外部改革。

杜奇与伍尔西都患了“老子最聪明”的综合征，所不同的是，杜奇是“以前”最聪明。他当过麻省理工学院的理学院院长和教务长，专长是物理、化学，也就是分子、原子和亚原子层物质转换的学问。他可以把煤碳怎么变成钻石解释得清清楚楚，而他就是要在这种压力下改变中情局。他在任命听证会上誓言要“彻头彻尾”改变中情局秘密行动处的文化，至于要怎么做却没有明确的想法。他和前几任局长一样，到赫尔姆斯跟前请教。

已经 82 岁高龄的赫尔姆斯，有着英国贵族般的气质。笔者在他和新局长聚首商议后不久，约他在离白宫两条街的一家餐厅吃午饭。赫尔姆斯坐在慢慢转动的吊扇底下，边喝着啤酒边透露说：“杜奇本能地疏远秘密行动处，把它看成只会惹麻烦的机构。虽然他不是第一位和它保持距离的局长，但他应该做的是让他们相信，自己和他们是同一团队的”。

1995 年 5 月，在杜奇到中情局总部上班后没几天，一直很希望找个新老板的秘密行动处各领导人，提交了一份光面的小册子，标题就叫《新局长，新未来》，内容是他们的十大目标：核扩散、恐怖主义、伊斯兰基本教义派、支持军事活动、宏观经济、伊朗、伊拉克、朝鲜、俄罗斯和中国。新局长和谍报人员都知道，白宫想把中情局当做御用因特网，也就是从热带雨林到光盘仿冒等情报的数据库。因此，中情局必须更加集中精力。杜奇说：“问题在于有太多的事要做，我们接到各式各样的请求：印度尼西亚现状如何？苏丹形势如何？中东有何异状？”谍报人员说：“全球覆盖率的主张既然很难落实，那么我们就应该把心力放在几个硬目标上。”杜奇委决不下。

他改采以 5 个月的时间设法掌握秘密行动处的做法。他飞到全球各地工作站，边听边问，边考虑该从何处着手。杜奇发现“士气极为低落”，更震惊于手下间谍连自己的问题都没有能力解决。他发现他们处于惊恐状态。

他把他们比做越战后的美国军队。正如杜奇在 1995 年 9 月所说的，当年，许多校尉级精英议论道：“我们有麻烦了。我们必须改变，必须想个不同的处事方式。我们要不一走了之，要不就是设法改变制度。”杜奇寄望秘密行动处解决自己的问题，却发现手下已经没有变革的能力。“相比于军官，”杜奇说，“谍报人员在能力，以及对自身相对角色与责任的理解上，明显逊色不少。”秘密行动处“没有信心可以执行日常任务”。

信心危机以各种形态呈现，有时表现在产生负面影响的被误导行动上，有时表现在情报搜集与分析不断出错上，而有时则表现在令人胆战心惊的错误判断上。

1995 年 7 月 13 日，全球媒体都在报道塞尔维亚人集体屠杀穆斯林，侦察卫星也在当天传回波斯尼亚斯雷布雷尼察镇外枪手看守俘虏的照片，中情局却搁了 5 个星期才有人去看卫星照片。没人想到塞尔维亚会占领该镇，更没人料到会发生大屠杀。没人理会人道团体、联合国和新闻界。中情局没有官员或特工在现场确认报道的真假，更没有时间和人才去查证惊恐难民的说法。

新闻报道大屠杀 2 个星期之后，中情局派一架 U-2 侦察机到斯雷布雷尼察[①]，录下当时俘虏所站立的田野上冢冢新坟的照片，3 天后由定期军用交通班机送到中情局。又过了 3 天，中情局的照片分析员比对第一批卫星照片俘虏站立的位置和第二批 U-2 所拍到的坟墓地点。1995 年 8 月 4 日，中情局分析报告送到白宫。

中情局的报告就这样晚了 3 个星期。这起自 50 年前纳粹集中营以来最大规模的集体屠杀欧洲平民的事件，死了 8 000 人，中情局居然漏失了。

在欧洲的另一端，巴黎工作站已展开精密的运作，以窃取法国在贸易谈判立场上的相关情报。白宫坚守自由贸易是外交政策引导力量的理念，不断要中情局提供更多的经济情报，使得中情局更加苦不堪言。巴黎工作站此刻所探求的是对美国国家安全的重要性微乎其微的秘密，譬如有多少美国电影在法国上映等。法国内政部所进行的反情报活动，则包括诱惑一名以非官方的商人身份为掩护的中情局女性官员。法国政府公开将巴黎工作站长驱逐出境，何姆就这样与另外 4 名倒霉又丢脸的中情局官员被赶出法国。何姆原本是名副其实的秘密工作英雄，曾负责老挝前线活动，30 年前在刚果坠机时幸保一命。

杜奇说，这又是一次失败的行动，对秘密行动处而言，则又是一次公开羞辱，以及“中情局在自己所讲求的标准受人质疑时，没有能力发挥功能的又一例证”。他一再质问手下：“你们执行艰难任务的专业标准何在？你们在全世界都表现得可圈可点吗？”对后面的问题，他的回答是一声响亮的“不”。

局长与秘密行动处分道扬镳

巴黎工作站的问题和拉丁美洲科的问题比起来，只是一时的困扰而已。拉美科在中情局内自成一个世界，主事者都是反卡斯特罗战争的老鸟，规则和纪律全由自己订。自 1987 年以来，哥斯达黎加、萨尔瓦多、秘鲁、委内瑞拉和牙买加工作站站长，先后遭指控欺瞒上司，性骚扰同事，盗用公款，恐吓下属，主管反毒业务却仍有 1 吨的可卡因流入佛罗里达州街头，让 100 万美元公款的账目不清。中情局在冷战期间一直和拉丁美洲的军事政权合作打击左派抗暴军，这种友谊很难割舍。

在危地马拉，自 1954 年反民选总统的政变以来，已有 2 万平民丧生，其中 90% ~ 96% 死于危地马拉政府军之手。1994 年，中情局驻危地马拉官员仍然极力掩饰他们与军事政权亲密关系的本质，压制媒体报道列名中情局员工的危地马拉官员都是凶手、拷问者和窃盗者。这种掩饰行为已违背伍尔西 1994 年推行的权衡措施。这个称为"特工认证"的考核措施，是以特工行为是否背信衡量情报质量。

督察长奚茨道："没有立场与众所皆知的、双手沾满血腥的军官或政府官员打交道，除非是服膺合法的情报目标，或者那人知道危地马拉南部某贮藏所在制造化学武器，且将在公开市场出售。"

"若是一个声名狼藉的杀人犯、违法者，则须将中情局和那个人打交道的事实，以及那人提供的情报权衡斟酌。若是情报攸关，我们也许可以冒个险。所以，我们要睁大眼睛，不要凭着惯性或冲动行事。"

当中情局支薪册上的一位危地马拉上校，涉嫌掩饰美国餐馆老板谋杀案，以及一个危地马拉游击队员娶了美国律师的事件时，这个问题益加沸腾。旅馆老板之死引发民众抗议，虽促使老布什政府切断数百万美元的军援，但中情局仍继续金援危地马拉军事情报机关。1989—1992 年驻瓜大使史楚克说，"危地马拉工作站的规模比实际需要大了一倍"，但显然仍无法就本案提出正确的报告。布鲁格站长并没有告诉大使，这位主嫌上校是中情局特工。史楚克大使说："他们不仅没告诉我，也没告诉我的上司国务卿或国会。他们太笨了。"

1994 年丹·唐纳休出任工作站长后，愚蠢变成恶意。新大使麦卡菲女士主张人权和正义，中情局却仍对心狠手辣的军事情报机关忠心耿耿。

大使馆一分为二。麦卡菲回忆说："站长来到我办公室，让我看一则来自危地马拉内线的消息，暗指我和女秘书墨菲有暧昧关系。"危地马拉军事情报局在大使房间装设窃听器，录下她对墨菲的喃喃私语，然后放话说大使是个女同性恋。中情局工作站把这份后来称为“墨菲备忘录”的报告发到华盛顿后，广为流传。麦卡菲大使说：“中情局还把这份报告送到国会山，这明显动机不良。中情局用走后门方式毁谤一位大使的名誉。”

麦卡菲大使出身保守家庭，为人也极为保守，且已结婚，她与秘书并没有私情。其实，“墨菲”是她那只两岁大黑色贵宾狗的名字，窃听器所录到的正是她在安抚爱犬。

中情局此举显示，它对危地马拉军方友人的情谊，远超过对美国大使的感情。麦卡菲道：“情报与政策分离，这是最让我害怕的。”

杜奇也感到害怕。1995 年 9 月 29 日，杜奇在就任第五个月快结束的时候，前往中情局总部附近的“泡沫”——一个有 600 个座位的圆形剧场，向秘密行动处转达坏消息。内部审查委员会分析危地马拉形势的证据后，告诉杜奇应开除 1990—1993 年间担任拉美科长，现为瑞士工作站站长的华德。审委会说，危地马拉工作站前任站长布鲁格也应开除，并对继任的丹·唐纳休站长予以严厉训诫，永远不能再担任站长。

杜奇表示，中情局“在危地马拉执行任务的方式有很大缺失”，问题就在于说谎。或者，以杜奇的话来说，工作站长和美国大使之间，工作站和拉美科之间，拉美科和总部之间，乃至中情局和国会之间，“缺乏诚信”。

在秘密行动处被开除的情况很罕见，但杜奇说他会遵照审委会的建议执行。他在“泡沫”剧场宣布此议十分不讨好。在场的数百位官员怒不可遏。在他们看来，杜奇的决定是令人透不过气来的“政治正确性”。局长告诉他们，他们必须不断深入到世界各地，为国家安全冒险。剧场后排传出一声低吼和一声表示“哎呀，不得了”的苦笑。局长和秘密行动处就此分道扬镳。这一刻决定了杜奇在中情局的命运。

“我们要拨乱反正”

这一分手便难复合。杜奇把秘密行动处问题的相关文件，交给中情局第二号人物——副局长特尼特。现已 42 岁的特尼特，在参院情报委员会当了 5 年幕僚长，又在国家安全委员会当了 2 年的情报事务负责人，一直是个孜孜不倦的忠实助手，对如何经营中情局和国会与白宫关系有深入的看法。他对秘密行动处的看法和杜奇不一样，不把它视为亟须解决的问题，而是把它当成应该拥护的主张。特尼特要竭尽所能地带领他们。特尼特告诉秘密行动处各主管：“我来向各位解释一下，这儿有 10 ~ 15 件事是不容违背的，是可以提升美国国家安全利益的，也是我希望各位投注经费、人力、语言训练和技术的地方。我们要拨乱反正。”

恐怖主义不久便跃登特尼特名单榜首。1995 年秋天，苏丹工作站一波波险恶的报告传到中情局总部和白宫反情报主管克拉克那里，但所有报告仅来源于单一的中情局吸收的特工。报告中警告，工作站、美国大使馆和克林顿政府某要员即将遭到攻击。

总统国家安全顾问雷克回忆道：“克拉克跑来对我说：‘他们要炸死你’。”“谁要炸死我？”雷克问。“大概是伊朗人，也可能是苏丹人。”克拉克答道。“我于是住进安全屋，每天搭防弹车上下班，他们一直无法证明真伪。我想他们也证明不了。”雷克说。

当时，苏丹是无国籍恐怖分子的国际交流中心，本·拉登便是其中之一。中情局最初知道这个人的时候，他是阿拉伯富豪，支持中情局所武装的阿富汗反抗军对付苏联压迫者。他是很出名的金主，支持不少具有打击伊斯兰敌人远见的人。中情局始终没有把本·拉登及其人脉网络相关的片段情报，汇整成一份有条理的报告上呈白宫。他所代表的恐怖威胁，直到他的名字轰传全世界之后，才有正式的评估报告问世。

本·拉登已在 1991 年波斯湾战争后回到沙特阿拉伯，号召沙特阿拉伯人反抗美军进驻。沙特阿拉伯政府将他驱逐出境后，他就在苏丹落脚。中情局苏丹工作站站长柯佛·布拉克是智勇双全的老派情报员，曾协助追捕恐怖分子“豺狼”卡罗斯。布拉克全力追踪拉登在苏丹的活动与动机。1996 年 1 月，中情局成立一个由 12 人组成的反恐小组，全心对付拉登的工作站——苏丹。中情局当时就隐约觉得，拉登可能对美国的海外目标发动攻击。

然而，到了 1996 年 2 月，中情局却听信吸收而来的特工警告，关闭苏丹业务，自己掩起耳目，无视与新目标相关的情报。工作站和大使馆关闭后，人员移往肯尼亚。这个决定遭到美国驻苏丹大使卡尼的强烈反对，具有军事素养和外交敏感度的他，力称美国撤出苏丹是个危险的错误。他质疑中情局所谓恐怖攻击一触即发的警告，后来证明他所料不假。那位发出警讯的特工是个说谎者，中情局因而正式撤销大约 100 项根据此人提供的情报而作的报告。

不久之后，拉登即转到阿富汗。拉登工作站长舒尔认为这是绝佳的机会，因为中情局已和流亡巴基斯坦西北部落区的阿富汗人重新搭上线。中情局口中的“部落”，正协助该局追捕坎西，他在中情局总部外杀害 2 名情报官员。

中情局寄望他们有一天能绑架或杀死拉登。不过，这一天还得慢慢等，目前中情局已锁定另一个人。

近东科长史帝芬·李克特已花了 2 年时间规划支持反侯赛因军事政变事宜。

出自克林顿的这项命令，已是白宫在这 5 年内第三次向中情局下达此种指示。在约旦，一组中情局官员会晤伊拉克特种部队前指挥官沙瓦尼。在伦敦，中情局与领导伊拉克反抗军和复兴党的阿拉威密商大计，并提供他经费与枪械。②在伊北，中情局集结无国籍的库尔德人领袖，重拾昔日扰嚷不休的交情。③

中情局虽尽了最大努力，可惜这些性质相异且任性的势力，没有一个能团结一致。中情局挹注数百万美元，想尽办法吸收侯赛因的军事与政治核心重要人士，希望他们能揭竿而起，可惜这些计划都遭到侯赛因间谍的渗透和破坏。1996 年 6 月 26 日，侯赛因开始在巴格达内外逮捕 200 余名官员。其中，包括沙瓦尼的几个儿子在内，起码有 80 人遭处决。

众院情报委员会幕僚长罗文索曾担任中情局资深分析员，他在政变计划失败后表示："侯赛因案很有意思。没错，我们要扳倒侯赛因，这是好事。但我们找谁来接手呢？我们在伊拉克有什么人？我们拱上台的人可能都会坐不安稳。所以，这是决策者说要'想办法'的个案。这'想办法'的冲动就已表明他们其实无可奈何。"他们不知道中情局"没法处理侯赛因问题"。他说："问题在于，没有可靠的伊拉克人可以打交道，可靠的人又办不了你要他们做的事。所以，这是个失败的、不可行的行动。可是，运作人员很难启齿地说：'总统先生，这我们办不到。'于是才会有原本就不该启动的行动。"

"情报失败不可避免"

杜奇告诉国会，中情局大概永远解决不了侯赛因问题，这令克林顿勃然大怒。他 17 个月的中情局局长任期在苦涩中结束。1996 年 12 月，克林顿取得连任后，立即开除杜奇，改请国家安全顾问雷克接下这很少有人艳羡的工作。

雷克沉吟："这是个大挑战，我的打算是推动分析业务，让情报来源和成果都能符合 20 世纪 90 年代的世界局势。我们拿到手的情报，往往只是临时的新闻分析。"

然而他的提名却过不了关。共和党籍的参院情报委员会主席谢尔比要他当替罪羊，只要保守派认为克林顿政府外交政策有点不对劲就找他。情报委员会维持了 2 年的两党协商政治表相就此消失。此外，另一股反对的暗流则是来自秘密行动处。他们所传达的信息是：别再找个局外人来。

雷克道："在中情局眼中，人人都是局外人。"

他的任命听证会不太公平。雷克于是在 1997 年 3 月 17 日忿然退出，并向总统表示他不愿再当 3 个月的"政治马戏团里跳舞的狗熊"。于是，这只毒杯交到剩下的唯一人选特尼特手上。已经以代理局长身份管理中情局的特尼特，成为 6 年内第五位中情局局长。

奚茨说：“层峰所造成的骚动与混乱一言难尽。从杀伤力的角度来说，对士气的冲击实在一言难尽。局里的感受是：这里谁在当家？上头的人上不上道呀？他们难道不了解我们是干什么的？不晓得我们的使命？”

特尼特知道自己的使命，即解救中情局。然而，中情局背负着创始于 19 世纪 80 年代的人事制度，20 世纪 20 年代一贯运作的工厂似的情报输送带，20 世纪 50 年代官僚制度等包袱，几近走向美国世纪末日了。它动用人员与经费的方式令人想起斯大林的“五年计划”。搜集与分析秘辛的能力随着信息爆炸时代的来临一起瓦解，因特网则使得加密（将语言变成密码）功能成为普遍的工具。众院情报委员会指出，秘密行动处已成为“成事不足，败事有余”的地方。

这类失败一再成为头条新闻。中情局的侦察能力再度因内部出了叛徒而遭重创。在中情局弗吉尼亚州威廉斯堡“农庄”的训练中心担任总教官职务 2 年的尼柯森（曾任罗马尼亚工作站站长），从 1994 年起一直在替莫斯科当间谍，把几十名中情局驻外人员以及 1994—1996 年从“农庄”集训的每一位学员档案卖给俄罗斯人。中情局向判了尼柯森 2 年徒刑的联邦法官表示，他对全球所造成的伤害无可估计。那 3 年受训的中情局学员，事业毁于一旦：只要留下烙痕，永不可能派赴海外。④

1997 年 6 月 18 日，也就是特尼特宣誓就职前 3 个星期，众院情报委员会发布新报告，将仅余的“中情局是美国第一防线”这自豪的念头一笔勾销。由戈斯领衔的情报委员会指出，中情局充斥着没有经验的情报官员，既不会说自己执行任务的国家的语言，对该国的政治生态又毫无所知。通过谍报活动搜集情报的能力微不足道，而且仍在消退。该报告结论说，中情局缺乏“监视全球政治、军事及经济发展所需的深度、广度和专业知识”。

那年夏天，有位叫特拉弗斯的情报官在内部刊物发表一篇令人难忘的文章，他说美国搜集与分析情报的能力已经瓦解。他写道，美国情报圈的领导人多年来一直坚称他们设法把中情局拉回正轨，其实这是个迷思。“我们只是微调我们的结构，稍微更动计划……把铁达尼号甲板上的座椅弄整齐”而已。他提醒道：“但我们会渐渐地犯下更多更大的错误……我们已偏离搜集与不偏不倚分析事实的根本初衷。”

他为未来的中情局领导人贡献一则预言：“时间是 2001 年，世纪交替前后，分析已变得支离破碎。情报圈仍可搜集‘事实’，但分析早已被唾手可得的大量信息淹没，无从分辨重要事实与背景噪音。分析质量越来越让人怀疑……数据仍在，但我们却已无法充分了解它们的重要性。”

他写道：“从 2001 年的角度来看，情报失败不可避免。”⑤

本章注释

① 2005 年电影《冲出封锁线》即以斯雷布雷尼察为背景，本书反英雄的叙述，可与电影观点作对照。

② 2004 年 5 月，亦即美军占领伊拉克一年之后，美国把阿拉威拱上总理职位。此人虽有辩才和雄心壮志，却不是政治人才。他和中情局近乎众所皆知的老交情未必对他有利。

③ 1972 年夏天，中情局运交尼克松和基辛格亲自批准的 538 万美元金援与军火，“以协助……伊北库尔德人反抗伊拉克复兴党政权”。2 年后，基辛格出卖库尔德人，撤销美国支持，以安抚伊朗国王巴列维对库尔德人成为独立国家的不安。

④ 中情局训练课程结业，不保证派驻海外一帆风顺。历任莫斯科、维也纳和墨西哥市工作站长的欧尔森提到一则往事，一对刚获派任为主事官的年轻男女来向他报到，女的是律师，男的是工程师。欧尔森忆述：“我对他们抱有很高的期望。”不料，不到一个星期他们就跑来告诉他，对自己以伪装身份吸收特工感到良心不安，“他们不能让自己如此误导和利用不知情的人”。殊不知，中情局驻外人员就专做这种事。这对年轻人没救了。他们辞职。欧尔森“很奇怪他们在受训时怎没提出这种道德疑虑”。其实，他们确实已表达疑虑，但教练要他们别担心，“派任后就没问题了”。

⑤ 崔斯写道：“失败也许是传统的变数：我们未能预测友好国家政府垮台；没有提供充分预警，防范突袭我方盟国或设施；国家主导型恐怖活动完全出乎我们意料；未能察觉预期之外的国家取得大规模杀伤性武器……总之，我们或许没有遭受珍珠港事变式的奇袭，但一连串错误引发各界质疑我们（令大多数国家国防总预算相形见绌）的情报预算。情报圈必须解释失败原因，而此举必然会走向文过饰非。我们会渐渐地犯下更多更大的错误，最后走向承认情报失败的地步，这只是时间问题……理由很简单：我们已偏离搜集和不偏不倚分析事实的根本初衷。”

第47章

本·拉登：再真实不过的恐怖威胁

1997 年 7 月 11 日，特尼特宣誓就职为第 18 任中情局局长。当时他曾向笔者自夸说，中情局其实比外界所知的还要精明和高明许多，他很清楚自己所说的话会在《纽约时报》上出现。这是公关话。他在7年后坦承："我们差点崩溃。"他所接手的是个"专业知识消退"，秘密行动处"一团乱"的中情局。[①]

当时，正忙着筹备 9 月间的创立 50 周年庆祝大典的中情局，已拟妥一份最杰出中情局官员 50 人名单，但名单上的人大多是白发苍苍的老者，不然就是已经逝世的故人。赫尔姆斯是少数还在世的杰出官员，但他却没有庆祝的心情。该月，赫尔姆斯向笔者表示："美国身为当世仅存的超强，对世界局势的兴趣却不足以组织和经营一个谍报机关。作为一个国家，我们已渐行渐远。"他的继任者詹姆士·施莱辛格颇有同感："我们对中情局的信赖已消失。现在的中情局破败老朽，在谍报上的用处很值得商榷。"特尼特动手重建，首先是把已退休的老手找回来，如曾任莫斯科与北京工作站长的唐宁，已答应经营秘密行动处一两年。此外，特尼特还想办法帮中情局找来几十亿美元。他保证只要立即挹注经费，中情局可在 5 年内，也就是 2002 年前后恢复旧观。在众院看管中情局荷包的戈斯，先安排一笔几亿美元的"紧急援助"秘密经费，随后又一口气拨下 18 亿美元。这也是 15 年来情报经费增加最多的一次，而且戈斯保证还会再找钱。

戈斯说道："中情局不只是应付冷战的机关，各位若回想一下珍珠港事变，就不难明白其中的原因。外面有很多令人不快的意外。"

重大的制度性情报失败

特尼特在戒惧谨慎中度日，随时提防发生大乱。他在总部一次鼓舞士气的集会上宣示："我不容中情局变成二流机关。"几天后，也就是1998年5月11日，印度试爆核弹再一次让中情局大吃一惊。这次核爆重塑全球权力平衡局面。

印度民族主义新政府早已公开扬言，要让核武成为印度军需工业的一部分，负责原子武器开发的长官也曾表示，只要政治领导人点头，他随时可以准备试爆。巴基斯坦则发射新型火箭，试探新德里的反应。按理说，全球最大的民主国家美国应该早有所知才对，谁知印度核爆还是让美国大为震惊。新德里工作站发回来的报告懒懒散散，总部的分析含含糊糊。警铃始终没响。这次核爆揭露，中情局在谍报、解读卫星照片、理解和思考报告方面都存在失误。查尔斯·艾伦说道，这是"令人很不安的事件"，艾伦从长年负责预警运作中退休，被特尼特找回担任副局长，主管情报搜集业务。这是中情局制度瓦解的迹象。

人们渐渐有大祸将至的预感。"剧变性预警失误的可能性逐渐升高"，接手特尼特在国家安全委员会职务的玛丽·麦卡锡，于印度核爆后不久在一份非机密报告中指出："浩劫临头！"

特尼特在印度核爆的时候分神是有原因的，他的手下正在演练捉拿拉登的行动。拉登在1998年2月宣示，他是奉真主之命执行杀美国人的任务。在阿富汗，他召集震撼部队和反苏圣战的附和者投入反美新圣战。在巴基斯坦，中情局工作站长施罗恩则在修正计划，打算利用阿富汗老战友趁拉登到南部大城坎大哈时伺机绑架。1998年5月20日，他们开展为期4天的最后正式演练，谁知特尼特却在5月29日决定取消行动。此举成败全在与巴基斯坦的合作协调上，但现在巴基斯坦也在核爆，等于是已敲起战鼓。阿富汗人不可靠。失败不是选项，而是极有可能的事。活捉拉登的概率自从一开始就微乎其微，现在世局不稳，不宜冒险行事。

6月过去，7月也转瞬即逝，拉登口中的反美攻击并没有出现。1998年8月7日凌晨5点35分，克林顿被电话吵醒：美国驻肯尼亚首都内罗毕和坦桑尼亚首都达累斯萨拉姆大使馆发生爆炸事件。两起爆炸相隔4分钟。笔者亲眼目睹，内罗毕爆炸案的损害十分严重：包括一名中情局年轻官员在内，共有12名美国人在爆炸中丧生，使馆外围办公大楼和街头爆炸，则造成数百名肯尼亚人死亡，数千人受伤。

第二天，特尼特带着拉登前往阿富汗与巴基斯坦边界的霍斯特外围某营区相关消息来到白宫。特尼特与克林顿的国家安全委员会助理群一致同意以巡弋导弹攻击该营区，为扯平两国使馆遇袭，他们还得找第二个标靶，结果选中苏丹首府喀土穆郊区西法一家工厂。中情局的埃及特工从工厂外围采集的土壤样本，可能含有制造 VX 神经毒气的化学成分。

这证据非常无力。玛丽·麦卡锡在国家安全委员会议上警告，“我们需要更多与这间工厂相关的情报”，才能进行轰炸。可惜，没有进一步的证据。

美国海军在阿拉伯海的军舰，于 8 月 2 日朝两处目标发射巡弋导弹，炸死大约两名路经霍斯特的阿富汗人（本·拉登早就走了）和苏丹一名夜间警卫。克林顿权力核心宣称，攻击苏丹的理由无懈可击。其实，他们先是说西法是拉登的兵工厂，实际上却是制药厂，和本·拉登扯不上关系。之后他们又说它是伊拉克散播神经武器计划的一环，但联合国武检人员测试证实，伊拉克并没有武器化的 VX 神经毒气。土壤采样里的成分可能是 VX 的前驱剂，而且很可能是除草剂。本案是由十几点推论和猜测串联而成的，但没有一点可以支持攻击西法的决定。1992—1995 年，驻苏丹大使皮特森说：“这是错误决策，克林顿政府提不出该药厂制造化武的决定性证据。政府虽有理由怀疑，但要诉诸导弹攻击这类战争行为，须有铁证才行。”他的继任者卡尼大使则语带保留：“对准西法的决定与苏丹活动相关情报不足的传统乃一脉相承。”克林顿政府的反恐攻势发动得太早。

3 个星期之后，特尼特与美国情报圈各领导人会谈，与会者一致同意，在搜集、分析和发布情报方式上，必须做“实质且全面的变革”，否则必会导致“重大的制度性情报失败”。② 日期为 1998 年 9 月 11 日。

全国征才计划

特尼特在 10 月间第一次以中情局局长身份，接受列入记录的采访时，告诉笔者，倘若中情局再不自我重建，不消多久，“10 年内我们就会变得无关紧要，除非能发展一套专业技术，否则我们便无法完成使命”。

自 1991 年至今，中情局已流失 3 000 名最优秀的人才，其中两成左右是资深谍报人员、分析员、科学家和科技专家。每年大约 7% 的秘密行动处人员出走，至今总共已流失大约 1 000 名经验老到的谍报人员，还在岗位上的只剩 1 000 多人。特尼特知道，第一线人马如此薄弱，日后恐怕无法防患于未然。

他说：“届时我们不得不时时追着我们未能预见的事件跑。这倒不是说有人玩忽职守，而是事态过于复杂的缘故。各界都有一个期望，认为我们已建立一个不会出错的情报体系，认为这个情报体系不但可以告诉大家潮流、事件和提供见解，更有责任说明每一事件的日期、时间和地点。”中情局自己在许久之前所营造的这种希望和期待，其实是个幻象。“我们依旧会措手不及。”

他痛感重建中情局是得花费数年、数十亿美元和数千名新进人员的战争，于是开始组织全国性的寻才计划。这是一场和时间赛跑的苦战。把一名新手变成有能力在全球各国首都独当一面的主事官，大概要花上 5 ～ 7 年时间。既熟稔外国文化又愿意为中情局服务的美国公民很难找。20 世纪 90 年代中期担任中情局总法律顾问的杰福瑞・史密斯说，谍报人员必须懂得“如何运用欺骗、操纵和不正当手段来完成使命。管理阶层必须时时留意寻找有能力应对欺骗和操控的世界的特殊人才，同时又得保持他或她的道德安定力量”。可惜，中情局一直没有用心寻找、礼聘和留住这类特殊人才。

这些年来，中情局越来越不愿意聘用“有点与众不同、有点古怪、不修边幅、和别人不太合得来的人”，盖茨说道，“我们所采用的那些心理测验等诸多考试，让一些可能才智不凡、具有特殊才能或特殊能力的人，很难进入中情局。”这种短视文化的后果让中情局误判世局。中情局官员很少能读说汉语、韩语、阿拉伯语、印度语、乌尔都语③或波斯语，曾在阿拉伯市集杀过价或走过非洲村庄的官员更是少之又少。中情局派不出“亚裔美国人到朝鲜而不致被认出是刚从堪萨斯来的小伙子，或非裔、阿拉伯裔美国人到全球各地工作”。

盖茨在 1992 年还是局长的时候，就想聘用一位在阿塞拜疆长大的美国公民。盖茨回忆：“他的阿塞拜疆话说得很溜，但英文却不太好，结果他就因为英文考试不及格而吃了闭门羹。我得知后气得快发疯。我说：‘这儿有好几千人会说写英文，却没有一个会说阿塞拜疆语。瞧你们干了什么好事？’”

中情局开始在全国大城小街寻找移民和难民的子女，在第一代亚洲人和阿拉伯人家庭长大的男女青年，在全国各少数民族的报纸刊登征才广告。可惜收获不大。特尼特知道，往后几年中情局的生死存亡，全看它如何把国际兴味和知性冒险的形象投射到青年才俊身上，但他也知道新血只是疗法的一部分。征募新人解决不了根本问题：中情局能吸引未来 5 ～ 10 年内所需的人才吗？它自己都不知道何去何从。它只知道在已经下陷的境况中无法存活。

“我们要炸这里”

中情局日渐式微的同时，敌人却日益壮大。攻击拉登行动失败后，反而使他的地位水涨船高，吸引数千名新兵投入他的旗下。中情局打击基地组织的急迫性，也随着他的声势逐步攀升。

特尼特重拾利用阿富汗代理人擒拿拉登的计划。1998 年 9 月和 10 月，阿富汗人宣称发动 4 次伏击，可惜都功败垂成，中情局则表示强烈怀疑。但他们还是说服中情局的前线官员，认为他们可以追踪到游走各训练营的拉登行踪。他们在 12 月 18 日报告说，拉登正赶回坎大哈，后天会在省长大院内某一间房舍内过夜。工作站长施罗恩从巴基斯坦传话回来：今夜突袭——机会难逢。巡弋导弹蓄势待发，锁定目标。然而，这则情报只是一个人的片面之词，其实当晚大院里住了好几百人。特尼特心头疑虑终究克服了想要解决拉登的冲动，高层的命令是稍安勿躁。于是，一鼓作气变成谨慎行事，冲锋陷阵变成徐图缓进。

克林顿执政初期的秘密行动处第二把手麦加芬说，从 1998 年秋天以降，“美国有能力把拉登赶出阿富汗，甚至杀死他”，但总是临阵退缩。“拉登每天的行踪中情局差不多全知道，有时误差在 50 英里之内，有时则在 50 步之内”。另一方面，为执行预期攻击而进行特训的美国特种部队，却有 15 人在训练中或死或伤。五角大楼的指挥官和白宫的文官，不断地从反拉登军事任务的政治博奕中退缩。

他们把差事丢给中情局。中情局却没有能力执行。

1999 年头几个星期，阿富汗报告说，拉登前往坎大哈南部一处颇受放鹰富户喜爱的狩猎场。侦察卫星在 2 月 8 日锁定该地，可是却有一架阿联酋政府的飞机停在那里，美国可不能为了杀拉登而牺牲盟邦诸位大公的性命，于是巡弋导弹就留在发射器里。

1999 年 4 月，阿富汗继续追踪拉登在坎大哈内外的行踪。5 月间，他们连续锁定他 31 个小时。施罗恩手下特工对他的行踪都有详细报告，中情局副局长戈登将军也认为，机会千载难逢。

有三次机会发动导弹攻击，三次都被特尼特打回票。前几天中情局挑选攻击目标的能力，已让他信心大为动摇。

北约轰炸塞尔维亚的行动，原意是要迫使米洛舍维奇总统把军队撤出科索沃。中情局应邀为美国战机挑选轰炸目标。这个任务落在反扩散课，也就是分析大规模杀伤性武器扩散相关情报的小组。分析人员确认最佳标靶是位于贝尔格莱德市乌美诺斯提大道 2 号的“南斯拉夫军需处”。他们以观光地图锁定地点。定标运作从中情局上行到五角大楼，协调运作则输入 B-2 隐身轰炸机的电路板上。标的是毁了，但中情局却看错了地图：那栋大楼不是南斯拉夫军需处，而是中国大使馆。

1999 年 7 月出任国防情报局局长的威尔逊海军中将说：“误炸中国驻贝尔格莱德大使馆，对我个人而言是极为不快的经历，是我指着中国大使馆的照片

（连同另外 900 张照片），对总统说：‘我们要炸这里，因为它是南斯拉夫的军事采购部门。’”那张照片是从中情局拿来的。

这次失误造成的伤害之深，不是外人所能知道的。有很长一段时间，中情局所提的任何事或任何人，凡是要动用到美国导弹的，白宫和五角大楼都不会相信。

“你们美国人都是糊涂蛋”

美国的军事和情报机关仍然汲汲于打击某些军队和国家——他们不容易杀掉，但很容易在世界地图上找到。新敌人则是容易杀、不容易找的人。敌人夜里开着丰田 Land Cruiser，如幽灵般游走于阿富汗各地。

克林顿已签署密令，授予中情局杀死拉登的权力。他在即将面临弹劾之际，成天想入非非的是美国忍者从直升机绕绳而下，一把揪起这位沙特阿拉伯人的场景。他让特尼特担任此次针对一人的战争指挥官。

特尼特自己虽对中情局的情报和秘密行动的能力怀有疑虑，却不得不在拉登再展开攻势之前，规划新的攻击计划。他和新上任的反恐主管布拉克连手，在 1999 年夏天结束前提出新战略：中情局将和全球各地的旧友宿敌合作杀掉拉登。布拉克深化他和已在阿富汗边界的外国军事、情报与安全机关的联系，如乌兹别克斯坦与塔吉克斯坦等，寄望他们能协助中情局官员深入阿富汗。

此举的目的是希望和阿富汗战士马苏德搭上线，他自苏联入侵以来即在喀布尔西北山谷据地称雄近两年。高贵英勇、希望有一天成为阿富汗国王的战士马苏德，向中情局联络人提出大联盟建议。他提议攻击拉登各处据点，并在中情局与美国军火援助下，推翻由农民、毛拉和圣战士所组成的喀布尔统治者“塔利班”。他可以协助中情局建立基地，以便中情局自己擒拿拉登。布拉克完全赞同，他的副手们也跃跃欲试。

可是在特尼特看来，失败的概率还是太高。他再次打回票——进出阿富汗的风险太高。记者和外国救援志愿者一直都在阿富汗出生入死，中情局却不愿冒这个险。

马苏德得知后哈哈大笑：“你们美国人都是糊涂蛋，你们真是死性不改。”

千禧年将近之际，由中情局创立并支持的约旦情报机关，逮捕 16 名疑似准备于圣诞期间在各地饭店和观光景点搞破坏的分子。中情局认为这是基地组织打算在新年期间发动全球攻击的先声。特尼特立即联络欧洲、中东和亚洲两个国家的情报首长，请他们把和拉登有关系的人全部逮捕，同时给中情局驻外官员发出急电："这次威胁再真实不过了，采取一切必要措施。"千禧年安然度过，并没有发生重大的攻击事件。

2000 年 2 月和 3 月，总统在听取中情局对付拉登的秘密行动计划后表示，美国应该可以做得更好。特尼特和新上任的秘密行动处主管帕维特表示，中情局需要追加几百万美元经费，白宫反恐主管克拉克则认为，中情局欠缺的是意志，不是荷包。他说，已经给中情局"很多钱和很多时间去做，我不想再投钱下去"。

政治季节带回始于杜鲁门的传统：为在野党总统候选人作情报简报。中情局代理副局长麦罗林和反恐中心副主任彭克，于 9 月劳动节当天前往得克萨斯州的克劳福斯，为小布什州长举行 4 个小时的讲习。彭克的任务是告诉这位共和党候选人，往后 4 年某段时间会有美国人死在外国恐怖分子手中。

5 个星期后就有第一批死伤者。10 月 12 日，也门亚丁港内，一艘快艇上站着两个人，边鞠躬边接近美国柯尔号战舰。轰然巨响过后，炸死 17 人、炸伤 40 人，把造价 2.5 亿美元美国海军最先进的战舰炸出个大洞。

基地组织是显而易见的嫌疑犯。④

中情局在克劳福斯设立卫星办公室，让小布什在漫长的 2000 年选战期间，随时得知攻击事件与其他世界局势。最高法院宣告小布什当选后，特尼特于 12 月亲自向总统当选人简报本·拉登的相关消息。小布什还记得，他当时特别问及特尼特，中情局杀不杀得了这家伙。特尼特答称，杀他解决不了他所代表的威胁。小布什接着又单独会晤克林顿，就国家安全问题谈了两个钟头。

克林顿记得当时就对他说："你最大的威胁是拉登。"小布什却赌咒说没听过这句话。

本章注释

① 2004 年 4 月 14 日特尼特在"'9·11'委员会"作证时指出，他所接手的中情局"经费缩水，专业知识消退……为秘密工作吸收、训练和留住人才的基层一团乱……在我们遭遇毕生最大的信息科技变革时，我们的信息系统已渐渐过时"。

② 情报圈内弥漫着即将发生大事的预感，使得许多人无法承受。特尼特与情报圈各领导人会谈后 3 个星期，在众院情报委员会主席戈斯手下担任幕僚长的秘密工作老手米利斯提出警告，中情局淹没在全无意义的数据堆里，

缺乏人才，已渐趋崩溃。他沉吟道："以前有人自夸说，中情局是政府的'9·11'报案专线。现在你再拨'9·11'看看，情报早没了。" 2000年6月4日，米利斯在华盛顿郊外旅馆饮弹自杀。

③ 乌尔都语是以波斯语和梵语为主的北印度方言。波斯语是中世纪波斯语，由公元8世纪自波斯迁至印度的琐罗亚斯德教徒后裔所使用。

④ 中情局在大选前后对小布什和克林顿所作的简报，均列入"'9·11'委员会"报告。美舰柯尔号爆炸案引来里根时期的海军部长约翰·李曼严辞抨击。他于事发3天后在《华盛顿邮报》舆论版撰文指出，这起攻击事件是"令人极为不快的情报失误所致。当然，情报失误已是家常便饭，没有人会感到意外。在我服务三任政府的14年公职期间里，眼见多次历史性的危机，每次情报官僚不是没有提出预警（如科威特），就是评估完全错误……结果还是依然故我。柯尔号是300亿美元任务计划下的最新受害者，把最神奇的太空与电子技术变成无用垃圾"。

第48章

全球追捕“恐怖公敌”

主管中情局行政业务的助理局长西蒙，在 2001 年 1 月小布什就职后不久提醒道，“美国情报机关有问题”，中情局“中心已遭破坏”。中情局没有保护国家所需的搜集与分析情报的能耐。

西蒙道 :“2001 年的美国，在能力日渐衰退与国家安全委员会需求日益增加之间失衡的状态，逐渐扩大至令人目眩的程度，行动计划与美国可能面临的危机之间，脱节现象十分明显。”总有一天，总统和国会必须出面说明“何以未能预知可见的大灾难”。

美国情报机关各自为政与散漫无章的情况，与 1941 年时几乎没有两样。连续 18 位中情局局长都无法完成统合的任务。如今，中情局这个美国政府机关即将垮台。中情局现有编制 1.7 万人，相当于一个陆军师的规模，可惜绝大多数是办公人员，在海外从事秘密工作的大约只有 1 000 人。大多数官员日子过得很惬意，不是住在市郊小街，就是住在华盛顿环道外围公寓，不习惯饮用脏水、睡泥巴地，更不习惯牺牲奉献。

1947 年 9 月，有 200 人加入中情局秘密行动处成为元老。到 2001 年 1 月时，有能力和勇气在险恶据点打拼的，大概也只有 200 人。专门对付基地组织的全班人员，人数大概就已多出一倍，而这些人大多只是在总部盯着计算机看，以过时的情报技术与现实世界隔绝。① 指望他们保护美国不受攻击，无疑是个幻想。

中情局变成空壳

特尼特在白宫很有面子，他已正式把中情局总部依总统老爸的名字改名为“布什情报中心”，新三军统帅挺喜欢他这硬汉态度。可是，小布什就职后的前9个月里，中情局得到的关爱却是最少的。小布什为五角大楼增加7%的预算，中情局和其他情报界只是聊胜于无地加了个万分之三。两者之间的差异是由拉姆斯菲尔德主持的五角大楼会议所设定的，情报界没有代表与会。拉姆斯菲尔德和副总统切尼这两位自尼克松与福特以来的国家安全委员会、政治最佳搭档，在小布什政府拥有极大权势，而两人都很不信任中情局的能力。

小布什几乎每天早上8点都会在白宫接见特尼特，只是特尼特所提的拉登的相关情报，没有一句能引起总统的注意。日复一日，特尼特在晨间简报中向总统、切尼和国家安全委员会顾问赖斯提到基地阴谋攻击美国的种种前兆，小布什的心思却在导弹防御、墨西哥、中东问题上，完全没有感受到急迫感。

里根政府时期，总统听而不闻，中情局局长嗫嚅艾艾。助理人员常开玩笑说，谁也不知道他俩在说些什么。小布什和特尼特之间虽然没有这种毛病，但问题出在中情局不明确，白宫没焦点。赫尔姆斯说过，单是按警铃还不够，还得确认别人能听到。

噪音——恐怖攻击将临的情报音量和次数，震耳欲聋，可惜都是片言只语，未能证实，特尼特无法向总统传达一个有条理的信息。2001年春夏，高音警报器越来越大声，中情局绷紧神经，想要看清听明威胁何在。警讯从沙特阿拉伯、波斯湾国家、约旦、以色列和欧洲各国源源不断地涌入，中情局老旧的电路差点负荷过量。密报不断进来：他们要攻击波士顿，他们要攻击纽约，他们要攻击伦敦。5月29日克拉克写电子邮件给赖斯：“一旦发生这些攻击，我们不知还能做什么才能阻止他们。”

中情局担心7月4日假期，美国驻外使馆习惯上会放下防守，开放门户庆祝美国独立革命，此时可能发生海外屠杀事件。因此特尼特在假期前几周就致电安曼、开罗、伊斯兰堡、罗马和安卡拉情报机关首长，请他们摧毁各地已知或疑似基地外围的组织与分支机构。中情局会提供情报，外国情报机关负责逮人。波斯湾国家和意大利的确是捉了几个嫌疑分子关进牢里。特尼特告诉国会，逮捕行动也许可以破坏他们攻击两三个美国使馆的计划，也许无济于事，很难说。

现在特尼特必须作出没有一个中情局局长曾面临的生死决定。一年前，中情局与五角大楼在结束长达7年的斗争之后，宣布即将以一架配备摄影机和侦测感应器的无人飞机“掠夺者”，部署于阿富汗上空，并已在 2000 年 9 月 7 日进行第一次飞行。现在，中情局和空军已想出如何在“掠夺者”上加装反坦克导弹。理论上，只要投资几百万美元，一名中情局官员就可以利用影像屏幕和操纵杆在总部追杀拉登，但“指挥链怎么安排？”特尼特思索道，“谁来下令？谁来动手？”特尼特自知没有杀人权力，中情局自作主张发动遥控暗杀又令他心惊胆战。中情局挑选标靶失误的例子历历可数。

2001 年 8 月 1 日，国家安全委员会小组的第二级决策机关“副首长级会议”决议，中情局以“掠夺者”杀死拉登乃属国家自卫的合法行为。这么一来，中情局却面临更多的问题。经费谁来负担？谁来武装“掠夺者”？谁来当空中交通管制员？谁来担任驾驶和炮手？中情局这种束手无策的样子，简直要把克拉克逼疯，他怒道：“不管基地是不是值得我们动手的威胁，中情局必须决定打或不打，不要尽是首鼠两端。”

中情局始终没有回答小布什的问题：恐怖攻击会打到美国来吗？现在已是回答的时候了：8 月 6 日，中情局给总统的每日简报标题就是“拉登决意攻打美国”。标题下的警讯是一则很弱的报告，最新的情报竟是 1999 年。这是历史运作，不是新闻简报。总统便放心去度假，回到克劳福斯老家劈柴，轻轻松松过了 5 个星期。

白宫长假在 9 月 4 日星期二结束时，小布什的第一线国家安全委员会小组“首长级会议”，第一次正式讨论拉登和基地威胁。当天早上，克拉克传了一封短笺给赖斯，请国家安全委员会顾问想象下次数百名美国人横尸的光景。他说，中情局“已经变成只说不做的空壳子”，只知依赖外国政府阻止拉登，致使“美国人坐以待毙”。他请赖斯当天立即促成中情局展开行动。

与恐怖分子开战

情报会失误乃是因为它有人性，最大的能耐不过是察知他人心意而已。美国远征索马里期间的工作站长琼斯说得很明白：“情报肯定会搞砸、失误、混乱和失足，只能祈求它们不是致命的失误。”

“9·11”事件是特尼特 3 年前就已预言的惨重失误，不但是白宫、国家安全委员会、联邦调查局、联邦民航局、移民局和国会情报委员会等美国政府制度性的失误，更是政策与外交上的失败。它也是报道美国政府，向读者揭露政府乱象的记者们的失职。不过，最重要的失误还是不了解敌人。成立中情局正是为了要防范这种珍珠港事变式的奇袭。

9月15日星期六，特尼特和反恐中心主任布拉克赶到戴维营，提出派遣中情局官员到阿富汗，联合当地军头对付基地组织的计划。星期日晚上，特尼特回到总部，对手下人马发出宣示："我们已处于交战状态中。"

诚如切尼在当天早上所说的，中情局已深入"黑暗面"。9月17日星期一，小布什向特尼特和中情局发出长达14页的最高机密指令，命中情局追踪、逮捕、拘禁并讯问全球各地的嫌疑分子，而且没有订下限制。这正是秘密监狱制度的基础，中情局官员及其约聘人员可以利用刑讯等手段进行审讯。有位中情局约聘人员因殴打阿富汗嫌疑分子致死而遭定罪。这当然不是民主社会内文人情报机关该扮演的角色，但白宫显然就是要中情局这么做。

中情局以前就曾经营秘密审讯中心，从1950年开始，在德国、日本和巴拿马都设有黑牢。中情局也参与过刑讯敌军战斗人员——自1967年，在越南"凤凰"的计划下开始的。中情局也绑架过有嫌疑的恐怖分子和刺客，其中最著名的是1997年坎西案（就是那位绑架杀害两名中情局官员的坎西）。但小布什还授予中情局一项特别的新权限：将绑架的嫌疑分子交给外国情报机关审讯和刑讯，利用他们所取得的口供。正如笔者于2001年10月7日在《纽约时报》上所说："美国情报或许得仰赖当世最强悍的外国情报机关，让那些看法、想法和行为都像恐怖分子的人来做主。若是在开罗或圭塔②地牢审问，最好由埃及或巴基斯坦官员来主持。美国情报机关不必像律师那样问太多问题，就可以取得消息。"

小布什一声令下，中情局开始发挥世界警察的作用，把好几百名嫌疑分子丢到阿富汗、泰国、波兰秘密监狱，以及美国设在古巴关塔那摩的军事监狱。另外数百名人犯则交给埃及、巴基斯坦、约旦和叙利亚情报机关审问。脱下手套揍人，毫不留情。9月2日小布什在国会两院联席会议上告诉美国人："我们的反恐战争从基地组织开始，但并不是以基地为结束。除非找出、阻止并击败全世界每一个恐怖团体，否则行动没有结束的一天。"

再度开展监视国民行动

美国国内也有一场战争，中情局即是战争的一部分。"9·11"事件之后，助理局长西蒙主持情报界的国土安全事务。他到白宫和司法部长艾胥克罗夫开会，讨论主题是建立国民身份证制度。西蒙说道："身份证上该有些什么数据呢？是的，拇指手印。但血型及眼球扫瞄也很有用。还要一张以特殊方式拍摄的照片，即使伪装，我们也可在人群中找出你。我们要声纹数据，因为从全世界手机声音中找出你声音的技术已经开发出来了。事实上，我们还要你一点 DNA，万一有所不测的时候，可以辨识尸体。顺带提下，我们还要在身份证上加装芯片，以便我们随时可以找到你。但我们马上又想到，如此一来，你可能会把身份证摆到一旁。所以，我们要把芯片放进你的血液里。”

这样的安全措施会走到什么地步呢？西蒙思忖不定。斯大林和希特勒情报机关的名字霎时闪进脑海。“最后可能真会变成克格勃和 NKVD（即内务人民委员会，是苏联的秘密警察机关），或德国的盖世太保。”到底要怎么监视美国民众固然是个大问题，中情局局长代表在白宫讨论把微芯片植入美国公民体内却是另一码事。因此，国民身份证的构想一直没有落实。倒是国会却已赋予中情局监视国内民众的合法权限。现在，中情局无须法官批准，即可调阅大陪审团的秘密证词，取得民间机构与企业的资料。中情局可利用这项授权，要求并取得金融机关中美国公民与公司的财务和信用资料。中情局一直没有正式权力可以监视国内民众，现在可有了。

特尼特在“9·11”恐怖攻击后不久就和国家安全局局长海登将军谈过。特尼特问：“你们还可以多做点吗？”海登答：“不在我现有权限内。”海登想出一个不经司法令状授权即可窃听国内恐怖分子嫌疑犯的计划。此举大致上是非法行为，但也大致上可以用“紧追不舍”理论，来合理化在境外或法外追捕嫌犯的行为。2001 年 10 月 4 日，小布什命令他执行该计划。非做不可。海登说：“我不能不这么做。”国家安全局再度展开监视国内民众的行动。

布拉克命令手下反恐人马提拉登人头来见。15 年前在秘密行动处下自立门户的小单位“反恐中心”，虽然还是在地下室办公，却已成为中情局的核心。退休官员回笼任职，新人加入这个准军事突击队。他们飞到阿富汗打仗。中情局人员交出数百万美元，争取阿富汗部落领袖的忠心，而他们确实也为美国占领阿富汗当了好几个月的先锋部队。

到了 2001 年 11 月第三个星期，美国以军事行动赶走“塔利班”领导阶层，虽然还留下一些普通士兵，却也为喀布尔新政府铺好一条路。数万名塔利班拥护者毫发未损。他们修剪须髯，融入各村庄，等候美国人打腻了阿富汗战争时东山再起。他们要保住性命，异日再战。

中情局花了 11 个星期的时间筹办追捕拉登事宜，到如火如荼展开追捕行动时，笔者也在近年来 5 度往返的阿富汗东部贾拉拉巴德一带。老朋友卡迪尔刚在塔利班垮台两天后恢复省长身份。他是阿富汗民主的典型例子，教养好、文化水平高，是 20 世纪 60 年代初期帕坦族（亦称普什图）领袖，也是经营鸦片、军火与其他基本民生用品的富商。他是前苏联占领期间中情局所支持的指挥官，1992—1996年担任省长。塔利班全盛时又和他们走得很近。他曾亲自迎接拉登到阿富汗，并协助他在贾拉拉巴德郊外建立营区。现在，他迎接美国占领军。卡迪尔是很好的东道主。我们一起在省长官邸花园棕榈树和柽柳树下散步。现在他每天都盼望美国朋友来访，更盼望早日恢复昔日人脉以及用现金换情报的旧观。

卡迪尔把全省各村庄的耆老都请到省长官邸。11月24日，他们报告说，拉登和基地组织的阿拉伯战士，现身本城西南35英里外托拉波拉村附近的荒山。

11月28日早上5点左右，第一声早拜响起的时候，一架小飞机载着中情局代表团和特种部队官员，降落贾拉拉巴德机场。他们会晤卡迪尔，他刚派任为自行宣告成立的新政府旗下贾拉拉巴德指挥官。他告诉美国人，“90%”确定拉登就在托拉波拉。从贾拉拉巴德到托拉波拉的公路，终点就是仅容人和骡子通过的崎岖山径，山径另一头连接走私客的路线，可直通山隘口进入巴基斯坦。这些路线是当年阿富汗反抗军的补给线，托拉波拉则是抗苏战争一个很出名的地方。山里有一个当年在中情局协助下开挖，可以符合北约军事标准的洞窟堡垒。奉命摧毁托拉波拉的美军司令官，大概得动用战术核武。奉命逮捕拉登的中情局官员，则需要征用“第十山地师”相助。

12月5日，B-52轰炸机群轰炸石堡，笔者则在几英里外遥望。

我想亲眼看到拉登的脑袋挂在长矛上。他人就在中情局触手可及的范围内，却苦于抓不到他。要逮他只有靠围攻，偏偏中情局就是没有办法发动这种攻势。中情局派来阿富汗追捕基地分子的人都是最优秀的好手，只是人数太少了。他们带了很多钱来，却没带多少情报。靠哑弹追捕拉登徒劳无功，这不消多久便不言自明。拉登在阿富汗边境各营区移动，身旁随时有数百名久经沙场的阿富汗战士，以及数千名宁死也不会出卖他的帕坦族人保护。他在阿富汗以人数和谋略打败中情局，全身而退。

特尼特气得两眼通红，口中咬着雪茄，已经忍无可忍。他手下反恐人马已经精疲力竭。他们配合美军特别行动处部队，在阿富汗、巴基斯坦、沙特阿拉伯、也门和印度尼西亚，追踪、捉拿和杀死拉登不少副手之余，也逐渐出现误袭目标的老毛病。2002年1月和2月，掠夺者攻势至少误杀24名阿富汗无辜民众。中情局对受害户发出每人1 000美元的赔偿。特尼特说，“9·11”事件后的那一年，中情局人马分赴欧洲、亚洲和非洲，与全球各友好国家的情报机关合作，在100多个国家逮捕3 000多人。他提醒道：“但不见得被逮捕的人都是恐怖分子，有些已经释放。不过，这种全球追捕‘基地’的行动，肯定已破坏了他们的活动。”这是毋庸置疑的。然而，3 000 多人里面只有 14 人是基地及其分支机构高层人物的事实仍不容忽视。中情局还关了好几百位名不见经传的人，他们都成了反恐战争中的幽灵人犯。

捕杀拉登任务的焦点和强度，在 2002 年 3 月攻打托拉波拉无功后逐渐减弱。中情局已奉白宫指示，把注意力转移到伊拉克。中情局的响应是一个比“9·11”恐怖攻击更要命的大洋相。

本章注释

① 笔者虽听过不少中情局工作站和信息技术很差劲的说法，却是一直到情报员出身的中情局顾问波柯维茨于 2003 年在《情报研究》中披露若干确切事证才恍然大悟。“分析员对新信息技术和服务的了解，比不上民间企业和其他政府机关。他们平均落后 5 年以上。很多分析员似乎不知道，从网络和非中情局信息源就可以取得数据。”他说，中情局管理阶层的看法是：“信息技术有害无益，中情局不会太看重轻易使用人工智能的情报分析。更糟的是，中情局自己网络之外的数据，都不及情报任务重要。”

② 圭塔为巴基斯坦卑路支省省会所在地，名称源自 Kuwatta，亦即堡垒之意。

第49章

臆想出来的萨达姆生化武器

副总统切尼在2002年8月26日表示："现在侯赛因必定已拥有大规模杀伤性武器，而且大量囤积武器，打算用来对付我们以及我们的友邦和盟国。"国防部长拉姆斯菲尔德的论调相同："我们知道伊拉克有大规模杀伤性武器，这是毋庸置疑的。"

特尼特也在9月17日参院秘密听证会上提出严厉警告："伊拉克向基地提供战斗和制造炸弹、生化、放射与核武等各式训练。"他的说法仅仅是根据线人里比的供词。此人是外围分子，曾遭殴打，被塞进两英尺见方的箱子长达17个小时以及长期遭受刑讯的威胁。他在刑讯后翻供，但特尼特并没有更正供词。

10月7日国会辩论是否对伊克开战前夕，小布什总统说"伊拉克拥有并制造生物武器"，接着提出警告："伊拉克随时可能提供生物或化学武器给恐怖团体或个别的恐怖分子。"这话使特尼特进退两难。几天前，他的副手麦罗林才在参院情报委员会作证，提出与总统说法相悖的证词。特尼特在白宫命令下发表声明，表示"我们对侯赛因威胁日增的看法和总统在演讲中的观点并没有矛盾"。

他自己也知道，这种话千万说不得。他在4年后作证时表示："这件事做错了。"特尼特在公职生涯岁月里，一直很严谨正派，但在"9·11"事件后的强大压力下，他那奉承上意的唯一缺陷却成了断层线。特尼特人格分裂，中情局亦然。在他的领导下，中情局提出该局历来最为拙劣的报告：标题为"伊拉克继续推动大规模杀伤性武器计划"的国家情报特别评估。

国家情报评估是美国情报界的最佳判断，由中情局制作与指导，再以中情局局长的权限和许可分发。这等于是特尼特的个人言论。

评估报告一直都受参院情报委员会委托，该会委员认为开战前应先检讨一下证据。中情局应委员会之请，花了 3 个星期搜集且查核从侦察卫星、外国情报机关、伊拉克特工、投诚者与志工（主动提供情报的人）提供的情报。在 2002 年 10 月中情局报告说，威胁之大无从估计。这份最高机密的报告指出，“巴格达拥有生化武器”，侯赛因提升导弹技术，购入致命武器，重启核武计划。评估报告说：“万一巴格达从海外取得足够的裂变材料，那么它在几个月内就可以制造一枚核武。”最恐怖的是，中情局警告，伊拉克可能在美国境内发动生化攻击。

中情局不仅证实白宫所说的一切，甚至言过其实。秘密行动处主管帕维特 2 年后坦承：“我们的伊拉克内线不多，不过寥寥数人而已。”中情局就从这一盎司的情报生产出一吨的分析报告。倘若这一盎司是纯金而不是纯浮渣，或许还可行。

中情局是押注美军或谍报人员可在入侵伊拉克后找到证据。这是天大的赌注，如果若赫尔姆斯还在世，肯定会大惊失色。赫尔姆斯已在 2002 年 10 月 22 日逝世，享年 89 岁。中情局为向他表示敬意，已将他多年前一次演讲的部分内容再版。演讲全文深埋于中情局档案室，但是它的力道丝毫未减。赫尔姆斯说：“我们往往很难理解舆论批评的强度，批评我们的效率是一回事，批评我们的责任则是另一回事。我认为身为政府重要机关，我们理所当然是大众关切的对象……但最让我痛心的是，公共辩论对我们的正直与客观抱有怀疑态度，减弱我们对国家的帮助。若是无法被人相信，我们也就失去目标。”

受线人引诱而说谎

要了解中情局何以会说伊拉克有大规模杀伤性武器，还得从 1991 年海湾战争结束后的形势说起。战后 7 年间，由联合国武检人员领衔的国际调查组，一直在严密搜查侯赛因隐藏武器的证据。他们搜遍全伊，尽可能地搜集。

20 世纪 90 年代中期，侯赛因担心国际经济制裁，尤胜于美国发动另一波攻击。他虽遵照联合国的指示，销毁大规模杀伤性武器，但仍保留武器生产设施，并谎称已销毁，美国和联合国都知道他在说谎。这说谎遗绪造成武检人员和中情局对伊拉克所说的一切都不予相信。

1995 年，侯赛因的女婿卡迈勒将军带着几名助理投诚。卡迈勒证实侯赛因已销毁武器，但中情局认定又是欺骗之词，完全不予理睬。卡迈勒返伊后遭岳父大人暗杀的事实，依旧改变不了中情局的信念。

卡迈勒的助理曾向中情局提到，伊拉克有个“全国监测指导委员会”，专门负责掩饰侯赛因军事意图与能力。中情局想要打进这个秘密体系，机缘凑巧使得构想成真。联合国武检团团长艾克幼斯是瑞典人。凑巧的是，通信业巨子爱立信，即全国监测指导委员会所使用的对讲机制造商，也是瑞典人。中情局、国家安全局、艾克幼斯和爱立信携手设计窃听伊拉克通信的方法。1998 年 3 月，一名中情局官员乔装成联合国武检人员，前往巴格达装设窃听系统。截收到的对话传到设在巴林的一具可以自动搜寻导弹和生化等关键词的计算机上。运作很顺利，但有一点很让人意外：中情局完全见不到伊拉克有大规模杀伤性武器的证据。

那年春天，武检人员发现一些残余物，就认为是伊拉克导弹弹头上 VX 神经毒气。他们将报告泄漏给《华盛顿邮报》。巴格达当局称这是美国谎言。迪尤尔福在 20 世纪 90 年代曾率领武检团，并在 2004 年以特尼特首席武器搜查代表身份，重返伊拉克，他的结论是：“总归一句，我认为伊拉克说的没错。他们没有武器化的 VX 毒气。”

双方在 VX 报告上的对立是个转折点。伊拉克因此不信任武检人员，武检人员更是根本就没信过伊拉克。1998 年 12 月，联合国撤出武检人员，美国再度轰炸巴格达。这时，中情局从爱立信窃听系统所得到的情报，用在选定美国导弹攻击窃听对象（人员或机构）上，如全国监测指导委员会主事者的住所等。

伊拉克向联合国申告，伊拉克已自毁大规模杀伤性武器。这宣告基本上是正确的。实质违反联合国规定的行为的确很少。但侯赛因唯恐敌人认定他已没有制造武器的能力，会使得自己好像光溜溜站在敌人面前一般，因而刻意在武器问题上含糊其辞。他要联合国、以色列、伊朗、国内政敌，尤其是他自己的军队，相信他仍握有武器。假象是最佳的吓阻和最后的防御力量。

这就是中情局在“9·11”事件后所面对的事态。它最新的可靠报告全是旧闻。“从一线特工的角度来说，我们并没有人力情报，完全没有”，曾经领导联合国武检团的凯伊说，他同时也是在迪尤尔福之前担任中情局派驻伊拉克的首席武器搜查员。白宫要答案，但“我们没有答案”，凯伊说道。

到了 2002 年，“人力情报可贵来源突然出现：投诚者。这些从侯赛因政权出走的投诚者告诉我们，侯赛因的武器计划与进展。这些人分别向法国、德国、英国与其他国家的情报机关投诚，并不是完全投向美国。情报好得令人难以置信。”凯伊道。最引人注目的说法之一是，机动式生物武器实验室。消息来源是一位向德国情报机关投诚，代号为“变化球”的伊拉克人。

凯伊说：“这些伊拉克投诚者知道两件事：第一，我们在政权交替上具有共同利益；第二，美国很关切伊拉克大规模杀伤性武器。因此，他们和我们谈武器是要我们对侯赛因动手。这是牛顿物理学基本原理：给我一个立足点和一根足够长的杠杆，我就可以撬动地球。”

只有一件事比没有消息来源还糟糕，那就是受这些消息来源引诱而说谎。

秘密行动处的伊拉克相关情报微不足道，只要是能佐证开战主张的说法，分析人员一概接受。他们全盘接受可以符合总统计划的第二手和第三手传言。在中情局看来，没有证据并不能证明没有。侯赛因曾经拥有武器，投诚者也说他还有武器，因此他必定还有武器。中情局拼命想获得总统的青睐及认同，于是尽说些总统想听的话。

“根据确切情报得出的结论”

在 2003 年 1 月 28 日的国情咨文里，小布什不只提出中情局的主张，还说：侯赛因拥有的生物武器可杀死数百万人，化学武器可杀人无数，机动生物武器实验室专为制造细菌战药剂。他说：“侯赛因不久前从非洲取得大量的铀。情报来源告诉我们，他意图购入适用于核武制造的高强度铝管。”

这些当然都很可怕，但没有一样是真的。

2003 年 2 月 5 日开战前夕，在布什政府中国际地位无人可比的国务卿鲍威尔前往联合国。特尼特站在他背后，一向是忠诚助手的他，在联合国出现所代表的是沉默的证实。美国驻联合国大使、日后出任国家情报总监的内格罗蓬特站在他身旁。国务卿开始说道：“我今天所说的每一句话，都有确实的消息来源佐证。我告诉各位的不是主张，而是根据确切情报得出的事实与结论。”

鲍威尔说：“萨达姆拥有生物武器是毋庸置疑的事，而且他有能力以造成大量死亡与破坏的方式散布这些致命毒物与疾病。”他再度提到伊拉克的机动生物武器实验室，以及它们如何停在公园里制造毒剂，行动自如，毫不引人注目。他说，萨达姆的致命化学武器足可供 1.6 万枚战场火箭之用。最恐怖的是，“伊拉克与基地恐怖网之间有更邪恶的关联”之虞。

这不是选择性地运用情报、不是“选出最有利的证据”、不是修改事实配合战争计划，而是中情局所提供的最佳情报就是这么说的。鲍威尔和特尼特一起，花了好几个昼夜再三查对中情局报告。特尼特看着他的眼睛告诉他说，证据确凿。

2003 年 3 月 2 日，中情局一则错误密报使得战争提前开打。特尼特带着快报跑到白宫说，萨达姆躲在巴格达南方一个叫多拉农场的地方。小布什立即下令五角大楼摧毁该地。钻地炸弹和巡弋导弹如雨滴般落下。副总统切尼说，“我认为，我们是撂倒萨达姆了。[①]有人看到他被人从瓦砾中挖出来，已经没气了。”这是误报：萨达姆行踪如谜。这是伊战第一次定标失败，但不是最后一次。2003 年 4 月 7 日，中情局报告说，萨达姆和他几个儿子在巴格达曼苏区的萨雅饭店隔壁的屋子里开会。空军对那间房子投下 4 枚一吨重的炸弹——萨达姆没在那里，18 名平民却无辜地被炸死。

中情局预测，一旦从科威特边界展开攻势，沿路会有数千名伊拉克士兵和指挥官投降，然而，美国入侵部队却是打通大城小镇一路杀到巴格达；中情局预见，伊拉克军队会整批投降，尤其是情报机关，驻扎纳西里耶的陆军师会弃械投降，然而，第一批进入该城的美军却遭到伏击，这是伊战第一次大交锋，美军共有 18 名陆战队员丧生，而且其中有些是死在友军手中；中情局告诉美军，伊拉克人会挥舞美国国旗（秘密行动处提供）欢迎他们，巴格达大街小巷会撒满糖果、鲜花，可迎接他们的是子弹和炸弹。

中情局列出 946 个萨达姆藏匿大规模杀伤性武器的可疑地点的清单，美军为了找这些子虚乌有的武器死伤无数。中情局疏忽了萨达姆之子乌岱领导的非正规军“民兵敢死队”所持有的攻击型步枪和火箭推进式榴弹所造成的威胁。这一失误导致美军在第一波交战中伤亡无数。美国陆军官方版侵伊史《论点》的执笔群说：“民兵敢死队和其他准军事武力的威胁之大，出乎预料之外，情报和作战圈内万万没料到他们如此凶悍、顽强和狂热。”

中情局以伊拉克人组成“蝎子队”准军事小组，在战前和战争中执行破坏任务。美军占领期，蝎子队因殴打一位伊拉克将军致死而引人侧目。涉嫌领导叛军攻击的莫豪希少将，自动向美军投案后被蝎子队以大柄槌打得不省人事，当时领导他们的中情局官员也在场，此人是特种部队军官退役，专为打伊战而跟中情局签约。两天后，也就是 2003 年 11 月 26 日，莫豪希伤重致死。11 月初，一位叫加迈迪的伊拉克人犯，在阿布格莱布监狱遭刑讯致死，当时也有一位中情局官员在场。残酷审讯正是白宫脱下白手套时对中情局的吩咐。

中情局在入侵后 3 年所作的结论是，美国占领伊拉克已成为“圣战士最佳讼案，造成阿拉伯人怨恨美国介入穆斯林世界，培养出无数支持圣战运动的人士”。这种评估为时已晚，对美军没有太大用处。佩特罗斯中将写道：“每一个解放军都有个变成占领军的半衰期。”佩特罗斯于伊战第一年领导 101 空降师，第二次轮调时负责监督伊拉克军队训练，2007 年重返伊拉克担任美军司令。

他说：“情报是成败的关键。”没有情报，军事作战便会陷入“惨败的漩涡”。

中情局的报告纯属臆测

战争结束后，中情局大举涌进巴格达。秘密行动处主管帕维特说 ：“伊拉克从专制转型到自治期间，巴格达成为越战以来中情局最大的工作站。我对我们在伊拉克的表现，以及把伊拉克人民从数十年压迫中解放出来感到十分自豪。”巴格达工作站的官员与特种部队的士兵合作，竭力营造伊拉克政治气氛、遴选地方领导人、收买政治人物、从草根开始重建伊拉克社会。他们也和英国情报机关合作，成立伊拉克新情报机关，可惜成果乏善可陈。伊拉克人开始反抗美国占领之后，这些计划和巴格达工作站领导阶层也随之瓦解。

占领失控，中情局官员发觉自己坐困大使馆内，逃不出高耸围墙和利刃刺网的保护。他们变成“绿区”②内的俘虏，平日尽在巴格达工作站经营的巴比伦酒吧流连，根本不了解伊拉克民变四起。很多人无法接受 1 ～ 3 个月轮调的做法，认为这样根本没有时间掌握巴格达的形势。

工作人员近 500 人的巴格达工作站，由一年三轮的站长管理。2003 年时，中情局找不到人选来替代第一任站长。国务院外交服务处老手克兰道说 ：“他们很难找到可以胜任的人。”克兰道在阿富汗圣战期间与中情局密切合作，目前担任 180 亿美元重建伊拉克计划第二管理人。中情局最后选了一位完全没有管理业务经验的分析员当站长，结果他只撑了几个月。这是战时领导统御上特别严重的失误。

中情局派 20 世纪 90 年代搜查萨达姆武器的最佳武检员凯伊重返伊拉克。凯伊所领导的“伊拉克调查团”，是由 1 400 百名专家组成、直接向中情局局长负责的团队。特尼特仍然支持中情局的报告，力斥各界日渐严厉的“误信、误导和明显错误”的批判。凯伊返美汇报说，调查团大举搜索全伊，仍然毫无所获。特尼特把他训了一顿，但凯伊还是在 2004 年 1 月 28 日向参院军事委员会说出了实话。

他说 ：“我们几乎是完全搞错了。”

当确定伊拉克的末日武器全是中情局想象出来的时候，中情局逐渐笼罩在了道德疲乏的气氛之下。郁怒情绪凌驾“9 · 11”事件后的激昂精神。中情局再怎么说，对白宫、五角大楼或国务院都已无关紧要，已是不言自明的事。③

美国占领伊拉克期间，中情局的报告越来越恐怖，让小布什十分不齿。他说，中情局“纯属臆测”。

这是丧钟。倘若不能被人相信，中情局就没有目标可言。

“证据错得离谱”

2004 年 2 月 6 日，小布什任命希伯曼法官主持中情局虚构萨达姆武器的调查，他说：“我们处于战争状态中，要是美军犯下类似中情局那样严重的错误，想必有很多将官会被撤职查办。”

他接着说道：“要是他们对总统和国会说，根据萨达姆的前科、他欺骗的行为和稍嫌不足的迹象，萨达姆很可能拥有大规模杀伤性武器，那还情有可原。”但中情局却“在结论上犯了很严重的错误，断定他 90% 已拥有大规模杀伤性武器，证据十分薄弱，且错得很离谱，而且他们的谍报手段也不佳。更荒谬的是，情报界的内部沟通也惨得一塌糊涂，往往左手不知道右手在做什么。”

中情局之所以会得出伊拉克拥有化武的结论，完全是误判伊拉克油罐车的照片所致。伊拉克拥有生物武器的结论，则是根据“变化球”这唯一的线人。至于伊拉克核武的结论，几乎全根据萨达姆进口制造传统火箭的铝管。希伯曼法官说：“认为那些铝管适用于或专为离心机、核武之用，真是错得离谱。”

“更大的灾难是，鲍威尔居然跑到联合国去宣布，那些糟得不能再糟的结论是绝对不会错的事实，真是一大失策。”

希伯曼法官和他主持的委员会获得前所未有的授权，得以调阅中情局给总统的每日简报中与伊拉克大规模杀伤性武器相关的所有报告。他们发现，中情局给总统过目的报告，和该局臭名昭著的评估报告等其他工作大同小异，只是“更加误导”。委员会发现，它们“多了些大惊小怪，少了些隐约含蓄”。总统的每日简报“标题显眼且老调重弹，给人的印象是很多言之凿凿的报告其实消息来源很贫乏……每日简报似乎是为了维持顾客或起码是首要顾客的兴趣，以含蓄和不怎么含蓄的方式‘卖弄’情报”。

“我们没有完成使命”

特尼特心知时不我予。他已竭尽所能复兴及重建中情局，但一提到他就会让人想到一件事：他向总统保证，中情局握有伊拉克大规模杀伤性武器“灌蓝”般稳当的证据。特尼特反省：“这是我这辈子所说的最糗的两个字。”不管他活多久，不管他未来有什么懿德善行，这两个字必定会在他讣闻的第一段出现。

值得称许的是，特尼特请前副局长克尔调查伊拉克形势评估报告到底错在哪里。这份报告在 2004 年 7 月完成，一完稿就列为机密文件，往后 2 年一直秘而不宣。一开封大家才明白，中情局为什么要把它封存起来。它简直就是墓志铭。它说冷战一结束，中情局便已停息。苏联瓦解对中情局的冲击，“有如陨石撞地球对恐龙的影响”。

在伊拉克个案和许多其他个案中，分析人员习惯性地“仰赖出处有误导甚至不可靠之虞的报告”。在可耻的“变化球”个案中，已有中情局官员警告，此人是个骗子，但这警告无人问津。这虽不算玩忽职守，但也相当接近。

秘密行动处习惯性地“以不同的描述诉说同一消息来源”，分明只有一个消息来源，却让看到报告的人误以为有三个相互佐证的消息来源。这虽不算诈欺，但也相当接近。

中情局研究伊拉克武器问题 10 余年，但特尼特却在开战前夕拿假消息当做确凿的事实跑去找小布什和鲍威尔。这虽不是诈欺，但也相当接近。

可悲的是，这就是特尼特的遗产。他终于承认中情局错了。不是错在“政治因素或者想把国家导向战争的欲望”，而是因为无能。他说：“我们没有完成使命。”

至于这一失误的影响，则留给中情局首席武检员凯伊来作充分说明：“我们总以为情报对战争胜负很重要。战争不是靠情报打赢，而是靠鲜血、资财、战场上青年男女的勇气……有效情报的作用其实是要协助阻止战争。”结果，这却是最大的情报失误。

本章注释

① 根据人权观察 2003 年 12 月所发表的《战争行为与平民伤亡》报告的说法，“锁定 55 名伊拉克领导层的 50 起攻击，情报无懈可击：没有杀死半个领导人，倒是死了几十位平民。”

② “绿区”位于巴格达市区底格里斯河畔，原为萨达姆的大本营，他在这里盖了辉煌的“共和宫”和其他建筑物，并下令亲信、幕僚、卫士及其家属都须住在绿区内。绿区现为伊拉克政府及国会、外国使馆、派驻伊拉克的外国新闻媒体办事处等的所在地，已改称为“国际区”。

③ 2000—2005 年间担任中东事务国家情报官的皮勒说，到了 2004 年，最为重大的国家安全决策都不会仰赖中情局的情报分析。“战前美国情报机关最引人注目的不是错误连连和误导决策者，而是它在美国近数十年来最重大的决策上，扮演微不足道的小角色”。

第50章

遗落的灰烬

2004年7月8日，特尼特在就职7年后提出辞呈。他在中情局总部的告别谈话中引用老罗斯福的话："不是说三道四的批评者，不是指出强人失足的人，或做得比人更好的实行家。功劳属于实际身在沙场，脸上交织着尘土和血汗的人。"当年尼克松在羞愧中离开白宫之前，也曾引用这篇演讲。

特尼特写出一本他在中情局那段痛苦岁月的个人回忆录。这是一本充满自豪和苦涩的书。他持平地夸耀，中情局在英国情报机关可贵的协助之下，成功地解除巴基斯坦和利比亚秘密武器计划。他坚称自己让中情局从屠宰场转型为发电机。然而，这部发电机却因无法承受压力而发生故障。"9·11"事件之前，特尼特不能随便攻击基地组织。他写道："没有确凿的情报，秘密行动徒劳无功。"恐怖攻击之后，一波波子虚乌有的威胁排山倒海而来，他每天都向白宫传达最新的恐惧，若是相信他所说的"全部或一半，你很可能会把自己逼疯"。他自己就差点疯了。他和中情局在惊疑不定之余，竟说服自己相信伊拉克杀伤性武器果真存在。他写道："我们是历史的俘虏。"因为他们唯一的确切事实，已是4年前的旧事。他虽承认错误，却是出于受谴责之余，祈请赦免。他逐渐认定，白宫想把开战决策的责任推到他身上。

这顶帽子太重，他可承受不起。现在，轮到批评者上战场了。

戈斯在中情局一直没有太大的作为。他在1959年耶鲁大学三年级时，被吸收加入中情局的秘密行动处，先后在杜勒斯、麦科恩和赫尔姆斯手下服务过。他在拉美科待了10年，工作重点是古巴、海地、多米尼加共和国和墨西哥，最风光的时候是1962年时，在迈阿密工作站管理一批借着秋夜掩护、以小船进出古巴岛的古巴籍特工。

9 年后，戈斯在伦敦工作站服务时，因心肺受细菌感染差点送命。他退休养病，身体康复后买下佛罗里达州一家小报社，并利用这份报纸在 1988 年跻身国会。他在弗吉尼亚州有休闲农场，在长岛湾有地产，是身价 1 400 万美元的富豪，同时也是众院情报委员会主席，负有监督中情局之责。

他对自己在中情局的成就倒是颇为谦虚："今天我可能没办法在中情局谋份差事，我不够格。"他这话虽说得没错，却认定自己应该是下任中情局局长，唯有自己才能胜任。他针对特尼特展开恶毒攻击。情报委员会调查中情局年度报告里的措辞便是他的武器。

"还得再努力 5 年"

2004 年 6 月 21 日，也就是特尼特下台前三个星期，戈斯报告提出警告，谍报机关已成为"毫无建树的浮夸官僚机构"，前一年虽有 13.8 万名美国人申请加入中情局，达到谍报人员标准的却寥寥无几。特尼特已证实"我们还得再努力 5 年，才会有我们国家所需要的那种谍报机关"。

戈斯咬住此一可悲的事实："重建已进入第 8 年，居然还得再花 5 年才能健全，太可悲了。"

戈斯接着把矛头转向中情局的情报处，说它尽是制造没有价值的"重点新闻"，缺乏长程情报战略，而这正是当初成立中情局的初衷。戈斯这话也没错，而且情报圈的人也都知道。2001 年 5 月至 2003 年 10 月担任情报与研究事务助理国务卿的中情局前官员卡尔·福特说："我们太久没有经营战略情报，导致现在大部分的分析人员已不知道要怎么经营。"

卡尔·福特说道："若是我们依旧重量而不重质地评断情报，我们就会继续制造现在已广为人知的 400 亿美元的垃圾堆。"他最恼怒的是，中情局被萨达姆的化武吓呆了，对于其他小布什所指其他邪恶轴心国家的核武计划一无所知。小福特说："我们对伊拉克核武计划的了解，多过伊朗核计划 100 倍和朝鲜核计划 1 000 倍。"朝鲜依旧是一片空白。中情局重建伊朗境内情报网未果，现在伊朗也是一片空白。中情局对他们的核计划的了解，其实还不如 5 或 10 年前。

小福特说中情局已经毁了："中情局已成废墟，荒废得没人敢相信。"戈斯报告在这方面就说得很清楚，中情局"对矫正行为的需求一概采取功能失调性的拒斥，一径走向一条通往众所周知的悬崖的道路"。

戈斯相信自己有办法解决。他知道，中情局对自己的工作质量一直在自欺欺人。他知道，秘密行动处在40年冷战时间里，大部分都在等待和希望苏联人自动当他们的间谍。他知道，中情局驻外反恐官员日夜等待和希望巴基斯坦、约旦、印度尼西亚和菲律宾情报机关出售他们消息。他知道，解决之道就在于彻底改造中情局。

国会所成立的“9·11”委员会即将发表最后报告。委员会只说重建导致恐怖攻击的种种事件，但没有指出一条明确的道路。“9·11”事件之后，国会除了提供几十亿美元的经费和许多免费的建言，并没有在纠正中情局上花太多心力。“9·11”委员会把国会监督情报业务形容为“功能失调”，和戈斯报告加诸于中情局的形容完全相同。

多年来，参、众两院的情报委员会对中情局所面临的生死大问题，几乎不闻不问，就以戈斯所领导的众院情报委员会来说，上一次对中情局管理的实质报告是在1998年。国会监督中情局25年来乏善可陈，两院情报委员会和幕僚的做法是，偶尔公开谴责，为一些老问题拼凑些治标的方法。

众所皆知，“9·11”委员会将建议另设国家情报总监一职，但这只是自艾伦·杜勒斯全盛期以来议论多时的构想。它提不出真正能解决中情局危机的办法。重新安排政府流程图，不见得就比较容易管理中情局。

国防部前副部长，现为华盛顿“战略暨国际研究中心”执行长的何慕礼说：“它是个靠欺骗壮大的机关，像这样的机关让人怎么管理呢？”

这也是中情局和国会始终没有回答的问题之一。如何在开放、民主国家经营秘密情报机关？如何以谎言对待真实？如何以欺骗普及民主？

中情局自毁长城

有关中情局的迷思，例如所有的成就都秘而不宣，只有失败才会被大肆张扬，可以回溯到猪湾事件时代。其实，若是招不到和留不住经验与胆色俱佳的军官及外国特工，中情局便毫无成功可能，而这正是中情局天天失败的原因，若是佯称成功就是自欺欺人了。

要想成功，中情局网罗到的男女青年必须具有优秀军官的纪律和自我牺牲、优秀外交官的文化认知与历史知识、优秀驻外特派记者的好奇以及冒险精神。这些新人若能扩及巴勒斯坦人、巴基斯坦人或帕坦人，也会大有帮助。因为，在美国人里面实在很难找到这种人才。

领导中情局准军事行动人员的霍华德·哈特当年出生入死，在伊朗经营特工，走私军火给阿富汗反抗军，他说道：“中情局能否因应现行的威胁？目前的答案是不能，绝对不可能。”戈斯称中情局是“一票功能失调的蠢蛋”和“一堆白痴”的时候，哈特虽然加以反击，但他也承认：“中情局的秘密行动处没有做好该做的事，的确值得批评，那是公正的说法，因为我们有些人的确是没有尽到本分。这些人之所以能尸位素餐，实在是因为找不到淘汰他们的方法。”

小布什保证要增加中情局 50% 的编制，殊不知，当前危机在质不在量。小福特说：“我们不需要加钱或增人，至少目前没有必要。增加 50% 的情报人员和分析人员，等于是增加 50% 的浮夸。”现今的人事问题和当年史密斯局长面临朝鲜战争方殷的时候没有两样。“我们找不到够格的人才，他们根本就不存在”。

中情局以一般公家薪水找不到愿当间谍的美国人才。此外，2004 年时又有数百名总部和前线人员，因中情局信用和权威破产故而羞愤辞职。吸收、雇用、训练和再训练年轻情报官员，仍然是中情局最棘手的工作。

戈斯矢言要找到他们。2004 年 9 月 14 日，他在参院任命听证会上大言炎炎，表示他可以一举端正中情局。他在摄影机前表示，“我无意告诉各位问题有多么严重，以免助长敌人气焰”，但问题一定会解决。戈斯获得参院以 77 对 17 票通过任命案后，立即意气风发地直驱中情局总部。

他告诉 3 个月前被他痛骂的总部人员：“我做梦也没想到自己会回到这里，但我还是来了。”他宣称，他的权限会由总统颁授“行政命令提升”：他是小布什的情报简报官、CIA 龙头、中情报机关首长、国家情报总监以及新成立的国家反恐中心主任。他不像历任局长身兼二职，他要身兼五职。

戈斯上任第一天就展开中情局史上最为迅速与全面的整肃行动，最资深的官员几乎全被他扫地出门，因而也在总部制造出近 30 年来未见的愤懑气氛。这股怨气在秘密行动处主管卡佩斯遭除名时，表现得尤为激烈。卡帕斯是陆战队出身，当过莫斯科工作站长，是中情局最优秀的人才。他不久前才和英国情报机关联手，劝说利比亚放弃经营多年的开发大规模杀伤性武器的计划，在取得情报与外交胜利上扮演关键性的角色。他一质疑戈斯的判断，戈斯便请他走人。

新局长身旁是一批由国会山引进的政治助手。这些人自以为奉白宫或高层之命，来肃清中情局的左翼颠覆分子。总部的一致看法是，戈斯与他的幕僚群——这批“戈斯人马”是效命于总统，尤其是总统的政策，不希望中情局成为白宫的绊脚石，凡是质疑他们的人后果都很惨。若是根据能力问题来整肃中情局人马，很正确。若变成意识形态问题，可就谬之千里了。

局长向不满总统政策的人发出多项命令。他的信息很明显：配合计划，不然就滚蛋。对中情局内 1/10 的人才而言，后一项选择似乎越来越让人心动。华盛顿外缘兴起庞大的国土安全产业，提供政府的外包专业技术研究服务。中情局最优秀的人才一下走光，15 年前的现象是：头重脚轻——高层充斥老军官。现在则呈现脚重头轻的现象——新人充斥基层。2005 年时的中情局人力（情报员和分析员），资历都不到 5 年。

总统宣称中情局在伊拉克问题上“纯属臆测”，摆出一副撇清关系的样子，激起还留在局里的专业人才满腔怒火。中情局派驻巴格达和在华盛顿的官员都提醒白宫，总统在伊拉克所推行的政策一团乱，美国无法管理一个自己所不了解的国家。但这些话听在白宫耳中没有半点分量。在一个以信仰来拟定政策的政府里，这些话全是异端邪说。

秘密行动处先后有 4 位主管想联络戈斯，劝他放慢整顿脚步，以免毁了中情局仅存的一点基业。戈斯不接他们的电话。其中一位干脆公开出面，崔顿在 2004 年 11 月 23 日《洛杉矶时报》舆论版撰文指出：“戈斯和他的任务可能对中情局造成很大伤害，要是专业人员都不相信领导阶层会全力相挺，他们自然也不会为中情局卖命，到最后他们终究会待不下去。”第二天，在特尼特辞职后以代理局长身份全力维系中情局的麦罗林，在《华盛顿邮报》发表另一篇反击戈斯的文章，说中情局不是个“功能失调”和“混蛋”机关。从反情报中心幕僚长职位上退休的哈维兰 · 史密斯加入论战：“中情局并不是在根本原则上反对总统，戈斯和他那一帮国会山来的人马才是乱源。在这亟须处理恐怖主义各式现实课题的不幸时刻整肃中情局，不啻是损人又不利已。”历年来只有中情局被媒体修理，从没有一位局长在平面媒体上遭到美国情报圈大多数资深官员公开抨击。

中情局自毁长城，连门面也倒了。

艾森豪威尔总统 50 年前就说过：“这是任何政府都没存在过的最奇怪之运作形态，它也许需要奇才异士来管理。”当过中情局局长的 19 个人当中，没有一个符合艾森豪威尔所设定的高标准。中情局的创始者因自己对朝鲜和越南的无知而遭重挫，又因在华盛顿目中无人而受创。后继者因苏联衰亡而顿失所倚，又在恐怖攻击美国权力中心时后知后觉。他们想要了解世局的企图只产生热，发不了太大的光。中情局的境况与草创时无异，五角大楼的军人和国务院的外交官看不起他们。半个多世纪来，历任总统征询中情局局长看法和情报的结果，不是灰心失望，就是一肚子火。

这不可能完成的任务，如今将予废除。

2004 年 12 月，在中情局全力反弹声中，国会依“9 · 11”委员会的敦促，通过另设国家情报总监的法律，并经总统签署生效。这项匆匆起草、草草审议的法律，只是一贯的改革伪装，对解决中情局成立以来的先天老问题毫无帮助。

戈斯以为总统会选他当国家情报总监，怎知电话始终没来。2005 年 2 月 17 日，小布什宣布提名驻伊拉克大使内格罗蓬特出任新职。内格罗蓬特是个保守色彩鲜明的外交官，更是个身段柔软、手段高明的内斗好手，但他从没在情报圈待过，所以他待的时间也不会太久。

新龙头和 1947 年时一样，仍然是只被交付责任而没有赋予相应的权限。五角大楼仍然掌控庞大的国家安全委员会预算，而在每年将近 5 000 亿美元的预算里，中情局大约只分到有 1%。新秩序只是正式承认旧秩序失败而已。

“失败不必解释”

中情局严重受创。依照丛林法则和华盛顿作风，更强壮的野兽纷纷抢食。总统把谍报、秘密活动、窃听和监测的权限，交给五角大楼主管情报的副部长，并将情报工作提升为国防部第三要职的层级。曾在老布什任内先后担任中情局副局长、总统国外情报顾问委员会执行长的邓普西说：“此举使情报界不寒而栗，这比克里姆林宫作风还要过分。”

五角大楼不断地悄悄卷进海外秘密活动，接收秘密行动处的传统角色、责任、权限和任务，进而吸收年轻有为的准军事行动军官，留住最有经验的好手。情报军事化加速，文人情报机关渐遭侵蚀。

内格罗蓬特任命托马斯·芬加为首席分析员——芬加曾经掌管国务院所属的一个小规模的“情报研究局”，表现出色。他在调查中情局情报处的现状后迅速断定：“没人知道谁在那里做什么。”他于是着手将中情局分析部门仅存的功能拉到自己的保护之下。中情局里还剩下的最优秀和最聪明的人纷纷转投到他的旗下。

中情局逐渐消失。大楼还在，大楼里也还有个机构。2005 年 3 月 2 日，一记重锤把中情局仅剩的一点精神全给打散。这记重锤以希伯曼委员会 600 页报告的形式出现。希伯曼法官是华盛顿少见的慎思明辨之士，过人的智慧和强烈的保守色彩相得益彰，曾两度差点就当上中情局局长。在他担任华盛顿上诉法院法官的 15 年里，一向支持国家安全的手段与目标，即使它们会侵害自由理想也不改其志。希伯曼委员会幕僚人员和“9·11”委员会幕僚群不一样，个个在情报活动和分析上经验十分丰富。

他们的裁断很不留情。中情局局长的领域是个“封闭世界”，在抗拒改革上有个“近乎完美的记录”。局长所主持的是一个“细碎、管理松散、协调不良”的情报搜集与分析拼盘。中情局“往往无法搜集到我们最关心事物的相关情报”，中情局的分析“无法让决策者知道自己所知何其有限”。中情局“对大规模杀伤性武器所构成的新挑战越来越不相干”，而它最主要的缺失则是“人力情报不佳”，也就是没有能力执行谍报工作。

希伯曼委员会说：“我们承认，谍报工作往往靠不住。打击苏联50年，结果真正重要的人力情报来源，屈指可数。尽管如此，我们除了精益求精，没有别的选择。（中情局）若想成功地正面迎击21世纪的威胁，则需作彻底的变革，（这是个）即使在最完美世界里也很难达成的目标，而我们并不是生活在完美的世界里。”

2005年4月21日，中央情报总监一职从历史上消失。戈斯称内格罗蓬特的就职是老中情局的“丧礼”。这一天，新主官接到弗吉尼亚州出身的军事委员会主席华纳参议员一份古怪的祝贺：

“但愿狂野多诺万对他的工作有引导和启发作用。”

多诺万的铜像就树立在中情局总部入口处，2005年8月21日，戈斯邀请还在世的历任局长到总部接受勋章，一则表扬他们在中情局的服务，再则表示中情局局长一脉就此结束。老布什也在场，他的名字就在最中间。到场的还有以局外人身份入主招来不满的詹姆士·施莱辛格与唐纳，失败的改革者与复兴者韦伯斯特和盖茨，竭力扭转这艘已迷失方向的大船的杜奇和特尼特。这些人有的是互相鄙视，彼此看不顺眼，有些则是交谊深厚，互信互重。这是颇为怡人的守灵聚会，还带有那么一点虚华，有午餐会，中情局首席史家罗巴吉也就已消失的中情局历史发表演讲。戈斯坐在前排，内心焦急如焚。督察长的报告提出他自己在当众院情报委员会主席时一样的质疑，令他苦恼了好几个星期。这份报告无情地审视造成“9·11”恐怖攻击的种种缺失，宛如一把利刃插进中情局心口，仔细地检讨中情局没有能力对美国的敌人展开像样的战争。戈斯采取艾伦·杜勒斯的传统，把报告束诸高阁。中情局绝不为无能保护美国负责。然而，惩罚其实已经判下。

中情局史家罗巴吉回忆起1959年11月3日为新建中情局总部主持奠基仪式时，艾森豪威尔总统所说的话：

> 美国的基本政策目标号称是维护世界和平，为达此目的，规划各种政策及安排，以维系美国标准的公义和平。这惟有在广泛且适合的情报基础上，始能克尽全功。

在战争中，对司令官最重要的莫过于与敌人军力、部署和意图相关的事实，以及对这些事实准确的解释。在和平时期……必要的事实与正确的解读，攸关促进我们长程国家安全与最佳利益政策的规划……这是最为重要的使命。我们促进国家在国际地位的努力，其成败大部分要由你们的工作质量而定……

本局讲求所有成员需有最高度的奉献、能力、可信度和无私——随时发挥最可贵的勇气自不待言。成功不必声张，失败不必解释。在情报工作里，英雄没有勋章，没有讴歌。

这里将会兴起一座完善又实用的建筑，愿它长长久久，为美国与和平大业效力。

美国大兵在战场因缺乏情报而丧生之际，中情局历任局长起身握手道别，一一走入夏日午后暑气中，继续过他们的日子。正如艾森豪威尔这位老兵多年前所担心的，他们留下了“灰烬的遗产”。

“概不承认，一概否认”

2006 年 5 月 5 日，小布什解除 19 个月来不断在中情局放冷箭的戈斯的职务。最后一位中情局局长垮得很快、很不光彩，所留下的则是一片苦涩。

第二天，戈斯搭机到俄亥俄克里夫兰市西边 90 英里外的蒂芬大学毕业典礼上发表演说：“如果这是中情局主事官的结业班，我的建议很短，一针见血：概不承认，一概否定，再加上提出反控。”他抛下这句话后便消失无踪，留下中情局史上最薄弱的谍报与分析干部。

戈斯辞职后一个星期，一批联邦调查局探员临检中情局总部。他们接管福戈的办公室。福戈是刚下台的执行长，也是中情局第三号人物。戈斯莫名其妙地让他负责日常业务管理，其实他之前一直在秘密行动处当总务官，常驻法兰克福，从安曼到阿富汗的中情局官员，从瓶装水到防弹背心都靠他供应。他的工作之一就是监督手下的会计人员和发货人员，遵守中情局的规定。他写信给同僚：“身为风纪人员，我祝愿你这次年度演习有很好的表现。”福戈显然不懂“风纪”两字的意思。

美国政府起诉福戈的诉讼案件，明确地透露其中的细节。2007 年 2 月 13 日的诉状控告福戈诈欺、同谋及洗钱，指控福戈安排多项百万美元的合同给一位至交（招待福戈吃香喝辣、到苏格兰和夏威夷豪华旅行、答应给他一份有赚头的工作——老套的行贿手法)。这样的案子是中情局史上第一遭。本书截稿时,福戈已提出无罪申诉。一旦罪名定谳,福戈可能被判 2 年徒刑。

福戈遭起诉的同一天,中情局约聘工作人员帕萨洛因在阿富汗监狱殴人致死被卡罗来纳州联邦法官,判处 8 年零 4 个月有期徒刑。帕萨洛在距巴勒斯坦西部边界几英里的阿富汗昆纳省省会阿萨达城的准军事小组服务。帕萨洛原在康涅狄格州哈特福德警局工作,曾因与人口角动手打人而遭逮捕,中情局明知帕萨洛有暴力前科,仍然聘用他。

被他打死的人叫瓦里,20 世纪 80 年代和苏联打过仗,虽然只是个农夫,在当地却是家喻户晓。瓦里听说美军要找他,查问美军基地附近连遭火箭攻击的事故,于是自动向美军报到以示清白。帕萨洛对他的说法表示怀疑,因而拳脚相向,瓦里求饶无用之余,甚至请帕萨洛一枪结果他性命。两天后,他因重伤而亡。在准许于美国境外领地犯罪的美国公民受审的《爱国法》条款下,帕萨洛遭起诉定罪。法官指出,由于死者未经解剖验尸,使得帕萨洛逃过谋杀罪名。

法官接到昆纳省前省长的一封信,指出瓦里之死对美国在阿富汗的活动造成严重伤害,对东山再起的基地和塔利班而言,更是个有力的宣传。省长写道:“阿富汗人对美国的不信任日益加深,阿富汗安全与重建的努力遭受重大打击,帕萨洛行为的唯一受益者,是基地组织和他们同伙。”

帕萨洛判刑后 3 天,意大利法官下令起诉中情局罗马站长、米兰基地主任及二十几名情报官,罪名是绑架一名曾在埃及遭数年残暴审讯的激进传教士。在德国,一名中情局官员因绑错人,误将一位黎巴嫩出生的德国公民拘禁,而遭法院起诉。加拿大政府正式向一位叫阿拉尔的公民道歉,并支付 1 000 万美元和解金。阿拉尔赴美度假在纽约转机时,遭中情局逮捕,并转送到叙利亚,经历 10 个月最残忍的审讯。

这时,中情局的秘密监狱制度已广受各方谴责,既已不是秘密,自然无法再存在。美国政府要国人相信,绑架、监禁和刑讯无辜人士,乃是预防恐怖攻击美国事件再现计划重要的一环。这话也许不假,可惜证据十分薄弱。我们可能永远不会知道。

接替戈斯在中情局职务的海登将军是国家情报副总监、国家安全局前局长、奉小布什总统之命执行电子监听美国目标任务,是第一位出掌已消失的中情局局长职务的人,也是自 1977 年唐纳上将就任后,第一位以现役军人身份管理中情局的将官。海登将军在参院任命听证会上宣示,中情局的“玩票时间”结束。其实不然。

以中情局自己的标准来说,将近一半的人仍属于学员阶段,可用且可以提出成果的人，少之又少，但中情局无计可施，只能破格提升他们担任超乎能力水平的工作。20 出头的年轻小伙子取代四五十岁的前辈，其结果是情报缩水。秘密行动处由于能力不足，逐渐放弃昔日心战、宣传战和秘密行动的计划。中情局仍然是个很少有人能说阿拉伯语、波斯语、韩语或汉语的地方，仍然以安全之名为由，不愿聘用还有亲戚住在中东的阿拉伯裔美国人。信息革命使得情报官和分析员对恐怖威胁的理解，还比不上当年他们对苏联的了解。就在中情局报告完全集中在伊拉克灾难的时候，巴格达工作站新站长收拾行李，启程前往与外界隔绝的绿区，他是不到 4 年内的第 5 任站长。

这是中情局最背的时候。总统不再听它的，美国领导人转向诸如五角大楼和民间企业等其他地方寻求情报。

情报业务外包

2006 年 12 月 18 日接掌五角大楼的盖茨，是唯一一位曾经管理中情局的“入门级”分析员，也是唯一一位当上国防部长的中情局局长。两个星期后，国家情报新龙头内格罗蓬特，在任职 19 个月后辞职，转往国务院担任第二号人物，接替他的是海军退役上将麦科恩纳。麦科恩纳数字时代初期造成国家安全局第一次大崩盘之际出任国家安全局局长，他复出前 10 年在军事承包商“博思·艾伦·汉密尔顿”发财。

盖茨在五角大楼坐定之后，放眼环顾情报机关，所看到的是满眼星星：管理中情局的是一位将军、主管情报的国防部副部长是将军、负责国务院反恐情报计划的是将军、五角大楼情报事务主管是位中将、在中情局管理谍报人员的是位少将。多年前，这些职务都是由文人担纲。盖茨眼中所看到的是，五角大楼终于完成 60 年前的誓言，完全打败中情局。他想关闭关塔那摩军事监狱，把恐怖分子嫌疑犯从古巴押回美国，要不就定他们罪，要不就吸收他们。他想约束国防部对情报业务的掌控，扭转中情局在美国政府中式微的的核心角色。可惜他能耐有限。

中情局式微只是美国情报栋梁日久腐蚀的一部分，伊拉克战争 4 年后，军方领导人投下更多的未来型武器，已使得军方失血孱弱。国务院为基于“信仰”的外交政策辩护 5 年下来，已经失去方向，无法再为“民主”价值发声。监督中情局的国会委员会，已在一无所知的政治人物任意操持了 6 年之后瓦解。“9·11”委员会说过，美国情报圈所面临的使命当中，最困难，也最重要的当属加强国会监督。国会在 2005 和 2006 年，连续 2 年没有通过管理中情局及其政策与经费的年度授权法案。唯一的路障是有位共和党籍参议员阻挠，因为该法案命令白宫提出中情局秘密监狱的机密报告。

未能通过授权，国会参、众两院情报委员会便无所作为。自20世纪60年代以来，未曾见过国会对中情局管理如此稀松的现象。现在对情报具有重大影响力的，是另一个截然不同的势力：美国企业。

艾森豪威尔在总统任期行将结束之际，先是感叹他留给后世情报失误的遗产，几天后又在告别演说中向全国发出警告："我们必须防范军工复合体刻意或不经意获得不当的影响力，灾难性误置权力崛起的可能性永远存在。"经过半个多世纪，"9·11"事件后国家安全委员会秘密经费暴增，已创造出一个欣欣向荣的情报产业复合体。

复制中情局的企业在华盛顿周边如雨后春笋般兴起。有人估计，以爱国牟利的总额约与美国情报预算相当，已成为年产值500亿美元的大生意。这种现象可以回溯到15年前。冷战结束后，中情局开始把好几千个工作发放外包，用以填补1992年之后预算削减所形成的空白，中情局官员可以提出辞呈，交还蓝色身份识别章，到洛克希德·马丁或博思·艾伦·汉密尔顿等军事承包商谋个薪水更丰厚的差事，改天再回中情局戴起绿色识别章。2001年"9·11"事件后，外包一发而不可收拾，有些绿章老板竟公然在中情局餐厅召募人手。

很多的秘密工作完全仰赖一些表面上看来像是在中情局指挥链内工作，其实是各为企业老板效力的承包商。于是，中情局变成有两批人力，而民间这一批的待遇更好。到2006年时，巴格达工作站和新设的全国反恐中心属于约聘人员的大约占一半，全美最大军事承包商洛克希德·马丁则大打广告，征聘"反恐分析员"审讯关塔那摩监狱的恐怖分子嫌疑犯。

情报产业大有赚头。钱是强大的引力要素，结果造成中情局最吃不消的人才外流现象加速，也促使"完全情报"之类的公司纷纷成立。2007年2月成立的"完全情报"由中情局"9·11"反恐中心前主任布拉克主持，合伙人包括秘密行动处第二号人物李彻和布拉克手下的反恐行动助手普拉多。三人都是在2005年从小布什政府出走，加入民间保全公司"美国黑水"，该公司提供许多服务，其中之一就是给在巴格达的美国人当"禁卫军"。他们在黑水公司学到许多公家发包的窍门，一年多之后，布拉克和黑水公司便经营起"完全情报"。

战争中弃舰而跑去赚钱的奇观，在21世纪的华盛顿已不足为奇。大批中情局老手出走，提供中情局写分析报告、帮海外服务的情报官制造掩护、成立通信网路、经营秘密行动等服务。中情局新人也纷纷起而效法，各自拟订5年计划：加入、出走、赚钱。一份最高机密的忠诚调查和一枚绿章，就是华盛顿社交政治圈新生代的金卡。

情报业务外包现象，正是中情局在“9·11”事件之后在没有外援的情况下已无法执行基本任务的明显迹象。

最重要的是，中情局无法协助军方在伊拉克强行实施民主。美国人已痛心地发现，没有情报的行动极其危险。

中情局最深藏不露的秘密

冷战时期，中情局的作为屡受美国左派谴责；反恐战争时期，中情局的无作为备受美国右派抨击。罪名是无能，开炮的是切尼和拉姆斯菲尔德之流。不管别人怎么批判他们的领导能力，他们已从长年经验里得知现在各位读者也晓得的事实：中情局没有能力落实它作为美国情报机关的角色。

存在于小说电影中虚构的中情局全知全能。中情局黄金年代的神话，其实是中情局自家炮制，是 20 世纪 50 年代艾伦·杜勒斯搞公关和政治宣传的成果。它坚信中情局可以改变世界，也有助于说明中情局何以对改革如此迟钝。这则传奇在 20 世纪 80 年代时在凯西手中确立，他竭力激活艾伦·杜勒斯与疯子多诺万时代肆无忌惮的冲撞精神。现在,中情局已重视它是美国最佳防御的神话，在奉命训练和留住数千名新人之余，必须投射成功形象才能存活。

其实，中情局的好日子并不多，只有在赫尔姆斯主持的时候，中情局在越战形势上实话实说，约翰逊和麦克纳马拉也都能听得入耳。再来就是盖茨主持中情局的时候，也有那么短暂的好时光：他在苏联垮台的时候，保持冷静，继续向前。事过 15 年，光荣已逝，在情报和理念乃是最有力武器的战争上，中情局发现自己前途茫茫。

60 年来，数万名秘密工作人员只搜集到极少数真正重要的情报，而这才是中情局最深藏不露的秘密。他们的任务异常困难，但我们美国人仍不甚了解这些我们想加以约束和管理的人与政治势力。中情局还没达到当年创立者希望达到的标准。

赫尔姆斯 10 年前就说过：“当世仅余的唯一超强美国对世局的兴趣，还不足以组织和经营谍报机关。”倘若能再挹注数十亿美元经费、有新领导激励和新生代活化，中情局也许可以在 10 年后从灰烬中东山再起。届时，情报分析员可能会看清世局，美国谍报人员也许有能力监视敌人。中情局也许有一天能如创立者所愿。我们必须仰赖它，因为我们目前所从事的战争可能会拖得和冷战一样久，成败就靠我们的情报。